国家社会科学基金项目"食用农产品质量安全多元主体网格化共治机制研究"（15BZZ053）结项成果

食用农产品质量安全治理研究

SHIYONG NONGCHANPIN
ZHILIANG ANQUAN ZHILI YANJIU

肖湘雄 著

人民出版社

序

这些年，人们的生活水平大大提高了。但也出现了一些新的忧虑，这就是吃得放心。"放心肉"、"放心菜"等等以"放心"冠名的食品屡见不鲜。这说明，食品质量安全已成为社会普遍关心的问题，也成为国家治理中的一道难题。

与其他产品不同，食用农产品是一种特殊的产品。其特殊性首先在于它是要入口的，满足人的日常生活需要。质量安全直接关系到生命安全。其次，它不像工业产品一样有统一标准，由生产线产出，容易检测。大多数食用农产品是由千家万户的农户提供的。这些农户处于市场经济环境下，他们是为出卖而生产。他们绝大多数人不知道食品质量安全的标准。为了卖出一个好的价格，有的农户甚至主观上漠视质量安全。如经常可见，农户养的猪如是留给自己家吃的，就不使用从市场购买的饲料。这说明，他们知道用购买的饲料喂养的猪比不用饲料的要差。究其原因，在于利润问题。追求利润最大化是市场经济的一般规律。但从社会公共利益看，利润必须服从质量。由此便为市场监管和食品质量安全治理提出了严峻挑战。

我国农产品曾经长期处于短缺状态。当农产品丰裕时，也值市场经济起步时期。因此，我国食用农产品质量安全治理是在没有足够理论和物质条件准备下起步的。如今，人民对美好生活的追求愈来愈强烈，对食品质量安全保障的需求愈来愈高，加强和改进农产品质量安全治理的研究愈来愈重要。本书便是应运这一时代课题而生的，是一部有重要现实价值和很高理论含量的学术著作。

一是全面系统。本书对我国食用农产品质量安全治理的基本概念作了界定,对相关的历史过程进行了梳理,对外国的治理经验作了介绍,特别是重点研究了我国食用农产品质量安全治理的现实状况,使读者能够对食用农产品质量安全治理问题有一个整体了解。

二是针对性强。农产品质量安全治理是一个复杂而现实的紧迫问题。作者将重点放在如何对农产品质量安全进行有效治理的体制、机制和举措方面,具有很强的问题导向和解决问题的针对性,对于如何改善农产品质量安全具有重要参考价值。

本书作者勤奋好学,有很强的学术敏锐性,又有扎扎实实的治学态度。在这部著作的基础上,他正在作进一步研究,相信会产出更优秀的成果!

徐　勇

2019 年 2 月 2 日于武汉

目　录

第一章　导　论

第一节　选题背景与意义

一、选题背景

食用农产品质量安全直接关系到人的身体健康与生命安全,关系到经济健康发展与社会和谐稳定,关系到加快推进"健康中国"建设。长期以来,我国食用农产品质量安全问题多治理难。如何基于食用农产品种类多、环节多、链条长、周期长、供需差异性、强地域流通性、风险评估复杂性、危害直接性、隐蔽性、累积性、不可逆性等特点与我国资源环境硬约束、治理主体软约束等国情,推进食用农产品质量安全治理体系和治理能力现代化,切实有效保障食用农产品质量安全,提升农业可持续发展能力,已经成为我国必须应对的一个重大挑战。完善和发展中国特色社会主义制度,推进国家治理体系和治理能力现代化,是党的十八届三中全会提出的关于全面深化改革的总目标。习近平总书记在中共中央政治局第二十三次集体学习时强调:"要切实提高农产品质量安全水平,以更大力度抓好农产品质量安全,完善农产品质量安全监管体系,把确保质量安全作为农业转方式、调结构的关键环节,让人民群众吃得安全放心。"① 十八届五中全会公报把建设"健康中国"上升为国家战略。

在此背景下,如何将"健康中国"战略落到实处已成为理论界和学术界研究的热点与焦点。本课题研究基于食用农产品质量安全的特点与我国资源环

---

① 《牢固树立切实落实安全发展理念　确保广大人民群众生命财产安全》,《人民日报》2015 年 5 月 31 日。

境硬约束、治理主体软约束等国情,对食用农产品质量安全多元主体网格化治理机制进行研究,运用先进的信息技术和网络手段,构建食用农产品质量安全治理主体"逐级负责、网格到底、纵向一体、横向联动"的农产品质量安全多元主体网格化治理机制,对食用农产品的生产、流通、交换过程实施全程资源环境硬约束和治理主体软约束,有规律高效率地推进食用农产品质量安全治理体系和治理能力现代化,切实有效保障人民群众的身体健康与生命安全,加快推进健康中国建设,为实现"两个一百年"奋斗目标、实现中华民族伟大复兴的中国梦打下坚实的健康基础。

二、选题意义

(一)理论意义

1. 清晰梳理管理行为中的治理行为。学术界对管理行为中的组织行为、计划行为、协调行为、控制行为的研究都已经形成了一定的理论体系,而对管理行为中的治理行为研究还没有形成理论体系。本课题对多元主体治理行为进行清晰、深入地梳理,以构建多元主体网格化治理行为模型。2. 全面把握多元主体网格化治理行为的本质和规律,为发展农民合作组织、社会组织、市场组织等多元主体,加强和创新基层社会治理提供理论支撑。3. 深入剖析多元主体网格化治理行为关系。本课题对影响网格化治理行为关系的目的、意愿、能力、方式等进行了深入分析,构建理论分析架构,从而为多元主体治理行为关系研究提供了一种新的分析视角。

(二)实践意义

1. 有利于基于食用农产品质量安全特点与我国国情,结合运用先进的信息技术和网络手段,推动食用农产品质量安全监管向多元主体治理转变,形成多元主体竞相参与网格化治理的新氛围。2. 有利于食用农产品质量安全治理中多元主体在协同治理过程中开展广泛的交流合作,解决食用农产品质量安全治理中多元主体之间的矛盾和利益冲突。提高食用农产品质量安全治理实效。3. 有利于充分调动农民合作组织、社会组织、市场组织等主体参与食用农产品质量安全治理以及社会治理的积极性、主动性和创造性,开创各类主体竞相参与和谐社会建设的新局面。

第二节 国内外研究现状综述

一、国外研究现状综述

国外理论界和学术界对于农产品质量安全治理的研究,大体上可归纳为以下四大主题:

(一)关于农产品质量安全治理主体方面的研究

国外对农产品质量安全治理主体的研究,主要集中在政府、企业、生产者、消费者、社会组织等方面。1. 关于政府主体。Henson（1998）[①]、Spencer Henson 和 Julie Caswell（1999）[②]、Starbir（2000）[③]对政府农产品质量安全规制的重要性和必要性进行了研究,认为在农产品质量安全治理中,政府规制是不可或缺的。Caswell 和 Mojduszka（2000）[④]、Rouviere（2012）[⑤]则对政府有效实施规制的措施进行了研究。2. 关于企业主体。Shavell（1987）[⑥]、Annandale（2000）[⑦]、Cranfield 等（2010）[⑧]研究了企业的农产品质量安全供给动机,主张从改善企业战略目标出发保障质量安全生产动机。Henson 和 Holt（2000）[⑨]、

---

① Henson,S.& Northen,J."Economic Determinants of Food Safety Controls in Supply of Retaile-rOwn-Branded Products in the United Kingdom",*Agribusiness*,1998(02),pp.113-126.

② Spencer Henson,Julie Caswell, "Food Safety Regulation:An Overview of Contemporary Issues",*Food policy*,1999(06),pp.589-603.

③ Starbird,S.A., "Designing Food Safety Regulations:The Effect of Inspection Policy and Penalties for Noncompliance on Food Processor Behavior",*Journal of Agricultural and Resource Economics*,2001(02),pp.616-635.

④ Mojduszka E.,J.Caswell,"A Test of Nutritional Quality Signaling in Food Markets Prior to Implementation of Mandatory Labeling",*American Journal of Agricultural Economics*,2000(02),pp.298-309.

⑤ Rouviere E,Caswell J.A., "From Punishment to Prevention:a French Case Study of the Introduction of Coregulation in Enforcing Food Safety",*Food Policy*,2012(03),pp.246-254.

⑥ Shavell,S., "*Economic Analysis of Accident Law*,"Harvard:Harvard University Press,1987.

⑦ Annandale, "Mining Company Approaches to Environmental Approvals Regulation:a Survey of Senior Environment Managers in Canadian", *Resources Policy*,2000(26),pp.51-59.

⑧ Cranfield,J.,Henson,S.and Holliday, "J.Benefits and Problems of Conversion to Organic Agriculture and Human Values", *The Motives*,2010(03),pp.291-306.

⑨ Henson,S. and Holt, "G. Exploring Incentives for the Adoption of Food Safety Controls:HACCP Implementation in the U.K.DairySector",*Review of Agricultural Economics*,2000(02),pp.407-420.

Herath 等(2007)①、Jayasinghe-Mudalige 和 Henson(2007)②研究了影响企业实施有效措施保障农产品质量安全的影响因素,相对于 Herath 等,Jayasinghe-Mudalige 和 Henson 的分析更加全面,不仅研究了企业属性层次的问题,而且将政府属性与企业属性统筹考虑,以此寻找企业质量安全控制意愿的提升对策。3.关于生产者主体。Schultz(1963)指出农户是追求自身经济利益最大化的"理性的小农"③。Williamson(1985)强调"人们的行为是不确定的"④。Henson 等(2005)指出维护农产品质量安全的关键是农产品的生产源头,源头健康的农产品通过后期努力可以保证健康流向消费者⑤。4.关于消费者主体。Henneberry(1998)研究了消费者对农产品质量安全的感知⑥。Smith 和 Riethmuller(2000)⑦研究了消费者普遍关注的农产品质量安全影响因素。Fox 等(1995)⑧、Armstrong 和 Morwitz(2000)⑨研究发现消费者对农产品的支付意愿受多种因素的影响,并且这些因素通过影响支付意愿最终可以有效地预测和解释购买行为。5.关于社会组织主体。Kaplan(2000)⑩和

---

① Herath,D.Hassan,Z.and Henson,S.,"Adoption of Food Safety and Quality Controls:Do Firm Characteristics Matter? Evidence from the Canadian Food Processing Sector",*Canadian Journal of Agricultural Economics*,2007(03),pp.299-314.

② Jayasinghe-Mudalige,U.and Henson,S.,"Identifying Economic Incentives for Canadian Red Meat and Poultry Processing Enterprises to Adopt Enhanced Food Safety Controls", *Food Control*,2007 (11),pp.1363-1371.

③ Schultz,*Transform Traditional Agriculture* (Chinese edition),Beijing:the Commercial Press, 2007.

④ Williamson,O.E.*The Economic Institutions of Capitalism*,Free Press,New York,1985.

⑤ Henson,S.Masakure,O.and Boselie,D.,"Private Food Safety and Quality Standards for Fresh Produce Exporters:The Case of Hortico Agrisystems,Zimbabwe",*Food Policy*,2005(04),pp.371-384.

⑥ Henneberry,S.R.,H.Qiang and G.W.Cuperus,"An Examination of Food Safety Issues",*Journal of Food Products Marketing*,1998(01),pp.83-94.

⑦ Dominic Smith and Paul Riethmuller,"Consumer Concerns about Food Safety in Australia and Japan",*British Food Journal*,2000(102),pp.838-855.

⑧ Fox,J.A.,D.J.Hayes,J.B.Hliebenstein and J.F.,"Shogren.Consumer Acceptability of Milk from Cows Treated with Bovine Somatropin",*Journal of Dairy Science*,1994(77),pp.703-707.

⑨ Armstrong J.S.,Morwitz V.G.,Kumar V.,"Sales forecasts for existing consumer products and services:Do purchase intentions contribute to accuracy?",*International Journal of Forecasting*, 2000 (03),pp.383-397.

⑩ Kaplan,Everson,Lynch,"The contribution of social and behavioral research to an understanding of the distribution of disease:a multilevel approach",*National Academines Press*,2000(04),pp.25-30.

Henson(2001)①研究了非政府组织对保障农产品质量安全的作用,认为非政府组织在传递信息、辅助决策、实时监督等方面发挥着主体功能。Henson(1998)对农产品行业协会在英国农产品保障中发挥的功能作用进行了分析,指出农产品行业协会能够创建农产品质量安全规范体系,降低农产品质量安全控制成本②。Antle(1995)③以及Starbird(2000)④和Crespi(2001)⑤等也探讨了农产品行业协会对质量安全的影响。

(二)关于农产品质量安全治理体制方面的研究

国外对农产品质量安全治理体制的研究,主要集中在流通体制、监管体制、危机应急体制和多元治理体制等方面。1.关于流通体制。韩国的流通体制改革主张扩大生产、扩大加工、扩大市场,赋予农产品商标,以工业商品的面貌呈现给市场,呈现给广大消费者,由此使农产品走向工业产品的流通之路⑥。日本农产品流通体制的独特性体现在鲜活农产品上。南斯拉夫的农产品流通体制与东欧其他国家的农产品流通体制有所不同,南斯拉夫是一种自由贸易式的农产品流通体制。2.关于监管体制。Henson和Caswell(1999)认为农产品安全监管体制受生产者、加工者、零售商、消费者以及政府等不同利益群体的作用,政策制定者要想稳定、持久地发挥食品质量安全监管体制效能,就必须在这些相互博弈的利益集团之间寻求平衡⑦。美国哈佛大学教授Andrei Shleifer、Edward Glaeser(2002)研究发现,美国的农产品质量安全监管

---

① Spencer Henson,N.H.H.,"Private sector management of food safety:public regulation and the role of private controls",*International food and Agribusiness Management Review*,2001(04),pp.7-17.

② Henson,"S. Economic Determinants of Food Safety Controls in Supply of Retailer Own-Branded Products in United Kingdom",*Agribusiness*,1998(02),pp.113-126.

③ J.M.,"A.*Choice and Efficiency in Food Safety Policy*",Washington DC:The AEI Press,1995.

④ S.A. Starbird,"Designing Food Safety Regulations:The Effect of Inspection Policy and Penalties for Noncompliance on Food Processor Behavior",*Journal of Agricultural and Resource Economics*,2000(25),pp.616-635.

⑤ J. M. Crespi, S. Marette,"How Should Food Safety Certification Be Financed?",*American Journal of Agricultural Economics*,2001(83),pp.852-861.

⑥ 丁来强、郑进:《论韩国农产品流通体制改革及其启示》,《农业经济问题》1999年第5期。

⑦ Spencer Henson,Julie Caswell,"Food safety regulation:an overview of contemporary issues",*Food Policy*:1999(6),pp.589-603.

体制包含了"网格化"治理思想,明晰的网格分工、齐备的网格人员、完善的监管网络造就了美国基层强大的农产品质量安全监管效能①。MarianGarcia Martinez(2007)认为食用农产品质量安全监管不能仅仅依靠政府监管,而忽视市场监管的补充、协同作用,主张建立"政府+市场"的农产品质量安全监管体制,形成"政府+企业"的农产品质量安全共治合力②。3.关于危机应急体制。Landesman(2001)认为对于一般的突发性事件,应急预案完全能够胜任,而不一定非得要完善健全的危机应急体制③,但是近些年来,随着重大突发事件尤其是农产品质量安全事件复杂性的增加,对农产品应急管理体制有了更高的要求。Bullock(2002)和William(2006)指出农产品应急管理不是某一部门的专属职责,也不是诸多部门联合的分化职责,而是政府和社会(社会公民、社会组织以及社会志愿者等)的协同机制。欧盟的每一个成员国都制定了完善的食品危机应急体制。4.关于质量安全多元治理体制。Henson(2001)最早提出在农产品质量安全领域实施"政府+社会"治理模式,此后欧美发达国家开始普遍推行这套模式④。Ladina(2006)等学者提出欧洲各国集中治理农产品质量安全的治理体制⑤;Hoffmann(2010)等学者提出农产品质量安全问题不再是单个国家的"私人"问题,而是关乎众多国家公民健康的"公共"问题⑥。Rouviere(2012)等也研究了农产品质量安全的社会共治问题,认为传统的政府监管转变为社会共治的过程也即对不安全农产品生产、加工、销售行为从处罚为主转变为预防为

---

① 李洪珍、王济东:《美国卫生管理保健网络模式》,《国外医学(卫生经济分册)》2001年第2期。

② Marian Garcia Martinet, Andrew Feame, Julie A.Caswell, Spencer Henson, "Co-Regulation as a Possible Model for Food Safety Governance: Opportunities for Public-Private Partnerships", *Food Policy*, 2007(32), pp.299–314.

③ Landesman, L.Y.*Public Health Management of Disasters: The Practice Guide*, American Public Health Association, Washington, DC, 2001.

④ Henson, Hooker, "Private sector management of food safty: public regulation and the role of private controls", *International Food and Agribusiness Management Review*, 2001(04), pp.7–17.

⑤ Caduff Ladina, Bernauer Thomas, "Managing Risk and Regulation in European Food Safety Goverance", *Review of Policy Research*, 2006(23), pp.153–168.

⑥ Sandra Hoffmann, William Harde, "Food Safety and Risk Governance in Globalized Markets", *Health Matrix*, 2010(20), pp.5–54.

主的过程①。

（三）关于农产品质量安全治理机制方面的研究

国外对农产品质量安全治理机制的研究，主要集中在追溯机制、监管机制、危机应急机制和评估机制等方面。1. 关于追溯机制。Valeeva 等（2004）将农业食品标准由低到高划分为可接受的危害标准（Acceptable hazard levels）、自然生态食品（Nature food）和安全食品（Safe food）三个层次，并分析了不同质量农产品在供应链中形成的成本收益（Cost-effective）关系，研究发现需要根据不同农产品质量水平建立食品供应链追溯系统（Traceability system），通过食品供应链追溯系统将农产品质量安全风险平均分派给供应链上下游的各个参与主体，从反面激励供应链成员的安全流通行为②。Redmond（2007）提出农产品从生产者农田到消费者餐桌需要经历众多环节，亟需建立农产品质量安全追溯体系，要保障体系顺利运行，需要加强对各个主体进行农产品知识教育，提高追溯意识③。2. 关于监管机制。Arrow（1999）与其他学者将成本—收益理论运用到农产品质量安全的行为解释中，分析了质量、安全、健康、监管的成本收益模型，并阐述了它们之间的增减关系④。Tompkin（2001）提出了农产品质量安全责任应该由政府、企业和消费者三方共同承担，农产品质量安全监管部门应该整合社会资源，以适应社会发展的需要⑤。Garcia（2007）研究指出农产品质量安全监管应该是公共监管和私人监管相联合的监管机制⑥。Knudsen（2010）基于欧盟食品质量安全的监管现状指出应当建立"五位一体"的食品安全监管模式⑦。3. 关于危机

---

① Rouviere E., Caswell J.A., "From punishment to prevention: a French case study of the introduction of co-regulation in enforcing food safety," *Food Policy*, 2012（03）, pp.246-254.

② Valeeva N.L., etc., "Economics of food safety in chains: a review of general principles," *Netherlands Journal of Agricultural Science*, 2004（51）, pp.369-390.

③ Elizabeth C., Redmond. Christopher J. Griffith, "Consumer attitudes and perceptions towards microbial food safety in the domestic kitchen," *Journal of Food Safety*. 2004（03）, pp.169-194.

④ Daniel F. Spulber, *Regulation and market*, Shanghai: Shanghai People's Publishing House, 1999.

⑤ Tompkin.R.B., "Interactions between Government and Industry Food Safety Activities," *Food Control*, 2001（12）, pp.203-207.

⑥ Garcia.M.M., "Fearne.A. Co-Regulation as A Possible Model for Food Safety Governance: Opportunities for Public-Private Partnerships," *Food Policy*, 2007（32）, pp.299-314.

⑦ I.B. Knudsen, "The Safe Foods Framework for Integrated Risk Analysis of Food," *Food Control*, 2010（21）, pp.1653-1661.

应急机制。Jennifer（2001）提出了"联邦放射性突发事件应急计划"。Landesman（2001）在研究中强调应急预案对于应对突发事件的重要性[1]。Adini（2006）研究了应急能力的评价因素[2]。此外，许多国外学者（Mann，2004[3]；Amy，2006[4]）对危机应急评价进行了大量实证研究，为提升总体的应急能力提供了宝贵经验。4.关于评估机制。John M.Antle（1999）构建了美国基于成本—收益分析法的食品质量安全监管效果评估体系[5]。荷兰学者 G.A.Kleter（2009）等将食品质量安全风险应对效果视为评估政府监管绩效的重要部分[6]。

（四）关于农产品质量安全治理平台方面的研究

国外对农产品质量安全治理平台的研究，主要集中在信息认证平台、信息监控平台和信息共享平台等方面。1.关于信息认证平台。Nelson（1970）[7]以及 Caswell 和 Padberg（1992）总结了商品的三类特征，并指出农产品偏向于经验品和信用品，极易造成主体之间的信息不对称而产生质量方面的问题[8]。Anderson（1996）研究发现对农产品质量安全进行仔细认证并进行详细标识的重要性[9]。Antle（1996）认为信息制度完善与否直接影响到农产品质量安全的管理效能，在诸多信息制度中，Antle（2000）尤其强调农产品质量安全认证

---

①　Landesman，L.Y.*Public Health Management of Disasters：the Practice Guide*，American Public Health Association，Washington，DC，2001.

②　Adini B.，Goldberg A.，Laor D.，et al.，"Assessing levels of hospital emergency preparedness，"*Prehospital and Disaster Medicine*，2006（06），pp.451-457.

③　Mann N.，Mackenzie E.，"Anderson C.Public health preparedness for mass-casualty events：a 2002 state-by-state assessment，"*Prehosp Disaster Med*，2004（03），pp.245-255.

④　Amy C.，"Preparedness needs assessment in a rural state：themes derived from public focus groups，"*Biosecurity and Bioterrorism：Biodefense Strategy，Practice，and Science*，2006（04），pp.376-383.

⑤　John M.，"Antle.Benefits and costs of food safety regulation，" *Food Policy*，1999（06），pp.605-623.

⑥　Gijs A.Kleter，Hans J.P.Marvin.，"Indicators of emerging hazards and risks to food safety，"*Food and Chemical Toxicology*，2009（05），pp.1022-1039.

⑦　Nelson，P.，"Information and consumer behavior，"*Journal of Political Economy*，1970（78），pp.311-329.

⑧　J.A.Caswell，D.I.Padberg，"Toward a More Comprehensive Theory of Food Labels，"*American Journal of Agricultural Economics*，1992（02），pp.460-468.

⑨　Anderson M.D.，"Consumer Response to Integrated Pest Management and Certification，"*Agriculture，Ecosystems and Environment*，1996（60），pp.97-106.

的保障功能①。Golan,Kuchler 和 Mitchell(2001)对农产品标签可以对不完全信息、不对称信息进行更正这一论断进行了检查②。Norgaard(2009)等认为标识信息过量、标识信息专业性强,导致消费者对标识的全面认知水平低,影响标识发挥其应有功能③。Rodriguez(2011)等研究发现大多数农产品消费者对食品标识持信任态度④。2. 关于信息监控平台。韩国从本国国情出发制定了农产品质量安全信息管理系统,韩国农林部对国内 1400 多种农产品做了"农产品生产简历身份证",并将身份证信息通通录入农产品质量安全信息管理系统,实现农产品与农产品信息同流共享、有机结合,有力地保证了农产品信息对称和质量安全⑤。欧洲国家的农产品质量安全监控平台比较完善,对农产品流通的各个环节均实施 HACCP 监控⑥。荷兰范德利集团将牛统一提供给农户饲养,为每头牛都建立了专门档案,将牛的生长情况、饲养情况、屠宰情况、加工情况、销售情况等通通记录在案,并将所有信息都放入了公司专建的牛肉管理信息系统中,真正实现了农产品流通领域中的全程监控⑦。经历了一些农产品质量不安全事件后,欧洲人懂得了农产品生产全程监控的重要性,而作为被监控的生产者也知道了透明生产的重要性⑧。3. 关于信息共享平台。1970 年,George Akerlof 提出了"柠檬市场"(the lemons market)理论⑨。

---

① Antle,J.M.,"No Such Thing as a Free Safe Lunch:the Cost of Food Safety Regulation in the Meat Industry," *American Journal of Agricultural Economics*,2000(02),pp.310-322.

② E.Golan,F.Kuchler,L.Mitchell,"Economics of Food Labeling," *Journal of Consumer Policy*,2001(24),pp.84-117.

③ Norgaard M.K.,Brunso K."Families' use of nutritional information on food labels," *Food Quality and Preference*,2009(08),pp.597-606.

④ Rodriguez E.M.,Lupin B.,Lacaze M.V.,"Consumers' perceptions about food quality attributes and their incidence inargentinean organic choices," *Journal of Agricultural Science and Technology*,2011(01),pp.375-385.

⑤ 郑虎哲、张玉廷、崔春兰等:《韩国农产品质量安全管理体系的应用及对我国的启示》,《现代化农业》2004 年第 9 期。

⑥ 钱永忠:《国外农产品质量安全管理体系现状》,《农业质量标准》2003 年第 1 期。

⑦ 阚保东、张子群:《荷兰农产品质量安全管理体系》,《中国检验检疫》2005 年第 5 期。

⑧ 周荣荣:《美国农产品质量安全控制管理体系的考察与思考》,《农业技术经济》2003 年第 4 期。

⑨ George akerlof,"Lemon market:quality uncertainty and the market mechanism," *Journal of economic Tribune*,2001(06),pp.1-8.

Grossman(1981)①、Caswell(1991)②、Antle(1995)③、Salanie(1996)④、Bisin 和 Gottardi(1999)⑤以及 Rey、Dubois 和 Vukina(2004)⑥提出了农产品质量安全存在的信息不对称问题以及由此而导致的"柠檬市场"和"逆向选择"现象。Spencer(1973)⑦、Grossman(1981)⑧以及 Milgrom 和 Roberts(1982)⑨对信号传递理论在农产品质量安全治理中实现信息共享的成本和收益问题进行了研究。Maloni 和 Benton(1997)将农产品供应链上两个或两个以上角色互不重合的成员形成的协调关系称之为合作关系,指出这种合作关系可以降低成本、改善服务、增加农产品质量安全信息共享水平⑩。

二、国内研究现状综述

国内理论界和学术界对于农产品质量安全治理的研究,大体上也可归纳为以下四大主题:

（一）关于农产品质量安全治理主体方面的研究

国内对农产品质量安全治理主体的研究,主要集中在政府、企业、生产者、消费者、社会组织和社会媒体等方面。1. 关于政府主体。吴淼、吴薇（2012）

---

① Grossman,S.J.,"The information role of warranties and private disclosure about product quality,"*Journal of Law and Economics*,1981(24),pp.461-483.

② Julie A.Caswell, *Economic of Food Safety*,Elsevier Science Publishing Co.,1991.

③ Antle,J.M., *Choice and Efficiency in Food Safety Policy*,Washington,DC:The AEI Press,1995.

④ P.Rey and B.Salanie,"On the Value of Commitment with Asymmetric Information,"*Econometrica*,1996(64),pp.1395-1415.

⑤ A.Bisin,P.Gottardi,"Competitive Equilibria with Asymmetric Information,"*Journal of Economic Theory*,1999(87),pp.1-48.

⑥ Dubois,P.,T.Vukina.,"Grower Risk Aversion and the Cost of Moral Hazard in Livestock Production Contracts,"*American Journal of Agricultural Economics*,2004(03),pp.835-841.

⑦ M.Spence,"Job Market Signaling," *The Quarterly Journal of Economics*, 1973(87), pp.355-374.

⑧ S.J.Grossman,"The Informational Role of Guarnties and Private Disclosure about Product Quality,"*Journal of Law and Economics*,1981(24),pp.461-483.

⑨ P.Milgrom,J.Roberts,"Limit Pricing and Entry under Incomplete Information:An Equilibrium Analysis,"*Econometrica*,1982(50),pp.443-460.

⑩ Maloni,M.J.,"Supply chain partnership:opportunities for operations research,"*European Journal of Operational Research*,1997(10),pp.419-429.

强调政府在农产品质量安全治理中的作用,指出在改善农产品质量安全治理中要强化政府监管,弥补市场失灵①。左京生(2005)提出政府要完善农产品市场准入制度②。刁琳琳(2007)提出政府要完善农产品质量安全监管法律和监管体制③。胡新良(2010)认为政府应建立起由部、省、县三级构成的农产品质量安全检测体系和控制体系④。许红莲等(2013)认为中国"特供"经济是农产品质量安全问题频发的原因⑤。2.关于企业主体。章力建、黄连贵(2011)指出我国农产品链条长,要经过生产、加工、物流等多个环节,难以做到彻底监管,提出要从产业链条的角度出发,大力发挥农业龙头企业的作用⑥。费威、夏春玉(2013)针对农产品供应链中的主要利益主体——生产者、龙头企业、零售商——研究分析了他们各自的行为选择动机及行为影响因素,由此提倡构建以龙头企业为核心的新型农产品供应链模式⑦。陈梅、茅宁(2015)对我国乳制品企业进行了实证研究,构建了一个专门针对农产品战略性原料投资进行治理的实证模型,该模型构建的最终目的就是为了保证农产品质量安全⑧。3.关于生产者主体。王可山等(2007)强调通过规模经营激励农户供给质量安全的农产品⑨。杨天和(2006)提出了农产品生产者的行为决定农产品质量的一般模型⑩。冯忠泽(2007)对生产者行为做了进一步的介

---

① 吴淼、吴薇:《农产品质量安全管理中的政府行为逻辑》,《社会主义研究》2012 年第1 期。
② 左京生:《实行目录准入制度提高食品安全控制力》,《中国工商管理研究》2005 年第8 期。
③ 刁琳琳:《食品安全监管的经济学分析》,吉林大学2007 年。
④ 胡新良:《对农产品质量安全管理机制改革的思考》,《理论视野》2010 年第11 期。
⑤ 许红莲、胡愈:《农产品质量安全问题根源及其整治路径探究》,《中央财经大学学报》2013 年第12 期。
⑥ 章力建、黄连贵:《发挥龙头企业在农产品质量安全中的作用》,《农村经营管理》2011 年第7 期。
⑦ 费威、夏春玉:《以龙头企业为核心的食品供应链安全问题研究——以"速成鸡"事件为例》,《价格理论与实践》2013 年第1 期。
⑧ 陈梅、茅宁:《不确定性、质量安全与食用农产品战略性原料投资治理模式选择——基于中国乳制品企业的调查研究》,《管理世界》2015 年第6 期。
⑨ 王可山、李秉龙、刘哲:《论生产者自控与农产品质量安全》,《兰州学刊》2007 年第8 期。
⑩ 杨天和:《基于农户生产行为的农产品质量安全问题的实证研究——以江苏省水稻生产为例》,南京农业大学2006 年。

绍,指出生产者生产安全农产品的行为延续取决于消费者对这种行为的感知以及消费者对这种行为的更高支付意愿①。胡新良（2011）②和罗万纯等（2015）③对生产者供给决策的影响因素进行了研究。4.关于消费者主体。李祥洲等（2012）④、张静宜等（2013）⑤研究了消费者对农产品质量安全的认知,并指出消费者对农产品的主观判断以及消费者对农产品外部信息的感知影响消费者对农产品质量安全的有效识别。靳明等（2015）研究了消费者对农产品的支付意愿,指出频发的农产品质量安全事件不但会促使消费者品牌转换意愿的萌发,而且会在此基础上形成溢出效应⑥。除此之外,赵谦（2015）对农村消费者参与食品质量安全社会共治进行了研究,指出应保证农村消费者享有充分的信息,提升农村消费者参与能力和建构农村消费者参与空间⑦。5.关于社会组织主体。邓刚宏（2015）研究了非政府组织农产品质量安全治理中应发挥的协同功能⑧。赵声馗等（2013）⑨研究了行业协会在农产品质量安全监管中发挥的作用。高锁平等（2011）⑩研究了农业合作组织对农产品保质保量的正向影响。6.关于社会媒体。任重（2013）⑪、韩大平（2015）⑫研究

① 冯忠泽:《中国农产品质量安全市场准入机制研究》,中国农业科学院2007年。

② 胡新良:《低碳农业生产:农产品质量安全管理的治本之策》,《江汉论坛》2011年第8期。

③ 罗万纯、杜娟娟:《农产品质量安全问题成因:社会心理视角》,《农村经济》2015年第10期。

④ 崔彬:《消费者识别安全生鲜农产品的影响因素:理论与实证分析——以扬州"荧光蘑菇"事件为例》,《扬州大学学报(人文社会科学版)》2012年第2期。

⑤ 张静宜、陈洁、邓志喜:《农产品质量安全消费者认知与公众参与情况调查》,《调研世界》2013年第5期。

⑥ 靳明、赵敏、杨波等:《食品安全事件影响下的消费替代意愿分析——以肯德基食品安全事件为例》,《中国农村经济》2015年第12期。

⑦ 赵谦:《农村消费者参与食品安全社会共治的实证分析》,《暨南学报(哲学社会科学版)》2015年第8期。

⑧ 邓刚宏:《构建食品安全社会共治模式的法治逻辑与路径》,《南京社会科学》2015年第2期。

⑨ 赵声馗、陈玥:《食品行业协会的食品安全治理功能及其优化》,《理论观察》2013年第9期。

⑩ 高锁平、裴红罗:《农民专业合作社:控制农产品质量安全的有效载体——以浙江临海市上盘西兰花合作社为例》,《农村经济》2011年第1期。

⑪ 任重:《媒体在食品安全事件报道中的角色差异分析——以"工业明胶毒胶囊"事件为例》,浙江大学2013年。

⑫ 韩大平:《食品安全危机信息在社交媒体中的传播研究》,北京邮电大学2015年。

了社会媒体对保障农产品质量安全的舆论监督功能。高丽莎(2015)以"核辐射酱油"事件为例,对社会媒体的事件报道和信息传播功能进行了全面解读,并针对食品安全报道容易走进的误区提出了应对方法①。周开国(2016)指出社会媒体对食品质量安全事件的曝光会给涉事公司带来巨大的负面影响,而且这种影响随着媒体关注度的提高而变大②。冯强、石义彬等(2017)研究了在食品质量安全事故中社会媒体的信号传播对大众风险感知的正向影响问题③。

(二)关于农产品质量安全治理体制方面的研究

国内对农产品质量安全治理体制的研究,主要集中在流通体制、贸易体制、监管体制和网格化治理体制等方面。1.关于流通体制。陈友福(1993)指出农产品商业企业和农产品供销社是改革农产品流通体制的关键④。丁声俊(1997)指出对关乎国计民生的棉、粮、肉等大宗农产品进行市场流通改革是建立"市场经济型农产品流通体制"的前提⑤。石磊(1999)指出有效的农产品流通体制改革应当是基于市场化条件,政府寻求适度的宏观调控,并为实现大宗农产品流通发挥引领作用⑥。方志权、焦必方(2002)指出中国的农产品流通体制改革应立足国情,同时也要立足经济全球化大背景,不能忽视国际经济大循环⑦。祁春节、蔡荣(2008)指出政府主导是农产品流通体制改革的必然选择,农产品流通体制改革不能一蹴而就,是一个渐进完善的漫长的经验累积过程⑧。2.关于贸易体制。钟甫宁(1991)对我国的农产品贸易体制进行了

① 高丽莎:《食品安全报道舆论导向误区及应对策略——以核辐射酱油事件为例》,《中国报业》2015年第16期。

② 周开国、杨海生、伍颖华:《食品安全监督机制研究——媒体、资本市场与政府协同治理》,《经济研究》2016年第9期。

③ 冯强、石义彬:《媒体传播对食品安全风险感知影响的定量研究》,《武汉大学学报(人文科学版)》2017年第2期。

④ 陈友福:《全方位改革农产品流通体制》,《山西财经学院学报》1993年第1期。

⑤ 丁声俊:《深化农产品流通体制改革的目标与思路》,《农业经济问题》1997年第7期。

⑥ 石磊:《农产品流通体制改革的目标模式选择》,《农业经济问题》1999年第5期。

⑦ 方志权、焦必方:《中日鲜活农产品流通体制若干问题比较研究》,《现代日本经济》2002年第5期。

⑧ 祁春节、蔡荣:《我国农产品流通体制演进回顾及思考》,《经济纵横》2008年第10期。

研究并探讨了出口营销战略①。程宝库(1992)指出关贸总协定规定的农产品贸易体制,是脱离发达国家农业经济实际的、一种过时的体制,应该取消农业补贴、实现贸易自由化,彻底改革该体制②。李江冰(2004)着重研究了外贸体制改革问题,指出需要在保护本国农业与推进农产品贸易自由化之间找到实现国家利益最大化的平衡点③。3.关于监管体制。周荣荣(2004)指出我国农业的现代化和国际化离不开完善的农产品经营管理体制,农产品质量安全和国际竞争力离不开有效的农产品质量安全监管体制④。宋强、耿弘(2012)也对我国农产品质量安全监管体制进行了深入研究,指出我国农产品质量安全监管体制的变革,首先,应该打破功能分化格局,建立密切联系、统筹兼顾的协调机制;其次,应该打破政府垄断格局,建立公民、非政府组织、社会中介等公私合作的多方参与机制;再次,应当打破"多站式"服务格局,建立"一站式"服务机制⑤。冯朝睿(2016)从多个维度对我国农产品质量安全监管体制进行解析,提出应从整合治理结构、整合部门运作、整合多元监管、整合行动问责、整合共享信息等多维度革新我国农产品质量安全监管体制⑥。4.关于网格化治理体制。赵炜丽(2014)指出要建立四级网格监管机构,在市设领导组,在各县区设站点,在乡镇设小组,在村设立协管员⑦。丁煌、孙文(2014)建议建立基于网络治理新模式的食品质量安全社会共治格局⑧。叶川(2016)分析了浙江省温州市农产品进行"网格化"监管的必要性,介绍了温州市三级网格体系

---

① 钟甫宁:《国际农产品市场特征与我国的外贸经营体制和出口营销战略》,《中国农村经济》1991年第9期。

② 程宝库:《论GATT国际农产品贸易体制的危机与出路》,《南开经济研究》1992年第1期。

③ 李江冰:《多边贸易体制下农产品贸易自由化困境的政治经济分析》,武汉大学2004年。

④ 周荣荣:《WTO框架下的出口创汇农产品的经营体制创新》,《江苏社会科学》2004年第3期。

⑤ 宋强、耿弘:《整体性治理——中国食品安全监管体制的新走向》,《贵州社会科学》2012年第9期。

⑥ 冯朝睿:《我国食品安全监管体制的多维度解析研究——基于整体性治理视角》,《管理世界》2016年第4期。

⑦ 赵炜丽:《潍坊市农产品质量安全监管问题及对策研究》,山东大学2014年。

⑧ 丁煌、孙文:《从行政监管到社会共治:食品安全监管的体制突破——基于网络分析的视角》,《江苏行政学院学报》2014年第1期。

建设内容①。肖湘雄、赵莉莹(2017)认为政府要加大农产品质量安全网格化治理的宣传力度,引导多元主体积极参与,要科学划分农业部门、质监部门、工商部门之间的权力与责任,构建网格化治理团队,要引进"大数据"技术,构建"大数据"平台②。

(三)关于农产品质量安全治理机制方面的研究

国内对农产品质量安全治理机制的研究,主要集中在追溯机制、监管机制、危机应急机制、评估机制和激励机制等方面。1.关于追溯机制。周洁红等(2004)认为我国应该借鉴国外先进经验,建立农产品质量安全全过程追溯体系③。周婷、王宪(2005)研究发现我国农产品质量安全在生产、加工、贮存、运输等环节均存在追溯不到位问题④。白慧林、李晓菲(2013)也指出我国追溯体系还存在很多问题,表现在企业质量安全意识缺乏、法律法规不完善、配套数据库未建立、财政投入不足等方面⑤。喻林、张明林(2013)对完善追溯体系进行了探讨⑥。2.关于监管机制。邓青(2012)⑦、胡重明(2016)⑧等从多个角度分析了我国农产品监管机制存在的问题,任燕等(2011)⑨则提出了相应的解决对策。此外,邵培(2016)着重强调了第三方检测机构在改革食品质量安全监管机制中的作用,指出第三方检测机构应充分发挥食品质量安全监管功能,通过资源整合建立完善的综合监管体系⑩。3.关于危机应急机制。谢

---

① 叶川:《温州市基层食品安全"网格化"监管模式研究》,华东政法大学2016年。

② 肖湘雄、赵莉莹:《农产品质量安全网格化治理困境与出路》,《当代经济管理》2017年第3期。

③ 周洁红、钱峰燕、马成武:《食品安全管理问题研究与进展》,《农业经济问题》2004年第4期。

④ 周婷、王宪:《食品安全控制浅论》,《中国公共卫生管理》2005年第3期。

⑤ 白慧林、李晓菲:《论我国食品安全可追溯制度的构建》,《食品科学技术学报》2013年第5期。

⑥ 喻林、张明林:《我国农产品质量安全追溯体系发展路径及建议》,《求实》2013年第5期。

⑦ 邓青、易虹:《中国食品安全监管问题刍议——借鉴美国食品安全法的制度创新》,《企业经济》2012年第1期。

⑧ 胡重明:《任务环境、大部制改革与地方治理体系的反官僚制化——对浙江省地方食品药品监管体制改革的考察》,《中国行政管理》2016年第10期。

⑨ 任燕、安玉发、多喜亮:《政府在食品安全监管中的职能转变与策略选择——基于北京市场的案例调研》,《公共管理学报》2011年第1期。

⑩ 邵培:《第三方检测机构在我国食品安全监管体制中的角色作用研究》,首都经济贸易大学2016年。

志国（2011）①、李辉（2012）②等全面分析了我国农产品危机应急机制的总体现状，指出我国农产品质量安全危机应急机制还很不完善，既没有专门的综合协调机构，也缺少对农产品质量安全信息的公开和沟通、更缺乏社会各界的广泛参与。彭思喜等（2012）就农产品质量安全应急机制的健全完善问题提出了建议③。4.关于评估机制。岑国姬（2013）④和颜波等（2014）⑤研究了农产品质量安全的风险评估机制。姜科（2013）⑥则研究了农产品质量安全感光评估机制。张春兰（2016）发现对农产品质量安全的感官存在误差，认为需要专门的检测设备予以纠正，所以利用LabVIEW软件和电化学原理结合而成的虚拟技术，开发了一种土地重金属检测仪器，以弥补感官评估土地重金属含量的缺陷⑦。5.关于激励机制。李文东等（2005）指出对质量安全农产品的激励机制是企业和消费者的重复博弈，激励质量安全农产品的生产，应严格管理企业、加强信息交流、引导消费观念、改善消费结构⑧。胡求光等（2012）分析了农产品出口企业在农产品质量安全追溯体系中的激励机制问题⑨。耿宁、李秉龙（2014）指出应从产业链整合的视角寻求标准化运作的风险防范路径⑩。李毅（2014）研究了农产品供给对通货膨胀的贡献率问题，认为农产品对通货膨胀的抑制效果并不明显，实行农产品供给激励并不能有效地反通胀⑪。周业付（2015）认识到农产品委托—代理契约可以增加农产品供应商收益，降低

① 谢志国：《食品安全危机管理中政府应急处理体系建设研究》，安徽大学2011年。
② 李辉：《食品安全危机事件应急处理问题研究》，吉林大学2012年。
③ 彭思喜、张日新：《广东温氏集团食品安全危机应急处理机制研究》，《南方农村》2012年第12期。
④ 岑国姬：《生鲜农产品供应链风险评估与应对研究》，广西大学2013年。
⑤ 颜波、石平、丁德龙：《物联网环境下的农产品供应链风险评估与控制》，《管理工程学报》2014年第3期。
⑥ 姜科：《农产品感官评估综合分析方法及系统实现》，东华大学2013年。
⑦ 张春兰：《农产品产地重金属污染安全评估技术与设备开发》，天津理工大学2016年。
⑧ 李文东、杨立刚、鲁明中：《生态农产品生产激励机制的经济分析》，《生态经济》2005年第10期。
⑨ 胡求光、黄祖辉、童兰：《农产品出口企业实施追溯体系的激励与监管机制研究》，《农业经济问题》2012年第4期。
⑩ 耿宁、李秉龙：《产业链整合视角下的农产品质量激励：技术路径与机制设计》，《农业经济问题》2014年第9期。
⑪ 李毅：《农产品供给激励、货币调控与通胀的管理目标》，《经济科学》2014年第4期。

农产品供应商风险,指出针对上游农产品供应商建立合理的激励机制具有十分重要的意义①。

(四)关于农产品质量安全治理平台方面的研究

国内对农产品质量安全治理平台的研究,主要集中在信息认证平台、信息监控平台和信息共享平台等方面。1.关于信息认证平台。朱丽莉、王怀明(2013)从信息发布博弈的视角出发,研究分析了农产品质量安全认证过程中的信息失真问题②。朱晓虹(2014)在致力于解决农产品质量安全信息不对称的基础上,对农产品质量安全认证进行了相关的现状分析和对策探讨③。浦徐进、路璐(2014)研究了认证精确度对发展农产品市场的作用,认为质量安全认证以外部规则性质介入市场,高精度的认证能够改良市场④。彭俊、黄晓英(2014)分析得出消费者对农产品认证并没有显示出极高的信任,提出要建立健全农产品质量安全信息认证平台,增强认证信息的可靠性⑤。王冠辉(2014)将农产品质量安全认证引入到有机农产品中,并分析了农产品质量安全认证对有机农业存在的影响⑥。幸家刚(2016)指出农产品质量安全认证通过第三方认证机构可以实现农产品质量安全信号的传递,主张完善农产品质量安全认证平台,对农产品开展保质保量的认证行为⑦。2.关于信息监控平台。胡莲(2008)提出完善的农产品质量安全监控信息平台不仅能够实现经济利益,提升工作效率,而且还能扮演监控者角色,为保障农产品质量安全服务⑧。陈杨(2015)指出要将 ERP 系统运用到农产品质量安全监控中来,为问

①　周业付:《基于委托—代理理论的农产品供应链激励机制研究》,《统计与决策》2015 年第 24。

②　朱丽莉、王怀明:《农产品质量认证中信息失真的原因分析——基于信息发布博弈视角》,《江西财经大学学报》2013 年第 2 期。

③　朱晓虹:《基于信息不对称理论的农产品质量安全认证研究》,云南大学 2014 年。

④　浦徐进、范旺达、路璐:《公平偏好、强互惠倾向和农民合作社生产规范的演化分析》,《中国农业大学学报(社会科学版)》2014 年第 1 期。

⑤　彭俊、黄晓英:《消费者安全农产品认证及消费行为调查分析——基于杭州市县消费者调查》,《中国农业信息》2014 年第 2 期。

⑥　王冠辉:《有机农产品认证新制度的解析及对我国有机农业的影响》,西北农林科技大学 2014 年。

⑦　幸家刚:《新型农业经营主体农产品质量安全认证行为研究》,浙江大学 2016 年。

⑧　胡莲:《基于质量安全的农产品供应链管理及其信息平台研究》,同济大学 2008 年。

题农产品举报人创造更便捷、更具时效的反应渠道。除此之外,还要建立和完善农产品质量安全信息监控系统平台,为农产品质量安全监控塑造良好的环境①。3.关于信息共享平台。陈小霖(2007)指出有效解决的方法是增加农产品质量安全信息投入②。李铁林(2013)指出农产品质量安全信息不对称容易诱发农业生产者的投机行为,导致"道德败坏"现象,政府亟需建立和完善农产品质量安全信息共享平台,对农产品质量安全信息供给进行补偿,以保障农产品市场主体间信息对称③。潘丽霞,徐信贵(2013)指出我国食品与农产品质量安全问题频发,很大一部分原因是主体之间信息不对称造成的,政府要创建信息平台,及时分享农产品相关信息④。马丽丽(2014)通过对在途库存信息利用和供应链信息共享进行建模,指出农产品生产者和供应商之间存在某些信息对称而某些信息不对称的问题,基于此开展的 SD 模型分析得出了以供应链信息共享为起点和归宿的农产品抗风险模型⑤。肖湘雄(2015)对农产品质量安全信息资源共享平台的建设进行了探讨,指出国家要树立与时俱进的信息发展理念,推进农业信息资源共享平台建设⑥。

此外,国内实践界对农产品质量安全治理进行了大量的探索。十八届三中全会以来,我国进入了农产品质量安全治理阶段,强调多元主体对农产品质量安全进行协同治理。地方政府积极响应中央号召,创新农产品质量安全保障模式,将农产品质量安全治理深入实践。2014 年,浙江在推进农产品质量安全多元治理工作中做了诸多努力,在多地实行"柔性管理",改政府管制为政府激励,强化信用文化和诚信体系建设,使农产品生产经营者自发自觉地保障农产品质量安全;加强消费维权和社会监督,助推各个部门联动治理机制;完善农产品质量安全宣传机制,增强农产品质量安全工作透明度⑦。2014 年

① 陈杨:《湖州市农产品质量安全信息监控系统问题研究》,浙江大学 2015 年版。
② 陈小霖:《供应链环境下的农产品质量安全保障研究》,南京理工大学 2008 年。
③ 李铁林:《我国农产品质量安全生产补偿机制研究》,中国农业科学院 2013 年。
④ 潘丽霞、徐信贵:《论食品安全监管中的政府信息公开》,《中国行政管理》2013 年第 4 期。
⑤ 马丽丽:《基于系统动力学的食品供应链抗风险模式研究》,天津科技大学 2014 年。
⑥ 肖湘雄:《大数据:农产品质量安全治理的机遇、挑战及对策》,《中国行政管理》2015 年第 11 期。
⑦ 孙林、余向东、蒋文龙等:《开创"舌尖安全"的新时代》,《农民日报》2014 年 11 月 20 日。

以来,江苏省泰州市对食用农产品质量安全进行网格化治理的主要内容包括以下三个方面:一是建立四级网格体系——村、乡镇、县、市四级网格,四级网格相互分离又彼此覆盖,共同致力于食用农产品质量安全治理;二是成立工作领导小组,完善管理机构;三是明确任务,为四级网格人员分配相应的任务。食用农产品质量安全网格化治理已在泰州市发展完善并开始全面实施,为其他地区的农产品质量安全管理提供了宝贵的网格化治理经验。2015年,山东省济南市历城区首创全省农产品质量安全多元主体网格化管理体系,形成了"横向到边,纵向到底"的区、街(镇)、村三级农产品质量安全监管网络,同时,还致力于推进农产品质量安全监管信息平台建设的农产品网格化管理工作。2015年,湖南省怀化市中方县实行农产品质量安全属地管理责任制,做好统筹规划和督办考核,建立政府统一领导下的部门分工协作、社会各界积极参与的农产品质量安全治理机制,有效提高了农产品质量安全治理能力。2016年,陕西省略阳县举行了以"尚德守法共治共享食品安全"为主题的食品安全宣传周启动仪式,助力营造群众监督、多元治理的农产品质量安全治理格局。2016年,山东省寿光市古城街道开始探索农产品质量安全治理新模式,在蔬菜监管环节采取"业户自愿、村委协调、集中检测、集中管理"的原则,在农资店监管环节采取"监管部门+企业+农资店"的多元管理模式。2016年,浙江奉化也对改善农产品质量安全监管问题进行了实验探讨,建成了市、镇/街道、企业/市场三级网格化农产品质量安全治理体系。

三、简要评价

上述研究成果为本课题研究奠定了很好的基础。国外研究视角比较有针对性,方法更趋多元化,资料来源相对可靠,能为我国食用农产品质量安全治理提供有益借鉴,但受其社会制度、政治体制、文化背景、价值取向等方面的影响,符合我国国情的研究成果还不多见[1]。国内相关研究成果主要集中在生产者(农户)、消费者、企业、政府以及非政府组织等行为主体方面,并对各行

---

① 肖湘雄、彭舜、葛志华:《论食用农产品质量安全的社会共治》,《武陵学刊》2016年第2期。

为主体在食用农产品质量安全中的应然要求、实然状态以及各行为主体提升食用农产品质量安全治理水平的对策做了比较多的探讨。通过文献总结分析,发现目前对农产品质量安全治理的研究具有五个主要特点:

(1)对农产品质量安全治理单个主体的研究比较多,对农产品质量安全治理多元主体协同的研究比较少。从上述农产品质量安全治理主体方面的研究综述来看,国内外大部分学者都较详细地从政府、企业、生产者、消费者、非政府组织、行业协会等单一主体来探讨农产品质量安全治理,并对单个主体的农产品质量安全管理能力进行了研究,但较少从多元主体协同的视角研究农产品质量安全治理问题。(2)对农产品质量安全一般化治理体制的研究比较多,对农产品质量安全多元主体网格化治理体制的研究比较少。从上述农产品质量安全治理体制方面的研究综述来看,国内外学者对农产品流通体制、农产品监管体制、农产品危机应急管理体制、农产品质量安全多元治理体制进行了相关研究,发现国内外近些年才将网格化理论运用到农产品质量安全治理中。虽然看到了农产品质量安全多元主体网格化治理的发展趋势,但目前对农产品质量安全多元主体网格化治理进行深入、系统的研究还很少。(3)对农产品质量安全治理机制的一般化研究比较多,对农产品质量安全治理机制进行深入、系统的研究比较少。从上述农产品质量安全多元主体治理机制方面的研究来看,国内外学者都侧重于对农产品质量安全追溯机制、监管机制、危机应急机制、评估机制以及激励机制等研究,但对多种机制开展深入、系统的研究尚不足。(4)对农产品质量安全治理平台的研究比较多,对大数据背景下如何利用信息技术对农产品质量安全治理信息进行集成等深层次问题的研究比较少。从上述农产品质量安全治理平台方面的研究综述来看,国内外学者都很关注农产品质量安全信息问题特别是由于"柠檬市场"存在导致的各主体之间信息不对称问题,并对农产品质量安全信息认证平台、信息监控平台以及信息共享平台进行了相关的研究,但对当今大数据时代如何运用技术手段解决这个问题的研究还比较少。(5)农产品质量安全治理的高效模式还处在探索阶段,尚未形成全覆盖的切实有效的农产品质量安全治理体系。从上述关于农产品质量安全实务方面的总结来看,国内一些地方政府十分关心农产品质量安全治理问题,并注重理论联系实践,对农产品质量安全多元治理以及农产品质量安全多元主体网格化治理进行了诸多尝试,虽然取得了一定成效,但还未能运用先进的信息技术和网络手段,对食用农产品质量安全治理主体纵向一体、横向联动等机制进行深层次问题的研究。

本课题旨在立足于农产品质量安全治理的已有研究成果,基于食用农产品质量安全本身的特点以及我国资源环境硬约束、治理主体软约束等国情,对食用农产品质量安全多元主体网格化治理机制进行深入、系统的研究,运用先进的信息技术和网络手段,同时归纳、总结食用农产品质量安全治理的有关经验,构建食用农产品质量安全治理主体"逐级负责、网格到底、纵向一体、横向联动"的食用农产品质量安全多元主体网格化治理新机制,切实有效地保障人民群众的身体健康与生命安全,加快推进"健康中国"建设。

第三节　研究的思路与方法

一、研究思路

首先阐述食用农产品质量安全多元主体网格化治理机制的基本理论;接着分析农产品质量安全治理现状,以探寻多元主体治理行为的本质和规律;同时归纳、借鉴国内外有关经验,基于食用农产品质量安全特点与我国国情,构建食用农产品质量安全多元主体网格化治理机制及其评估指标体系;进而对县域食用农产品质量安全多元主体网格化治理案例进行深入分析,以期对全国县域食用农产品质量安全治理提供借鉴;最后提出食用农产品质量安全多元主体网格化治理机制运行的风险及防范措施。

研究的逻辑架构与技术线路如图 1-1 所示:

二、研究方法

（一）文献研究法

文献研究法是通过查阅食用农产品质量安全多元主体网格化治理相关方面的文献,包括专著、期刊、论文等各种资料,通过浏览网页和翻阅书籍,了解食用农产品质量安全多元主体网格化治理研究的现状。在前人已有研究的基础上,进行深入挖掘、分析和研究。

课题总框架	具体研究内容	研究目标与研究方法
总体设计	学术史梳理及研究动态、研究价值 / 研究对象、目标、路线和方法	提出研究问题和方法 文献研究、专家访谈
理论分析	内涵、特点、国情、理论基础、现实依据、食用农产品质量安全治理的历史考察	寻找理论支持 文献研究、内容分析
实践分析	现状调查、主要问题、原因分析	探寻治理主体的实际行为及主体间的关系，把握治理行为的本质和规律 定性与定量相结合分析
经验借鉴	国外多元主体治理做法 / 国内多元主体治理做法	发掘多元主体治理机制的做法及启示 文献研究、案例研究
机制构建	主体与职责 / 多元主体网格化治理机制构建：原则、目标、内容（战略联盟、利益与共、资源整合、共振动力、联合保障、阳光监督、依法治理等）	基于食用农产品质量安全的特点与国情，确定主体体系构成与职责，提出多元主体网格化治理机制的设计思路与架构 定性与定量相结合
评估体系	机制运行评估指标体系	构建多元主体网格化治理机制运行的评估指标体系 定性与定量相结合
案例研究	河南省内黄县网格化治理案例	对全国县域食用农产品质量安全网格化治理的借鉴 案例研究法
完善对策	风险及防范措施	课题总结

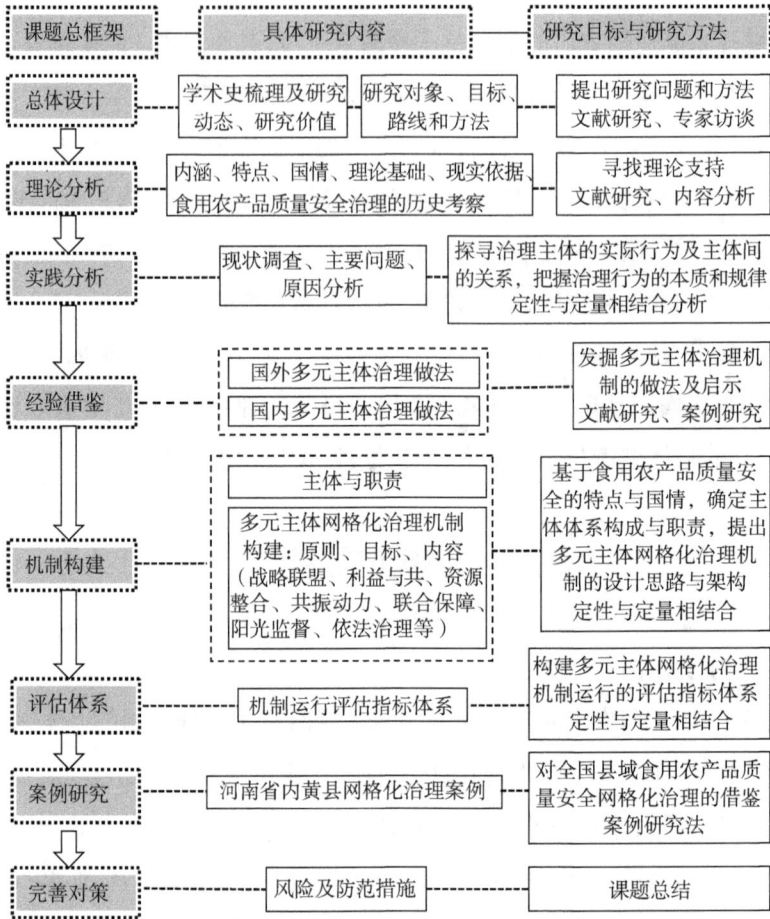

图 1-1　课题研究的逻辑架构与技术线路图

(二)定性与定量相结合的研究法

定性分析法是相对于定量分析法而言的,是一种非数量分析方法。在科研过程中,并不是所有研究对象都能进行量化分析,面对抽象的研究对象,需要依靠研究人员综合主观判断与实践经验来分析。定性分析通常应用于定量分析之前,为定量分析奠定基础。定性分析实际上是对研究对象"质"的分析,通过归纳演绎、概括分析等方式解决研究对象"有没有"以及"是不是"的问题。一般来说,定性分析适用于一些抽象、无具体数据和资料的研究。影响食用农产品质量安全多元主体网格化治理的因素并不是都能被量化评估,要构建科学可行的评估指标体系,需要运用到定性分析法。采用访谈、观察等方法,确定多元主体网格化治理的主体体系构成及其职责。针对食用农产品质量安全多元主体治理的现状、困难和诉求进行全方位调查。定量分析法主要是通过统计和分析研究对象的各项数据,进行数学建模,来对研究对象的特征、性质以及发展规律进行判断。定量分析法是构建指标体系过程中常用的研究方法之一,且与定性分析法并非互相独立,而是结合运用。对于抽象、无具体数据的研究对象,首先需要定性分析法对其进行界定,定量分析法则是建立在定性分析的基础上来进行数据分析,二者相辅相成。通过定性与定量相结合的方法,探讨食用农产品质量安全多元主体治理面临的主要问题及其成因,探寻多元主体治理行为的本质与规律,从而建立食用农产品质量安全多元主体网格化治理机制及其评估指标体系。

(三)案例研究法

选取具有典型意义的河南省内黄县食用农产品质量安全网格化治理为案例,深入研究案例中的多元主体网格化治理采取的措施及其取得的成效,同时指出案例中存在的突出问题,并提出完善对策,为本课题研究提供坚实的实践基础与事实依据,以期为全国县域食用农产品质量安全多元主体网格化治理提供借鉴意义。

第四节 研究的主要内容

(一)食用农产品质量安全多元主体网格化治理的概念界定与基本理论

1. 食用农产品的定义

食用农产品指供食用的源于农业的初级产品,即由种植、养殖而形成的,未经加工或经初级加工、可供人类食用的农产品,主要包括生鲜农产品及其初级加工品,如粮食、蔬菜、瓜果、肉类、蛋类等。

2. 食用农产品质量安全多元主体网格化治理机制的内涵与功能

选取具有相关资质的食用农产品质量安全治理主体,运用先进的信息技术和网络手段,建立治理网格,将治理辖区按照一定标准划分为科学、合理的单元网格。多元主体通过责、权、利等的有效分工与合作,加强对单元网格内食用农产品质量安全事件的监督巡查和单元网格间事件的处置协同,建立一种以为民服务为理念、以高度信任为原则,以共同利益为动力,以资源整合为平台、以实效评价为推手,以阳光监督为保障,以依法治理为准绳的多元主体"逐级负责、网格到底、纵向一体、横向联动"机制①。特点:一是治理主体多元化、主动化,变被动应对问题为主动发现问题、解决问题;二是治理手段数字化——敏捷、精确、高效;三是治理标准和流程规范统一化,有效提升治理的能力和水平。

3. 食用农产品质量安全多元主体网格化治理的理论基础

主要对食用农产品质量安全多元主体网格化治理的公共物品理论、外部性理论、复杂系统理论、多中心治理理论、整体治理理论、网格化管理理论等及其成为食用农产品质量安全多元主体网格化治理的理论依据进行了分析。

4. 构建食用农产品质量安全多元主体网格化治理机制的必要性与可行性

主要从政府主体监管失效、市场主体过度追求自身利益、非政府组织缺乏认同和地位、多元主体利益分散、农业区域性和生产经营模式落后等方面分析了构建食用农产品质量安全多元主体网格化治理机制的必要性;从多元主体积极参与为网格化治理提供了主体条件、国家规划为多元主体网格化治理提供了政治条件、政府财政为多元主体网格化治理提供了经济条件、网格化治理经验为多元治理提供了技术文化条件、网格化治理能够获取社会效益从而满足和谐社会条件、网格化治理能够维持市场秩序从而满足市场生态条件等方面分析了构建食用农产品质量安全多元主体网格化治理机制的可行性。

(二)食用农产品质量安全治理的历史考察

主要对我国食用农产品质量安全治理进行历史考察,以国家设计、区域战略、主体落实三个方面为依据,将其分为农产品质量管理起步阶段(20世纪80年代后期至90年代初期:1985—1994年)、农产品质量管理发展阶段(20世纪90年代中后期:1995—2000年)、农产品质量安全监督阶段("十五"时期:2001—2005年)、农产品质量安全监管阶段("十一五"至"十二五"初中期:

---

① 肖湘雄、彭舜、葛志华:《论食用农产品质量安全的社会共治》,《武陵学刊》2016年第2期。

2006—2013 年 11 月)、农产品质量安全治理阶段(十八届三中全会以来:2013 年 11 月至今)五个阶段,并分别从宏观视角的国家设计层面、中观视角的区域战略层面、微观视角的主体落实层面进行探讨。

(三)食用农产品质量安全多元主体治理的现状分析

1. 存在的主要问题

通过大量调查,分析多元主体对食用农产品质量安全治理的参与热度、参与力度、参与广度、参与深度、参与效度和参与持续度。指出存在的主要问题:(1)职能交叉与权力分散并存。主要表现为:职能部门权责不分、权责难分、争权夺利、推诿塞责。(2)治理主体不明晰。主要表现为:监管部门缺位,公权滥用,为官不为现象时有发生;缺乏各类非政府组织的应有角色和作用。(3)治理主体角色定位出现偏差。主要表现为:非政府组织力量薄弱,专业人才匮乏,缺乏应有的社会地位和公众认同,治理活力与治理能力不足。(4)多元矛盾冲突。主要表现为:各主体有各自不同的利益,不同主体之间存在着矛盾或利益冲突。(5)协调联动困难。主要表现为:多头监管,责任扩散,力量分散,执法力量与其实际任务难以匹配,按照各自上级要求行事,执法主体各听其主,很难协调联动;各主体之间利益联系不紧密,缺少配套措施;政府监管部门与非政府组织、非政府组织与非政府组织之间联动困难。

2. 深入剖析问题的成因

上述问题的成因主要有:(1)传统的管控观念与控制体制等制约了多元治理主体及其能力培养。(2)不合理的政策支持方式导致各主体治理能力的先天不足。(3)权责不对等和边界外溢影响了各治理主体的职责与独立性。(4)缺乏科学、合理、有效的多元主体纵向一体、横向联动等治理机制。(5)多元主体治理的法律机制不健全等。

(四)国内外治理食用农产品质量安全的做法及启示

主要对美国、加拿大、德国、俄国、日本、新加坡、印度、澳大利亚等国家食用农产品质量安全治理的主要做法进行分析,总结并借鉴其成功经验,吸取其失败教训。同时,对国内具有典型意义的海南省"毒豇豆"事件治理、黑龙江省"五常大米"事件治理、河南省"双汇瘦肉精"事件治理、山东省"药袋苹果"事件和"毒生姜"事件治理、江西省"毒皮蛋"事件治理、湖南省"病死猪"事件治理、河北省"甲醛白菜"事件治理等进行分析,深入研究国内多元主体治理机制,研究各主体在治理中的具体责任及其行为,分析其具体做法,指出其在多元主体治理中存在的具体问题,探寻影响多元主体治理的因素与机理,进一步探寻多元主体治理行为的本质和规律。从而为食用农产品质量安全多元主体网格化治理机制提供坚实的实践基础。

(五)食用农产品质量安全多元主体网格化治理机制的构建

1.治理的主体及职责

(1)生产主体。主要包括农户、家庭农场、农产品生产企业、农民专业合作经济组织、农产品行业协会等。农户、家庭农场、农产品生产企业、农民专业合作经济组织发挥基础性、补充性的作用,角色由政府监管的相对人变为治理的竞相参与者,同时接受政府监管[①];农产品行业协会以谋求会员利益最大化为宗旨,为会员提供咨询、改进技术、统一标准、提升品质、打造品牌等服务。(2)经销主体。主要包括农资经营商、农产品物流服务商、农产品经销商等。治理的竞相参与者,对自己的经营行为严格自律,主动接受其他经营主体的监督、约束和控制。(3)消费主体。主要包括消费者、消费者协会等。消费者对食用农产品质量安全信息进行反馈,并监督其他主体行为,确保自己对农产品质量安全的需求;消费者协会有效保护消费者权益,为消费者及时提供农产品安全信息、提供维权帮助与支持,还可以联合广大消费者放弃某类、某一食用农产品品牌。(4)监管主体。主要包括网格化治理监管员、农产品质量安全监管部门、涉农媒体等。网格化治理监管员收集、处理食用农产品质量安全信息,开展日常巡查工作;农产品质量安全监管部门提供基础服务和大力保障、确定治理的整体方向和标准、明确各类治理主体的地位和职责分工、引导各类主体竞相参与、推行有奖举报、加强行政执法、协调各方主体利益等;涉农媒体进行媒体监督,在社会上形成强大的舆论压力。(5)涉农研发机构。主要包括农业科研院所和涉农高等院校、涉农企业研发机构等。研发无毒无害化肥、农药与涉农产品添加物等,加强食用农产品质量安全知识的科

---

① 肖湘雄、彭舜、葛志华:《论食用农产品质量安全的社会共治》,《武陵学刊》2016年第2期。

普教育和培训。

2. 构建的原则

价值引导与制度规范相结合、普遍支持与差异支持相结合、单项支持与综合支持相结合、局部支持与整体支持相结合、静态支持与动态支持相结合、民生为本与服务为先相结合。

3. 构建的目标

建立"逐级负责、网格到底、纵向一体、横向联动"的食用农产品质量安全多元主体网格化治理机制,开创多元主体竞相参与食用农产品质量安全网格化治理新局面。

4. 构建的内容

战略联盟机制、利益与共机制、资源整合机制、共振动力机制、联合保障机制、阳光监督机制、依法治理机制。

(六)食用农产品质量安全多元主体网格化治理评估指标体系

主要构建了食用农产品质量安全多元主体网格化治理机制运行的评估指标体系,以便对多元主体网格化治理机制进行科学、合理的评估,以激发多元主体活力,提高多元主体网格化治理能力和水平,使多元主体网格化治理机制的运行不断内反馈与外反馈,形成自动走向良性、系统不断优化的自组织。最后对食用农产品质量安全多元主体网格化治理评估指标体系进行了总体评析。

(七)食用农产品质量安全多元主体网格化治理机制运行的风险及防范措施

一是对基于农户行为的机制运行风险、基于"政府失灵"行为的机制运行风险、基于"柠檬市场"中信息不对称行为的机制运行风险、基于社会中间组织行为的机制运行风险、基于供应链主体间关系的机制运行风险、基于食用农产品污染行为的机制运行风险、基于智库建设困境的机制运行风险、基于法律法规体系建设困境的机制运行风险等进行分析。二是针对生产主体中农户行为的机制运行风险、监管主体中"政府失灵"行为的机制运行风险、"柠檬市场"中信息不对称行为的机制运行风险、基于社会中间组织行为的机制运行风险、基于供应链主体间关系的机制运行风险、基于食用农产品污染行为的机制运行风险、基于智库建设困境的机制运行风险、基于法律法规体系建设困境的机制运行风险等,提出防范措施。

(八)县域食用农产品质量安全多元主体网格化治理案例研究——以河南省内黄县为例

内黄县作为首批国家农产品质量安全试点县,较早地建立了食用农产品质量安全网格化治理模式。内黄县食用农产品质量安全网格化治理模式对全国县域食用农产品质量安全多元主体网格化治理具有很好的借鉴意义。主要介绍了河南省内黄县食用农产品质量安全状况,对内黄县食用农产品质量安全多元主体网格化治理的主要措施及其成效进行了分析,指出了内黄县食用农产品质量安全多元主体网格化治理存在的问题,并提出了完善内黄县食用农产品质量安全多元主体网格化治理的对策。

第五节　研究的创新之处

一、学术思想方面的特色和创新

学术界对管理行为中的组织行为、计划行为、协调行为、控制行为研究都已经形成了理论体系,而对管理行为中的治理行为研究还未形成理论体系。本课题基于食用农产品质量安全特点(主要包括:种类多、环节多、品牌认证机构多、风险因素多;链条长、检验周期长;外部性、公共性、强地域流通性、供需差异性;动态性、长期性、风险评估复杂性;可比性较差、可控性差、可替代性差;危害直接性、隐蔽性、累积性、易发性、不可逆性等)与我国国情(主要包括:资源环境硬约束、治理主体软约束等),对食用农产品质量安全多元主体治理行为进行清晰、深入地梳理,尝试探寻多元主体网格化治理行为的本质和规律性认识,以期准确把握多元主体网格化治理行为关系,丰富多元主体网格化治理研究的理论内涵。本课题研究具有广泛的应用前景,政府治理、社会治理、国家治理、全球治理等治理体系和治理能力现代化都需要形成合力,需要包容性和双赢、多赢、共赢合作,多元主体网格化治理机制及其评估指标体系可为多元主体寻求最大公约数、扩大合作面,形成共识,为协调合作的理论创造、学术繁荣提供新的动力和空间。

二、学术观点方面的特色和创新

（一）提出了构建食用农产品质量安全多元主体网格化治理机制的立足点及价值取向

要立足于食用农产品质量安全特点与我国国情、先进的信息技术和网络手段、多元主体的特性，既要将食用农产品质量安全多元主体网格化治理融入城乡统一视野中加以审视，又要为多元主体网格化治理量体裁衣般设计解药，以破解食用农产品质量安全治理难题。多元主体网格化治理机制应坚持公平、规范的目的性价值取向与经济、高效的工具性价值取向。"公平"使多元主体都能竞相参与治理，激发治理动力和能力；"规范"使多元主体都在法律法规范围内参与；"经济"保障多元主体以最小的成本参与；"高效"保障多元主体以最便捷的方式参与。

（二）提出了构建食用农产品质量安全多元主体网格化治理机制的治理目标、治理原则

治理目标：建立"逐级负责、网格到底、纵向一体、横向联动"治理新机制，开创多元主体竞相参与食用农产品质量安全网格化治理新局面。设立食用农产品质量安全多元主体网格化治理的基本目标、挑战目标和极限目标，以目标的递进性体现多元主体需求的差异性。确定和选择多元主体参与目标、参与方案、参与过程、参与结果等要立足长效与整体，注重食用农产品质量安全的"预警防范"作用。

治理原则：食用农产品质量安全多元主体网格化治理需要遵循价值引导与制度规范相结合、普遍支持与差异支持相结合、单项支持与综合支持相结合、局部支持与整体支持相结合、静态支持与动态支持相结合、民生为本与服务为先相结合的原则。

（三）提出了构建食用农产品质量安全多元主体网格化治理机制的治理主体及其职责

选定食用农产品质量安全多元主体网格化治理机制的治理主体及其职责：

生产主体（主要包括农户、家庭农场、农产品生产企业、农民专业合作经济组织、农产品行业协会等）。农户、家庭农场、农产品生产企业、农民专业合

作经济组织在食用农产品质量安全多元主体网格化治理中发挥基础性、补充性的作用,角色由政府监管的相对人变为治理的竞相参与者,同时接受政府监管①;农产品行业协会以谋求会员利益最大化为宗旨,为会员提供咨询、改进技术、统一标准、提升品质、打造品牌等服务。

经销主体(主要包括农资经营商、农产品物流服务商、农产品经销商等)。农资经营商、农产品物流服务商、农产品经销商作为治理的竞相参与者,对自己的经营行为严格自律,主动接受其他经营主体的监督、约束和控制。

消费主体(主要包括消费者、消费者协会等)。消费者对食用农产品质量安全信息进行反馈,并监督其他主体行为,确保自己对农产品质量安全的需求;消费者协会有效保护消费者权益,为消费者及时提供农产品安全信息、提供维权帮助与支持,还可以联合广大消费者放弃某类、某一食用农产品品牌。

监管主体(主要包括网格化治理监管员、农产品质量安全监管部门、涉农媒体等)。网格化治理监管员收集、处理食用农产品质量安全信息,开展日常巡查工作;农产品质量安全监管部门提供基础服务和有力保障,确定治理的整体方向和标准、明确各类治理主体的地位和职责分工、引导各类主体竞相参与、推行有奖举报、加强行政执法、协调各方主体利益等;涉农媒体进行媒体监督,在社会上形成强大的舆论压力。

涉农研发机构(主要包括农业科研院所和涉农高等院校、涉农企业研发机构等)。农业科研院所和涉农高等院校、涉农企业研发机构负责研发无毒、无害化肥、农药与涉农产品添加物等工作,以及加强食用农产品质量安全知识的科普教育和培训。

(四)提出了构建食用农产品质量安全多元主体网格化治理的七大机制

战略联盟机制。以网格化共治协议为基础,开展多层次、多领域深度合作,形成多元主体网格化共治结构,开展联防联控联服务等。

利益与共机制。多元主体通过合理的利益划分和高效的资源配置方式,实现利益并存和合作共赢。利益分配的标准不仅要从市场经济和社会生产行

---

① 肖湘雄、彭舜、葛志华:《论食用农产品质量安全的社会共治》,《武陵学刊》2016年第2期。

为中的主体责任进行确立,而且要以调动多元主体参与积极性和治理结果评估作为重要指标,深化各个治理主体间的团结合作,提升互信程度,只有利益与共,才能血肉相连。

资源整合机制。在服务引导与市场调节的共同作用下,各种资源合理集中,滚动发展,发挥网格化聚集作用,形成网格化积聚效益,促进资源共享平台建设。

共振动力机制。建立各主体目标与总目标网格化共振的动力机制,对各主体之共治行为进行共振激发,并充分发挥网格化共治文化的引领与黏合效应,以增强网格化共治动力、提高网格化共治质量、激发网格化共治响应。

联合保障机制。主要包括思想保障、人才保障、财政和金融保障、利益保障、信息保障等。

阳光监督机制。建立权责一致、权责清晰、公开透明的网格化共治工作体系,严格落实问责惩戒等途径。

依法治理机制。以严密的法律法规将各种共治方式、主体、程序等纳入依法治理的轨道,形成具有连续性、系统性、协调性的食用农产品质量安全多元主体网格化共治的法律机制。

(五)构建了食用农产品质量安全多元主体网格化治理机制运行的评估指标体系

对多元主体网格化治理机制的运行成效进行科学、合理的评估,以激发多元主体活力,提高多元主体网格化治理能力和水平,使多元主体网格化治理机制的运行不断内反馈与外反馈,形成自动走向良性、系统不断优化的自组织。评估食用农产品质量安全多元主体网格化治理成效,不能简单地把多元主体网格化治理的"量"作为衡量治理的成效,需要把多元主体网格化治理的"质"和社会认可度作为衡量治理成效的主要标准。

第二章 食用农产品质量安全多元主体网格化治理的概念界定与基本理论

第一节 概念界定

一、食用农产品

食用农产品,顾名思义供人食用的农产品。根据《中华人民共和国食品安全法》的定义,"食用农产品是指供食用的源于农业的初级产品"。① 根据《中华人民共和国食品安全法》的规定可以得知,食用农产品包括两方面的含义。第一,农产品的用途是食用、饮用的,而不能作为食用、饮用的农产品则不能被认定为食用农产品。一般情况下,食用农产品的来源主要是三个方面:一是种植得到的果蔬类农产品;二是养殖得到的畜牧类农产品;三是打捞或养殖得到的渔产类农产品。只要是可供食用的农产品,均为食用农产品。第二,食用农产品是经过初级加工的。例如,对种植所得的果蔬类进行简单采摘、清洗、脱壳等工序,对养殖所得的畜牧类农产品进行宰杀、去皮、冷冻等工序,对打捞所得的渔产类农产品进行清洗、晾晒、脱水等工序,均可认为是经过初级加工的食用农产品。因此,由上可知,食用农产品和农产品二者的概念有重合的部分,但不是完全相同。并不是所有农产品均为食用农产品,部分农产品的用途是使用而非食用,例如,棉花、蚕茧等,此部分不能食用的农产品不可视为

---

① 王吉林:《食用农产品侵权责任法律性质辨析》,《天津大学学报(社会科学版)》2014年第1期。

食用农产品。此外,部分农产品经过精加工,例如,蜜饯、腌菜等,虽然可以食用,但不仅仅经过初级加工,亦不可简单视为食用农产品。

二、食用农产品质量安全

食用农产品质量安全这一概念包含两个层面的内容,第一是食用农产品质量,第二是食用农产品安全。食用农产品质量方面,因为其最终目的是供人食用,所以质量主要包括人们关心的食用农产品的外观、营养、口感、味道等内容。食用农产品安全方面,包含的内容更为丰富。农产品从种植、养殖到采摘、宰杀、打捞到初级处理的环节中,每个环节都有可能对食用农产品的安全造成影响。例如,在种植过程中,土壤成分是否无毒无害、化肥的用量多寡、是否使用农药或有无农药残留等问题;在养殖过程中,畜牧及鱼类的养殖环境是否卫生,所喂食内容是否干净等。而在初加工环节则有更多影响到食用农产品安全的因素。例如,加工环境的卫生情况、加工方法的使用情况等等。正是因为食用农产品的质量安全与人民群众的身体健康息息相关,所以才要对"从田间到餐桌"这一整个链条做严格的把关控制,提高食用农产品质量安全的总体情况。

三、治理

英文中的"治理"(governance)一词来源于古典拉丁文和古希腊语,原意是控制、引导、管理(国家、组织或社区)和操纵,主要用于与国家的公共事务相关的管理活动和政治活动中。1989 年,世界银行在一份关于非洲的发展报告中首次提到了"治理危机"(crisis in governance)一词。之后,"治理"这一概念日渐引起各国政府、企业以及学术界的关注。在"治理"的几个典型概念中,詹姆斯·N.罗西瑙比较了当代"治理"与"统治"两个概念的区别,认为"治理""指的是一种由共同目标支持的活动……既包括政府机制、也包含非正式、非政府的机制"①治理理论的代表人物 R.罗茨曾经指出,即使用最粗略的检视也可以发现治理有几个不同的含义,并归纳了治理的六种形态:一是最小国家的治理,二是公司治理,三是新公共管理的治理,四是社会—控制系统的

---

① 　吴志成:《西方治理理论述评》,《教学与研究》2004 年第 6 期。

治理,五是自组织网络的治理,六是"善治"的治理。与罗茨比较类似地,赫斯特提出了治理的五个"版本":即善治、国际制度领域的治理、公司治理、新公共管理战略有关的治理、协调网络与合作治理。我国学者俞可平认为:"治理一词的基本含义是指在一个既定的范围内运用权威维持秩序,满足公众的需要。"①1995 年,全球治理委员会(Commission on Global Governance)对"治理"概念进行了代表性和权威性的界定,得到了学界的普遍认可和广泛使用。认为"治理是各种公共的或私人的个人和机构管理其共同事务的诸多方式的总和。它是使相互冲突的或不同的利益得以调和并采取联合行动的持续过程,它既包括有权迫使人民服从的正式制度和规则,也包括人们同意或认为符合其利益的各种非正式的制度安排。"②通常,"治理"可以看作是政府与公民对公共生活的合作管理。从公共管理的视角来看,我们认为,治理指的是政府、企业、个人、非政府组织及其他部门通过各种正式、非正式的渠道,为实现共同目标所进行的一系列活动的总称。

我国《农产品质量安全法》第一章第二条指出,农产品是指来源于农业的初级产品,即在农业活动中获得的植物、动物、微生物及其产品。农产品质量安全是指农产品质量符合保障人的健康、安全的要求。食用农产品是农产品的一部分。《食用农产品范围注释》规定:食用农产品是指可供食用的各种植物、畜牧、渔业产品及其初级加工产品。范围包括:植物类、畜牧类、渔业类。食用农产品安全是指食用农产品不对人类的生命健康造成明显或潜在的威胁。食用农产品质量安全则可以理解为农产品在符合安全的基础上体现出优质、营养等食品特性。"治理"是政府与公民对公共事物的合作管理。因此,食用农产品质量安全治理的内涵是指政府、企业、消费者等多元主体针对食用农产品的质量安全存在的问题而开展的一系列管理活动,确保食用农产质量符合国家法律规定,从而规范食用农产品市场秩序,维护人民群众根本利益。食用农产品质量安全管理是涉及国计民生的大事,是影响人民生命和健康的重大问题,也是满足新时期人民群众对食品安全新期待的重要举措。食用农

---

① 俞可平:《治理与善治》,社会科学文献出版社 2000 年版,第 9 页。
② 席恒:《公与私:公共事业运行机制研究》,商务印书馆 2003 年版,第 21 页。

产品是农业生产要素的集合体,构成食用农产品质量安全治理的诸多要素都可以看作是治理外延的具体表现,例如,食用农产品质量标准体系治理、食用农产品监管模式治理、食用农产品质量监管体系治理等。

四、网格化治理

为了更好地理解网格化治理,有必要先对网格化管理做简要介绍。网格化管理的实质是权利的扁平化,逐步将行政权力下放,同时有效地联系社会各治理主体,通过分工与合作,实现资源流动,增强信息沟通。网格化管理最多的是用在城市社区和基层社会的管理上,主张将社区或者基层社会划分为不同的单元进行管理,并运用信息管理平台,以实现指挥与监督二者分离的管理。但是,网格化管理在实施过程中由于缺少多元主体的协同互动,整个网格系统并不能完全发挥应有的效能,网格化治理正是在网格化管理不能满足现代化治理需要的情况下提出的治理模式。网格化治理的提出与实践,其实质就是对多元化主体治理的深化。网格化治理的内在价值与核心理念是一种合作治理观。

五、食用农产品质量安全多元主体网格化治理

食用农产品质量安全多元主体网格化治理的特色之一即治理主体的多样化。多元主体参与治理能够形成全民共同维护食用农产品质量安全的社会氛围。食用农产品质量安全多元主体网格化治理的主体主要来自五个领域:一是生产主体(包括农户、家庭农场、农产品生产企业、农民专业合作经济组织、农产品行业协会);二是经销主体(包括农资经营商、农产品物流服务商、农产品经销商);三是消费主体(包括消费者、消费者协会);四是监管主体(包括网格化共治监管员、农产品质量安全监管部门、涉农媒体);五是涉农研发机构(包括农业科研院所和涉农高等院校、涉农企业研发机构)。网格化治理首先运用网格地图技术将某一地理管辖区域划分成若干网格单元,作为最小的管理和服务单位。[①] 食用农产品质量安全多元主体网格化治理采用的是纵横交

---

① 竺乾威:《公共服务的流程再造:从"无缝隙政府"到"网格化管理"》,《公共行政评论》2012 年第 2 期。

错的网格结构,改变了过去食用农产品质量安全管理的"条块分割"的管理结构。理论上网格化共治是指建立省、市、县、乡镇、村五级治理网格,将治理辖区按照一定标准划分为科学、合理的若干单元网格(每一个网格都安排有高度负责的监管员),各单元网格之间利用计算机网络进行对接,实现互联互通、信息共享,解决因为信息传递受阻或者传送不及时而导致的低效率问题。相对于传统的层级式管理而言,网格化管理体现了明显的精细化特征,将治理辖区划分为若干网格,能够全方位、无缺漏地对属地的食用农产品质量安全进行管理。而当出现问题时,能够快速精准地定位到问题所在网格,在便于追责的同时,提高了治理效率。网格化治理更加强调多元化主体的合作治理,达到"善治"的目标。网格化治理是一种革命和创新,将网格化治理的鲜活运用有助于推进政府的治理能力和治理体系现代化。

第二节　食用农产品的特点

食用农产品是指可供食用的各种植物、畜牧、渔业产品及其初级加工产品。由于目前官方和学术界还没有给出非食用农产品的具体概念和范围,所以我们将非食用农产品理解为能够食用的农副产品之外的一些产品。从食用农产品的概念中我们认为食用农产品具有以下几个特点:

(1)食品安全性。安全性是食用农产品区分非食用农产品的首要特征,也是最重要的特征。可以说,所有有关食用农产品活动的开展都是基于食品安全的前提下进行。同样,食品安全问题也是我国历来重点治理的对象。食品安全性主要是指产品或产品原料的产地符合安全食用农产品生态环境标准,严格遵循安全食用农产品生产技术操作规程,产品符合安全食用农产品质量和卫生标准。食用农产品的安全特性主要包含了数量上的安全和质量上的安全。数量上的安全要求增加产品的供给来满足人民日益增长的多元化需求;质量上的安全,一方面要求政府在食品安全标准、监管等方面严格按照法律规定执行;另一方面要求积极推进食用农产品供给侧结构改革,减少低端食用农产品的供给,提高产品供给质量,满足人民群众对食用农产品的新期待。

（2）内容多样性。食用农产品是各种可食用的植物、动物的初级产品及初级加工品，具体包括通过种植、养殖、采集、捕捞形成的，未经加工或者经过加工，可供人类食用的农产品。按照农产品习惯分类法分类，食用农产品可分为粮油、果蔬和果品、可食林产品、可食畜禽产品、水产品及其他可食农产品，且这些又各自包括多种多样的种类。按照品质分类，可将食用农产品分为常规食用农产品、无公害农产品、绿色食品、有机农产品和地理标志农产品。总的来说具有品种繁多、数量庞大的特征。

（3）法律规范性。《食品安全法》是专门针对产品安全的一部规范性法律。食用农产品的一个重要特征就是符合法律规范的系列标准。食用农产品的监管部门、安全标准、技术检测、风险评估、法律责任、经营管理等各方面都必须在法律的规范下进行。强化食用农产品质量安全法律保障可以有效防患于未然，改善食品安全领域状况，保证广大人民群众的食品消费安全，保障人民群众身体健康，促进现代社会和谐发展。

（4）属性社会化。食用农产品的发展与社会经济发展关系密不可分。食用农产品的供给需要以经济社会发展实际需求为前提，社会经济的发展变化对食用农产品的发展提供经济、技术和社会基础。食用农产品的生产与销售不单纯是一个商品供给与需求问题，食用农产品除了经济价值以外，还具有保障国家食用农产品供给、保证食用农产品安全，防止食用农产品紧急状况的社会价值。在过去的食用农产品短缺时代，人们主要关心食用农产品供给作为公共物品的重要属性；而随着经济的不断发展，食用农产品生产与供应能力的不断提高，人们开始更加关注食用农产品安全作为公共物品的重要属性。现在，虽然保障食用农产品的供给仍然是各国关注的首要因素，但"富有营养"且"安全"已成了食用农产品作为保障国家食用农产品供给，继而维护社会稳定的重要商品的关键要素。

（5）运作市场化。食用农产品具有生产资料和生活资料的双重性质。食用农产品市场上的农副产品，一方面是可以供给生产单位用作生产资料，如农业生产用的种子、种畜和饲料等；另一方面，食用农产品又是人们日常生活离不开的必需品。随着中国特色社会主义市场经济的发展，现代科学技术的进步，交通运输日益发达，农产品规模化、技术化发展迅速，从而导致大量的食用农产品在各地之间频繁流动,维持了各地区在供给与需求之间的均衡。

第三节 食用农产品质量安全多元主体
网格化治理的内涵与功能

一、食用农产品质量安全多元主体网格化治理的内涵

食用农产品质量安全多元主体网格化治理是指选取具有相关资质的食用农产品质量安全治理主体,运用先进的信息技术和网络手段,建立省、市、县、乡镇、村五级治理网格,将治理辖区按照一定标准划分为科学、合理的单元网格。多元主体通过责、权、利等的有效分工与合作,加强对单元网格内食用农产品质量安全事件的监督巡查和单元网格间事件的处置协同,建立一种以为民服务为理念、以高度信任为原则、以共同利益为动力、以资源整合为平台、以实效评价为推手、以阳光监督为保障、以依法治理为准绳,多元主体"逐级负责、网格到底、纵向一体、横向联动"的机制①。食用农产品质量安全多元主体网格化治理机制的主要表现是治理主体多元化、主动化,变被动应对问题为主动发现问题、解决问题;治理手段数字化——敏捷、精确、高效;治理标准和流程规范统一化,有效提升治理的能力和水平。

简单来说,食用农产品质量安全多元主体网格化治理是指生产主体、经销主体、消费主体、监管主体以及涉农研发机构等多元主体共同参与食用农产品质量安全治理,运用先进的信息技术和网络手段,构建多元主体"逐级负责、网格到底、纵向一体、横向联动"的治理机制。食用农产品质量安全多元主体网格化治理的内涵主要包括:

(一)治理的主体是多元化主体

食用农产品质量安全多元主体网格化治理的主体是多元的,包括农产品生产主体、农产品经销主体、农产品消费主体、农产品质量安全监管主体以及涉农研发机构等。其中农产品生产主体包括农户、家庭农场、农产品生产企

---

① 肖湘雄、彭舜、葛志华:《论食用农产品质量安全的社会共治》,《武陵学刊》2016 年第 2 期。

业、农民专业合作经济组织以及农产品行业协会。农产品经销主体包括农资经营商、农产品物流服务商以及农产品经销商。农产品消费主体包括消费者和消费者协会。农产品质量安全监管主体包括网格化治理监管员、农产品质量安全监管部门以及涉农媒体。农产品涉农研发机构包括农业科研院所和涉农高等院校和涉农企业研发机构。更具体来说，食用农产品质量安全多元主体网格化治理中的多元主体包括政府、非政府组织、生产者（农户）、消费者、企业、公众等，他们的共同参与形成了农产品质量安全长效治理的完整机制。其中，政府是多元主体网格化治理的掌舵者，非政府组织是多元主体网格化治理的认证者，生产者是多元主体网格化治理的配合者，消费者是多元主体网格化治理的触发者，企业是多元主体网格化治理的责任者，公众是多元主体网格化治理的监督者。在食用农产品质量安全多元主体网格化治理机制中，多元主体协同在省、市、县、乡镇、村五级治理网格中发挥应有功能，构成食用农产品质量安全多元主体"逐级负责、网格到底、纵向一体、横向联动"的治理机制，全方位、多层次、宽领域保障食用农产品的质量安全。

（二）治理的对象是食用农产品

食用农产品质量安全多元主体网格化治理的对象有特定的范围，而不涵盖所有食物。食品是特指经过工业化的生产加工过的产品，成批量生产的规模化经营的产品，例如，平时购买的奶粉、包装袋食品。食用农产品（初级农产品）是指种植业、畜牧业、渔业未经过加工的产品，也就是未经人工加工改变其物理性状和化学性状的产品，当然，为了便于利用或销售，对种植养殖、采集收割、捕捞捕捉等农业生产活动中直接获得的植物、动物、微生物及其自然产品，进行简单的清洗、分拣、包装、谷物脱粒、晒干晾干、植物切割、水产品捕捞现场冷冻及其他简单处理后的产品也属于食用农产品范畴。从前面的探讨也已经知道，本课题研究对食用农产品的界定是可供食用或者饮用的各种植物、畜牧、渔业产品及其初级加工品，涵盖植物、畜牧、渔业三大类。食用农产品质量安全多元主体网格化治理的对象是各种食用农产品，而不包括其他以农产品为原料制成的食用加工品以及不可食用的农产品。例如，以粮食为原料加工的速冻食品、方便面和各种熟食品；各种蔬菜罐头、肉类罐头、蛋类罐头以及肉类熟制品;精炼植物油、中成药;各种鲜奶加工的奶制品包括酸奶、奶酪、奶油等非初级加工品以及烟草、棉花、蛇毒、大麻等不可以食用的农产品都不属于食用农产品质量安全多元主体网格化治理的对象范畴。

(三)治理的依托是现代科学技术

由前面的定义可知,食用农产品质量安全多元主体网格化治理机制需要运用先进的信息技术和网络手段,建立省、市、县、乡镇、村五级治理网格,将治理辖区按照一定标准划分为科学、合理的单元网格。多元主体通过责、权、利等的有效分工与合作,建立一种多元主体"逐级负责、网格到底、纵向一体、横向联动"的机制。在整个治理的实现过程中,现代科学技术是重要条件和依托。首先,多元主体之间需要及时沟通交流,他们之间的互通互达需要发达的科学技术来促进。其次,食用农产品质量安全的检测是一项复杂精细的工作,并且在食用农产品的各个流通环节都会涉及,需要发达的检测技术来保障实施。然后,食用农产品的营养、健康、安全与产品本身有很大关系,比如人工培育的杂交水稻在数量上保障了我国粮食的供给安全,食用农产品的更新换代需要农业科学技术来推动。再次,网格化治理形式本来就是网络化治理的反映,需要先进的网络科学技术来保障。最后,农产品质量安全信息需要及时发布,促进信息的集成与信息的社会共享,这就需要信息科学技术来实现。综上所述,食用农产品质量安全多元主体网格化治理机制依托各种科学技术联合作用,发挥系统功能,保障农产品质量安全。

(四)治理的表现形式是网格化

食用农产品质量安全多元主体网格化治理机制的表现形式是网格化,需要建立省、市、县、乡镇、村五级治理网格,将治理辖区按照一定标准划分为科学、合理的单元网格。网格化治理有一整套规范统一的治理标准和流程,将过去被动应对问题的网格化管理模式转变为主动发现问题和解决问题的网格化治理模式。从网格化管理到网格化治理的转变提升,并非简单的名词转换或技术升级,而是要从树立服务治理理念、构建多元主体协同治理格局、创新智慧化服务网络和构建网格化治理模式的路径依赖提升治理内涵,实现从"管控"向"服务"的治理理念转变,从"单向一元"向"多元平行"的治理逻辑转变,从"维稳平台"向"自治平台"的治理功能转变,从"碎片化管理"向"整体性治理"的治理机制转变。① 我国食用农产品多元主体网格化治理机制中,形成了食用农产品质量安全省级指挥中心、市级指挥分中心、县级指挥分中心、乡级指挥分中心、村级指挥分中心五级覆盖面广而全的信息系统和工作平台,综合考虑人、地、物、情、事、组织等因素,并形成了省、市、县、乡镇、村五级联网的食用农产品检测和监督机制,由网格化形式推进食用农产品质量安全治理的精细化。

（五）治理的目标是实现农产品质量安全

食用农产品质量安全多元主体网格化治理机制治理的目标是实现农产品质量安全。由前面的概念界定可知,食用农产品质量安全是反映农产品营养、安全、健康、美味、合法、资源可持续性等特征的总和,食用农产品质量安全是人类维持健康生活的基本条件。近年来,食品质量安全问题泛滥成灾,农产品领域的质量问题和安全问题也不计其数,不仅严重影响了消费者的身体健康,也影响了消费者的消费信心,甚至导致对食品消费的恐慌。因此,引入政府、市场、非政府组织、公民等多元主体,集大众力量,对食用农产品开展多元主体网格化治理是形势所趋。正是因为现实问题的严重性,也正是因为解决问题的紧迫性,所以食用农产品质量安全多元主体网格化治理机制有着确定的目标,即通过多元主体共同参与、网格化机制的层层检测,对有害或者破坏食用农产品质量安全的行为进行打击和惩罚,保障农产品质量安全,以提高绿色农产品、有机农产品和无公害农产品的高效供给和有序交易,为广大消费者提供良好的食用农产品购买环境,提高我国食用农产品的国际竞争力和保障广大人民群众的消费安全。

二、食用农产品质量安全多元主体网格化治理的功能

建立"逐级负责、网格到底、纵向一体、横向联动"的食用农产品质量安全多元主体网格化治理机制,形成多元主体竞相参与食用农产品质量安全网格

---

① 吴晓燕、关庆华:《从管理到治理:基层社会网格化管理的挑战与变革》,《理论探讨》2016 年第 2 期。

化治理的新局面,能够创新社会的管理服务模式,能够提升政府的管理服务水平,能够发挥多元参与的协同作用,能够确保食用农产品的质量安全,能够保障"五位一体"的总布局目标。下面依次对此进行分析:

(一)能够创新社会的管理服务模式

实施多元主体网格化治理是对农产品质量安全治理路径的有益探索,更是改革社会管理服务模式的创新举措。具体体现在以下四个方面:第一,有利于社会管理实现从"官本位、管控思维"到"以民为本、服务为主"的理念转变。政府的职责以及政府治理的核心就是对公众负责、为人民服务。网格化管理以政府单项管控为主线,在实施过程中行政权力不断扩张,导致更广泛的公共利益的流失。而网格化治理跳出了行政扩张的惯势,政府在治理中扮演真正的社会服务者角色并接受社会各界的监督,以民为本、为民服务。第二,有利于实现从"单向一元"到"多元平行"的治理逻辑转变。多元主体网格化治理意味着充分的公民参与、多元主体的加入和在权力运行上的多维多向,这就需要政府与其他主体共享社会治理权力,使非政府组织、市场以及公众在社会治理中发挥比较优势,推动社会治理高效高质。第三,有利于社会管理实现从"基层维稳平台"到"基层社会自治平台"的功能定位转变。网格化系统能够对各方面信息进行过滤筛选、归类整合,以更快掌握基层动向,更密切联系群众,更全面服务人民,相对于网格化管理注重基层维稳,网格化治理则更多地强调基层社会自治。第四,有利于社会管理实现从"碎片化管理"到"整体性治理"的运行机制转变。网格化的治理模式设计,其对社会治理的最大贡献在于整治了部门功能主义和官僚层级,打破了条块分割、行政职能碎片化的局面,构建了行政职权下放,服务重心下移的整体性治理模式。总之,食用农产品质量安全多元主体网格化治理机制创新了社会管理服务模式,推进了社会治理体系和治理能力的现代化。

(二)能够提升政府的管理服务水平

近年来国家在推进农产品质量安全监管方面做出了很多努力,但监管人员欠缺、监管能力较弱、监管力度不够等问题都没有从根本上得到解决。对农产品质量安全的监管,本来就存在面广量大的特点,尤其是在政府农业部门职能调整后,又将生猪屠宰以及收贮运环节纳入了监管范畴,而监管科室人数却没有太多变化,有限的人力和物力难以对农产品质量安全实施高质量的全程监管。因此,需要在保持原有监管优势的前提下,引进多元主体参与农产品质量安全监管。实行食用农产品质量安全多元主体网格化治理,有助于提高政府的管理服务水平。主要体现在以下三个方面:第一,能够提升政府的整体治理水平。多元主体通过计算机网络实现相互连接,信息共享,在政府部门内部,形成网格化、跨部门、跨领域的工作机制,形成"逐级负责、网格到底、纵向一体、横向联动"的食用农产品质量安全多元主体网格化治理机制。第二,能够提升政府的服务水平。通过多元主体的积极参与,有助于政府充分了解民情,深入反映民意,广泛集中民智,在制定及执行决策的过程中,始终考虑社会公众的需求,维护社会利益,为公众服务,在提升政府管理水平的同时也提升了政府服务质量。第三,能够提升政府公信力。一个公信力强的政府一定是服务人民的政府,服务人民的政府也一定会获得公信力。农产品质量安全关乎每位公众的身心健康,关系到人民的生活水平和生活质量,对食用农产品质量安全实施多元主体网格化治理,就是政府切切实实解决问题,为人民服务的体现,必将收获广泛的公信力。

(三)能够发挥多元参与的协同作用

对食用农产品质量安全实施多元主体网格化治理,能够将生产者、企业、消费者、非政府组织和公众等主体都纳入治理主体范畴,对食用农产品质量安全实施多元协同治理。第一,就生产者而言,生产者在农产品质量安全治理中的作用主要体现在后知后觉的自制力上面,通过将生产者纳入治理主体范畴,他们就会形成一种安全生产的责任感和使命感,以身作则,起到好榜样和带头作用。第二,就企业而言,因为处在生产与销售的中间环节,企业对农产品流通过程中的质量负"连带责任",除了需要保证自身的行为合法合理,还需要对生产者行为进行监督,对消费者的反馈给予及时的回应。第三,就消费者而言,消费者是食用农产品的使用者即农产品生命的终结者,享受农产品的营养价值也需要冒摄入有毒物质的风险。因此,消费者是对农产品质量安全要求最严格、呼声最真诚的治理主体,他们的所作所为、所思所想正是农产品质量安全的真实反映。第四,就非政府组织而言,因其独特的中介性特质,既对生产者和企业的行为实施监督,又听取消费者的意见、表达消费者的诉求,公正客观地谋求社会利益最大化。第五,就公众而言,相对于非政府组织来说,公众的力量较为弱化,但并不影响他在农产品质量安全治理中的不可忽视的作用。综上所述,生产者、消费者、企业、非政府组织和公众,从不同角度、不同方面、以不同的冲击力攻击着农产品质量安全问题这座堡垒,遥相呼应,缺一不可,共同在农产品质量安全治理中发挥协同作用。

(四)能够保障食用农产品的质量安全

对食用农产品质量安全实施多元主体网格化治理,毋庸置疑能够对食用农产品质量安全起到良好的保障作用。这主要体现在以下三个方面:第一,在生产过程中,生产环节是供应链中的第一个环节,食用农产品生产过程中对农药等有毒物质的滥用,既严重污染生态环境,又损害食用农产品质量安全。食用农产品质量安全多元主体网格化治理能够对我国农药化肥等农资品的生产、销售进行严格的规范;通过省、市、县、乡镇、村五级治理网格层层把关,能够改变对食用农产品质量安全抽检失灵的状况;能够促进建立食用农产品检测追溯机制和市场准入机制等保障体系。第二,在流通过程中,流通环节即采购环节和物流环节,这是供应链中的第二个环节。因为流通环节对食用农产品质量安全检测费用大都需要市场承担,所以在流通环节发挥主导作用的企业并不愿意自掏腰包对食用农产品进行质量安全检测,而通过食用农产品质量安全多元主体网格化治理,能够建立有效的质量追溯体系,保证流通主体进行食用农产品质量安全检测。第三,在消费过程中,消费环节是供应链中的第三个环节。其中最主要的参与者就是消费者,食用农产品质量安全的可靠性直接关系到消费者的身心健康。消费者在参与食用农产品质量安全多元主体网格化治理的过程中,会逐渐完善辨别安全农产品的知识,提高农产品质量辨别的能力,而改变传统以价格、外观、新鲜度来定夺食用农产品安全与否的标准,保证自己能够消费得舒心、安心、放心,并通过主动参与提高对食用农产品消费的信心。

(五)能够保障"五位一体"的总布局目标

党的十八大对推进中国特色社会主义事业做出了经济、政治、文化、社会、生态文明"五位一体"的总体布局。食用农产品质量安全多元主体网格化治理作为一种全方面、全过程的治理机制,能够保障"五位一体"的总布局目标。第一,食用农产品质量安全多元主体网格化治理能够引导农业社会走向以提高自然资源利用率、消除或减少生态污染为中心的可持续发展道路,能够保证食用农产品健康安全义务的自由贸易,保证食用农产品质量安全和消费市场的健康有序,有利于促进绿色经济。第二,食用农产品质量安全多元主体网格化治理需要多元主体的共同参与,多元主体通过积极主动、自发自觉的参与,表达自己对食用农产品质量安全的有关意见和建议,并对有关行为主体实施监督。这种参与方式体现了公民在充分行使参与权、知情权、表达权和监督权,有利于保障民主政治。第三,食用农产品质量安全多元主体网格化治理是以"以民为本、服务为主"为核心理念,以"打造优质服务、满足公众需求"为理想目标的,同时,这种全新的治理方式也是出于国情和现实需要而提上日程的。也就是说,多元主体的网格化治理即体现了服务、爱国的民族精神,又体现了创新、发展的时代精神,有利于发展先进文化。第四,食用农产品质量安全多元主体网格化治理一方面通过多方协同的治理方式来开展,在这过程中,能够使参与的各方主体形成更加紧密联系的关系,彼此之间更加熟悉理解,遇到冲突矛盾时及时化解;另一方面,多元主体网格化治理的良性结果即食用农产品高质量及保证安全,能够维护有序的市场,保障社会稳定;有利于保障社会和谐。第五,食用农产品质量安全多元主体网格化治理要求减少农药等污染物在农产品生产过程中的应用,同时也要减少农作物生产废弃物对空气、水体和土壤造成的污染,形成农产品生产的良性循环体系,提供良好健康的、可持续的生长环境,服从于实际的环境容量和环境承载力,推动绿色发展、循环发展、低碳发展,提高食用农产品的质量安全,有利于创造生态文明。

第四节　食用农产品质量安全多元主体网格化治理的基本理论

一、公共物品理论

Mancur Olson(1995)对公共物品给出了一个规范性的定义:"任何物品,

如果一个集团中的任何人能够消费它，它就不能不被该集团中的其他人消费，这类物品便属于公共物品。"①公共物品具备三个特征：一是效用的不可分割性；二是消费的非竞争性；三是受益的非排他性。② 具有完全的非竞争性和完全的非排他性的物品属于纯公共物品，具有有限的非竞争性和非排他性的物品属于准公共物品。公共物品的内涵决定了其供应主体是政府，与私人物品不同，公共物品的使用者是社会中的每一个人，没有特定的消费群体，政府也不能通过除税收外的强制性收费对公共物品的使用者进行范围限定。若政府在人们使用公共物品时收取相应费用，人们会因为避免收费而弃用公共物品，政府承担经济损失。现实生活中，绝对的纯公共物品是很少的，而大都以准公共物品的性质存在着。农产品质量安全便属于准公共物品。

对于农产品质量安全而言，首先，对农产品质量安全环境的享用具有非独立性。当农产品质量安全环境得到改善、农产品质量安全水平得以提高，所有的消费者都会从中受益而并不是个别消费者单独享受。其次，农产品质量安全信息具有消费的竞争性但无排他性，或者具有消费的排他性但无竞争性。任何一个消费者享受到了提高农产品质量安全水平带来的益处，购买到质量好的农产品，不会影响其他消费者享受同样的好处；而对于部分最基本的质量安全信息又具有消费的非排他性。再次，部分优质农产品为"拥挤性产品"和"俱乐部物品"。优质安全农产品的供给往往难以满足市场需要，优质和安全性都是稀缺资源，随着人民群众收入水平的提高及健康意识、环保意识的增强，优质安全农产品有可能变得更加稀缺。考虑到农产品质量安全与市场调节和国家宏观调控、政府信誉和形象、公众身心健康以及财产安全等密切相关。所以，农产品质量安全具有准公共物品的属性，即消费者共享农产品质量安全且不会给他人增加或影响共享成本。③

食用农产品也属于准公共物品。同时对于食用农产品而言，食用农产品质量安全是建立在农产品质量安全的基础之上的。民以食为天，食用农产品

---

① Mancur Olson, *The Logic of Collective Action*, Shanghai: the Joint Publishing Company LTD., People's Publishing House in Shanghai, 1995.

② 秦利:《基于制度安排的中国食品安全治理研究》,东北林业大学 2010 年。

③ 褚松燕:《行政服务机构建设与整体性政府的塑造》,《中国行政管理》2006 年第 7 期。

是人们基本生存来源,其最终目的是供人食用,食用农产品的消费群体是广泛而无边界的,属于集体消费,保障食用农产品质量安全是有益于所有消费群体的。由于食用农产品消费群体的庞大,食用农产品质量安全受到全社会的广泛关注,具有非常明显的非排他性与竞争性。食用农产品质量安全与政府财政收支规模是息息相关的。食用农产品一般是由私人部门生产或是由政府相关部门向消费者提供,政府向市场征收相应的税收以保障食用农产品质量安全的治理。

二、外部性理论

Alfred Marshall(1890)在《经济学原理》中首次提出了外部经济的概念。[①]外部性是指某个人行为不仅能使自身得到好处或坏处,而且还使其他的人得到好处或坏处。外部性分为正外部性(Positive Externalities)和负外部性(Negative Externalities)。所谓正外部性,就是指某一主体的行为在为自己创造收益的同时也为主体之外的其他主体带来收益,不过这一主体无法获得其他主体利益的等量补偿,也就是说,这一行为对这一行为主体而言是存在利益损失的,其他主体不承担该行为主体损失利益的成本。所谓负外部性,就是指某一主体的行为在为自己创造收益的同时为主体之外的其他主体带来了损失,而这一主体无法对其他主体的损失进行等量补偿,也就是说,这一行为对这一行为主体而言是存在利益溢余的,该行为主体并不承担利益溢余的成本。外部性会导致一些不法生产者可能损害正规生产者的利益,而难以追究其损害造成的责任,同时他们还可以得到正规生产者带来的边际收益。因此,这就需要政府来进行干预。政府干预的基本原则是"外部效应内部化",让产生外部正效应的行为人获得比在市场自由作用下更多的收益,让产生外部负效应的行为人承担比在市场自由作用下更多的成本。

食用农产品市场是存在外部性的市场,食用农产品市场的外部性主要体现在一些正规生产者对不法生产者产生的正外部性和一些不法生产者对正规

---

① Alfred Marshall, *Principles of Economics*, Bookstore: Huaxia Publishing House (translated by Lian Yunjie), The University of Cambridge, 1890.

生产者产生的负外部性两个方面。

（一）食用农产品市场的正外部性

正规的生产者生产并出售合乎标准的食用农产品，不仅解决了消费者食用问题，而且还给消费者带来了食用农产品质量的安全感，这样正规生产者对于消费者就产生了正外部性。同时，由于正规生产者的优质食用农产品在消费者心目中留下了良好的印象，当消费者不能准确分辨优质食用农产品和伪劣食用农产品时，就可能凭借着正规生产者留给他们的印象去购买，而实际结果可能是购买了劣质的食用农产品，结果给不法生产者带来了更多利益，这样正规生产者对不法生产者的正外部性也就产生了。

（二）食用农产品市场的负外部性

不法生产者生产的劣质食用农产品影响了消费者正常食用，并容易使消费者对食用农产品消费产生不安全感，而不法生产者是没有为之支付成本的，这样不法生产者的行为就对消费者产生了负外部性。同时，劣质食用农产品在消费者心目中留下的恶劣印象还导致消费者会对市场上的优质食用农产品产生怀疑，使得食用农产品市场不能够实现"优质优价"，从而影响了正规生产者的利益，对正规生产者产生了负外部性。外部性的存在，将导致正规生产者因生产成本过高而减少优质食用农产品的供给，而不法生产者则会增加劣质食用农产品的供给，劣质食用农产品驱逐优质食用农产品的现象相继发生①。

食用农产品质量安全的正外部性与负外部性不属于市场机制，政府针对食用农产品质量安全的治理体现在食用农产品初步加工的过程中以及消费者购买后的一系列行为。在消费者向生产者购买食用农产品的过程中，外部性随着这一行为开始产生，这不是消费者或生产者在决策过程中考虑的内容，而是作出决策时伴随产生的某种副产品。② 在生产或是消费过程中，这种副产品可能不会很明确地表现出来，导致受损者不能在第一时间察觉，找不到行为主体对此付出成本。市场机制不能解决消费者遇到的食用农产品质量安全问

---

① 孙小燕：《农产品质量安全问题的成因与治理——基于信息不对称视角的研究》，西南财经大学 2008 年。

② 刘树成：《现代经济词典》，凤凰出版社、江苏人民出版社 2005 年版，第 1021 页。

题,并且外部性会随着消费或是生产行为的产生而出现。外部性不会完全消除,并且它的存在会导致一系列市场失灵现象的产生,此时政府对食用农产品质量安全的治理职能开始显现出来。

三、复杂系统理论

20 世纪 20 年代生物学家 L. V. Bertalanffy 创立了一般系统理论。20 世纪七八十年代一般系统理论发展成为复杂系统理论,并在自然科学研究中扮演着非常重要的作用。复杂系统具有微观的还原性和宏观的复杂性,带有开放性、非线性和不确定性等特点。复杂系统理论(system complexity)是自然科学尤其是系统科学的前沿理论,它最主要的目的是揭示复杂系统中存在的无法用科学方法进行解释的动力学行为,而复杂系统理论中研究系统动力学的是协同理论[1],强调系统各要素和各子系统协同发挥作用以实现系统最大效能。与一般系统理论强调的还原论方法不同,复杂系统理论强调用还原论和整体论相结合的方法去对系统进行分析,其精髓就在于还原论与整体论的统一。总结来说,复杂系统理论注重宏观综合方法与微观分析方法相结合、整体方法与还原方法相结合、科学推理与哲学思辨相结合、定性判断与定量分析相结合。[2] 目前,复杂系统理论正处于发展阶段,由于相对于传统一般系统理论而言具备充分的优越性,因此复杂系统理论除了在自然科学领域被渐渐广泛应用外,还不断向社会科学领域蔓延。

考察我国农业系统工程的发展历程发现,早在 1985 年我国就成立了农业系统工程委员会,1987 年创办了《农业系统科学与综合研究》学术刊物,钱学森先生亲自为该刊撰写了创刊文章。[3] 由此可见,20 世纪 80 年代系统理论作为一个崭新的领域被引入农业研究。随着自然科学和社会科学的发展,目前复杂系统理论已经被引入农产品质量安全多元主体网格化治理中。

---

① 靳涛、踪家峰:《复杂系统理论对转型研究的启示》,《江苏社会科学》2005 年第 1 期。

② 邹绍清:《思想政治教育方法论体系建构研究——以复杂系统论为视角》,《思想理论教育》2016 年第 1 期。

③ 钱学森:《创建农业型的知识密集产业——农业、林业、草业、海业和沙业》,《农业现代化研究》1984 年第 5 期。

农产品质量安全多元主体网格化治理系统是一个庞大的复杂系统,里面覆盖了许许多多子系统,比如农业生产系统,农产品供应链系统,农产品经销系统,农产品质量安全预警系统、监管系统、追溯系统、信息系统,农产品质量安全网格化治理系统等等。多元主体网格化治理系统只有在所有子系统协同发挥作用的情况下,才能发挥系统性功能,保障食用农产品质量安全。为此,各子系统要运用还原论和整体论相结合的方法,从宏观和微观两个层次、定性和定量两个方面、理论与实证两个角度对农产品质量安全进行分析。

食用农产品质量安全多元主体网格化治理依托的是现代科学技术,需要运用先进的信息技术和网络手段,建立省、市、县、乡镇、村的五级治理网格,是一个庞大的治理系统。相同层级或不同层级之间由于非线性的食用农产品质量安全问题产生相互作用,将不同区域的类似案例或者事件进行归类、分析与整理,协同处理该类问题。通过协同效应探索从混沌状态向有序状态,从低级有序向高级有序,以及从有序转化为混沌的机理和共同规律。① 食用农产品质量安全多元主体网格化治理将治理辖区按照一定标准划分为科学、合理的若干单元网格(每一个网格都安排有高度负责的监管员),各单元网格之间利用计算机网络进行对接,实现互联互通、信息共享,解决因为信息传递受阻或者传送不及时而导致的低效率问题。

四、多中心治理理论

20 世纪 80 年代以来,新公共管理理论作为公共管理领域新兴的研究范式被广泛推崇,提出来许多理论,其中最具代表性的是 Vincent A. Ostrom(1999)等提出的"多中心治理"理论。即有多个权力中心和组织体制参与公共治理活动。多中心治理尤其肯定社会组织在治理公共事务中的作用。社会组织通过财政拨款或社会捐赠等途径筹措资金,致力于公共服务。同政府组织相比,社会组织摆脱了官僚化的固定模式,拥有自己特有的灵活性和多样性。同私人部门相比,社会组织不以营利为目的,以追求公共产品高效供给和

---

① 钟月明:《协同学对唯物辩证法的丰富和深化》,《社会科学》1989 年第 2 期。

维护社会公平为使命。因此,非政府组织更具独立性、公益性和效率性,在公共物品供给方面发挥着不可替代的作用。多中心治理理论将政府、市场和社会三者有机地结合起来,摆脱常规的单中心治理模式,将大力提升公共治理效率。同时使政府、市场和社会彼此之间的关系更加紧密和谐,探索多元化的社会秩序。

由前面的分析可知,政府、市场和社会相互依赖、相互合作、相互制衡、相互竞争,在这种多元供给模式下,通过引入主体间的竞争机制,迫使各供给主体降低成本、自我约束、提高质量、增强回应性,而且均只能获取一定的合理范围之内的利益补偿。这在有效解决单一供给低效问题的基础上最大限度地保障了公共物品的供给。农产品质量安全属于准公共物品,因此,在多中心治理模式下,政府、市场和社会协同是农产品质量安全最有效的供给模式。除此之外,还强调社会组织即第三部门——农民专业合作经济组织、农产品行业协会、消费者协会、农业科研院所和涉农高等院校以及涉农企业研发机构等在农产品质量安全供给中的作用。这些社会组织不以营利为目的,基于自身的公共性特征,总是以维护最广大的公共利益为目标,能够弥补"政府失灵"与"市场失灵",保障食用农产品质量安全的有效供给。

食用农产品质量安全多元主体网格化治理的主体主要来自五个领域:一是生产主体,二是经销主体,三是消费主体,四是监管主体,五是涉农研发机构。政府从之前的全能型、主导型政府向监管型、指导型政府转型,制定相关的规章制度,将权力分散到除政府外的其他合作主体,减轻政府治理压力。从"命令式"的家长型角色向"服务式"的守夜人角色转变①,但依旧要保持政府的权威是至高无上,无法取代的。

五、整体治理理论

针对政府过度追求效率所带来的"碎片化"问题,英国学者佩里·希克斯等人提出了政府管理的新理念——"整体政府"(Holistic Government)或"整体

---

① 赵乾东:《"多中心"理论的中国化内涵及可行性探析——基于国家治理体系现代化的视角》,《安徽行政学院学报》2016 年第 1 期。

性治理"（holistic governance）。整体治理的主要内涵是跨界合作，主张在不消除组织边界和专业化分工的条件下，通过长期有效的制度化协作，促使社会公共管理各个主体，包括上下级政府之间、同级政府之间、公私部门之间进行多种协同行动，以实现整体效能的作用。① 整体性治理的概念也随之产生，主要有跨部门协作（Cross-Agency Collaboration）、协同政府（Join-Up Government）、网络化治理（Government by Network）、水平化管理（Horizontal Management）等。尽管各概念的着眼点和含义有所区别，但实质都以取代"碎片化"政府为目的。整体性治理理论是对新公共管理理论和官僚制理论的批判和修正，受信息技术强有力的推动，以满足公民需求和解决实际问题为治理目标，强调通过合作整合资源，协调手段与目标的关系，强调制度化、责任感与信任感，依赖信息技术的运用，极大地提升了公共治理的理论内涵与实践意旨，对于推进中国的公共管理改革具有重要的借鉴意义。②

目前在我国农产品质量安全监管中存在多头监管与部门利益导致监管权"碎片化"、垂直管理部门与地方政府关系复杂、缺乏有效的决策中心、市场组织和社会力量参与不足等问题。"整体性治理着眼于政府内部机构和部门的整体性运作，主张管理从分散走向集中，从部分走向整体，从破碎走向整合。"③对食用农产品质量安全进行整体性治理是考虑到各部门之间存在以各自为中心的现实问题，会产生不必要的摩擦与协调不当，导致无法合作的问题，其核心目的是整合相互独立的各监管部门以实现整体政府所追求的农产品质量安全，在不消除组织边界的前提下，围绕相互认可的一致目标，运用技术与管理方式共享资源与信息，促进各种公共管理主体在农产品质量安全监管中跨界协作，以实现功能整合，向公民提供质量安全农产品的无缝隙监管。目前，我国农产品质量安全监管体制依旧处于"碎片化"之中，这种政府监管状态显然与整体性治理理念是相悖的，不过这也恰好给整

---

① ［美］斯蒂芬·戈德史密斯、［美］威廉·D.埃格斯：《网络化治理：公共部门的新形态》，孙迎春译，北京大学出版社 2008 年版，第 92 页。

② 张玉磊：《整体性治理理论概述：一种新的公共治理范式》，《中共杭州市委党校学报》2015 年第 5 期。

③ 竺乾威：《从新公共管理到整体性治理》，《中国行政管理》2008 年第 10 期。

体性治理成为应对农产品质量安全监管的治理工具提供了可能。食用农产品质量安全关系到广大人民群众的身心健康,关系到社会稳定,关系到国家和政府的形象。政府在农产品质量安全监管中承担着重要的作用,但是,地方负总责、各个部门监管各负其责的食品质量安全体制仍旧无法克服权力与利益等深层次的障碍。因此,需要引入整体性治理理论对农产品质量安全进行整体监管。

食用农产品质量安全的整体治理不仅仅是机构的重新整合,还要注重机构之间的相互协作,政府中职责相近的各部门可以进行横向的合并,防止职能的交叉重合,避免权限上的冲突。部门间工作的不协调、不合作可以通过培养各部门之间的信任,即保持频繁而密切的人际互动,培养信任感。在整体治理理论的基础上探讨食用农产品质量安全多元主体网格化治理,是为了保障治理主体的非"碎片化"。

六、网格化管理理论

网格化管理理论是在近年来网络科技的迅猛发展下衍生出来的新型管理思想。最早是由我国北京市东城区在 2004 年提出来的一种新的数字化城市管理模式,然后在上海、舟山等地区推广。网格化管理借助信息技术,借助社会力量在政府层级、职能和部门之间进行了全方位打通的努力,尽管带有浓厚的中国色彩,但它是继"无缝隙政府"模式后在政府管理流程上的一个重大变革和突破。① 首先,网格这一概念起源于网络信息领域,是一项新的科技。在系统管理中,网格技术能够将系统划分成一个个网格,每个网格之间实现互联互通和资源共享。由于网格技术带来的高效工作方式,网格这一技术不仅运用在信息领域,管理领域也借鉴了这一技术,形成了"网格化管理"的思想和理论。

网格化管理参照一定的标准,将被管理方进行条块分割,划分成一个个的单元。这些网格之间并不是互相独立和制约的,而是互联互通的。现代网络

---

① 竺乾威:《公共服务的流程再造:从"无缝隙政府"到"网格化管理"》,《公共行政评论》2012 年第 2 期。

科技的飞速发展也为网格之间的信息和资源共享提供了实现的条件。通过网格之间各自的高效运转以及互相之间的协调联络,将管理的责任细化到每个单元格,使责任明晰,最终提高了管理的效果和水平。本课题研究中的食用农产品质量安全多元主体网格化治理,正是将食用农产品质量安全治理划分成若干条块,每个主体之间责任明确,主体与主体之间信息和资源共享,对食用农产品质量安全实施精细化管理,最终达到提高食用农产品质量安全治理水平的目标。

值得注意的是,网格化管理与网络化管理之间虽然存在较多相似之处,但从本质上而言,网格化管理实际上是一种精细化管理模式,重视属地管理以及现状管理,通过对管理对象进行网格划分,对每个网格实施动态化、精细化和全方位的管理。[①]

在食用农产品质量安全的治理中,必须有明确的标准来划分网格,使各单元网格的构建规范化,为实施网格化治理打好基础。基于食用农产品质量安全治理的特质,要建立省、市、县、乡镇、村五级治理网格,建立"逐级负责、网格到底、纵向一体、横向联动"的食用农产品质量安全多元主体网格化治理机制,以形成多元主体竞相参与食用农产品质量安全网格化治理的新局面。按照一定标准将治理辖区划分为合理科学的单元网格。运用先进技术和网络手段,选取具有相关资质的食用农产品质量安全治理主体,多元主体通过责、权、利等的有效分工与合作,加强对单元网格内食用农产品质量安全事件的监督巡查和单元网格间事件的处置协同,建立一种以为民服务为理念,以高度信任为原则,以共同利益为动力,以资源整合为平台,以实效评价为推手,以阳光监督为保障,以依法治理为准绳,多元主体"逐级负责、网格到底、纵向一体、横向联动"的机制[②]。

网格化治理可以将食用农产品质量安全监管中存在的一些棘手问题,即当前网格治理中心无法解决的问题,上报上级网格化治理中心并进行协调管理。在食用农产品质量安全治理过程中运用网格化治理手段,保障治理范围

---

① 杨海涛:《城市社区网格化管理研究与展望》,吉林大学 2014 年。

② 肖湘雄、彭舜、葛志华:《论食用农产品质量安全的社会共治》,《武陵学刊》2016 年第 2 期。

全覆盖,各网格职权明确,各条块责任清晰。

第五节　构建食用农产品质量安全多元主体网格化治理的必要性与可行性

一、构建食用农产品质量安全多元主体网格化治理的必要性

食用农产品质量安全问题涉及群体大,关乎每个人的切身利益。食用农产品质量安全问题产生的原因复杂,涉及多方利益,科学上尚未完全定论,利益方很难达成共识,且食用农产品质量安全具有很强的外部性、公共性、长期性、动态性等特征。因此,食用农产品质量安全问题属于一个复杂的大范围的公共问题,有效处理这一问题目前还存在许多困境,主要有如下几种:

(一)政府主体存在"政府失灵",监管形式化

政府本应是食用农产品质量安全治理中的掌舵者,并且能够获得广泛的公信力推进治理,但政府官员在治理此类公共问题时过度追求个人利益最大化,在某些方面又表现出能力不够、无能为力,导致"政府失灵"在食用农产品质量安全治理中广泛存在,既违背了政府追求公信力的目标,也导致了更广泛的公共利益的缺失。这是传统政府本位的行政监管模式遗留至今的后果,由此导致政府部门常常首先考虑自身利益而忽视公共利益,缺少履职意识和服务意识。因此,政府应当积极转变职能,简政放权,回归社会本位,把职权范围内的、属于自己管的管理好,把职权范围之外的、属于其他社会主体管的组织好,推动多元主体积极参与到食用农产品质量安全治理中来,发挥多元主体的系统效能。

(二)市场主体过度追求自身利益,法律低效化

食用农产品的市场参与主体主要包括食用农产品的生产者、销售者以及消费者三大群体。对于生产者而言,生产者是提供农产品的初始主体,他们的行为对农产品质量安全起着本质作用。在现实的食用农产品生产环节,一些农户为了追求自身利益而使用违规农药、饲料以提高农产品产量;一些不法商家为了降低生产成本、谋求更多利益,采购存在安全隐患的初级农产品违规进行生产,将消费者的健康置之不顾。对于销售者而言,为了获取更大的盈利,

在销售过程中过度使用保鲜剂、防腐剂等使食用农产品尤其是新鲜蔬果类农产品看起来质量好，其实覆盖其表面的各种化学物质一旦被人食用，虽然不会使食用者立刻发生健康事故，但长久的累积会导致不堪设想的后果。对于消费者而言，消费者在购买食用农产品时，会考虑比如价格、外观、营养、质量等多种因素，购买行为也一定是综合考虑这些因素后做出的对自己最有利的行为选择，不过问题在于消费者一般只能从农产品的表象做出判断，而食用农产品对自身健康的质量安全性往往不能准确得知。生产者、销售者以及消费者三大主体都以自身利益最大化为出发点，而忽视行为的合理性与合法性，这就必须有严肃的法律对他们尤其是生产者和销售者的不法行为进行规制。

（三）非政府组织缺乏认同和地位，参与消极化

非政府组织既独立于政府，又独立于企业与消费者。按应然状态来说，非政府组织能够通过对食用农产品开展质量安全检测和质量安全认证来判断以及确定食用农产品的质量安全，然后将有效的、公正的信息提供给生产者、销售者和购买者，从而获得公信力。非政府组织相对于政府而言，能够广泛集中社会资源、科学技术、专业知识和专业人才，获得普遍的社会认同、社会信任和社会支持，表现为一种合理合法的存在以及行使职权的畅通无阻。所以，非政府组织在食用农产品质量安全治理中能够弥补"政府失灵"和"市场失灵"，激活政府和市场遗漏的治理盲区，完善食用农产品质量安全治理。

可是在我国的实然情况中，各类农民专业合作经济组织、农产品行业协会、消费者协会、农业科研院所和涉农高等院校以及涉农企业研发机构等非政府组织的参与度并不高。首先，这与我国传统的食用农产品质量安全管控的思想有关，新兴组织必然是一个逐渐成长发挥作用、慢慢被受众认可接受的过程。公众对非政府组织的地位认识不足，对非政府组织的工作能力持怀疑态度。其次，一个组织的兴起如果只能依靠自身的力量，那将必定是艰难的。非政府组织正处在这样的艰难处境中，一方面是公众的忽视；另一方面则是政府没有利用其在公众中的权威来帮助非政府组织树立应用的社会地位。

（四）多元主体利益分散，协调联动困难

随着社会发展的需要，食用农产品质量安全问题由生产主体（农户、家庭农场、农产品生产企业、农民专业合作经济组织、农产品行业协会）；经销主体

（农资经营商、农产品物流服务商、农产品经销商）；消费主体（消费者、消费者协会）；监管主体（网格化治理监管员、农产品质量安全监管部门、涉农媒体）；涉农研发机构（农业科研院所和涉农高等院校、涉农企业研发机构）等多元主体协同治理。

按应然要求来说，生产主体中的农户、家庭农场、农产品生产企业、农民专业合作经济组织应发挥基础性、补充性的作用，角色由政府监管的相对人变为治理的竞相参与者，同时接受政府监管；农产品行业协会以谋求会员利益最大化为宗旨，为会员提供咨询、改进技术、统一标准、提升品质、打造品牌等服务。经销主体中的农资经营商、农产品物流服务商、农产品经销商应是治理的竞相参与者，并对自己的经营行为严格自律，主动接受其他经营主体的监督、约束和控制。消费主体中的消费者应对食用农产品质量安全信息进行反馈，并监督其他主体行为，确保自己对农产品的质量安全需求；消费者协会应有效保护消费者权益，为消费者及时提供农产品质量安全信息、提供维权帮助与支持，联合广大消费者放弃某类、某一品牌。监管主体中的网格化治理，监管员应积极收集、处理食用农产品质量安全信息，进行日常巡查，为政府监管部门提供有效信息，推动提高政府治理农产品质量安全的效率；农产品质量安全监管部门应提供基础服务和大力保障，确定治理的整体方向和标准，明确各类治理主体的地位和职责分工，引导各类主体竞相参与，推行有奖举报，加强行政执法，协调各方主体利益等；涉农媒体应进行媒体监督，在社会上形成强大的舆论压力。涉农研发机构中的农业科研院所和涉农高等院校、涉农企业研发机构应努力研发无毒、无害化肥、农药与涉农产品添加物等，加强科普教育和培训，推动食用农产品质量安全知识楔入社会个体的日常工作生活之中，形成人人有责、群防群控的思想意识。

可是在实然状态中，生产主体、经销主体、消费主体、监管主体、涉农研发机构这五类治理主体之间缺乏有效的协作，协调联动困难，他们在治理中追求的利益联系比较弱，有的甚至相互背离，没有利益驱动的协同往往显得虚弱无力。因此，对多元主体各自为政、多头管理、"碎片化"的状态进行治理已成为实现食用农产品质量安全多元主体治理的重要内容。

(五)农业区域性和生产经营模式落后,治理困难

关于农村农业的区域性。一是我国幅员辽阔,地形复杂,气候多变,降水分布不均,土壤质地不一,自然环境相差大,而农业作为最依赖自然的产业,往往需要因地制宜,这就导致其具有很强的区域性。二是我国农业区域发展不平衡,某些地理位置优越、二三产业发达、技术资源汇集的地区,农业早已脱离传统的小农经济,走向集约化、规模化,甚至自成产业链;而某些落后地区,一家一户为单位的小农经济仍然占主导地位,农业仅仅只是养家糊口的凭借。农业区域发展的不平衡,导致在农业生产中的投入差别也很大。三是地区观念差异导致农业生产差异,思想开放、善于接受新事物的地区热衷于引进新成品、新技术、新生产模式,而思想保守、对新事物持观望态度的地区则坚持原有的传统粗放型农业。我国农业的发展模式一直是以家庭为单位的、分散的小农户生产模式为主,产业化程度较低,在生产技术上难以提高,安全监测也很难到位,农业标准的建立和推广执行的难度均较大。

我国农村农业的区域性特征导致了小规模的生产模式,由小规模的生产模式导致了小规模的经营模式。基于此,我国食用农产品质量安全问题存在的根本原因在于农村农业的区域性特征,因为区域差异性的存在,对食用农产品质量安全的治理手段、治理标准各不相同也各不适用,为整体的有效治理造成了很大困难,导致农业标准化、农业产业化、农业信息化以及农业现代化也都面临困境。所以,有必要建立"逐级负责、网格到底、纵向一体、横向联动"的食用农产品质量安全多元主体网格化治理机制,以形成多元主体竞相参与食用农产品质量安全网格化治理的新局面。

综上所述,在食用农产品质量安全治理领域,政府主体存在"政府失灵",监管形式化;市场主体过度追求自身利益,法律低效化;非政府组织缺乏认同和地位,参与消极化;多元治理主体利益联系分散,协调无序化;农业区域性和生产经营模式落后,治理困难等问题,因此有必要找寻一种能够尽可能应对这些问题的救治方案,即构建一种多元主体共同参与的,运用先进信息技术和网络手段的,对食用农产品质量安全治理主体实行纵向一体、横向联动等形式的食用农产品质量安全多元主体网格化治理机制。

二、构建食用农产品质量安全多元主体网格化治理的可行性

多元主体网格化治理机制是适用于我国食用农产品质量安全治理的有效机制,但是在社会中还没有广泛应用,既没有建立覆盖全面的省、市、县、乡镇、村五级治理网格,也没有充分发挥多元主体的参与作用。就我国来说,在食用农产品质量安全领域实施多元主体网格化治理,有许许多多的条件支持。因此我国实行食用农产品质量安全多元主体网格化治理完全具备实施条件且完全可行。

(一)多元主体积极参与为网格化治理提供了主体条件

我国民主政治的积极发展为保障农产品质量安全治理机制中的生产主体(农户、家庭农场、农产品生产企业、农民专业合作经济组织、农产品行业协会)、经销主体(农资经营商、农产品物流服务商、农产品经销商)、消费主体(消费者、消费者协会)、监管主体(网格化治理监管员、农产品质量安全监管部门、涉农媒体)、涉农研发机构(农业科研院所和涉农高等院校、涉农企业研发机构)等多元主体的参与权、知情权、表达权、监督权起到了重要作用,多元主体积极参与食用农产品质量安全多元主体网格化治理,并在参与中不断实现自身价值。

就生产主体来说,他们承担食用农产品的种植、养殖,随着国家和政府对食用农产品质量安全的重视越来越强、社会媒体对食用农产品质量安全的信息传播越来越深入基层,消费者对食用农产品质量安全的要求越来越高,生产主体也越来越关注农产品的质量安全,在追求量增加的同时更重视质的提升,因为他们知道不满足质量安全的农产品最终出路必定是退出市场。就经销主体来说,他们承担农产品及初级加工品的经营和销售,由于直接参与市场运作,与消费主体发生直接联系,基于消费主体对农产品质量安全的高要求,他们在对农产品进销存各环节都注重质量安全性考察,并且乐意对危害农产品质量安全的行为进行检举揭发。就消费主体来说,他们是食用农产品的食用者,农产品质量安全直接对消费者的身心健康产生影响,所以消费主体在农产品质量安全治理中是最理性的行为人,他们愿意积极配合监管主体并监督生产主体和经销主体。就监管主体来说,他们是农产品质量安全治理中最有分量的主体,网格化治理监管员和农产品质量安全监管部门的主要职责就是对农产品质量安全问题进行监管,保障农产品生产安全、经销安全和消费安全;而涉农媒体也在其中利用舆论发挥重要监管作用。就涉农研发机构来说,科研机构往往是根据国家宏观规划来研究现实问题,并积极探索达成规划目标或解决社会问题的对策。基于国家对农产品质量安全的高度重视,农业科研院所和涉农高等院校和涉农企业研发机构在农产品质量安全研究和农业技术研发中,时刻将质量安全置于其中。

综上所述,我国民主政治的发展为农业生产主体、经销主体、消费主体、监管主体、涉农研发机构等多元主体参与为食用农产品质量安全治理提供了保障,在保障多元主体参与权的同时,保障多元主体对食用农产品质量安全享有充分的知情权、表达权和监督权。权利得到充分保障后的多元主体,对参与食用农产品质量安全治理没有任何"不敢为、不能为、不想为"的思想负担,积极行使自己的权利来表达意见、反映情况、实施监督、维护利益,协同为实现食用农产品质量安全多元主体网格化治理贡献力量。因此,多元主体积极参与为食用农产品质量安全多元主体网格化治理提供了基础的主体条件。

(二)国家规划为多元主体网格化治理提供了政策保障

党的十八届二中全会和十二届全国人大一次会议提出组建国家食品药品监督管理总局。自此,在农产品质量安全领域实施多元主体治理的国家政策不断制定并完善。2014 年 4 月,为进一步提高食品质量安全工作决策的科学化、民主化水平,推动形成社会治理格局,国务院食品安全委员会专家委员会成立并召开第一次全体会议,审议通过了《国务院食品安全委员会专家委员会章程》。2014 年 5 月,国务院办公厅印发,探索通过实施食品生产经营者"红黑名单"制度促进企业诚信自律经营,落实食品质量安全违法行为有奖举报制度,推动食品质量安全社会治理。2015 年 4 月 24 日第十二届全国人民代表大会常务委员会第十四次会议修订了《中华人民共和国食品安全法》,其中第三条规定食品安全工作实行预防为主、风险管理、全程控制、社会治理,建立科学、严格的监督管理制度。此外,国务院在《2014 年食品安全重点工作安排》《2015 年食品安全重点工作安排》与《2016 年食品安全重点工作安排》中都强调要建立食用农产品质量安全社会治理体系。2016 年 6 月 23 日,为贯彻落实《国务院办公厅关于加快推进重要产品追溯体系建设的意见》(国办发

〔2015〕95 号)和《中共中央、国务院关于落实发展新理念加快农业现代化实现全面小康目标的若干意见》(中发〔2016〕1 号)的精神,进一步提高食用农产品质量安全监督管理水平,增强食用农产品的消费信心,农业部提出要强化社会治理,开展有关农产品质量安全的标准和法律法规的宣传活动和贯彻活动,发挥舆论监督作用,充分发挥追溯体系保障农产品质量安全的有效作用。

以上均是国家在推进食用农产品质量安全多元主体网格化治理方面的政策支持,并且在各种文件中不断强调多元主体社会治理的重要性和必要性。国家的支持和取向是最大和最优越的动力系统,为食用农产品质量安全多元主体网格化治理提供了完备的政策保障。

(三)政府财政为多元主体网格化治理提供了经济条件

食用农产品质量安全多元主体网格化治理是一项参与人员多、涉及范围广、治理程度细的综合性工作,在对食用农产品种植、养殖、生产、加工、流通、销售等各个阶段实施事前监督预防、事中控制处理、事后分析补偿中都需要相应的人力、物力、财力支出。我国实施食用农产品质量安全多元主体网格化治理所需资金,政府财政积极承担,为食用农产品质量安全多元主体网格化治理提供了可靠的经济条件。

党的十六大以来,支持发展现代农业是各级财政部门深入推进社会主义新农村建设的首要任务。为此,政府在财政投入方面给予了更大的更可靠的支持。党的十八大报告强调,要"加大强农惠农富农政策力度,支持广大农民平等参与现代化进程、共同分享现代化成果"。2013 年 7 月财政部指出财政支农,一要进一步加大强农惠农富农政策力度,不断健全完善农业支持保护体系,让农民群众与城里人一样,共享财政改革发展成果;二要进一步完善支农机制。完善支农项目的决策机制、运行机制和管护机制,确保农民群众的利益不受损害,让农民群众得到真正的实惠。为了更好地落实计划,财政部指出:一要坚持夯实基础,进一步健全农业管理制度体系。二要注重改革创新,整合统筹中央财政的涉农资金,建立健全自上而下、上下联动的涉农资金整合机制;大力推行公式法、因素法等分配方法,将资金"切块"下达地方;进一步推动项目审批权下放;强化整合统筹涉农资金的协商机制,拓宽协商范围,逐步建立由有关各部门共同参与的协商沟通机制;大力推行完善公示公告制、报账制、专家评审制等。综上所述,政府财政为保障食用农产品质量安全,支持多元主体网格化治理提供了可靠的经济条件。

(四)网格化治理实践探索为多元主体网格化治理提供了成功经验

实施食用农产品质量安全多元主体网格化治理,推进部门整体联动,营造齐抓共管的实践探索,有利于大力开创具有地域特色的社会治理新路。第一,确保消费安全的需要。网格化治理就像在特定区域范围内铺设的一张巨型虚拟网,对该区域内食用农产品的种植、养殖、生产、加工、流通、销售等各环节进行静态定位和动态监测,同时利用智能软件收集,利用分析模型整理、分析信息,共同组成网格化治理依据。第二,提升监管水平的需要。监管主体的主要职责是提供基础服务和大力保障,确定治理的整体方向和标准,明确各类治理主体的地位和职责分工,引导各类主体竞相参与,推行有奖举报,加强行政执法,协调各方主体利益等。第三,落实主体职责的需要。农产品质量安全的网格化治理,需要网格监管员努力开展日常的巡查工作,不断收集、处理食用农产品质量安全信息。第四,达成高效治理的需要。以计算机网络为纽带连接而成的网格化治理平台,可以将多元部门机构、多元治理主体囊括到农产品质量安全治理中,利用数据信息技术打破各部门、各层级的职能界限,依据治理流程对各部门、各层级的运作进行规制,形成强效的无缝隙运作的区域治理合力。

网格化治理比较多地运用在城市社区和基层社会的治理中,在食用农产品质量安全治理领域的实践探索虽然才起步,但也积累了一些成功经验。比如,江苏省泰州市对食用农产品质量安全进行网格化治理。一是建立四级网格体系,第一级以村为基层单元,第二级以乡镇为单元,第三级以县为单元,第四级以市为单元。四级网格相互分离又彼此覆盖,共同致力于食用农产品质量安全治理。二是健全管理机构。三是明确四级网格管理机构的人员任务。以村为单元的一级网格中,各村委确定一名村干部担任协调管理员;以县为单元的三级网格中,农产品质量安全监管工作领导小组负责日常事务,农业主管部门则负责对农产品质量安全监管工作领导小组的领导、控制实施以及管理维护工作。以市为单元的四级网格中,仍然由农产品质量安全监管工作领导小组负责日常事务,不过由市农委负责对农产品质量安全监管工作领导小组的领导、协调和控制工作。食用农产品质量安全多元主体网格化治理模式已在泰州市发展完善并开始全面实施，为其他地区的农产品质量安全管理提供了宝贵的网格化治理经验。

食用农产品质量安全多元主体网格化治理已经越来越规范地应用于省、市、县、乡镇、村五级治理网格中，在对食用农产品进行事前监督预防、事中控制处理、事后补偿分析等方面发挥积极作用，所以，食用农产品质量安全多元主体网格化治理有越来越多的成功经验支持，这些成功经验不仅使得这种治理方式不断完善成熟，对于实施治理的主体而言也越来越熟练和敢于行动。因此，网格化治理实践探索为食用农产品质量安全多元主体网格化治理提供了成功经验。

（五）网格化治理能够获取社会效益，满足和谐社会条件

党的十六大首次把"社会更加和谐"纳入全面建成小康社会的重要奋斗目标，党的十七大和党的十八大也都反复强调了建设和谐社会的重要性。建设和谐社会旨在解决环境的严重破坏与可持续发展要求之间的不和谐；高新技术的发展与民用、实用技术的发展之间的不和谐；信息技术对知识的需求与"知识无用论"的兴起之间的不和谐；中国东中西部地区之间、城乡之间的发展不和谐；资源垄断和官商背景的企业发展之间的不和谐。建设和谐社会是建设中国特色社会主义总布局中的重要一环。

食用农产品质量安全多元主体加强林业生态建设与保护、加入水土流失治理力度、加强对草原的生态保护和建设，解决了环境的严重破坏与可持续发展要求之间的不和谐；多元主体中的政府通过增加基本科研业务费、科技重大专项经费、国家实验室专项经费、公益性行业科研经费等，推动农业技术自主创新，并促进农业科技成果转化，解决了食用农产品领域高新技术的发展与民用、实用技术的发展之间的不和谐；多元主体中的政府采取买单到村、培训到人，解决了信息技术对知识的需求与"知识无用论"的兴起之间的不和谐；多元主体涉及东中西部地区以及城乡地区的各类人群，网格化模式又覆盖东中西部地区以及城乡地区，通过多元主体和网格化双层协调，解决了中国东中西部地区之间、城乡之间的发展不和谐。

当今社会，消费需求刚性增长，粮食供求关系总体仍然趋紧，资源约束、市

场波动、气候变化等制约因素仍然存在。与此同时,食品质量安全问题日益突出,特别是由于农业生产过程中的投入品使用不当、土壤资源和水资源严重污染,农产品质量安全遭受威胁。再加之随着社会进步,公众对生活水平和生活质量有了更高的要求,对关乎自己生命健康的食品质量安全问题更是格外关注。因此,为让社会公众吃上放心的食物,食用农产品质量安全多元主体网格化治理始终将维护国家粮食安全、食品安全放在突出地位。政府在制定相关政策时,多元参与主体协同作用,使决策既关注食用农产品"数量",又关注食用农产品"质量"。食用农产品质量安全多元主体网格化治理一方面通过多方协同的治理方式来开展,在这过程中,能够使参与的各方主体形成更加紧密联系的关系,彼此之间更加熟悉理解,遇到冲突矛盾时及时化解;另一方面,多元主体网格化治理的良性结果即食用农产品高质高安全,能够维护有序的市场,保障社会稳定,保障社会和谐。因此,食用农产品质量安全多元主体网格化治理能够获取社会效益,满足和谐社会条件。

(六)网格化治理能够维持市场秩序,满足市场生态条件

2013 年中央一号文件突出强调"推进农业生产经营体制创新""联产承包"在调动农民积极性、提高农业生产率、增加农业经营收入方面发挥了重要作用,为开创农业农村发展良好局面奠定了坚实的制度基础。但是,农村经济体制的不够完善、农业生产经营的组织化程度低、农业社会化服务体系的不健全以及农村青壮年劳动力的紧缺使得农业农村的发展受到严重制约。

党的十八大报告强调要"坚持和完善农村基本经营制度""发展多种形式的规模经营""构建集约化、专业化、组织化、社会化相结合的新型农业经营体系"。这些都体现了中央对农业农村发展形势、对农业基本经营制度的基本把握。贯彻这一要求,一方面要坚持"联产承包";另一方面要支持构建新型农业经营体系,努力提高农业生产组织化程度。推进农业生产经营体制创新和推进农业供给侧结构性改革既是社会发展需要,也是市场有序运行的需要。在推进农业生产经营体制创新方面,食用农产品质量安全多元主体网格化治理机制支持在农业生产、加工等流通过程中引入科学技术,注重引导农户、企业采用现代生产要素开展农业生产;扶持联户经营;支持农民合作组织发展,加快推进农业生产社会化服务体系建设。在推进农业供给侧结构性改革方

面,食用农产品质量安全多元主体网格化治理机制通过政府主体组织领导、其他多元参与主体宣传引导和指导服务,为推动供给侧结构性改革献计献策。除此之外,食用农产品质量安全多元主体网格化治理能够保障食用农产品供给的质量和安全,保障有效供给,在交易过程中打破销售者与消费者对于食用农产品质量安全的信息不对称情况,促进公平交易,减少甚至消除由于食用农产品质量安全问题引发的冲突矛盾,维护市场竞争,保障市场稳定。因此,食用农产品质量安全多元主体网格化治理能够维持市场秩序,满足市场生态条件。

第三章 食用农产品质量安全治理的历史考察

本章对我国食用农产品质量安全治理进行历史考察,以国家设计、区域战略、主体落实三方面为依据,将我国食用农产品质量安全治理发展的历程划分为农产品质量管理起步阶段(20 世纪 80 年代后期至 90 年代初期:1985—1994 年)、农产品质量管理发展阶段(20 世纪 90 年代中后期:1995—2000 年)、农产品质量安全监督阶段("十五"时期:2001—2005 年)、农产品质量安全监管阶段("十一五"至"十二五"初中期:2006—2013 年 11 月)、农产品质量安全治理阶段(十八届三中全会以来:2013 年 11 月至今)五个阶段,并分别从宏观视角的国家设计层面、中观视角的区域战略层面、微观视角的主体落实层面进行探讨。

第一节 食用农产品质量管理起步阶段(20 世纪 80 年代后期至 90 年代初期:1985—1994 年)

20 世纪 80 年代后期至 90 年代初期是我国农产品质量管理的起步阶段。新中国成立以来,我国农业发展的首要任务是促进农产品数量增长,解决广大人民的温饱问题。20 世纪 80 年代后期,我国通过一系列有利于农业和农村经济发展的方针和政策的实施,成功地实现了以占世界的粮食作物播种面积生产出占世界总产量的粮食,以占世界的耕地养活了占世界人口的辉煌成就。但是,由此而无视质量和不要标准的倾向普遍存在,致使许多农产品不能实现社会需求中的价值。我国农业中隐含的深层次矛盾日益凸显,严重制约着农业和农村经济的进一步发展。在这些问题的步步紧逼下,我国立足于现实,广泛吸收国内外的农产品质量管理发展经验,食用农产品的质量管理开始慢慢起步。

一、宏观视角的国家设计层面

20世纪80年代后期是我国全面推行改革开放、建立市场经济新体制、农业和农村经济持续高速增长的时期,但当时中央对农产品质量管理的重视还不够高,相关文件出台也很少。1991年2月,国家技术监督局为了实现农业现代化,促进农业技术进步,改进农产品质量,增加产量,提高经济效益,根据《中华人民共和国标准化法》和《中华人民共和国标准化法实施条例》,制定了《农业标准化管理办法》。1991年12月,国务院批复了农业部《关于开发"绿色食品"的情况和几个问题的请示》,指出这是一项正处在起步阶段的新的工作,要采取积极有效的措施抓好这项开创性工作,中央财政视每年的财力可能,对组织"绿色食品"开发,适当给予事业费支持。1992年,《国务院关于发展高产优质高效农业的决定》指出要进一步把农产品推向市场,以市场为导向继续调整和不断优化农业生产结构,改善高产优质高效农业的生产条件,更好地发展高产优质高效农业。1993年8月20日国务院第七次常务会议审议通过了《90年代中国农业发展纲要》,指出90年代我国农业发展的主要目标是:全面发展农村经济,主要农产品稳定增产,在数量、品种和质量上,适应全面建成小康社会和加快国民经济发展的需要。1994年6月,国务院发布了《关于建设高产优质高效农业示范区和扶持粮棉大县发展经济的报告》,指出建设高产优质高效农业示范区适应农村市场经济发展的需要。

二、中观视角的区域战略层面

在农产品质量管理起步阶段,各省基于国家设计而布局本省区域农产品质量管理战略的觉悟还不是很强,但也有一些地区走在前面,例如,陕西、吉林、江西等省相继颁布并实施了相关加强农产品质量管理的政策。1992年,陕西省第七届人民代表大会常务委员会发布了《陕西省农村集体经济承包合同管理条例》，其中第十条第二点规定合同应具备承包项目即农产品的名称、品种、规格、数量、质量、用途、价款、地点、坐落、生产经营方式等。1993年1月，吉林省第七届人民代表大会常务委员会发布了《吉林省农民负担管理条例》，加强对农民负担的管理，保护农民的合法权益，促进农村经济发展，以此改善农民在农产品生产过程中的行为，保障食用农产品质量。1993年8月，陕西省人民政府颁布了《陕西省农业环境管理办法》，对农产品生产环境做了全方位的保护，并在第九条规定农业行政主管部门的农业环境监测机构的主要职责是：负责对本辖区农业环境状况及农产品质量（有毒有害物质残留）的监测；定期汇总、整理本辖区农业环境监测数据和资料，分析、评价本辖区农业环境质量状况，并向同级农业行政主管部门和上级农业环境监测机构报告；根据环境保护行政主管部门和农业行政主管部门的委托，承担农业环境污染事故和农业生态破坏事件的调查、监测和技术仲裁；负责农业环境保护技术培训、技术推广和技术服务。1994年12月，江西省第八届人民代表大会常务委员会第十三次会议通过实施《中华人民共和国农业技术推广法》，并对农业技术推广体系、农业技术推广队伍、农业技术推广应用、农业技术推广经费等做了详细规定，从技术角度来提高和保障农产品质量。

三、微观视角的主体落实层面

（一）实践主体的落实层面

在农产品质量管理起步阶段，实践行为主体对食用农产品质量管理有关国家设计和区域战略的落实还很不全面。尽管如此，农产品质量管理在一些地区开始推进，例如，广西浦北县开展了无公害农产品生产，北京市加大了农田环境质量的保护。1989年，广西浦北种植业逐渐向无公害发展，生态荔枝大量出口欧洲、美国，13万亩香蕉已通过标准化生产产地认定。到1999年，全县发展无公害水果66万亩，香蕉15万亩，蚕桑2万亩，建立了无公害生态农业科普示范基地43个，年创生态经济收益近3亿元，全县农民年人均生态收入达410元。这是该县按照高产、优质、安全、环保无公害发展种植业的结果。同时，浦北县全县沼气池总数达31998个。按一座沼气池年产沼肥30吨计，全县沼气池年可提供优质有机肥92.15万吨，年总计经济效益1.09亿元；

浦北大力推广"猪—沼—果""猪—沼—稻""猪—沼—菜""猪—沼—蔗"等三位一体模式,使用沼液、沼渣给农作物施肥,以及沼液浸种、沼液杀虫,沼渣种蘑菇、养蚯蚓等,不仅节省成本,而且能减轻病虫害,减少农药使用和化学污染,有利于生产无公害的质量安全的农产品,增强市场竞争力。1994 年 5 月,北京市人民代表大会常务委员会发布了《北京市基本农田保护条例》,该条例第二十三条规定市和区、县农业行政主管部门,应当会同同级环境保护部门对基本农田环境质量进行监测与评价,并定期向同级人民政府提交基本农田环境质量与发展趋势的报告。

（二）理论主体的落实层面

农产品质量管理起步阶段理论科研主体对食用农产品质量管理有关国家设计和区域战略的研究相对较多,特别是在保障农产品质量方面做了比较多的对策探索。主要有:阮正福(1985)指出提高农产品质量,应改变单纯追求数量忽视质量的指导思想;因地制宜地选择种植品种;改进栽培技术和饲养方法;改善储运和加工条件;实行优质优价政策等。[1] 瞿行甫等(1985)以青海省低芥酸油菜发展前景为考察对象,指出培育、挑选优良品种是提高农产品质量的关键所在。[2] 张振康(1991)认识到农产品的质量会随季节的变化而不断变化,由此价格也会随质量发生相应的变化。他把这种由季节变化导致的价格差称之为"质量型季节差价"并进行了相关分析。[3] 严春兴等(1992)分析了当时农产品质量的现状、原因以及影响,提出应从强化农产品质量意识;开展科技兴农;发挥价格的调节作用;实行优惠政策等方面对农产品质量问题进行综合治理。[4] 需要说明的是,在农产品质量管理起步阶段,学者们的这些思考也都处于起步阶段,既没能上升到国家政策层面,也缺乏实践的经验基础,所以都没能真正发挥其应有功能,不过,这一阶段的理论研究成果为以后的食用农产品质量管理提供了借鉴。

---

[1] 阮正福:《提高农产品质量的客观要求和途径》,《中国农村经济》1985 年第 10 期。

[2] 瞿行甫、王龙骧、罗新青:《提高农产品质量关键在于培选优良品种——青海省低芥酸油菜发展前景》,《农业技术经济》1985 年第 8 期。

[3] 张振康:《谈农产品的质量型季节差价》,《价格理论与实践》1991 年第 1 期。

[4] 严春兴、王暸:《农产品质量问题探析》,《中国农村经济》1992 年第 5 期。

第二节　食用农产品质量管理发展阶段（20 世纪 90 年代中后期：1995—2000 年）

20 世纪 90 年代中后期是农产品质量管理的初步发展阶段。90 年代中后期，我国农产品实现了供不应求到总量基本平衡的历史性跨越，客观上为提升农产品质量提供了物质前提。同时，由于农产品质量问题导致的食品质量安全事件愈发频繁，因此，我国各级政府对食用农产品质量越来越重视，从事食用农产品质量研究的科研工作者对此的关注也越来越密切。

一、宏观视角的国家设计层面

在农产品质量管理发展阶段，国家对农产品质量管理有关规划设计包括：1998 年 10 月，党的十五届三中全会通过了《中共中央关于农业和农村工作若干重大问题的决定》，提出要把农业的发展切实转到以提高质量和效益为中心的轨道上来。① 1999 年 3 月，农业部为了加强农业国家（行业）标准的管理，提高农业标准的质量和水平，发布了关于印发《农业部标准化管理办法》及《农业部国家（行业）标准的计划编制、制定和审查管理办法》的通知。《农业部标准化管理办法》第四条指出要积极采用国际标准和国外先进标准，提高农产品质量，增强出口创汇能力；第十条规定部直属的企、事业单位标准化工作的主要任务之一是应用标准化手段，不断开发新产品，保证产品质量，提高生产经营管理水平；第二十一条规定农业部对国家、行业标准的实施进行监督，开展农产品质量认证工作。此外，还对农业各行业质量标准的主要范围做了详细界定。1999 年 7 月，国务院通过了农业部《关于当前调整农业生产结构的若干意见》，指出调整农业生产结构要依靠科技进步，着力改善农产品的品种和质量。种植业要改良品种，坚持质量、产量、结构和效益的统一；畜牧业要遵照国际市场的质量要求，提高动物卫生质量标准，以利于扩大出口；渔业

---

① 《中共中央关于农业和农村工作若干重大问题的决定》，《人民日报》1998 年 10 月 19 日。

要重点抓好低值水产品的深加工和大宗水产品的精加工,大力提高水产品的综合利用效率,提高其质量和附加值。同时强调把全面提高农产品质量作为农业科技工作的一项重要任务,要加强农业标准体系建设和质量监督管理。1999 年 10 月,农业部发布了《关于创名牌农副产品的若干意见》,指出实施农业名牌发展战略,大力提高农产品质量,推进农业产业化经营,是引导农民调整优化农业结构、增加农民收入的一项重要举措。针对这一时期农产品国际贸易中的技术性壁垒,提出要强化农业标准化和农产品质量管理方面的知识,运用标准化手段对农产品实行全过程质量控制和管理,同时,要建成先进完备的农产品质量检验检测体系和做好质量体系认证工作。2000 年 1 月,国务院发布了《中共中央国务院关于做好 2000 年农业和农村工作的意见》,强调调整和优化农业生产结构,要全面优化农作物品种,努力提高农产品质量,根据市场需求变化,继续压缩不适销品种,扩大优质农产品生产,力争经过两三年的努力,使我国农产品的良种普及程度和质量有一个明显的提高。2000 年 7 月,农业部发布了《关于加强农药残留监控工作的通知》,指出为保障我国农产品质量,提高农产品在国际市场的竞争力,满足我国人民物质生活水平日益提高的要求,必须加强农药残留监控工作。要树立优质农产品品牌意识,将农业生产环节控制和农产品市场监督结合起来,实现农产品生产、加工、流通、销售全过程的治理,保障农产品质量安全。

二、中观视角的区域战略层面

在农产品质量管理发展阶段,各省基于国家设计而布局本省区域农产品质量管理战略的觉悟有所提升,主要体现在:1998 年 6 月,广东省人民代表大会常务委员会发布了《广东省农业环境保护条例》,该条例第八条规定地方农业环境标准由省环境保护行政主管部门同省农业行政主管部门制定,报省人民政府批准。地方农产品质量标准由省标准化行政主管部门会同农业等有关部门制定;地方农业环境标准包括环境质量标准和污染物排放标准。第二十二条规定各级农业行政主管部门应加强农业环境监测,会同环境保护行政主管部门定期组织对农用水、土壤、大气和农产品质量的调查;经检测有害有毒物质含量超过规定标准的农产品,由农业行政主管部门分别不同情况,予以销毁或限制其用途。1999 年 6 月,安徽省第九届人民代表大会常务委员会为合理开发利用农业资源,保护和改善农业生态环境,提高农产品的产量和质量,根据《中华人民共和国农业法》《中华人民共和国环境保护法》等法律、法规,结合本省实际,制定了《安徽省农业生态环境保护条例》。对农业生态环境质量管理做了全方位的布局①。

三、微观视角的主体落实层面

(一)实践主体的落实层面

农产品质量管理发展阶段实践行为主体对食用农产品质量管理有关国家设计和区域战略的落实,主要体现在:90 年代中后期,江苏吴县的县、乡(镇)、村的农产品加工企业呈现超常规发展态势,在农村经济中的比重逐年提高,发挥了重要作用。三级农产品加工业的快速发展,对加工原料的需求量越来越多,质量越来越高,引发农业进行结构性调整,使农业逐步由产量速度型向质量效益型转化。吴中区依靠自身质量优势和外销信誉,巩固老关系,不断发展新关系,大大提高了农业的经济效益。② 1995 年,四川省武隆县把农产品工业确立为支柱产业,出台了关于一系列措施,采用法律、行政和经济等手段实施国土资源开发战略,保护自然环境,维护生态平衡,切实做到经济效益、社会效益、生态环境效益三者的统一,最终作用于保障农产品质量。③ 1998 年 3 月,农业资源区划管理司召开了"主要农产品供需前景与结构优化"研讨会,对农业结构调整和农产品质量提高提出了一系列指导性意见④。

(二)理论主体的落实层面

农产品质量管理发展阶段理论科研主体对食用农产品质量管理有关国家设计和区域战略的研究主要有:李波、陆迁(1995)着重分析了技术进步与农产品质量的关系,认为提升农产品质量不仅要强调科技兴农,而且还有建立健

---

① 《安徽省人民代表大会常务委员会关于修改〈安徽省农业生态环境保护条例〉的决定》,《安徽日报》2006 年 7 月 12 日。

② 吴正茂:《吴县三级农产品加工业的研究》,《中国农业资源与区划》1995 年第 6 期。

③ 张明举、段兴勤、黄永胜:《武隆县国土开发战略研究》,《国土经济》1995 年第 3 期。

④ 农业部农业资源区划管理司:《关于优化农业结构大力提高农产品质量的建议》,《中国农业资源与区划》1998 年第 3 期。

全农产品质量监督体系、检测体系、标准化体系和法律保障体系。[1] 张建平等（1996）对农产品中的烟叶进行了研究，应用色度学理论和计算机图像处理技术，研究了烟叶外观质量特征——颜色、叶形、叶面等的提取、描述与检测方法，为开发烟叶外观质量的检验设备与分级仪器提供了理论依据。[2] 蔡健荣（1997）对计算机色觉模拟技术进行了分析研究，认为在农业物料品质检测中，计算机色觉模拟技术有着十分广泛的应用前景。他对几种不同颜色模型的结构和作用进行了分析，提出在农产品质量检测中，根据具体实际选择合适的颜色模型能够促进农产品质量保证。[3] 王大生（1999）认为优质农业在我国当前的农业发展中占据着重要地位，指出依托科学技术，建立现代农业信息网络和高效的农业技术推广体系，实现优质农业目标。除此之外，他还前沿性、创造性地提出："稳定提高农产品的产量和质量是 21 世纪中国农业发展的主导方向。"[4] 孟凡乔等（2000）从土壤环境视角研究农产品质量问题。在分析土壤环境质量标准的制定依据和无污染农产品的土壤环境质量标准所存在问题的基础上，阐述了土壤环境质量标准制定应考虑的原则和因素，指出"有机食品""绿色食品""无污染农产品"需要符合土壤环境质量标准的生长环境，由此强调土壤环境在保障农产品质量中的重要作用。[5]

第三节 食用农产品质量安全监督阶段
（"十五"时期：2001—2005 年）

"十五"时期是农产品质量安全监督阶段。党的十五届五中全会决定明确指出，要加快建设农产品质量安全体系。20 世纪 80 年代末期，农业部即开

---

① 李波、陆迁：《技术进步与农产品质量》，《农业技术经济》1995 年第 6 期。

② 张建平、吴守一、方如明：《农产品质量的计算机辅助检验与分级（第 Ⅰ 报）烟叶外观品质特征的定量检验》，《农业工程学报》1996 年第 3 期。

③ 蔡健荣：《颜色模型分析及在农产品质量检测中选用原则》，《江苏理工大学学报》1997 年第 5 期。

④ 王大生：《稳定提高农产品的产量和质量是 21 世纪中国农业发展的主导方向》，《农业现代化研究》1999 年第 2 期。

⑤ 孟凡乔、史雅娟、吴文良：《我国无污染农产品重（类）金属元素土壤环境质量标准的制定与研究进展》，《农业环境保护》2000 年第 6 期。

始对农产品质量安全监督检验测试体系进行相应的规划和建设。到"十五"时期,农产品质量安全监督检验测试体系框架已基本形成。这个阶段相对于前一阶段有两个显著特征,一是由强调农产品质量到开始强调农产品质量安全的转变;二是由强调管理到重视监督的转变。

一、宏观视角的国家设计层面

在农产品质量安全监督阶段,国家对农产品质量安全监督有关规划设计包括:从 2000 年起,农业部建立了食用农产品质量安全定点监督检测制度;2001 年,农业部开始实施"无公害食品行动计划"①。2001 年 10 月,为适应农业发展的新阶段,根据党的十五届五中全会精神和《国民经济和社会发展第十个五年计划发展纲要》中"关于加快建立农产品市场信息、食品安全和质量标准体系,引导农民按市场需求生产优质农产品"的要求,农业部关于加强农产品质量安全监督工作提出要"充分认识加强农产品质量安全监督的重要性和紧迫性,农产品质量安全问题,是新阶段农业和农村经济工作必须解决的一个重大问题"②。2002 年 5 月,农业部为了进一步加强农业政策法制工作,制定的《关于加强农业政策法制工作的意见》指出:"2002 年部里将配合全国人大和国务院法制办做好农业法、草原法、兽药管理条例的修改工作,做好农业机械化促进法、农产品质量安全监督管理条例的起草和肥料管理条例的立法调研;各级农业部门在抓好日常性执法工作的同时,要以农资市场准入管理、农产品质量安全监督管理为重点,加大执法力度,充分发挥综合执法队伍的作用。"③2002 年 11 月 8 日,中国共产党第十六次全国代表大会在北京人民大会堂隆重开幕,再次强调了加强农业的基础地位;明确要求健全食用农产品质量安全监管体系,保障食用农产品质量安全,增强食用农产品的国际竞争力。2003 年 1 月对《中华人民共和国农业法》进行了修改,农产品质量安全问题是这次修改增加的重要内容,新《农业法》规定,国家积极采取措施,为提高食用

---

① 李永生:《我国无公害食品行动计划正式启动》,《农民日报》2001 年 4 月 27 日。
② 《中华人民共和国国民经济和社会发展第十个五年计划纲要》,《新华每日电讯》2001 年 3 月 18 日。
③ 李永生:《农业部部署加强农业政策法制工作》,《农民日报》2002 年 5 月 22 日。

农产品质量安全,要建立健全食用农产品质量安全标准体系和质量安全监督检验测试体系,保障农产品质量安全。① 2003 年 3 月,赵金铎委员在全国政协十届一次会议上说,必须加强农产品质量体系建设,全面提高农产品质量,使我国农业能在更加开放的国内市场和激烈的国际市场竞争中求得生存和发展。要重点跟踪监测检查化肥、农药、饲料、种子、农业机械及零配件等农业生产资料的安全状况,逐步实行农产品"市场准入"制度,在农产品批发市场和大型集贸市场建立农产品质量安全监测点,把好市场准入关。为尽快建立健全农产品质量安全监督检验测试体系,提高农产品质量安全监督检验测试水平。2003 年 4 月,农业部通过了《农业部关于加强农产品质量安全检验检测体系建设的意见》。② 2003 年 4 月,农业部印发了《关于下达农业部第四批部级质检中心筹建计划的通知》,第四批部级质检中心是为了尽快建立健全农产品质量安全监督检验测试体系,完善农业行政执法监督检验测试手段,加强农产品质量安全监督管理,促进农业机构战略性调整,全面推进"无公害食品行动计划"和优势农产品区域布局规划的实施,提高农产品质量安全水平而决定规划筹建的,也将是最后一批规划筹建的部级质检中心。第四批部级质检中心将结合农业各产业质量监督需要择优选定,是全国农业系统实施农产品质量安全监督的重要技术执法机构。2005 年 9 月,农业部农产品质量安全中心为适应无公害农产品认证事业加快发展的需要,进一步加强无公害农产品检测体系建设,按照《无公害农产品检测机构管理办法》要求,结合全国无公害农产品认证情况及检测机构布点实际,根据审核及考察结果,决定增加贵州省农产品质量安全监督检验测试中心等 12 家产品质量检测单位为无公害农产品定点检测机构。

二、中观视角的区域战略层面

在农产品质量安全监督阶段,各省基于国家设计而布局本省区域农产品质量安全监督战略的体现主要有:广东省决定从 2003 年起,逐步建立以省、地

---

① 申正:《新农业法有什么特点》,《农民日报》2003 年 1 月 14 日。
② 《农业部关于加强农产品质量安全检验检测体系建设的意见》,《农民日报》2003 年 5 月 30 日。

级市农产品质检中心为龙头,县(市、区)农产品质检中心为骨干,以大宗农产品主产区、"菜篮子"产品基地、大中型农产品批发市场为依托的覆盖全省的农产品质量安全检测检验体系,包括省和地级市以上农产品质量安全监督检验测试机构,畜禽、水果、蔬菜等鲜活农产品产区和农产品批发市场的质量安全监督检验测试站,以提高农产品质量。2003年8月,甘肃省农牧厅指出甘肃省将突出加强农产品质量安全工作,为实现农业增效、农民增收、农产品竞争力增强的目标。2003年下半年,把提高农产品的质量安全水平作为应对非典疫情给农业生产带来负面影响的重要措施,加大工作力度,抓紧抓好,逐步建立起覆盖全省的农产品质量安全监督检验检测体系。2003年8月,湖南省农产品质量检验检测中心在长沙市挂牌成立,主要负责全省农业农产品、种子、肥料质量监督和农药监督管理工作,承担农产品及农产品质量相关的农业投入品(种子、农药、肥料)、农业环境、农业资源、农业转基因生物(产品)的检验检测及相关研究工作,为农产品质量管理和农业执法提供参数和依据,为全省农业发展提供技术支撑。2004年4月,为了加强农产品质量安全监督检验测试体系建设,在农业区域内推进依法行政,保障农产品质量安全,提升农产品国际竞争力,湖南省农业厅对农业机构的人、财、物、职能进行全面整合,由省植保植检站、省土壤肥料工作站、省种子管理站、省农业环境监测管理站的农药、肥料、种子、农业环境与农产品质量四个检测机构组建成立了湖南省农产品质量检验检测中心。中心的成立对于合理利用资源,为推动"无公害食品行动计划"和"食品药品放心工程"实施提供了重要的技术支撑。2004年,广西壮族自治区农业厅在全区范围内组织开展"农产品质量安全宣传周"活动,对农产品质量安全监督检查做了重要部署。2004年6月,在湖南成立了全国农产品质量安全方面迄今为止的首个社会团体——农产品质量安全协会,协会的组建是顺应时代需要的适时举措,对加强农产品质量安全监管,提高农产品质量安全水平,促进地方农业标准化进程,提高地方农业生产组织化、产业化程度,促进地方农村经济发展发挥了积极作用。2005年8月,"山西省农产品质量安全检验监测中心"承建的"农业部农产品质量安全监督检验测试中心(太原)"顺利通过"国家计量认证"和农业部"授权认可",取得了向社会出具农产品质量安全检验公证数据和承担国家、省农产品质量安全检验监测任务的资格。2005 年 11 月,江西省为了建设农业标准化示范区,促进农业增效和农民增收,江西省农业厅制定了《江西省农业标准化示范区建设管理办法(试行)》,该办法第十七条指出要建立健全产品质量安全保障体系。加强农产品质量安全监测机构建设,依托县农产品质量安全检测站或其他有资质的农产品质量安全检测机构,建立示范区药物残留快速检测室,在示范区主要地块设立农产品质量安全监测点,形成农产品质量安全监督网络,建立农产品质量安全例行监测制度和农产品质量安全责任追溯制度。

三、微观视角的主体落实层面

(一)实践主体的落实层面

农产品质量安全监督阶段实践行为主体对食用农产品质量安全监督有关国家设计和区域战略的落实,主要体现在:2002 年 4 月,河南省首家县级农产品质量监督检验测试中心——新野县农产品质量监督检验测试中心成立,2003 年 10 月获省技术监督局资质认证。新野县农产品质量监督检验测试中心深入开展调查研究,利用科学技术开展食用农产品质量安全检验工作,初步开创了农业标准化新局面。2003 年,浙江省温岭市以绿色、有机、无公害农产品为突破口,扩大投资规模,引进先进设备,建立食用农产品检测中心并配备速测仪器以及配套设备,改进工作方法,开展农业服务,为农业提供良好的发展环境。2003 年 7 月,湖南省邵阳市农业局举办了一期全市农产品质量安全管理培训班。参加培训班的学员包括全市农业行政主管部门的执法人员和全市农产品加工企业负责人。此次培训的内容主要有绿色食品和有机食品的认证和管理、农产品质量安全监督等。明确了农业行政主管部门的目标、任务和职责,强化了农业行政主管部门与企业的联系,提高了人们对农产品的质量安全意识。2003 年 8 月,安徽省马鞍山市农产品质量安全监督检验测试中心正式挂牌,对全市 8 个产地环境、10 个生产基地、4 个批发市场、3 个农贸市场、3 家超市共 28 个固定监测点的产地环境和农产品质量安全进行例行检测,对农产品实施"从产地到餐桌"的全程质量监控,及时掌握全市农产品质量安全状况。河南省周口市是农产品生产大市,也是农产品消费大市。周口市各级农业部门在市委、市政府领导支持下,积极开展无公害农产品基地建设,认真组织无公害农产品产地认定和产品认证申报工作,加强对周口市无公害农产品基地的环境检测和农业投入品使用的监督工作。同时,建起了周口市农产品质量安全检测中心,对农产品开展质量安全方面的抽查、检验和监督,负责农产品市场准入检验,接受农产品质量安全方面技术咨询和服务。2003 年 12 月,周口市已经有 31 家无公害农产品生产基地通过认定。2004 年 1 月,江西省吉安市为充分发挥本市得天独厚的农业资源优势,大力发展优质、高效、有竞争力的效益农业,加快农业现代化建设步伐,指出要加快农产品质量监督检验测试体系建设,在进一步建设好市农产品质量检测中心的基础上,加快建立市、县相配套的农产品质量安全监督检验测试体系和以生产基地、加工、流通为主的农产品自我检测体系,对农产品生产安全过程实行有效控制。2004 年,广西平乐县以农资打假、农产品质量安全监督和农民减负为重点,通过建立机构,设置合理运行高效便捷、行为规范公正的农业行政执法体系,加强农业执法工作,农业执法逐步走上了法制化轨道。重庆万州区农产品质量安全监督检测中心,从 2003 年 9 月即开始有机磷农药残留、重金属铅镉铜和亚硝酸盐等参数的检测试运行,到 2004 年 3 月止对区内蔬菜等农产品质量安全进行监测,超标问题严重,政府不断加大对农产品质量安全监督检测机构的投入,重视检测专业技术人员的引进和培训,完善该区农产品质量安全监督检测体系。"十五"以来,广东省广州市相继建成了蔬菜监测中心和畜牧监测中心。2004 年 3 月,为加强农产品质量安全管理,在广东省增城市建设农产品质量安全监督检测中心被列入 2004 年市委、市政府为民办十件实事之一,并作为搞好广州市农业标准化工作的一项关键措施来落实。2004 年 7 月,广东省云浮市农产品质量安全监督检验测试中心成立,主要负责贯彻执行国家、省、市有关农产品质量监督的法律法规等;负责辖区内农产品市场准入的检验检测和农产品质量安全的日常监督检验工作等。2004 年,福建省武平县为做好下半年农业农村工作,对农产品质量安全监督有了更高的要求。提出要继续强化标准、检测、认证三个环节,大力发展无公害农产品、绿色食品。要积极申报无公害、绿色食品基地,做好监督检测工作,加强标识管理,严格市场准入,切实提高农产品市场竞争力。同时要进一步做好农残检测工作,确保"放心农产品"的生产和供应。"十五"期间,在农业部的统一部署下,上海市将无公害食品行动计划与加强全市农产品质量安全监督有机结合起来。作为一个正在建设中的国际大都市,他们针对市场对农产品的需求量越来越大、质量要求越来越高的趋势,着手建设安全、优质的农产品架构。2005 年 9 月,广东省汕头市农产品质量安全监督检验检测中心投入运作,承担农产品中农药、重金属等残留监督检测、农业投入品质量的监督检验等。

(二)理论主体的落实层面

农产品质量安全监督阶段理论科研主体对食用农产品质量安全监督有关国家设计和区域战略的研究主要有:郭光、孙敏(2002)提出从加强农产品生产基地环境建设、农业生产科学技术指导、农产品监督检测管理、农产品流通销售管理等方面来保障农产品质量安全。① 董元华、张桃林(2003)认识到我国土壤中有毒物质的残留与农作物质量安全密切相关且问题日渐突出,提出应在全国范围内开展土壤环境质量调查和评价,建立土壤环境质量监测网络,完善土壤环境质量标准与农产品质量安全标准,制订土壤质量修复和保护规划等,实现农业用地由数量管理向数量与质量并重管理的战略转变,在保证土壤安全的基础上保障农产品质量安全。② 李功奎、应瑞瑶(2004)运用"逆向选择"(adverse selection)理论和"囚徒困境"(prisoners' dilemma)模型来解释农产品市场中存在的"柠檬问题"现象,指出应充分发挥政府职权,加强政府对农产品市场的监管力度,消除农产品质量安全中的信息不对称,防止劣质农产品驱逐优质农产品。③ 甘庭宇(2005)分析了农产品从生产、加工至销售等各个流通环节的质量安全问题,发现生产端的问题是最本源的问题,指出强化源头管理是保障农产品质量安全的根本举措。指出确保农产品质量安全需要对农业投入品严把生产许可和市场准入关;对农产品生产者开展相关技能和知识培训,培养他们的自我监控能力;发展"公司+农户"的生产链模式;培育具备一定农产品质量安全知识的农业生产者;完善农产品在生产过程中的质量

---

① 郭光、孙敏:《关于提高农产品质量安全水平的思考》,《农业科研经济管理》2002 年第 1 期。

② 董元华、张桃林:《基于农产品质量安全的土壤资源管理与可持续利用》,《土壤》2003 年第 3 期。

③ 李功奎、应瑞瑶:《"柠檬市场"与制度安排——一个关于农产品质量安全保障的分析框架》,《农业技术经济》2004 年第 3 期。

安全监管等。① 赵春明(2005)在对农产品质量安全监督的研究中,指出市场监督是"纲",生产监督是"目",主张形成以市场监督促生产监督的农产品质量安全监督机制,发挥"纲举目张"的效能。②

第四节　食用农产品质量安全监管阶段("十一五"至"十二五"初中期:2006—2013 年 11 月)

"十一五"与"十二五"初中期,我国食用农产品质量安全进入监管阶段。加强对农产品质量安全的监管工作,是农业行政主管部门的重要职责,是提高农产品市场竞争力,发展现代农业的重要抓手,也是建设社会主义新农村,构建和谐社会的有力保障。2001 年,农业部开始实施"无公害食品行动计划",建立了农产品质量安全例行监测等监管制度,全面加强农产品质量安全监管能力建设,但很多方面还不够完善,存在只监不管的现象,经过"十五"时期的不断摸索,到"十一五"和"十二五"初中期,农产品质量安全监管各项工作开始向纵深发展,正式进入农产品质量安全监督管理的新阶段。

一、宏观视角的国家设计层面

2006 年是"十一五"的开局之年,面对农产品质量安全工作的新形势、新任务,农业部全面贯彻落实党的十六届五中全会精神,搞好社会主义新农村建设,完善食用农产品质量安全监管工作,实施食用农产品质量安全维护行动,提高食用农产品质量安全水平,推进现代农业和社会主义新农村建设。2006年 4 月 29 日,全国人大常委会第二十一次会议审议通过《中华人民共和国农产品质量安全法》,于 2006 年 11 月 1 日正式实施。③ 这是我国农业和农村经济管理领域的一部重要法律,标志着我国农产品质量安全监管进入法制化阶

---

① 甘庭宇:《从生产链看农产品质量安全》,《农村经济》2005 年第 7 期。
② 赵春明:《建立以市场监督为纲的农产品质量安全监督管理机制》,《中国农业科技导报》2005 年第 1 期。
③ 《中华人民共和国农产品质量安全法》,《人民日报》2006 年 5 月 10 日。

段。《农产品质量安全法》的颁布与实施,为我国农产品质量安全事业奠定了重要的法律基础,标志着我国农产品质量安全监管工作进入了新阶段。为提升我国食用农产品质量安全监管能力,使食用农产品质量安全监管体系与新颁布实施的《农产品质量安全法》相适应,2006 年 11 月,农业部印发了《农业部关于加强农产品质量安全监管能力建设的意见》,强调了食用农产品质量安全监管能力建设的紧迫性和必要性,并对食用农产品质量安全监管能力建设的指导思想、目标、原则以及方法等做了重要阐述。在全国农产品质量安全监管工作视频会议中,时任农业部部长的杜青林强调,要进一步加大执法力度,加强组织领导,全面提升食用农产品质量安全监管水平。[1] 2006 年,农业部门把农产品质量安全管理与农业投入品监管有机结合起来,完善农业投入品监管制度,深入开展农业投入品专项整治工作,坚决打击制售和使用假冒伪劣农业投入品行为,净化农业投入品市场。2007 年 1 月,中央一号文件指出要加强农产品质量安全监管和市场服务,认真贯彻《农产品质量安全法》,建立农产品质量可追溯制度。[2] 2007 年 7 月,《国务院关于加强食品等产品安全监督管理的特别规定》发布实施,进一步明确生产经营者的责任,强化监督管理部门的职责。[3] 为适应农业部产品质量监督检验测试机构管理和发展要求,健全和完善部级质检机构管理制度,提高其管理能力和管理水平,保障食用农产品质量安全,农业部对 1991 年制定的《农业部产品质量监督检验测试中心管理办法》等文件进行修改完善,形成了《农业部产品质量监督检验测试机构管理办法》和《农业部产品质量监督检验测试机构审查认可评审规范》,自 2007 年 10 月 1 日起施行。2007 年 10 月党的十七大召开,胡锦涛同志在报告中强调,要"确保产品质量和安全""确保食品药品安全""加强动植物疫病防控,提高农产品质量安全水平""立足以质取胜"。[4] 2008 年,农业部农产品

---

① 杜青林:《贯彻实施农产品质量安全法 全面提高农产品质量安全水平》,《农民日报》2006 年 5 月 29 日。

② 张毅、顾仲阳:《现代农业,如何引领 9 亿农民》,《人民日报》2007 年 1 月 31 日。

③ 《国务院关于加强食品等产品安全监督管理的特别规定》,《人民日报》2007 年 7 月 28 日。

④ 胡锦涛:《高举中国特色社会主义伟大旗帜,为夺取全面建设小康社会新胜利而奋斗》,《人民日报》2007 年 10 月 25 日。

质量安全监管局成立。2008 年 10 月,中国共产党第十七届中央委员会第三次全体会议通过了《中国共产党第十七届中央委员会第三次全体会议公报》,强调要加强食用农产品质量安全和农业标准化工作,实行全程监督,落实农产品质量安全监管责任,完善准入制度,杜绝不合格农产品进入市场。根据国务院的统一部署,农业部与国家发展改革委等部门编制完成了 2008 年年内农业建设项目的投资计划,为加强农产品质量安全监管工作,有 5 亿元新增投资用于农产品质检体系的建设和完善。2008 年 10 月国务院第 28 次常务会议通过《乳品质量安全监督管理条例》。① 2008 年 12 月,中央农村工作会议召开,全面部署 2009 年农业和农村工作。会议指出要切实加强农产品质量安全工作,在农产品生产环节推动标准化生产,在食品加工流通环节强化企业质量安全责任,在政府监管环节健全全程监管体系。2009 年是农产品质量安全整治暨农产品质量安全执法年。2009 年 2 月 28 日,十一届全国人大常委会第七次会议通过了《中华人民共和国食品安全法》,并于 6 月 1 日起施行。《中华人民共和国食品安全法》强调要加强农产品质量安全监管体系的建设和管理,为农产品质量安全监管提供实时技术支撑。② 2010 年 1 月,全国农产品质量安全监管工作会议召开,贯彻落实中央农村工作会议、全国农业工作会议和中央一号文件精神,总结 2009 年农产品质量安全监管经验,部署 2010 年全国农产品质量安全监管工作;为搞好农产品风险监测工作,按照《中华人民共和国食品安全法》及其实施条例的规定,卫生部、工业和信息化部、工商总局、质检总局、食品药品监管局 5 部门联合制定了《食品安全风险监测管理规定(试行)》。2010 年 2 月,国务院设立食品安全委员会,继续加强了食品安全监管工作。2010 年 9 月 20 日,经卫生部部务会议审议通过了《食品安全国家标准管理办法》,指出制定食品安全国家标准应当以保障公众健康为宗旨。③ "十二五"初中期,我国食用农产品质量安全监管体系继续发展,为保障农产品质量安全和促进农业现代化助力。2010 年 10 月 18 日,中国共产党第十七届中央委员会第五次全体会议通过了《中共中央关于制定国民经济和社会发展第

---

① 《乳品质量安全监督管理条例》,《人民日报》2008 年 10 月 10 日。
② 《中华人民共和国食品安全法》,《中国工商报》2009 年 3 月 3 日。
③ 《食品安全国家标准管理办法》,《健康报》2010 年 11 月 11 日。

十二个五年规划的建议》。在工业化、城镇化深入发展中同步推进农业现代化，是"十二五"时期的一项重大任务。农产品质量安全是建设现代农业的关键环节，要对食用农产品质量安全实施专项整治，坚持"源头控制，标本兼治"①。2011年3月，为深入贯彻党的十七届五中全会、中央农村工作会议和全国农业工作会议精神，继续做好农资打假和监管工作，按照国务院总体部署和六部门《2011年全国农资打假和监管工作要点》要求②，农业部制定了《2011年全国农资打假专项治理行动实施方案》。2011年5月，农业部编制的《农产品质量安全发展"十二五"规划》指出"十二五"时期农产品质量安全工作要按照发展高产、优质、高效、生态、安全农业的要求，保障农产品质量安全和农业产业健康发展。③ 2012年6月13日，农业部审议通过了《农产品质量安全监测管理办法》，包括农产品质量安全风险监测办法和农产品质量安全监督抽查办法。2012年8月，为加强农产品质量安全监测工作，农产品质量安全监管局制定了《农产品质量安全监测管理办法》。④ 2012年9月，为进一步提高监管水平，保障食用农产品消费安全和农业产业健康发展，加快推进现代农业建设，农业部发布了《全国农产品质量安全检验检测体系建设规划（2011—2015年）》，该规划是农业部"十二五"重大专项建设规划。⑤ 为贯彻落实《国务院关于加强食品安全工作的决定》，依据《农产品质量安全法》《食品安全法》等相关法律法规规定，从2013年开始，创建国家农产品质量安全监管示范县工作在试点的基础上逐步推进。⑥ 2013年2月，农业部印发《全国农业农村信息化示范基地认定办法（试行）》，对农业农村信息化示范基地的建立和认证做了全面规范。2013年7月22日，全国农产品质量安全监管工作会议召开，韩长赋强调："要提高农产品质量安全监管能力，使主要食用农产

---

① 《〈中共中央关于制定国民经济和社会发展第十二个五年规划的建议〉单行本及党的十七届五中全会文件汇编本出版》，《人民日报》2010年10月28日。

② 《2011年全国农资打假和监管工作要点》，《中国工商报》2011年3月29日。

③ 李朝民：《农产品质量安全发展"十二五"目标确定》，《农民日报》2011年6月4日。

④ 《农产品质量安全监测管理办法》，《农民日报》2012年9月3日。

⑤ 龙新：《农业部发布〈全国农产品质量安全检验检测体系建设规划（2011—2015年）〉》，《农民日报》2012年9月26日。

⑥ 《国家农产品质量安全监管示范县怎么建》，《农民日报》2013年2月26日。

品质量安全检测合格率稳定在96%以上,重点解决农兽药残留超标、非法添加有毒有害物质、产地重金属污染和假劣农资四类问题。"①

二、中观视角的区域战略层面

"十一五"时期,各省基于国家设计而布局本省区域农产品质量安全监管战略的体现主要有:2006年1月,为进一步建设完善农产品质量安全检测体系,提升检验监测能力,更好地做好农产品质量安全监管工作,安徽省农委在合肥市举办首届全省市级农产品质量安全检测中心培训班。2006年2月,广东省在部署年度农业工作目标时指出:"要积极推行农业标准化,加大农产品质量安全监管力度,积极开展农产品质量安全例行检测,建立农产品标识管理制度,继续完善农产品质量安全预警系统,全面实施无公害食品行动计划,大力发展无公害农产品、绿色食品和有机食品。"继2006年4月审议通过《中华人民共和国农产品质量安全法》后,辽宁、福建、河南、吉林、山西等各省深入贯彻落实《农产品质量安全法》,结合各地区实际情况,依法推进食用农产品质量安全监管工作。2006年5月,内蒙古自治区为应对日本"肯定列表制度",进一步加强出口农产品质量安全监管。2006年11月,在全国农产品质量安全监管工作视频会议召开后,吉林省、辽宁省等迅速贯彻会议精神,完善农产品质量安全监管工作。2007年3月,浙江省以保障《农产品质量安全法》的有效实施为目标,创新监管机制,健全监管制度,强化监管力量,全面提升农产品质量安全监管能力。2007年8月,宁夏检验检疫局召开了宁夏农产品质量安全监管工作会议,主要针对出口食品进行了质量安全监管方面的安排;2007年9月,吉林、海南等省开展了食用农产品质量安全的专项整治行动,对农产品质量安全监管作了相关部署。2008年是中国奥运年,为了保障2008年北京奥运会农产品质量安全,为奥运会提供优质安全农产品,吉林省农委下发了《关于加强供奥农产品质量安全监管工作的通知》,要求全省各地加强对吉林省供奥农产品质量安全监管工作,把它当作一项重要的政治任务来抓,从

---

① 宁启文:《下更大决心想更多办法用更严措施 切实抓好农产品质量安全监管工作》,《农民日报》2013年7月23日。

而保障奥运期间供奥农产品质量安全。除此之外,各省都以奥运为契机,加强本省的农产品质量安全监管,保障食用农产品质量安全。2009 年 3 月,山东省农产品质量安全监管工作会议召开,加强农产品监管,启动"菜篮子"产地准出制。2009 年 7 月,河北省农业厅召开全省种植业农产品质量安全监管视频会议,全面贯彻《农产品质量安全法》和《食品安全法》,以科学发展观为指导,落实全省农产品质量安全监管工作会议精神。此外,海南、河南、福建、广东等各省均相继依照国家在农产品质量安全监管中的政策设计,加强和改善农产品质量安全监管工作。同时,2009 年是农产品质量安全整治暨农产品质量安全执法年。2010 年 1 月,天津着力构筑现代农业发展高地,强调强化食用农产品质量安全工作,健全农产品质量检测、质量法规、质量管理、质量安全追溯和质量安全预警五大体系,提升行政监管、执法监管、检验监督、质量追溯和事故应急处置五大能力。2010 年湖北省农业农村工作的总体要求是:全面贯彻落实党的十七大和十七届三中、四中全会以及中央农村工作会议精神,切实做好农产品质量安全工作,加快建立农产品质量安全检验检测体系和监管体系。2010 年,甘肃省加强对农业投入品的监控和对农业生态环境的监管,对农产品生产实行全程控制,实行农产品产地准出和准入制度,全面提高农产品质量安全水平。[①] 2010 年,黑龙江省继续深化农产品质量安全整治工作,重点监控农药产销企业。上海世界博览会举办期间,安徽省政府加强对供沪农产品基地监管,全面推行生产可追溯制度,确保世博会期间供沪农产品质量安全。

"十二五"初中期,各省基于国家设计而布局本省区域农产品质量安全监管战略的体现主要有:2011 年,辽宁省农委表示大力推行农超对接建立食用农产品质量安全监管体系。河北省不断完善农产品质量型生产、市场准入、质量安全监管、质量追溯等体系建设。吉林省对于品类众多的果蔬,建立了例行监测和风险抽检等监管制度,农产品质量安全监管体系初步构建,有效保障全省的农产品生产和消费安全。甘肃省政府办公厅下发了《甘肃省人民政府办

---

① 王耀:《我省实施食用农产品产地准出和市场准入制度》,《甘肃经济日报》2016 年 5 月 19 日。

公厅关于加强农产品质量安全监管工作的意见》,明确指出建立省、市、县、乡四级高效农产品质量安全监管体系。2012年3月,辽宁省政府办公厅明确要求,建立全省县、乡农产品质量安全监管体系,确保年底前全省所有县、乡农产品质量安全监管机构全部建设完成,并实施"统一领导,分级管理"的组织原则。2012年5月,江西省召开了农产品质量安全监管暨"三品一标"工作会议,会议指出,要进一步增强做好农产品质量安全监管和"三品一标"工作的责任感和使命感,真抓实干,全力以赴做好2012年农产品质量安全监管工作。2012年,新疆在农产品质量安全专项资金中拿出1500万元启动30个农产品质量安全监管示范县创建活动。江西省各级农业部门紧紧依托乡镇农技推广综合站,全力建设完善乡镇农产品质量安全监管机构,构建一张严密的基层农产品质量安全网,超八成农业乡镇建立质量安全监管站。2013年3月29日,《海南省农产品质量安全条例(草案)》在海南省五届人大常委会第一次会议上再次提交审议,草案提出县级以上农产品质量安全监督管理部门应当建立农产品质量安全举报奖励制度。① 2013年,为严格把关农产品质量安全、完善农产品质量安全监管体系,广西建立了市、县、镇三级农产品质量"安全网",并实现涉农乡镇(街道办)100%全覆盖。2013年10月,海南省审议通过了《海南省人民政府关于加快推进品牌农业发展的意见》,从制定实施品牌农业发展规划、产地环境建设、园区化建设、农业标准化建设、培育品牌创建主体、科技创新、农产品品牌认证保护与监管、农产品质量安全监管、品牌营销等方面,明确了品牌农业的创建方向、重点和举措。

三、微观视角的主体落实层面

(一)实践主体的落实层面

"十一五"时期,实践行为主体对食用农产品质量安全监管有关国家设计和区域战略的落实,主要体现在:2006年1月,辽宁省大连市农委召开全市农产品质量安全情况通报会,要求各农业行政主管部门明确监管职责。江苏省扬州市从2006年4月起,全面实施农产品质量安全追溯制度的试点工作,形

---

① 杜颖:《我省拟建农产品质量安全举报奖励制度》,《海南日报》2013年3月30日。

成产销一体化的全程的农产品质量安全追溯信息网络。2006年4月,《农产品质量安全法》审议通过后,辽宁省大连市、广东省东莞市和潮州市等全国各市农业局纷纷举办宣传贯彻会,要求各地要以贯彻《农产品质量安全法》为契机,大力推进质检体系建设,加大对农业投入品的监管力度,提高农产品质量安全水平,保障农业健康发展。2006年11月,全国农产品质量安全监管工作视频会议召开后,广东省佛山市农业局召开了全市农产品质量安全监管工作会议,针对农产品质量安全监管工作进行了相关部署并提出了有关目标要求。2007年,浙江临安农业局对农产品质量安全监管工作做了严密规划;江西省景德镇市农业局以"安全、绿色、生态"为导向,认真履行保障农产品质量安全的监管职责,保障了农产品消费安全;江西省赣州市农业局着力推进"生产源头清洁化、生产过程标准化、市场抽检制度化、安全监管全民化",加强对农产品质量安全的监管;湖南省永州市冷水滩区、山东省泰安市等多措并举大力加强农产品质量安全监管工作;2007年9月,河北省秦皇岛市开展水产品质量安全监管大检查行动;2007年11月,河北省石家庄市政府在藁城区举行了农产品质量监测专用车发放仪式,由市财政出资购买的5辆农产品质量监测专用车,分别奖给了藁城、鹿泉、正定、栾城、元氏5个农产品质量安全监管工作成绩突出的县(市),激励各县(市)区政府努力做好农产品质量安全监管工作,致力于全面提高全市的农产品质量安全监管水平。河北省隆化县农牧局制定了《隆化县农产品质量安全监管大检查行动实施方案》和《应急预案》,构筑了全县农产品质量安全的监管堡垒。2009年5月,内蒙古通辽市农牧业局结合农产品质量安全整治活动对全系统执法人员进行法律法规理论知识培训。2009年9月,福建梅列区扎实开展农产品质量安全监管,出动执法人员140余人次,检查蔬菜生产基地、农业投入品生产、经营企业等64家(次),抽查农资产品标签55个,开展蔬菜农药残留、"瘦肉精"、猪肉重金属残留、生鲜乳三聚氰胺、禽类抗生素残留等农产品质量安全抽检45批次,检测合格率达100%。2010年,湖南省永州市冷水滩区农业局在2009年取得重大成效的基础上,进一步强调要认真抓好安全生产工作,突出农产品质量安全监管,有效防范安全生产隐患。为确保世博会、亚运会期间供沪、穗及粤、港澳农产品质量安全,冷水滩区特制定了《2010年供沪穗世博会、亚运会及粤、港澳农产品质量安全监管工作方案》,综合开展农产品质量安全监管工作,农产品质量例行监测和专项检测步入了日常化、科学化轨道,全区农产品质量安全水平明显提高。2010 年 5 月,为保障春耕备耕工作的顺利开展,河北省承德县加大农资市场监管力度,实行拉网式检查,严厉打击假冒伪劣农资行为。同时加强与工商、质检等部门的合作,构筑起农产品质量安全监管网络。湖南省邵阳市召开农业产业化暨农产品质量安全监管工作会议,要求全市上下围绕市场需求、当地资源、龙头企业带动、农产品基地建设、产业品牌打造、农业标准化建设、农产品质量安全监管等方面抓好农业工作。2010 年 7 月,为有效抑制蔬菜农药残留,确保师生饮食安全,湖南省株洲市启动"农产品质量安全监管进校园"工程。

"十二五"初中期,实践行为主体对食用农产品质量安全监管有关国家设计和区域战略的落实,主要体现在:2011 年 1 月,黑龙江省哈尔滨市实施"三三"检测监管模式,即通过实施市检测中心、区检测站、批发市场和大型超市设立检测点三层检测,市、县(市、区)、乡(镇)三级监管,执法、检测、监督三位一体模式,重点严把环境生态、标准组织实施、农业投入品、市场准入和产地准出"五关",凡是从该市郊区生产上市的蔬菜、水产等农产品,都要开具《哈尔滨市农产品产地证明》,并逐步向县(市)扩展,由此加大城乡农产品质量安全监管工作力度。2011 年,湖南省耒阳农业综合执法以"护农、保粮、增收、安全"为目的,以高毒农药整治为重点,加强农产品质量安全源头监管工作。湖南省泸溪县也着力加大了农产品日常监管力度,到 2011 年,泸溪县已修订完善《无公害蔬菜生产技术规程》《泸溪县无公害椪柑标准化生产技术规程》等技术规程和地方性标准近 20 项,推行标准化生产,帮助农户建立农产品田间生产管理档案,全县无公害优质农产品生产基地面积持续扩大,保障了上市农产品质量安全。2011 年,湖南省湘西州农业局设立了农产品质量安全监管科,落实监管职责。2011 年,宁夏银川市兴庆区重点在五渡桥、茂盛、白鸽、昆仑四大设施蔬菜园区开展标准化生产。湖南省汝城县严查农产品非法添加和滥用食品添加剂行为,制定了《汝城县农业局加强农产品质量安全监管专项整治工作方案》。2011 年 5 月,浙江省杭州市出台《加强农产品质量安全监管工作的实施方法》,对"使用高效双低新农药补贴、快速定性动态检测室建设、地理标志农产品登记和农业投入品监测"四大项目,进行财政补贴。福建省邵武市、广东省惠州市、浙江省杭州市昌化镇、湖南省祁阳县、江西省黎川县等不断加强对农产品的质量安全监管,保障农产品质量安全。2011 年,湖南省永州市冷水滩区以农产品质量安全例行监测和农业投入品市场监管为重点开展农产品质量安全监管工作,突出源头监管和监测服务。注重在农产品产地环境、生产过程和市场流通三个重点监管环节出重拳,有力保障了全区农产品质量安全。2012 年,四川泸州市各级农业部门以"努力确保不发生重大农产品质量安全事件"为目标,一手抓执法监管,一手抓标准化生产。2013 年,湖南省永州市双牌县、岳阳市湘阴县等农产品质量安全监管工作成效显著。四川雅安市农业局六个"第一次"创新农产品质量安全监管——第一次以政府文件下发农产品质量安全工作要点,第一次常态化开展面积在 5000 亩以上茶叶生产乡镇茶叶快速检测,第一次开展兽药残留检测,第一次开展有机食品基地原料抽检,第一次开展 H7N9 自主性监测,第一次开展农药自主性检测。2013 年 2 月,辽宁省凤城市 21 个乡镇全部建立了农产品质量安全监管站,农产品质量安全监管体系实现了乡镇全覆盖。2013 年 3 月,江苏省苏州市相城区、江西省宜丰县、江苏省泗洪县等开展了农产品质量安全监管培训。甘肃省天水市在 113 个乡镇建立了农产品质量安全监管机构,加强对农业生产环节的监管,从源头保障农产品质量安全,确保农产品产地抽检合格率达到 99%以上。2013 年 7 月伊始,广西柳州市启动为期 3 个月的"绿盾行动",加大农产品质量安全监管力度。2013 年 9 月,辽宁省大连全面建成市、县、乡、村四级农产品质量安全监管体系,每个农产品质量安全监管体系中每村都有监管员,并在乡镇设立监管机构。2013 年 10 月,湖南省怀化市鹤城区农业局开展农业龙头企业和农产品质量安全监管专项行动。

(二)理论主体的落实层面

"十一五"时期,理论科研主体对食用农产品质量安全监管有关国家设计和区域战略的研究主要有:李长健、江晓华(2006)基于《农产品质量安全法》的颁布,从行政法视角对我国食品安全监管问题进行了研究。[1] 王芳(2007)

---

[1]　李长健、江晓华:《行政法视野下的我国食品安全监管问题研究——基于农产品质量安全法出台后的思考》,《西华大学学报(哲学社会科学版)》2006 年第 3 期。

以浙江省为例,对食用农产品质量安全中的政府监管绩效进行了相关研究,分析了影响优质食用农产品生产绩效的因素,建立了食用农产品质量安全监管的政府绩效评估体系,并就提升政府监管绩效提出了建议。[①] 除此之外,陈彦彦(2008)对食用农产品质量安全监管中的政府职能定位问题进行了研究,研究指出食用农产品质量安全问题存在复杂性,政府监管中的职能定位要立足于理顺管理体制、完善监管手段和协调市场准入秩序等方面。[②] 车瑞香、王立功(2008)指出要通过加强农业标准化建设,推行农产品市场准入制度,建立健全农产品检验检测体系、监管体系和可追溯制度,实现从农田到市场的全程监督管理。[③] 任燕、安玉发(2010)在对北京市8个农产品批发市场内的经销商、购买者及市场管理者进行调查的基础上,分析了这三类微观经济主体对农产品批发市场食品质量安全监管的认知情况。研究发现,北京市农产品批发市场主要在经销商和产品进入市场、场内交易和退出市场三个环节开展食用农产品质量安全监管工作,在农产品批发市场内加强对食用农产品质量安全的监管工作已成为广大经销商和购买者的迫切愿望。[④]

"十二五"初中期,理论科研主体对食用农产品质量安全监管有关国家设计和区域战略的研究主要有:陈幼红(2011)对我国农产品质量安全监管体系中存在的问题进行了研究,并在总结浙江省食用农产品质量安全监管经验基础上,提出了建设并完善食用农产品质量安全监管体系的方法。[⑤] 张蓓、文晓巍(2012)指出农产品质量安全监管是一项复杂的系统工程,并从法制框架、追溯信息系统、技术支撑体系、多方联动机制以及从定性到定量综合集成方法和整体最优原则等维度,提出推进我国农产品质量安全监管系统工程的关键环

---

① 王芳:《农产品质量安全政府监管绩效——基于浙江省的实证分析》,浙江大学2007年。

② 陈彦彦:《论政府在农产品质量安全监管中的职能定位》,《中国行政管理》2008年第6期。

③ 车瑞香、王立功:《农产品质量的安全与监管》,《城市问题》2008年第5期。

④ 任燕、安玉发:《农产品批发市场食品质量安全监管分析——基于北京市场的问卷调查和深度访谈资料》,《中国农村观察》2010年第3期。

⑤ 陈幼红:《完善并夯实农产品质量安全监管体系的探索——以浙江省为例》,《消费经济》2011年第3期。

节和策略建议。① 李静(2012)以北京 8 个主要的果蔬农产品批发市场为对象进行调查,根据果蔬流通模式探讨有效的农产品质量安全监管途径。② 张俊、徐杰等(2012)主张在食用农产品质量安全治理中,要为政府、企业和消费者建立基于国产基础软件的综合管理平台和信息交互平台,实现农产品的全程监管和信息溯源,提升食用农产品质量安全的治理水平。③ 刘学馨、郭秀明等(2012)提出了一种基于 TD-SCDMA 网络的食用农产品安全生产系统和质量溯源平台,克服了以往基于 PC 的食用农产品安全生产系统和质量溯源平台具有的操作不方便、只能采集文本信息而不能传输多媒体信息的缺点。④

第五节　食用农产品质量安全治理阶段(十八届三中全会以来:2013 年 11 月至今)

十八届三中全会以来,我国农产品质量安全监督管理逐渐走向成熟,进入农产品质量安全治理阶段,并强调多元主体对农产品质量安全进行治理。

一、宏观视角的国家设计层面

农产品质量安全治理阶段,国家对农产品质量安全治理有关规划设计包括:2013 年 11 月,中共十八届三中全会审议通过了《中共中央关于全面深化改革若干重大问题的决定》,2013 年 12 月召开了中央农村工作会议,提出要确保广大人民群众"舌尖上的安全"⑤。这次会议十分强调食品质量安全尤其是农产品质量安全,强调农产品质量安全是农业现代化阶段的重大任务,要坚持"产出来"和"管出来"两手抓。2014 年 1 月,农业部制定了《农业部农产品

---

① 张蓓、文晓巍:《农产品质量安全监管系统的功能和复杂性及其化解路径》,《农业现代化研究》2012 年第 1 期。

② 李静:《果蔬类农产品流通模式与质量安全监管——来自北京农产品批发市场的调查分析》,《中国农业信息》2012 年第 11 期。

③ 张俊、徐杰、王秀徽等:《基于国产基础软件的农产品质量安全溯源管理系统的设计与实现》,《中国农学通报》2012 年第 9 期。

④ 刘学馨、郭秀明、吉增涛等:《基于 TD-SCDMA 的农产品安全生产管理与质量追溯系统》,《中国农学通报》2012 年第 35 期。

⑤ 《中央农村工作会议在北京举行》,《人民日报》2013 年 12 月 25 日。

质量安全风险评估实验站管理规范》，目的是规范农产品质量安全风险评估实验站运行管理和依法做好农产品质量安全风险评估工作。2014年3月，农业部召开全国农产品质量安全监管工作会议，为确保农产品质量安全，会议决定将开展"瘦肉精"、农药、生鲜乳、畜禽屠宰、抗菌药、农资打假、渔业禁用药物七个专项整治行动。2014年4月，国务院食品安全委员会专家委员会在北京成立并召开第一次全体会议，审议通过了《国务院食品安全委员会专家委员会章程》，进一步提高了食品安全工作决策的科学化、民主化水平，为推动形成社会治理格局打牢了基础。2014年5月，国务院办公厅印发了《2014年食品安全重点工作安排》，探索通过实施食品生产经营者"红黑名单"制度促进企业诚信自律经营，落实食品安全违法行为有奖举报制度，推动食品安全社会治理。2014年6月，农业部举办全国食品安全宣传周主题日活动。农业部副部长陈晓华强调："各级农业部门要积极引导全社会共同参与农产品质量安全工作，全面提升农产品质量安全治理能力。"2015年3月，国务院办公厅印发的《2015年食品安全重点工作安排》指出："完善社会共治体系，积极搭建社会共治平台，建立社会共治激励机制，畅通投诉举报渠道，落实举报奖励专项资金，调动消费者、新闻媒体、志愿者等社会各方参与的积极性。"2015年8月，国务院办公厅印发了国家层面第一个系统部署转变农业发展方式工作的重要文件《关于加快转变农业发展方式的意见》，指出要重点提高资源利用效率，高效治理农业面源污染。① 2016年5月11日，国务院办公厅印发了《2016年食品安全重点工作安排》，指出要加大食用农产品源头治理力度，推动食品安全社会治理。②

二、中观视角的区域战略层面

在农产品质量安全治理阶段，各省基于国家设计而布局本省区域农产品质量安全治理战略的体现主要有：2013年12月，福建省经济工作会议召开，会议强调要更加注重农产品质量安全，深入开展治理"餐桌污染"，建设食品

---

① 大山：《国办发布意见加快转变农业发展方式》，《中华合作时报》2015年8月11日。
② 《国务院办公厅印发〈2016年食品安全重点工作安排〉》，《中国医药报》2016年5月16日。

放心工程。广东省农业厅提出以习近平总书记重要讲话为统领,构建"政府负责、部门尽责、企业守责、司法惩治、公众参与"的农产品质量安全治理新格局。2014 年 12 月,安徽省出台关于加强农产品质量安全监管的新规定,提出要加强农产品生产地的生态环境保护,对受到严重污染的农产品产地建立区域治理补偿制度。2015 年 10 月,四川省政府办公厅发布了《四川省人民政府关于加快转变农业发展方式的实施意见》,突出强调抓好农业生态环境保护与治理,力争到 2020 年,全省建成完善的农产品质量安全治理体系。2016 年,天津市为保障人民群众饮食健康和生命安全,提升农产品质量安全治理能力,大力开展农产品安全检查,彻底排查农产品质量安全领域各类隐患,进一步落实主体责任,使农产品生产经营秩序更加规范。2016 年 2 月,陕西省在参加完全国农资打假专项治理行动电视电话会议后,立即安排部署了 2016 年农资打假专项治理行动工作。2016 年 7 月,广东省食品药品监管局在广州举行《广东省食品安全条例》专题宣贯会,该条例于 2016 年 9 月 1 日开始施行,这有助于广东省加快建立科学完善的食品安全治理体系。①

三、微观视角的主体落实层面

(一)实践主体的落实层面

农产品质量安全治理阶段实践行为主体对食用农产品质量安全治理有关国家设计和区域战略的落实,主要体现在:2015 年,湖南省怀化市中方县落实全省农产品质量安全会议精神,要求各级地方人民政府落实好属地管理责任,做好统筹规划和督办考核,建立政府统一领导下的部门分工协作、社会各界积极参与的农产品质量安全长效治理机制。浙江省景宁县鹤溪街道积极响应农产品质量安全示范县创建活动,深入开展专项整治,强化农产品质量安全监管工作,针对重点环节、重点农时、重点区域和重点产品深入开展质量安全治理整顿,坚决遏制突出问题。陕西省旬阳县农业局全力以赴加快推进现代农业园区建设,要求农技中心、畜牧中心、执法大队等单位切实发挥技术专长,以生

---

① 钟婷婷:《〈广东省食品安全条例〉9 月 1 日起施行》,《中国食品安全报》2016 年 8 月 30 日。

产安全为重点,按照生态富硒标准,指导园区做好土壤、水质、农药、饲料、兽药添加剂治理,积极开展"三品一标"和富硒农产品认证,建立健全农产品质量安全追溯体系。2016 年 2 月,天津市武清区农村食品安全治理工作会议召开,会议要求各有关成员单位和部门加强组织领导,严格落实属地监管责任,积极建立农村食品安全监管长效机制;加强科普宣传,形成农村食品安全治理社会共治格局。2016 年 6 月,陕西省略阳县举行了以"尚德守法共治共享食品安全"为主题的食品安全宣传周启动仪式,有力营造了群众监督、社会共治的农产品质量安全治理氛围,为进一步提升略阳县农产品质量安全水平起到了促进作用。

(二)理论主体的落实层面

农产品质量安全治理阶段理论科研主体对食用农产品质量安全治理有关国家设计和区域战略的研究主要有:姚海立等(2013)以山东省济宁市任城区为研究对象,指出每个地区应该结合本区的实际情况,以农产品质量安全监管追溯系统为核心,积极研究开展区域化监督、区域化管理、区域化服务的治理新模式,高效确保区域农产品质量安全。[①] 刘刚、张晓林(2014)研究了农民合作社在农产品质量安全治理中的作用,认为农民合作社可以更好地组织农民加强对农产品生产的源头治理,保障农产品质量安全。[②] 赖永波、徐学荣(2014)在农产品质量安全治理中引入协同政府理论,在此基础上审视农产品质量安全的监管问题,主张从目标整合、信息整合、文化整合和组织整合四个维度构建农产品质量安全监管的协同治理路径。[③] 陈彦丽(2014)指出我国实行食用农产品质量安全社会共治,关键在于政府有效分权和适当放权,以及治理体系内部约束机制、利益机制等的建立。[④] 刘红岩、李娟(2015)基于对山东省"安丘模式"的调研分析,研究指出政府主导的"政府作为—社会支持—公

[①] 姚海立、廉晓惠、郭艳丽等:《农产品质量安全监管追溯系统区域化应用管理及对策》,《中国农业信息》2013 年第 18 期。

[②] 刘刚、张晓林:《基于农民合作社的农产品质量安全治理研究》,《农业现代化研究》2014 年第 6 期。

[③] 赖永波、徐学荣:《农产品质量安全监管协同治理路径研究——基于协同政府理论视角》,《中共福建省委党校学报》2014 年第 3 期。

[④] 陈彦丽:《食品安全社会共治机制研究》,《学术交流》2014 年第 9 期。

共价值"的协同治理和"强力规制—行为重塑—自觉行为"的行为逻辑是实现食用农产品质量安全的重要途径,源头治理和政府规制是保障食用农产品质量安全的关键举措。[1] 肖湘雄(2015)研究了大数据在食用农产品质量安全治理中的应用问题,指出大数据能够推进农产品信息资源共享平台建设和提高农业标准化程度,提出发展大数据技术来确保食用农产品质量安全。[2] 李凯(2015)从质量安全和生态环境相辅相成的关系出发,提出农业面源污染和源头农产品质量安全问题综合治理的全新思路。[3] 王怡、宋宗宇(2015)指出我国应以"社会共治"理念为引导,通过明确风险交流主体的定位,搭建多样化信息沟通平台,推进建立食用农产品安全风险交流机制。[4]

---

[1]　刘红岩、李娟:《农产品质量安全:多重规制、行为重塑与治理绩效——基于"安丘模式"的调研分析》,《农村经济》2015 年第 12 期。

[2]　肖湘雄:《大数据:农产品质量安全治理的机遇、挑战及对策》,《中国行政管理》2015 年第 11 期。

[3]　李凯:《农业面源污染与农产品质量安全源头综合治理——以浙江省蔬菜产业为例的机制与推广研究》,浙江大学 2016 年。

[4]　王怡、宋宗宇:《社会共治视角下食品安全风险交流机制研究》,《华南农业大学学报(社会科学版)》2015 年第 4 期。

第四章　食用农产品质量安全多元主体治理的现状分析

第一节　食用农产品质量安全多元主体治理状况

食用农产品质量安全治理涉及多方主体和复杂的多元利益,具体表现为食用农产品的生产主体复杂、经销主体繁多、消费主体庞大、监管主体身份不一、各主体利益需求呈现多元化。食用农产品质量安全问题的解决主要依赖政府和市场两种机制,但从现实情况来看,政府监管机构和市场经济主体的参与并没有充分发挥效用。食用农产品质量安全问题反复发生、难以解决,很大程度上源于政府和市场本身的失灵。因此,单从政府或市场的某一个角度出发,难以根本解决食用农产品质量安全问题。为深入了解不同主体对于参与食用农产品质量安全治理的不同想法和事实行为等情况,本课题研究对食用农产品质量安全多元主体治理中主要涉及的五类微观主体进行了大量调研,调研发现食用农产品质量安全治理工作成效显著,但任务仍然艰巨。本课题研究主要对食用农产品的生产主体(包括农户、家庭农场、农产品生产企业、农民专业经济合作组织、农产品行业协会)、食用农产品的经销主体(包括农资经销商、农产品物流服务商、农产品经销商)①、食用农产品的消费主体(包括消费者和消费者协会)、食用农产品的监管主体(包括农产品网格化治理监管员、农产品质量安全监管部门、涉农媒体)、食用农产品的相关研发机构(也

---

① 肖湘雄、彭舜、葛志华:《论食用农产品质量安全的社会共治》,《武陵学刊》2016 年第 2 期。

称涉农研发机构,包括农业科研院所、涉农高等院校、涉农企业的研发机构)等主体进行实地走访。

近年来,食用农产品产业飞速发展,其生产、加工、销售等产业链环节也随着市场经济的发展而趋于复杂化,重点预防有害农产品流入市场的传统做法难以应对不同来源的食用农产品安全问题,将农产品安全检查关口前移,进而对整条产业链进行多元化管理的做法已得到普遍认同,这一理念强调以生产为起点实施防治结合,但我国农产品来源渠道广、加工方式多,仅依赖政府有关部门无法形成全产业链无缝监管,其管理上操作上确实存在难度。因此,积极引导社会力量成为农产品质量安全监管者,构建由政府与社会多方共同参与协同治理的多元化监管体系,是参考国外农产品实行有效质量安全监管的治理模式之一。根据第六次全国人口普查数据,我国居住在乡村的人口占总人口的50.32%。[①] 这一群体既是食用农产品的生产主体,也是农产品消费市场上的主体人群之一,这种买卖关系使得农产品质量与其自身利益及安全健康密切相关。食用农产品的生产主体是本课题研究需要深入调查分析的多元治理参与的主体之一。

经销主体介于食用农产品从生产到食用的中间环节,是沟通生产行为和消费行为的纽带。经销主体是否采取积极主动的态度参与农产品质量安全治理,采取何种方式参与治理,直接关系到处于食用农产品产业链下游的消费者的人身安全。因此,对经销主体参与农产品质量安全多元治理的态度分析、行为分析,将会有助于破解多元主体治理中经销环节存在的问题。

消费者是食用农产品产业链的最终消费环节,现有研究多缺乏对食用农产品的消费环节的分析,尤其缺乏将消费主体作为农产品质量安全多元主体治理的参与主体来考虑,消费主体往往处于被动状态,对农产品质量安全治理缺乏参与热情。

食用农产品质量安全的治理,通常被认为是政府有关监管部门的重任,但就我国涉及农产品质量安全治理的政府机构来看,国务院食品安全委员会由

---

① 中华人民共和国国家统计局:《2010 年第六次全国人口普查主要数据公报(第 1 号)》,《人民日报》2011 年 4 月 29 日。

涉及多部门、多领域的系统构成,目前已正式公布的涉农监管机构和部门多达13个,但现实情况是应对食用农产品安全问题时系统内部难以形成合力,其原因是各部门在内部的沟通协调上依然存在障碍和困境,涉及农产品质量安全监管的部门也较为繁多。因此,监管部门也必须和其他主体共同参与,才能保障农产品质量安全。如何协调政府监管部门和其他治理主体的关系,是保障农产品质量安全治理多元主体有序参与、共同发力的关键。

食用农产品质量安全多元主体治理中容易被忽视的另一主体,是涉农研发机构,其包括了农业科研院所、涉农高等院校和涉农企业研发机构这三个微观参与主体。涉农研发机构对促进农业发展、保障农产品质量安全作出一定贡献,但从多元主体参与治理的角度来看,涉农研发机构和其他治理主体之间联系较少,对自身作为多元主体治理的参与主体意识不强。

本课题研究设计了一份涉及食用农产品生产主体、经销主体、消费主体、监管主体和涉农研究机构这五类微观主体的调查问卷,问卷主要由六个部分构成。

一、食用农产品质量安全多元主体治理的参与热度

调查发现,在对"食用农产品质量安全多元主体治理"这一基本概念的理解上,被访者中选择"一般了解"选项的人数最多,占总人数的47.06%,其次是选择"不了解"选项的人数占35.29%,由于被访者中科研人员和农产品质量安全监管人员占总人数较小的比例,因此选择"非常了解"的人数微乎其微,从总体程度上分析,被访者对"食用农产品质量安全多元主体治理"这一概念的理解是较为模糊的。

所有被访者中,有52.94%的人选择了比较愿意参与食用农产品质量安全多元主体治理,这表明在主观意愿上还是比较倾向于选择愿意参与多元主体治理的,几乎没有人选择"不愿意"选项。由于各个主体的观念意识、利益取向等因素的不同,在参与治理的热度倾向上呈现出差异。数据整理发现,由于监管主体自身职责所在,在监管主体的被访者中,80%以上的被访者选择了"比较愿意"选项,其次是消费主体和涉农研发机构对参与食用农产品质量安全多元主体治理的热度较为一致,生产主体和经销主体对参与多元主体治理

的热度较低。

不同主体对食用农产品质量安全多元主体治理存在着不同的参与热度倾向,走访调查并结合已有研究发现,影响参与治理的因素视主体不同而有所差异。

生产主体方面,食用农产品的生产主体主要是农户、家庭农场、农产品生产企业、农民专业经济合作组织、农产品行业协会。就生产主体方面而言,有无安全生产意识以及对农产品质量安全的重视程度,成为影响其参与热度的关键因素。本课题研究发现食用农产品生产主体和经销主体对食用农产品质量安全治理的参与热度,主要受生产者的道德意识和行业自律意识影响。农户是食用农产品生产的最基本单位。我国由于历史承袭和地理条件限制,在农业经济上仍然是以小农经济为主,其特点是随地理地势影响而在地域分布上较为分散,农田多集中分布在平原、丘陵地带,地理条件将适宜耕种的地区分隔开,致使我国大部分地区的农业不适宜大规模机械作业,农业生产地区较为分散。在此种情况下,农户作为农业生产较为分散的主体,其生产作业也难以形成规模效应,农产品的安全生产也视农户的道德意识而定。由于大量的农村青年劳动力进城务工,致使留在农村从事农产品种植和生产的多为40岁以上的中年人甚至是老年人,且进城务工男青年的配偶占很大比重。这些留在农村的农户多半文化水平较低,思想意识仍然比较落后,不容易接受新观念和新事物,这些都导致其在食用农产品质量安全生产方面维持着较低的参与热度。对食用农产品质量安全生产缺乏正确的认识,不善于使用新技术新方法来提升食用农产品的安全种植和生产水平,调查中发现很大一部分农户至今仍然沿用老旧的农作物种植技术,对农作物病虫害的防治技术也较为老旧,甚至一些农户依然在施用国家已经禁止使用的含有毒有害残留物的农药和化肥。一些农户思想观念陈腐,认为农产品即使存在质量不安全,使用后也不会对人产生立竿见影的致命效果,因此不关心农产品的安全生产,只关心农产品的销路和收入。不仅农户参与治理的热度较低,农民专业经济合作组织参与治理的热度也不高。有的地方政府对当地农民专业经济合作组织的发展给予了很大的政策扶持,同时也为农民专业经济合作组织的发展搭建了专业化的信息服务平台,农民专业经济合作组织不断发展壮大。但在调查中发现这些地区农作物的种植和农产品的生产仍然是以一家一户的种植经营模式为主，农民专业经济合作组织的组织化程度低，农产品生产的安全技术大面积推广遭遇了极大困难，这也致使农民专业经济合作组织作为整体参与农产品质量安全治理的热度大打折扣。企业方面，农产品生产企业对农产品质量安全治理的参与热度主要视其道德自律意识和行业自律规范影响，对遵守行业自律、拥有注重农产品安全生产企业文化的企业，其对农产品质量安全治理的参与热度就高；相反，一心只图牟利，道德自律意识较差、不遵守行业自律规范的农产品生产企业，其对农产品质量安全治理的参与热度就低。调研中发现，有些地方的农产品种植存在着过度使用地膜造成土壤污染的现象。虽然在食用农产品生产过程中，地膜的使用可以为食用农产品生长提供适宜温度，使用地膜也有利于反季节蔬菜早日上市，但是部分食用农产品生产企业缺乏道德自律意识，为了让自己生产的食用农产品早日上市占领市场，在食用农产品种植中过度使用地膜，地膜使用后又不能及时全部处理干净，导致废弃地膜残留在土壤里，随着下一轮耕种开始又重新埋入土壤深层，造成土壤白色污染。受到白色污染的土壤肥力下降，在这样的土壤上继续种植食用农产品，其产出将会大大降低，为了不影响农产品的产出，一些生产企业就会过量使用化肥、农药来为土壤和农作物"增肥"，最终导致其产出的食用农产品受到污染，人食用后，部分农药化肥残留物质会沉淀在人体内，时刻潜藏着不安全因素。

对食用农产品经销主体的调研发现，道德自律和行业自律意识高的经销商，一般会选择购进来路清晰、经过质量安全检验的农产品，通常也拥有较为固定的供货渠道和可靠的供货商，基本上保障了食用农产品收购环节的质量安全。相反，一心逐利、道德水平低、行业自律意识淡薄的农产品经销商则会选择购进价格低廉的食用农产品，对食用农产品的产地、生产环节质量安全与否、是否具备检疫检验证书等相关安全问题关注较少，甚至一些不法经销商为了牟取暴利而低价购进有毒有害蔬菜水果和病死禽畜。调研中发现，作为食用农产品的经销主体，道德自律和行业自律意识的高低与食用农产品质量安全多元主体治理的参与热度存在着正向相关关系。

消费者作为食用农产品的最终消费主体，对多元主体治理的参与热度主要由其关注食用农产品质量安全的意识和文化水平决定。调查显示，2010年

4月发生的山东青岛"毒韭菜事件"被媒体曝光后,消费者群体对一些农户和企业为了盈利而种植毒韭菜的行为进行了普遍的谴责,同时也对青岛市工商行政管理局没有严格履行保卫食用农产品质量安全职责进行了谴责。但调查也显示,在对"毒韭菜事件"进行谴责的消费者群体中也存在着一些分化,基本上表现为拥有较为强烈的食用农产品质量安全意识、文化水平较高的消费者对该事件的谴责力度最大,谴责发泄渠道也较多。例如,网上发帖、利用网络转发消息、向政府部门发送意见信等方式来参与多元主体治理。相反,日常生活中对食用农产品质量安全关注较少,注重质量安全意识较弱、文化水平不高的消费者群体则表现出对食用农产品质量安全多元主体治理较低的参与热度,认为自己参不参与,治理效果都差不多。

监管主体作为食用农产品质量安全多元主体治理中的把关环节,通常也被认为是在食用农产品质量安全方面担当最重要的治理主体,多元主体治理的参与热度最高。调查发现,影响监管主体参与热度的因素主要有:第一,监管部门作为食用农产品质量安全的主要管理部门,参与治理是其职责与使命;第二,监管部门的工作关系到食用农产品质量安全,监管人员对维护食用农产品质量安全有较为深刻的认识和见解。

涉农科研机构对保障食用农产品质量安全的贡献主要是,研发无毒无害化肥、农药、涉农产品添加物等,加强涉农科普教育和培训,推动食用农产品质量安全知识楔入社会个体的日常工作生活之中,形成人人有责、群防群控的思想意识。因此,涉农科研机构对多元主体治理的参与热度也较高。研究发现,影响涉农科研机构参与热度因素主要有:第一,涉农科研机构作为食用农产品质量安全多元主体治理中的科研部门,参与治理是其职责与使命;第二,涉农科研工作使其对维护食用农产品质量安全有更坚定的意识;第三,国家政策支持和经费供给,对涉农科研机构参与多元主体治理提供了政策支持和物质保障。

二、食用农产品质量安全多元主体治理的参与力度

在调查不同主体对食用农产品质量安全多元主体治理的参与力度时,所有被访者中,有41.18%的人认为自己对食用农产品质量安全多元主体治理的参与力度很低,选择了"基本不参与",35.29%的被访者选择了"偶尔参与"选项,再结合深度访谈资料发现,不同主体对于多元治理的参与力度虽有差异,但总体均维持在一个较低的水平。

农户、家庭农场和农民专业经济合作组织对食用农产品质量安全治理的参与力度最弱,主要受相关法律法规和政府支持力度的影响最大,同时参与力度还受到个体道德意识水平的影响。农户作为农产品生产的主体,在食用农产品生产和流通中是最关键的环节,往往也是不安全食用农产品产生的最初源头。农户、家庭农场和农民专业经济合作组织不仅是食用农产品的生产者,也是经济主体,拥有追求自身经济利益最大化的特征。能否切实遵守规定安全生产食用农产品,不仅要靠相关法律法规的硬性约束,也要靠政府的政策支持。例如,通过对央视报道的研究发现,湖南省邵阳市"10·24"特大制售病死猪肉案中①,作为经济主体的农户将病死猪私下以200元一头的价格卖给犯罪嫌疑人,单从食用农产品生产主体做出该行为的角度分析,其原因主要有两点:第一,国家关于病死猪无害化处理的相关规定落实不到位,缺乏硬性约束,农户即使不落实,也无法律惩戒;第二,国家相关政策支持落实不到位,国家对于病死猪无害化处理的补偿规定在地方难以落实,地方政府不能及时查证落实,给予农户一定的病死猪补偿金。因此,农户为了降低自身经济损失而把病死猪违规卖给犯罪嫌疑人。

作为经销商,其对食用农产品质量安全多元主体治理的参与力度,主要受国家相关法律法规的影响和自身利益观念的影响。一方面,我国现有法律法规对销售不安全食用农产品行为的惩戒力度过小,造成销售不安全食用农产品犯罪门槛过高,一些经销商即使销售了存在质量问题的食用农产品,也不会受到法律的惩戒,通常只是查封店铺、缴纳罚款,致使一些销售商在缴纳了罚款后又在其他地区继续贩售存在质量安全问题的食用农产品。由此可见,法律法规对销售不安全食用农产品行为的惩戒力度过小,是造成经销主体参与食用农产品质量安全治理不力的影响因素。另一方面,自身经济利益是对经

---

① 肖湘雄、王思琦:《农产品质量安全事件的形成与治理——以邵阳"10·24"特大制售病死猪肉案为例》,《郑州轻工业学院学报(社会科学版)》2017年第3期。

销商参与多元主体治理力度强弱的最主要影响因素。若参与食用农产品质量安全多元主体治理会对经销商自身利益造成损失,例如,参与多元主体治理需要对自身所售产品严把质量安全关,不因为一己私利贩售存在质量安全问题的食用农产品,自觉主动上交或销毁已购进的存在质量安全问题的食用农产品。当遇到这些实际问题时,经销主体参与治理的力度较低,为了自身经济利益不受损失,经销者一般会隐瞒消费者,从而继续违规销售问题食用农产品。

消费者对食用农产品质量安全多元主体治理的参与力度较高,主要是为了维护自身合法权益。消费主体处在食用农产品的最终消费环节,而该环节也是囊括其他主体的一个庞大的环节,也就是说不论是生产主体、经销主体、消费主体、监管主体还是涉农科研机构,都属于消费主体,人人都是消费者。因此,消费者对于食用农产品质量安全多元主体治理的参与力度一直较高,主要是为了维护自身合法权益不受侵犯,为了自己的人身健康和安全。

监管主体作为对食用农产品质量安全负责的把关部门,对食用农产品质量安全多元主体治理的参与力度主要受职责或本职工作、道德和责任心、法律法规要求的影响。研究发现,自我国 2008 年发生奶制品三聚氰胺污染事件后,全国多地执法部门要求追缴含三聚氰胺的毒奶粉。2010 年 9 月 25 日,国务院办公厅发布通知,要求加大力度排查含三聚氰胺产品流入食品及饲料市场,严格落实三聚氰胺销售实名登记制度。[①] 例如,山西省作为全国奶产业的优质产区之一,自 2008 年的三聚氰胺毒奶粉事件发生后,山西省政府有关部门一直严厉打击非法添加三聚氰胺行为,并使这种严厉打击工作态势成了相关食用农产品质量安全监管部门的常态。2008 年 1 月 14 日,山西省政府出台了《关于促进奶业持续健康发展的意见》,要求农产品监管部门加强奶站管理,确保原料奶质量安全。随后负责奶制品监管的部门对山西省各市的奶牛养殖场、养殖小区、养殖示范基地和挤奶站的生鲜牛奶和奶牛饲料进行了严格的质检,同时也要求各级政府监管部门切实落实严厉打击有关三聚氰胺违法犯罪活动,健全监管制度体系,形成长效机制,相关食用农产品质量安全监管部门也定期进行三聚氰胺检验知识和技能的培训。在这种严格整治和严厉打

---

① 　关景奎:《国务院再施重拳整顿乳业》,《中国食品报》2010 年 9 月 27 日。

击的态势以及国家法律法规要求下,山西省农产品质量安全监管主体对参与农产品质量安全多元主体治理的力度也有增无减。

三、食用农产品质量安全多元主体治理的参与广度

参与广度即参与多元主体共同治理的广泛程度,这里可以分解为两个维度。第一个维度是从多元主体参与治理的多元广度来说,也就是有多少主体参与食用农产品质量安全治理,这里的广度即是参与主体的广泛程度;第二个维度是不同主体在参与多元治理上其自身所参与的广泛程度,例如,生产主体在参与食用农产品生产环节的多元主体治理之外,是否也积极主动参与了监督经销主体、监管主体等主体参与食用农产品质量安全多元主体治理的情况。

在调查不同主体对食用农产品质量安全的哪一环节的治理最关心时,首先,被访者最关心的多集中在食用农产品质量安全的生产环节和监督环节的多元主体治理,其次,是销售环节和消费环节的治理,而对科研环节治理的关注度最低。被访者多认为食用农产品质量安全的治理最需要监管部门的大力参与,再次,需要生产者、经销商、消费者和涉农科研机构的参与。由此可以看出,在食用农产品质量安全治理广度方面,被访者认为目前参与治理的主体还是很广泛的。

其中不同主体对多元主体治理的参与广度存在差异。监管部门和消费者的参与广泛度最高,它们不仅参与了本身所涉及的监管环节和消费环节的多元主体治理,还参与监督了生产主体、经销主体、涉农研发机构在食用农产品生产、加工、销售、科研方面参与治理的情况。

在影响食用农产品质量安全多元主体参与治理的广度方面,不论是对于食用农产品的生产主体、经销主体还是消费主体,媒体宣传和政策引导都起到了重大的作用。

食用农产品的生产主体,不论是农户、家庭农场、食用农产品生产企业还是农民专业经济合作组织,都存在着整体水平参差不齐的现状。[①] 在此种现

---

① 肖湘雄、彭舜、葛志华:《论食用农产品质量安全的社会共治》,《武陵学刊》2016年第2期。

状下,生产主体对食用农产品质量安全治理的参与广度主要受到政策引导的作用较大。通过查阅相关文献资料得知,由于我国家禽牲畜饲养自动化水平较低,难以达到高水平的规模化养殖程度,很多地区缺乏科学的饲养技术及经验,加上我国家禽牲畜饲养产业总体基数庞大,导致每年都会产生大量病死禽畜,而养殖户对病死禽畜无害化处理的意识淡薄、方式单一,致使病死禽畜污染环境的现象经常发生。为促进养殖业健康发展,加速推进病死禽畜无害化处理,保护生态环境,维护人民群众的健康,国务院办公厅于2014年10月印发的《关于建立病死畜禽无害化处理机制的意见》,强化了生产经营者的主体责任①,强调从事畜牧养殖的生产经销单位与个人都对病死畜禽负有第一责任,提倡大型养殖场、屠宰场自行建设能无害化处理病死畜禽的清洁设备,同时可以对政府委托的病死畜禽处理业务及小规模养殖户无法处理的病死家禽收取一定费用进行有偿无害化处理。为了保障病死禽畜无害化处理场所可以正常运营,各地区要结合区域内实际情况,综合考虑处理设施建造成本、病死畜禽回收费用和设备运行过程中的处理成本,以"谁处理、补给谁"为原则,将畜牧养殖量、无害化处理率作为政府补贴的相关指标,完善与落实保障制度,科学制定合理可行的财政补助计划。同时要求各地区、各有关部门要切实引导农产品生产者形成对病死畜禽进行无害化处理的意识,宣传生产、制造、销售病死畜禽产品的违法性,定期组织畜禽科学养殖和防疫知识的宣讲培训,帮助养殖户降低畜禽养殖病死率,从来源上减少病死畜禽。要扩大监督举报的方式与途径,鼓励消费者和大众媒体对违法生产、加工、销售病死家禽等相关活动进行监督举报。在《关于建立病死畜禽无害化处理机制的意见》发布之后,多地农产品生产主体自觉将养殖过程中出现的病死禽畜按规定上报,并按规定领取了政府的相关补偿金。② 随着病死禽畜无害化处理工作的不断完善和病死禽畜无害化处理规定宣传的不断深入,越来越多的农户、养殖场和食用农产品生产企业切实执行了病死禽畜无害化处理规定,领取了政府的补偿金。由此可见,政府政策引导和媒体宣传对于食用农产品的

---

① 于康震:《决不让病死畜禽上餐桌》,《人民日报》2014年11月1日。
② 朱宁、秦富:《蛋鸡养殖户病死鸡无害化处理行为研究》,《家畜生态学报》2015年第9期。

生产主体、经销主体、消费主体参与食用农产品质量安全治理的广度起到了推进作用。

四、食用农产品质量安全多元主体治理的参与深度

不同主体对食用农产品质量安全多元主体治理的参与深入程度,可以从两个维度来评测,第一个维度是不同主体对自己参与多元主体治理的深入程度和投入程度的主观评测;第二个维度是不同主体对其他涉及主体参与多元主体治理的深入程度和投入程度的主观评测,也可以表现为视其他主体参与多元主体治理是否切实尽力,而不是走过场,做表面文章,这也是参与治理的深度问题。

访谈中发现,作为监管主体的监管部门工作人员往往对自己参与食用农产品质量安全的多元主体治理的深度判定较高,较为彻底,主要由于其本职工作和职责所在,一般情况下能够较好地执行国家和上级颁行的监督检查命令,履行自身对食用农产品的监督检查职责;涉农科研机构对自身在多元主体治理中的深度评价也较高,不论是农业科研院所、涉农高等院校和涉农企业的研发机构,都表现出积极推进理论更新,与时俱进研发无毒无害化肥、农药与涉农产品添加物等,不断加强对食用农产品质量安全知识的科普教育和培训等。而生产主体和经销主体对参与多元主体治理的深度较低,主要是由于以营利为目的的生产主体和经销主体,其参与治理的深入程度主要是受教育程度、道德水平和自律意识、是否影响自身获利,以及政府相关政策导向的影响。例如,受教育程度较低、道德和自律意识较为淡薄的食用农产品生产主体不愿意按照国家要求将病死禽畜上报给当地防疫站,而是将病死禽畜私下卖给不法经销商,不法经销商又将病死禽畜转卖给一些加工黑作坊。在这样的恶性循环中,生产主体和经销主体对参与食用农产品质量安全多元主体治理的深入程度就很不够、很不彻底,这是受其本身内在因素的影响,也是由于一心牟利观念的影响。例如,2011年双汇问题产品事件,国家监管部门查封了双汇部分问题肉制品,并要求双汇公司及其涉事子公司将仍在市场上流通的问题产品召回。于是作为食用农产品生产主体的双汇公司在政府有关部门的监管下,召回了在市场上流通的问题产品,并给予了经销商一定的补偿,双汇公司

的涉案子公司也立即进行了停产整顿。① 在此案件中,生产主体、经销主体和监管主体共同参与了食用农产品质量安全的多元治理,且参与的深入程度较为彻底,主要是受国家政策导向的影响,案发后国家有关监管部门立即发文要求双汇公司召回处于流通状态的问题产品,而经销主体愿意参与此次多元治理维护食用农产品质量安全,主要是由于双汇公司给予了经销商一定的经济补偿,另外,国家有关部门明确要求涉案问题肉制品退出流通领域,也促使了销售者停售问题肉制品。

从不同主体参与多元主体治理的彻底程度来看,涉农研发机构的参与深度较高。例如,2007 年 8 月 15 日至 16 日,在乌鲁木齐召开的"首届农业质量标准与检测科研院所联谊会暨学科发展研讨会",由农业部农产品质量标准研究中心主办,新疆农业科学院协办。会议明确了农业质量安全标准和检测学科目前面临的严峻形势和重要任务,开展了深入广泛的关于农产品质量安全标准和农产品安全检测学科发展的交流,这对推动我国涉农高校与研究院所建立健全农产品安全检测的专业体系,推动保障农产品质量安全向深度发展作出了贡献。② 再如,一些农业科研院所和涉农高等院校拥有一批资历较深、理论功底扎实、具备创新精神的农业科研工作者,他们不断发现保障农产品质量安全发展进程中存在的问题和原因,力求找到解决方案,这对推进食用农产品质量安全治理起到了必要的理论积淀作用。这些理论成果经过实践验证,被政府采纳,最终以政策规定形式出现,引导食用农产品的多元主体规范行为。同时,涉农研发机构在研发无毒无害化肥、农药与涉农产品添加物方面起到了技术先锋的作用,研究发现,中国农业科学院在 2014 年累计产生各类科技成果 221 项,其中以第一完成单位完成的 7 项成果获得国家科技奖励,2015 年中国农科院及所属单位带头研发的 6 项成果获得了年度国家科学技术奖励。农业科研院所、涉农高等院校、涉农企业的研发机构在加强科普教育和培训,推动食用农产品质量安全知识楔入社会个体的日常工作生活方面,也起到了巨大的推动作用。因此,在推进食用农产品质量安全多元主体参与治

① 黄应来:《双汇问题工厂关停　广州超市鲜肉撤架》,《南方日报》2011 年 3 月 17 日。
② 武兆瑞:《农产品质量安全呼唤新学科的诞生——首届农业质量标准与检测科研院所联谊会暨学科发展研讨会采编》,《农业质量标准》2007 年第 5 期。

理的深度方面,主要受农业科研院所、涉农高等院校、涉农企业的研发机构贡献的影响,使得在保障农产品质量安全方面能够以理论为向导不断深入,在推动我国形成人人有责、群防群控的思想意识方面起到了重大促进作用。

五、食用农产品质量安全多元主体治理的参与效度

效度,即有效性,食用农产品质量安全多元主体参与治理的效度,可以理解为不同主体对治理参与的效果程度。不同的主体对自身参与治理的效果程度,主观评估也不一样,研究发现,约有 33.33% 的被访者认为自己对参与食用农产品质量安全的多元主体治理并没有起到实质性作用,只有 22.27% 的被访者主观认为自己对参与食用农产品质量安全的治理起到了一定的效果。这其中,被访问的监管主体对自身参与效度评价最高,其次是涉农研发机构,对自身参与效度评价最低的是食用农产品的经销主体。调查发现,作为监管主体和涉农科研机构的被访者中,有 50.4% 的被访者直接或间接表明自己对《中华人民共和国农产品质量安全法》有所了解,并认为自己所从事的监管工作或科研工作对参与食用农产品质量安全多元主体治理起到了较好的作用,这其中监管主体被访者主观认为的效度最高,可以理解为监管主体被访者认为自身的工作贡献对多元主体治理的参与效果最好,参与响应最为及时。但生产主体和经销主体中,约有 34.44% 的被访者表示不太了解《中华人民共和国农产品质量安全法》,访谈发现,生产主体表示自己在食用农产品的生产环节对参与多元主体治理的效果微乎其微,且部分生产者表示虽然知道要生产符合质量安全规定的农产品,但是由于参与治理、生产质量安全合格的农产品往往会消耗更多的成本,因而主观上倾向于不愿意参与食用农产品质量安全多元主体治理,在这种情况下,被访者中生产主体的参与效度呈现较低态势。同样,经销商的主观参与效度也较低,甚至被访谈的一些经销商并不知道自己应该以何种方式来参与食用农产品质量安全多元主体治理,其大多认为食用农产品质量安全治理是政府有关部门的主要职责,而作为经销主体参不参与,效果都差不多,因此对自身参与治理的效度评价较低。

本课题研究要求被访者对食用农产品质量安全治理中涉及的其他主体参与效度作了评价,约有 50.2% 的被访者一致认为多元主体参与食用农产品质

量安全治理有较好的效果,但是在深度访谈环节,通过对不同主体的深入交谈,发现不同主体对于目前我国食用农产品质量安全多元主体参与效度评价存在差异,但总体上各主体对于目前多元主体治理的效度评价较低。虽然对于食用农产品质量安全的治理任务来说,被访者基本上认同只依靠政府监管部门的监督管理,其治理效果并不会很好。例如,2010 年北京的"漂白蘑菇"事件、黑龙江"五常假大米"事件、2012 年山东烟台的"药袋苹果"事件和 2013 年山东潍坊的"毒生姜"事件等,这一系列不断爆发的食用农产品质量安全大事件证明了仅依靠政府监管部门单方参与的治理效果并不能阻止食用农产品质量安全事件的发生。但被访者认为目前我国多元主体治理的参与效果也并不明显,甚至一些被访者被问及知道食用农产品质量安全的多元主体治理中所涉及的主体有哪些时,大部分被访者只能答出农产品质量安全监管部门,并不知道还有其他参与治理的主体。由此可知,公众对于食用农产品质量安全多元主体治理的参与效度评价仍然维持一个较低的水平。以生产主体为例,食用农产品生产者中大部分认为自己参与多元主体治理对于食用农产品质量安全的提升并不会起到很好的效果,甚至一些农户不知道自己应以何种方式来参与治理,很少一部分的食用农产品生产者认为通过自己不使用剧毒农药、不过量施肥、不将病死禽畜违法卖出等行为,能够为保障食用农产品质量安全做出一定的贡献,这也是从生产源头把好质量关。而从监管者的角度来看,虽然大部分被访问的监管部门工作人员认为不同的主体参与对治理食用农产品质量安全有效果,但是也表示在现实工作中,存在很大一部分食用农产品质量安全事件是由于其他主体的不配合或者现实困难导致多元主体合作难以形成,多元主体治理行动得不到良好效果。例如,从监管主体的视角来看,我国农产品质量安全的监管对象数量十分庞大,监管范围也十分广泛,监管对象的复杂程度也较高。现阶段我国食用农产品生产仍然是以单个农户为生产单元的情况占生产者的大多数,家庭农场和农产品生产企业占少数,而农户的分散性,导致开展监管工作往往范围相当广泛而实质效果不是很理想。如果食用农产品生产者的自律意识不强,不愿意主动参与治理,不愿意主动放弃使用有毒农药或过量施肥的话,尽管监管主体履行职责开展监管工作,仍然难以保障食用农产品质量安全,多元主体对于参与治理的意识依然没有形成,多元主体治理的效果便会大打折扣。

六、食用农产品质量安全多元主体治理的参与持续度

食用农产品质量安全多元主体治理的持续度,即不同主体是否愿意且能够持续参加食用农产品质量安全多元主体治理。调查发现,总体上来看被访者均有意向表示自己愿意持续参与食用农产品质量安全多元主体治理,在消费者和经销商中,有 10.21% 的被访者在日常消费和销售中尽自己所能一直在参与食用农产品质量安全治理,而大多数的消费者和销售商只是在发生重大食用农产品质量安全事件后,会持续关注并从自身角度去参与多元主体治理。例如,消费者会长时间抵制某种已被曝光的问题农产品,或是在购买到有问题农产品后选择致电有关管理部门举报、通过互联网传播误购问题农产品的经历,以引起其他消费者重视;经销商则是在发生重大食用农产品质量安全事件后,由于涉案食用农产品销路不畅和自身的行业自律意识、维护自身形象的意识,选择了拒销不安全食用农产品。但往往重大食用农产品质量安全事件的风波过后,消费者和经销商也会逐渐淡忘,以至于其参与治理的意识松懈,表现为购买农产品不加辨识、销售农产品不问来路等行为。被访者也表示,政府宣传和新闻媒体的宣传报道,会使其持续注重对食用农产品质量安全的关注,如果政府有关部门和新闻媒体持续报道或宣传某一类问题农产品及其制品的危害,会使消费者对该种农产品更加防范,减少购买或不购买。

深度访谈发现,生产者对食用农产品质量安全多元主体治理的参与持续度受国家政策、自身文化和道德水平、经济利益的影响最大。食用农产品的生产者不仅有农户,还包括家庭农场、农产品生产企业、农民经济合作组织和农产品行业协会。从国家政策层面分析,食用农产品生产者的安全生产成本由产地环境保护成本、安全投入品的增加成本、质量安全生产操作规程带来的成本、学习安全生产相关的知识带来的成本等构成。为进一步加大对食用农产品质量安全的保障力度,食用农产品生产者就需要在以上四种成本上加大投入。例如,注重保护种植地区的生态环境、使用低毒害低残留农药兽药,使用优质或有机化肥等环境友好型的食用农产品投入品,食用农产品生产企业则要依照《农产品质量安全法》对农产品原材料进行安全检验把关,对企业员工

进行食用农产品安全生产知识的培训等。这些都需要食用农产品的生产主体投入更多的经济成本,如果国家对其投入成本没有政策补贴或其他形式支持,则会引起部分食用农产品生产者放弃参与食用农产品质量安全多元主体治理,即使参与,其行为也不会持续很长时间。例如,目前相关部门和国家发改委正在编制《全国动植物保护能力提升工程建设规划(2016—2020 年)》,建设一批病死畜禽无害化处理设施,中央财政对养殖环节的病死猪无害化处理,给予一些费用补助。在该项国家政策支持下,食用农产品的生产主体在发现病死猪之后基本上会按规定上报当地检疫部门,该行为的持续即是生产主体对食用农产品质量安全多元主体治理的持续参与。反之,一些地区对补偿政策执行不力,补贴资金不能及时发放甚至不能发放,食用农产品生产者则有可能将问题食用农产品作其他处理以弥补自身经济损失。

调查发现,监管主体对食用农产品质量安全多元主体治理的参与持续度总体较高,主要是由于参与治理的监管主体本身对食用农产品质量安全治理的了解较多,加之其本职工作的职责所在,被访谈的监管部门及其监管人员均表示会持续参与食用农产品质量安全多元主体治理。

第二节　食用农产品质量安全多元主体治理存在的突出问题分析

一、治理观念难入人心

在食用农产品质量安全多元治理的过程中,消费者也会由原本由政府监管的相对人这一被动角色,转变成发挥基础性作用、具有补充性功能的治理主体之一,即主动接受政府监管,甚至成为帮助政府进行农产品质量安全治理的竞相参与者。研究发现,多数的消费者认为在食用农产品质量安全的治理方面,自己不是主要的参与者,自己也不应该和食用农产品的生产主体、经销主体承担同等责任,认为消费者协会也不应当和食用农产品生产主体、经销主体承担同样比重的责任。

调查发现多数消费者认为出现食用农产品质量安全问题,一是政府相关监管部门没有尽到应有的责任,没有履行好自身职责,也就是我们常说的监管不力；二是谴责食用农产品生产者道德水平低下，一心只求自身利益最大化，不顾所种植和生产的农产品对消费者身心健康的破坏；三是谴责食用农产品的经销主体没有职业道德，违法销售存在质量问题的农产品给消费者，且法律对其的惩罚缺乏力度。消费者很少从自身的角度去考虑，在促进食用农产品质量安全的治理中不是一个单向的过程，不单单是政府监管部门、农产品生产者、农产品经销商的问题，也是消费者自身维权意识不强、农产品质量安全意识没有足够深入人心的问题。人人都是消费者，无数的消费者构成了一个庞大的消费者群体，若是消费者群体自身能意识到对食用农产品质量安全的治理是一个多元治理、共同参与的互动过程，变被动的身份为主动寻求信息、积极参与的身份，那么对促进食用农产品质量安全的治理将会起到巨大促进作用。现实中消费者维权意识较弱，还表现在虽然消费者知晓一些重大食品质量安全事件，但是不知如何发起维权行动，不知以何种方式参与农产品质量安全的多元共同治理。本课题研究调查发现，20.8%的消费者在遇到食用农产品质量安全问题时会选择向政府有关监管部门投诉，而剩下的消费者要么选择不投诉，要么选择换样购买的消费策略，只有极少数消费者在购买到存在质量安全问题的农产品时会向销售者索赔。消费者既不向有关监管部门投诉，也不向农产品经销商索赔，就会给不法商家提供继续销售存在质量安全问题农产品的可乘之机。同时，由于食用农产品质量安全治理的理念没有深入人心，消费者在购买食用农产品时很少有向经销商索要发票的习惯，导致发现所购买农产品存在质量问题而向经销商索赔或是向有关部门举报时缺少法律证据，也使得经销商可以借此机会推诿过错，不承认所售产品为质量不安全产品。

从食用农产品的生产者角度来看，我国农产品的生产者主要是分散的农户及其家庭。调查走访结合相关资料发现，虽然多数农产品生产者对近年来发生的重大食品质量安全事故有所了解，并掌握了一定的安全生产知识，但是目前我国农产品生产者对农产品质量安全的认识在总体上仍然处于较低的状态，农产品质量安全意识仍然没有深入其心。因此，生产者对于自身也是农产品质量安全治理的主体之一这一概念仍然不明确，认为自己参与治理对配合其他主体共同提升农产品质量安全所起的作用太小，具体表现为广大的农民对"农产品质量安全"相关概念认识不清。实地调查中询问农户是否听说过"农产品质量安全"这一词语时,他们的回答是肯定的,但当问及什么是"农产品质量安全"时,多数被访者不知如何表达。农产品生产者对"农产品质量安全"的模糊认知直接导致了在与自身利益相冲突时会选择忽视安全生产的条件。尤其是在培育种植农作物的过程中,主要表现为依赖化肥增加土壤养分、使用剧毒农药防止虫害等。而在小散农户所生产的农产品进入市场后,广大农民作为消费者主体本身来说,也因对"农产品质量安全"相关概念认识模糊,无法辨别出问题农产品,从而存在健康安全隐患。食用农产品生产者处于食用农产品产业链的起点,如果对于如何保持质量安全只有主观意愿而没有客观知识,就可能在无意中造成影响全产业链的食用农产品质量安全问题。

从食用农产品的经销主体来看,随着食用农产品加工销售过程日趋复杂,农民合作组织数量逐渐增多,在食用农产品的加工制作、运输、销售环节承担着资源整合、信息传递的作用。但由于很多农民合作组织缺乏农产品质量安全意识,也会致使本身没有质量问题的食用农产品出现二次污染。走访发现,在食用农产品生产加工的过程中,一些生产企业没有建立自己完善的质量安全管理规章制度,使食用农产品在生产过程中受到来自生产环境中的污染;在食用农产品的包装环节,部分生产商不使用环保无毒包装,以至食用农产品在包装环节被二次污染;在食用农产品的运输环节中,作为食用农产品经销主体之一的食用农产品物流运输商,出于节省时间、节约人力物力成本的利益需求,没有严格按照食品运输的要求来经营,使得本无安全问题的食用农产品被污染的概率大大提升;在食用农产品的销售过程中,一些经销商为了提高销售量,占据市场地位,会对容易腐败的蔬菜瓜果喷洒大量保鲜药剂,这又会对食用农产品的安全埋下隐患。这些不安全食用农产品的出现,也是由于食用农产品所涉及主体其本身对食用农产品质量安全意识的淡薄,即食用农产品质量安全意识没有深入人心。

二、监管部门多头监管

我国政府监管部门作为食用农产品质量安全监管的主体之一,其监督执法权能在农产品质量安全治理中起主导作用。但从近年来被查处曝光的重大食用农产品质量安全事件来看,政府监管职责不到位的现象逐渐显露出来。这是因为在现行体制下,农业、卫生、质检、工商等部门均对食用农产品的监督和管理负有责任,但其权责划分的边界并不清晰,导致各监管机构在沟通协调不畅的情况下争相推责。这种权责交叉的现象在一定程度上阻碍了监管部门特定职能的合理衔接,在具体工作中容易对同种产品实施重复监管,而对个别环节不管不顾,既浪费了监管力量,又形成个别监管盲区,结果各部门面对利益争相追逐,而出现承担责任时则相互推诿。食用农产品的种植、生产、加工、销售等环节涉及不同的参与主体,食用农产品的生产链是由生产到销售不同链条而形成的一个庞大的体系,涉及领域也相当广泛,因此,其质量安全的监管存在一定的复杂性,形成了多部门管理的格局。在访谈中发现,食用农产品质量安全管理涉及诸多部门,而这些部门在省、市、县一级的相关部门都分别设置了相应的延伸机构,每个机构又都有其自身的管理结构和管理范围。为了保障农产品的质量安全,我国从中央到地方以不同的形式在增强和改善农产品质量安全的监管体系,也在不断地配备新的检验检疫设备,不断扩充相关质量管理专员的队伍,但是实际运行中各个部门在管理方面的协调上仍存在职责不够清晰明确的情况。食用农产品质量安全问题有可能存在于从农产品种植到进入消费者餐桌这期间的所有环节,因此,对食用农产品质量安全的监管就涉及卫生部门、农业部门、技术监督局、检疫局、工商局和质监局等多个政府职能部门,这样就可能存在职权分工不明确,监管标准混乱的问题。而各个部门又分别建立了一些分支机构,同时还可能存在一些代理机构,因此,在这样一个庞大的管理系统中,职责和权力的划分就很难做到明确详尽。食用农产品质量安全的监管职责划分不明确,由于一种农产品可能涉及几个领域,导致有的问题归属于很多部门管辖,以至于产生职责重叠和权力分割,而在各个部门职责冲突时,缺乏一个可以加强合作的机制,还有可能存在争功诿过的现象。例如,2014年湖南邵阳市"10·24特大制售病死猪案"曝光后,有新闻记者对猪肉制品的来源进行全程跟踪调查,通过调查生猪从养殖户到消费者手中的每一道环节,发现猪肉及其制品要流向市场必须经过农委、商委、动检、质检、卫生、工商六个部门的检查及市场管理处的监管,对于需要经肉食厂进行二次加工的猪肉还必须由轻工业部门对其检验确保合格。① 根据我国对农产品质量安全检测的相关要求,对猪肉制品安全卫生负有主要职责的部门有动检、卫生、质检、工商等部门,但在实际情况中由于受检验技术、信息追查权限等因素的影响,相关部门难以充分发挥自身职能权力,而且监管部门本身对其管理范围内的履职尽责情况缺乏相应的监督机制,势必造成监管部门权责不对等。

另一方面,我国法律法规体系中涉及食用农产品质量安全的规章制度内容较多,各领域对食用农产品质量安全监管的立法执法力度不一,这使得各监管部门在实际工作中参照的执法标准也不尽相同。例如,农业部门以《动植物检疫法》为标准,工商部门以《消费者权益保护法》为标准,卫生部门以《食品卫生法》为标准,质监部门以《产品质量法》为标准,不同监管部门在各自适用的法律法规中行使监管职责时难免出现互相冲突的情况。仅农业部就已组织制定了 1000 余项农业国家标准,还指导地方制定了 1 万余项农业地方标准。② 同时,在一些职责交叠的地方,各个部门依据本部门已有的标准来进行检测,多个部门分别进行检验、独立公布检测结果,以至于对于同一检测项目前后结果不一样,产生多部门重复惩罚的现象。长此以往,必然造成监管的低效性,监管整体效益不佳,对违法行为起不到震慑作用。而另一些问题却无人问津,或是各个部门互相推诿不愿接手管理,监管的盲区给不安全农产品留下了可钻的管理漏洞。随着市场经济的发展,食用农产品质量安全治理的情况愈加复杂,一些法律法规条文在面对因市场经济发展而出现的新环境新情况已明显不再适用,其标准的更新也相对落后,但如果仍未被国家废止,相关监管部门仍然依照已经难以应付食用农产品质量安全治理复杂现状的法律规章开展监管工作,必然会出现一些法律监管上的盲区及误区,导致食用农产品质量安全问题难以防范、久治不止。

从我国当前对食用农产品的监管体制设置来看,其整体结构自上而下较

---

① 肖湘雄、王思琦:《农产品质量安全事件的形成与治理——以邵阳"10·24"特大制售病死猪肉案为例》,《郑州轻工业学院学报(社会科学版)》2017 年第 3 期。

② 李宗泰、何忠伟:《基于博弈论的农产品质量安全监管分析》,《北京农学院学报》2011 年第 1 期。

为松散冗杂,主要表现为部门数量多、监管力量分散、职能交叉重叠、难以形成合力。虽然我国在行政体制改革中曾对食用农产品相关监管部门的职能进行过调整,但本质上只是监管权力在小范围内的重新分配,并没有触及监管体制的深层次变革,其结构性矛盾依然没有得到解决。总的来看,以往经历的食用农产品质量安全改革措施缺乏系统性、协调性、战略性、前瞻性;涉及食用农产品质量安全监管的监管主体、责任主体相关法规依据不统一,导致食用农产品质量安全的监管权力和责任分配难以协调;法制不健全、标准不统一、检测不全面、装备不齐全等现实问题制约了农产品质量安全监管的质量。

三、监管部门监管缺失

近年来我国重大食用农产品质量安全问题频发。例如,2008 年中国奶粉污染事故、2011 年上海"染色馒头"与河南"瘦肉精"事件、各地陆续曝光的地沟油事件等,既扰乱了我国正常的社会主义市场经济秩序,给食品行业造成不可估量的损失,也给普通消费者的健康安全和财产安全带来严重隐患,使人民群众对整个食用农产品行业的安全卫生情况产生信任危机。从这些农产品安全事故中可以看到,相关监管部门职能缺失、部分公职人员玩忽职守也是事故频发的一个重要因素,甚至个别领导干部对食用农产品安全问题知情不报,滥用公权对违法犯罪活动进行遮掩,这些情况的存在为农产品安全问题的发生提供了保护伞,更加助长了安全事故中整个地下产业链的形成,给国家机关的廉洁性和公信力造成负面影响。同时,一些监管部门的胡乱作为,浪费了本就不充裕的监管资源,从整体上拉低了农产品监管部门对质量安全多元治理的贡献力度。农产品监管部门工作人员职务活动的公正独立是维护消费者利益、预防安全问题的基础保障,也是消费者相信农产品监管权力得以有效运行、周围市场安全健康的前提条件。如果行使监督执法权的监管人员因为一己私利而对安全问题视而不见,甚至成为违法犯罪活动的助推手,必定会影响多元主体对食用农产品质量安全的治理活动,损害公众对监管部门工作人员职务活动的信赖,降低国家对农产品质量安全治理的总体效能。

例如,"10·24"湖南等地制售病死猪肉案,犯罪团伙从养殖户手中低价收购病死猪,然后对病死猪进行简单的切割分离卖给黑心销售商,黑心商贩又对病死猪肉进一步加工后卖给零售商或者超市,进而流入消费者市场。[1] 从理论上讲,这样的病死猪肉在进入消费环节之前应该受到监管部门的多道检查直至被查处,但层层监管失灵使这些低价收购的病死猪肉堂而皇之地出现在人们的餐桌上,其背后的地下产业链一直隐匿多年不被发现,直到最后被群众匿名电话举报,有关部门才开始着手彻查。对此,新闻媒体在对类似案件的调查访问中发现,不同部门对此病死猪肉案有不同的说法。检疫部门说自己是负责被动监管,养殖户在养殖过程中出现病死猪,然后打电话给检疫部门,检疫部门再过去处理;商务部门说自己主要负责对正规的生猪屠宰点进行检查,而不法分子收购病死猪私自屠宰属于新现象,他们之前也没遇到过类似情况。实际上,我国相关法律法规明确规定了对猪肉及其制品采用分段监管的全环节监管机制,即将生猪养殖、成猪屠宰、猪肉加工、相关肉制品销售流通划分为养殖环节、屠宰环节、流通环节,针对每个环节都配置相应的监管部门和机构,从理论上说三个环节的监管部门应该能够在任何一个环节发现病死猪。但从该案的具体情况来看,检疫部门对养殖环节中生猪的病死情况毫不知情,检疫规定形同虚设,商务部门对屠宰环节中病死猪肉的流通去向掌握不清,而工商部门不主动作为,以病死猪肉多加工成卤菜应属于卫生部门监管范围为由,消极运用监督执法权力,执法不严。通过分析,各监管部门在猪肉制品产业链中的监管范围及职责职能清晰明了了,检疫部门负责对生猪进行检疫监管,商务部门负责对猪肉制品进行抽检登记,其特定义务在法律上都已有明文规定,但两个部门执法不严、行权不力,使得原本有效的监管手段变成一纸空文,而造成监管失控的根本原因就是监管部门职能缺位,该作为而不作为。一些监管人员难以抵御经济利益的诱惑,在其职权范围内监守自盗、贪污受贿,最终放任问题农产品从地下窝点一路过关进入市场销售,流向湖南、河南、广西等11个省区。虽然农产品质量安全的监管前后共有至少8个相关部门,但是8个部门都难以把好农产品的质量安全大关,甚至出现监管职能的缺位和个别领域的监管空白。

---

[1] 肖湘雄、王思琦:《农产品质量安全事件的形成与治理——以邵阳"10·24"特大制售病死猪肉案为例》,《郑州轻工业学院学报(社会科学版)》2017年第3期。

从政治系统的角度来分析,监管部门的职能缺位、公权滥用的原因是其本身不受监督约束。众所周知,只要掌握公共权力的部门没有受到相应的监督,就会出现权大于责的情况,其权力的溢出就为公权滥用现象提供了一定的可能性。而人作为运用公共权力的主导因素,如果不能保持独立公正,就会被"以钱换权,以权换钱""有权不用枉做官"等腐朽思想影响,面对行贿难以自控,甚至个别监管人员以权钱交易为常态,主动索贿、玩忽职守的情况在一定范围内存在,所以监管部门自身不受监管容易导致公权滥用。

四、非政府组织力量弱

农产品质量安全的治理仅仅依靠政府监管部门一方的力量,往往很难解决好食用农产品质量安全这一重大复杂问题,因而也需要非政府组织的大力协助和支持参与。由于市场失灵和政府失灵问题的存在,农产品质量安全事件也在不断发生,不安全农产品屡禁不止。混乱的农产品市场秩序和日益复杂的农产品质量安全治理问题也表明了仅仅依靠政府和市场不能完全避免食用农产品质量安全问题的产生,与此同时,由于我国长期以来"大政府、小社会"的普遍认知不当,政府职能转变过于缓慢,农产品市场规范化建设迟迟不见成效,有关食用农产品质量安全的法律法规没有与时俱进,食用农产品安全生产标准化体系与信用体系建设缓慢,政府监管存在缺位与越位,监管部门自身不被监管容易滋生腐败,社会监督与问题反映机制不完善,农产品扶持政策对涉农科技成果转化支持力度不足,都是造成农产品市场监管失效的原因。在此种情况下,非政府的第三方成了弥补政府监管空白,发挥自身优势,参与食用农产品质量安全多元主体共同治理的重要力量。农产品行业协会属于典型的非政府组织之一,其自身具有一些优势:一是对食用农产品生产企业的监督功能。虽然政府作为监管部门在食用农产品的治理中起到了主导的作用,但是行业协会作为非政府组织其独立于政府之外,属于民间组织,可以获得比政府监管部门更多的有关本行业内企业的生产、运作等信息。农产品行业协会获得这些信息后,可以利用电视新闻、网络媒体等多种方式向普通消费者发布关于食用农产品的相关信息,使消费者能够获得更多的有关食用农产品质量与价格的真实信息,提升消费者对问题农产品的甄别能力,从而使其在购买农产品时能做出更加优质的选择,降低因信息不对称给消费者带来的损失。与此同时,此种信息的披露,也从一定程度上对行业内企业形成约束监管,促使企业为稳固市场赢得销量而将被动接受监管转化为追求安全生产,养成自觉规范自身生产行为的习惯。二是行业协会通过既定业内规章制度来规范本行业成员单位,并且依此来指导业内成员单位规范生产行为。行业协会对本行业内生产单位的自律,主要通过接收和收集农产品产业利益链相关各方的意见建议以及农产品市场中消费者的投诉,结合国家相关法律法规及行业标准制度来要求企业修正生产经营行为,同时对违规企业依照本行业的规章制度实行相应的惩戒。① 三是行业协会可以对政府监管部门的履职尽责情况进行外部监督。政府监管部门拥有对食用农产品的执法监管权力,如何保障监管部门作用的高效发挥,这也离不开非政府的第三方对政府监管部门的工作进行监督。② 农产品行业协会能够向政府反映社会重大农产品问题,促使政府迅速对此展开作为,行业协会也能比消费者更为专业地看待监管部门的所作所为,监督监管部门,杜绝其只做表面文章。③

但是从目前来看,我国的农产品行业协会总体力量仍然较为薄弱。

首先,表现在我国相关法律法规的不完善,对我国涉农非政府组织功能的发挥产生制约作用。在对食用农产品进行共同治理的过程中,非政府组织因没有法律赋予的执法权而时常遭到抵制与忽视,其自身成立门槛较低也让其专业胜任能力受到质疑,因而会在开展实际工作时遇到一些阻碍。④ 同时,目前没有具体的法规章程赋予非政府组织以合法权利对企业进行有效引导或对监管部门的工作进行外部监督,其自身力量显得过于薄弱,往往出现非政府组织付诸大量行动而其他主体不予重视、敷衍了事的现象,长此以往,非政府组织功能的高投入低产出不仅浪费了大量社会资源,也严重挫伤了其参与多元

---

① 张启胜、陈岳堂:《非政府组织参与食品安全监管研究》,《江西社会科学》2015年第8期。

② 张启胜、陈岳堂:《非政府组织参与食品安全监管研究》,《江西社会科学》2015年第8期。

③ 伊海燕:《食品安全与政府权力边界》,《长春理工大学学报(社会科学版)》2013年第5期。

④ 刘青雅:《非政府组织在食品安全管理中的功能研究》,湖南大学2010年。

主体共同治理的热情。

其次,从非政府组织本身来说,我国的非政府组织也存在着专业化程度不高,专业人才匮乏,治理活力与治理能力不足,以致社会地位不高、公众认可度低。非政府组织若要充分发挥好在农产品安全治理中的特定职能,必定要以专业型人才为核心,发挥出专业技术优势。但从目前的情况来看,涉农非政府组织因缺乏来自政府的稳定资金、法律地位没有得到明确、组织内部人员薪酬不高等原因,难以吸引专业技术人才加入。研究表明,农产品行业协会中只有三成左右成员接受过农产品专业知识和检测技能培训,其他成员多以兼职人员为主,拥有相关专业技术的人才少之又少。受此情况影响,非政府组织一方面要以科学化专业化的中立形象参与到食用农产品多元治理的过程中;另一方面又因缺少专职人员和专业人才难以应对专业需求较高且问题复杂的现实情况,对政府部门的外部监督、对生产主体的规范引导、对消费主体的教育提醒等作用也达不到预期水平。另外,我国非政府组织不仅内部缺乏专业化的管理方式和高技术人才队伍,其针对突发性食用农产品安全问题的处理机制与应对措施也多依据组织成员的已有经验,制定的解决措施欠缺专业性和持续性,难以应对重大事故。

再次,行业协会由于和所属成员企业之间没有行政隶属关系,成员是自愿加入,行业协会对成员单位的监管缺乏硬性约束力,行业协会参与农产品质量安全治理的形式呈现出较为单一的特点,缺乏多种更加有效的参与形式。通过查阅相关资料数据,发现行业协会对所属成员企业的监管、引导,通常是采用两种主要的方式:一是发放宣传资料,向行业内生产企业宣传农产品质量安全的重要性;二是通过业内网络平台普及农产品安全生产知识,引导企业安全生产。但这两种方式仍然只停留在宣传教育阶段,对于业内企业的监管缺乏刚性约束,即使企业违反规定,也不会受到多大的惩罚。

最后,非政府组织本身自律不足。我国现有的非政府组织大多是自上而下的组织结构,更有一些组织是借助于政府的力量而建立起来的,甚至是从旧有的政府体系中分离出来,交由民间力量再组织而成的,因此这些组织自其成立以来就和政府有着不容分割的联系。这也是我国非政府组织的独有特点,官办色彩浓厚、行政化倾向明显,与此同时政府本身也倾向于对非政府组织进行管理和控制,非政府组织也存在很强的依附思维,因此,在非政府组织的自身活动中表现出了一定的行政化倾向,这也造成了一些非政府组织缺乏竞争意识,因循守旧。在非政府组织自主性缺乏的同时,又呈现出一些商业化、官僚化的发展势头,非政府组织本身不以营利为目的,但一些非政府组织可能背离该宗旨,进行营利性的活动,造成公众对非政府组织产生了不信任。非政府组织的不正当行为和自律的缺失,使其社会公信度逐渐变低,非政府组织对行业内企业的自主治理也会缺少社会公众的舆论支持。

五、各主体协同联动难

食用农产品质量安全的多元主体共同治理主要涉及五个主体,而各主体之下又可以区分为不同的参与者。由于食用农产品质量安全治理参与主体庞大、治理范围广泛、各主体之间利益联系不紧密、多元利益协调困难等原因,导致针对食用农产品质量安全的治理中,各主体之间协同联动困难的现象一直存在。

首先,在食用农产品的监管部门和非政府组织之间,存在着非政府组织的自治与政府治理之间的矛盾问题。[1] 一直以来,政府监管部门在农产品安全领域治理过程中处于绝对的主导地位,虽然近些年在政府职能转型的大背景下,其监管权力与范围有所调整,让渡给了非政府组织一些监督管理的权力,但政府的领导作用依然处于农产品质量安全治理的核心位置。非政府组织加入食用农产品质量安全管理必然会出现与政府管理相冲突的现象。

首先,政府在管理态度上和非政府组织存在一定矛盾。政府对非政府组织的期望是,非政府组织能在更广泛的领域内协助政府职能达到良好的发挥,并在发生食品质量安全问题时起到缓和社会矛盾、提供解决对策的作用。但与此同时,政府又担心过度放权会使非政府组织地位过高,甚至影响政府公权与职能的正常发挥,于是趋向于控制和约束非政府组织的行权范围与力度,因此,在农产品安全治理中非政府组织从政府那里获得的授权过少,以至于非政

---

[1]　张启胜、陈岳堂:《非政府组织参与食品安全监管研究》,《江西社会科学》2015 年第8 期。

府组织进行正常管理活动时,缺乏足够的权力保障,造成治理乏力,效果欠佳。另外,政府与非政府组织两者之间在农产品质量安全方面的协作与治理难以达到预期效果。具体表现为,在农产品质量安全治理中,政府监管部门与非政府组织的作用都涵盖了规范引导、监督教育等方面内容,当两者在履行相同职能的过程中出现不同意见时,非政府组织在农产品质量安全管理中的地位不受政府认可,而政府的形式化工作风格又为非政府组织所不愿接受,两者难以协同一致会造成监管资源浪费及管理效率低下的情况,形成管理空白和多头管理等现象。而当发生农产品质量安全事故时,二者相同职责范围内的权责时常难以区分,互相推诿责任的现象也不在少数,于是在以后的农产品质量安全治理过程中,其矛盾愈演愈烈,因此政府和非政府组织之间互相配合的局面久久不能形成。

其次,诚信机制的缺失造成食用农产品生产主体、经销主体和消费主体之间利益难以协调,治理局面难以形成。一是在食用农产品消费市场中,由于任何市场都存在信息不对称的因素,食用农产品销售商对食用农产品信息的了解程度远远多于消费者,而消费者只能凭借已有经验观察想要购买的食用农产品,而问题农产品不经专业技术检测往往难以判别其有害性,于是利用这种信息不对称,销售商很容易隐瞒对自己不利的信息,从而让消费者为问题农产品买单。二是因为食用农产品最终要通过销售环节流出市场,而安全隐患有可能来自农产品的生产、加工、流通、销售中的任何一个环节,如果没有建立农产品溯源问责机制,则无法将出现问题的农产品倒查定位至特定环节,一旦发生农产品安全事故,各环节主体之间必定互相推脱责任,且农产品的销售者往往为了自身经济利益不受损失而隐瞒其所售农产品可能存在的质量安全问题,继续任其流入市场,这对消费者的利益是一种损失,也是食用农产品的经销主体和消费主体之间利益难以协调的关键点。

最后,食用农产品的生产主体和监管主体的利益难以协调。食用农产品的监管主体为了维护食用农产品的质量安全,必须严格履行自身职责,担负起对食用农产品质量的监督管理,而食用农产品生产者的目标在于追求自身经济利益最大化,当遇到食用农产品的大型生产者时,监管部门对其采取治理措施有可能会对生产者的经济利益或者声誉等造成一定影响,所以生产者会被迫考虑重新组织生产行为,服从监管部门的约束,生产质量合格的食用农产品。相反,当监管主体遇到生产规模较小的生产者时,由于这一类的生产者在地域上较为分散,其往往不追求长远发展,监管部门对这类生产者采取管理措施也往往难以奏效,生产者也会因为监管部门对其难以控制和管理,而抱有侥幸心理,继续生产存在质量问题的农产品。且监管部门和生产者之间存在着类似"打游击战"的现象。监管部门视违规生产者为工作中的极大阻碍,一旦发现往往严厉打击,缺乏对生产者的理性教育指导,生产者也由于被监管部门约束而造成经济利益的损失,因此,对监管者这一主体产生抵触情绪,现实情况往往是,在监管者执行食用农产品质量安全检查的当时会获得生产者的短期配合,一旦监管者撤离现场,食用农产品生产者有可能继续从事问题农产品的生产。

六、科研成果转化率低

涉农科研成果转化是涉农科研单位研发出的具有一定应用价值的,经过后期实验、应用、推广等不断发展成熟,从而转化成使用者可直接采用的新技术、新品种、新模式、新农药、新机械等,从而提高原有农业的规模、效益和活力。涉农研发机构所研发的有关提升食用农产品质量安全的农产品新品种、新技术、新型种植养殖模式、新型低毒农药化肥等,可以使农户采用后产出的食用农产品在质量安全上得到大幅提升。而此种方式也是农业科研院所、涉农高等院校和涉农企业研发机构作为食用农产品质量安全治理的主体之一,参与到多元主体治理过程中的有效途径与科学方法。因此,涉农研究成果的品质与数量,研究成果转化率的高低,也反映出涉农研发机构对参与多元主体治理的贡献程度高低。

在制定符合国情的农业政策的基础上,通过农业科技进步与创新,不断加大对农业的投入和补贴,以及建立一个符合我国现实国情的农业社会化服务体系,是保障食用农产品供给的重要依靠。而在促进农业科学进步,促进保障食用农产品质量的相关科学理论和技术进步方面,农业科研院所、涉农高等院校、涉农企业的研发机构作出的贡献最大。近些年来,国家为了促进农业的进步和农村的发展,提升食用农产品的质量安全,持续增加对涉农科学研究的扶持力度,加速推动我国涉农科研创新能力的稳固提升,每年涉农科技成果的数量也在不断上升。但农业科技创新若要切实对提升农产品质量安全水平作出贡献,必须使农业科技创新成果进行转化,将农业科研理论用于指导农业生产实践。但现状是我国农业成果的转化率远低于同期的欧美国家,相关数据显示,我国农业科技成果的转化率仅为三成,而同期欧美发达国家农业科技成果转化率均在七成以上。相关农业科技成果供需调查报告指出,我国涉农科研机构的农业科技成果转化率比较低,大量涉农科研成果没有被实际运用至农业生产,大量成果因缺乏直接经济效益而被涉农管理部门忽视,而涉农高等院校的涉农科技成果转化率最低,其成果转化率与国外涉农高等院校相比差距最大。农业科研院所、涉农高等院校、涉农企业的研发机构主要任务和职责是研发无毒无害化肥、农药与涉农产品添加物等,不断创新保障农产品质量安全的科学技术和理论方法,加强科普教育和培训,推动食用农产品质量安全知识楔入社会个体的日常工作生活之中。倘若涉农研发机构的科研成果转换率维持在一个较低的水平,那么对促进食用农产品质量安全治理的理论引导力度就会大大降低。

目前,我国的涉农高等院校科研成果的推广率也较低,科研成果不能及时得到广泛推广。据有关资料统计,我国平均每年有高达六七成的农业科研成果由于各种原因,只停留在纸面上、停留在证书上,没有得到转化,没有较好地利用起来。这也导致了我国涉农科研成果不能及时应用到提升食用农产品质量安全上,涉农科研机构的多种努力并没有达到很好的效果。究其原因,主要是因为我国农业科研投入不足。与发达国家的农业投资强度相比,我国农业投资仍处于较低水平。另外,我国目前农业科研投入比较单一,主要是以国家投入为主,国家对农业科研的投入集中在农业科研院所和涉农高等院校,而农产品企业的研发机构由于企业自身对科研创新投入的成本较少,涉农企业研发机构的科技创新成果也较少,因此,科研投入体制也需要改革。

在我国农业科研成果产出较少的现实情况之下,还存在一个问题亟待解决,即已有农业科研成果仅停留于书面,难以真正运用到农业生产上。造成这一情况的原因是专业人才队伍缺乏、民间涉农技术服务组织发展缓慢,使得我国农业技术研究与后续推广服务体系不成比例,其中愿意深入农业生产一线进行技术推广的人才严重匮乏,加剧了农业科研成果转化率低的状况。另外,农业技术人员的分布和结构也不尽合理。由于环境和待遇的原因,基层农业推广工作不容易招聘到高学历的人才,这也产生了另一个被动局面,即越需要人才的地方越没有人愿意去。农业技术推广队伍的学历和职称结构不合理,农业从业人员整体素质低下。[①] 致使能够提升农产品质量安全的新科技和新技术、新产品虽已被开发出来,但是没有能够和农产品生产者的生产行为相结合,不被农产品生产者所采用。

七、主体之间监督乏力

食用农产品从其生产、销售到消费,质量安全虽然涉及多元主体,但是各主体之间协同联动较少,即使各主体在不同程度上参与了食用农产品质量安全的多元主体共同治理,但现状也是不同主体按照各自的既定标准行事,彼此之间缺乏相互沟通,缺少多元主体之间的相互监督。

监管部门作为食用农产品质量安全治理中最主要的参与主体,其参与农产品质量安全治理的力度最大、范围最广、执行力最强,因此,对农产品质量安全的治理效果最为可观。但是监管部门作为权力主体,在执行对农产品的监督管理工作时,是主动的监管机关,被监管的生产者和经销商处于被动的地位,通常监管工作按照监管部门的要求来进行,而对监管者在监管中权力的运用过程则缺乏应有的监督,监管权缺乏多元监督而造成的权力滥用和监管者不作为现象时有发生。一些食用农产品质量安全的违法犯罪与相关监督管理部门的失职、监管人员滥用职权等行为有关系。一些监管部门工作人员滥用职权、徇私舞弊,甚至有些监管人员和不法食用农产品生产者相互勾结,成为利益共同体,共同分享其所售出不安全食用农产品所带来的经济利益。例如,湖南省邵阳市"10·24"特大制售病死猪肉案中,个别监管部门工作人员玩忽职守、徇私舞弊,将肉制品检疫检验合格证卖给贩售病死猪肉的不法分子。[②] 在另一些重大农产品质量安全事件中,监管部门不仅玩忽职守,甚至出现贪污贿

---

① 耿传刚:《农业技术推广体系问题研究——以山东省为例》,山东农业大学 2007 年。

② 肖湘雄、王思琦:《农产品质量安全事件的形成与治理——以邵阳"10·24"特大制售病死猪肉案为例》,《郑州轻工业学院学报(社会科学版)》2017 年第 3 期。

赂现象,私下收受不法分子的贿赂,而对存在质量问题的食用农产品开绿灯,监管过程中走过场,导致不加检疫的病死禽畜、含"瘦肉精"的猪肉、剧毒生姜、毒蘑菇等不安全农产品流入市场,严重危害人民群众身心健康。在食用农产品的监管环节,虽然有政府体制内的自上而下的层级监督,但是作为监管主体,更需要接受来自生产者、销售者、消费者等其他主体的监督。

调查发现,约有70.3%的被访者认为自己对农产品质量安全治理中其他主体所作所为的了解,主要来自新闻媒体的报道,一些被访者认为对食用农产品质量安全治理其他参与主体的监督,主要是新闻媒体的职责。媒体监督是舆论监督的常见形式,其目的是通过揭露农产品质量安全的不正常现象从而引起社会和政府的关注,最终引起政府重视并解决此问题,因此,食用农产品安全中的媒体监督不仅发生在农产品安全事故发生之后,还应该将媒体监督变成常态。在我国,食用农产品质量安全涉及众多监管环节和多个监管部门,但这些部门都是各自行动、独立管理,使得食用农产品质量安全监管起来难度很大。在这种情况下,媒体监督的广度和深度越来越成为食用农产品质量安全监督中极其重要的因素,媒体监督具有的独立性也会对食用农产品质量安全治理过程中其他参与主体的行为起到一定的规范作用。虽然媒体监督的成功案例数不胜数,但也应该看到,媒体对食用农产品质量安全多元治理中其他参与主体行为的监督总体上力度不够。例如,2013年国内媒体曝光了"镉大米事件""山东潍坊毒生姜事件"和"掺假羊肉事件"这三起重大食用农产品质量安全事故,仅仅是履行了正常的报道职能,属于在发生重大农产品质量安全事件之后的新闻报道,并不属于舆论监督的范围,其报道引起了监管部门和消费者的重视,监管部门也立即采取了行动,但此并不属于对监管部门或者农产品的生产部门的事前监督,其只停留在新闻报道的单一层面。

消费者作为食用农产品的最终接受者,参与农产品质量安全治理也内含了对政府监管部门工作的监督,对于某些政府部门在农产品安全监管工作中的不足与缺陷,当民众的自身利益受到损害时就能够将问题显露出来,这时民众拥有了参与食用农产品质量安全多元主体治理的机会和权利,民众向政府有关部门举报不安全农产品促使相关部门做出行动,也能够提高政府部门在应对食用农产品质量安全问题时的响应速度与处理能力。虽然消费主体在参与食用农产品质量安全治理过程中会表现出比其他主体更高的主观能动性，但由于消费者力量的分散性和薄弱性，其监督往往难以对其他主体产生切实的影响，表现出消费者监督乏力。

作为保护消费者权益的消费者协会，其本身带有一定的行政色彩，消费者协会的职能在于保护消费者的合法权益，但是遇到有问题的食用农产品生产和销售企业，消费者协会由于没有执法权，不能责令其停产或终止销售。在此，消费者协会对于食用农产品的生产者和销售者的监督，也是乏力的，消费者虽然可以选择在遇到不安全食用农产品时向消费者协会举报和投诉。但是对于消费者协会本身来说，由于缺乏执法权，对问题生产企业和销售者，消费者协会的监督也多半是联合新闻媒体将其不法行为公之于众，引起监管部门的重视和促使监管部门采取治理措施。

食用农产品质量安全治理的多元主体之间缺乏应有的互动沟通、信息共享和相互监督，导致各主体之间各行其是，而已有的监督体系构成的多是一对一的监督，并没有形成多维度的多元主体互相监督网络。

第三节　食用农产品质量安全多元主体
治理存在问题的成因分析

一、多元主体治理宣传不到位

食用农产品质量安全从生产、销售、消费到监督，各环节所涉及的参与主体由于自身认识和自我意识的偏差，导致不同主体对于食用农产品质量安全多元主体共同治理的认识也存在偏差。消费者群体由于涵盖了农产品生产者、销售者、监管者等多方角色，也就是说作为食用农产品的生产者、销售者和监管者，同时也都是食用农产品的最终消费者，表现为消费者对于食用农产品质量安全多元主体治理的诉求最高，而其作为生产者和销售者的时候，则表现为对食用农产品质量安全多元主体治理的参与度较低。之所以存在各主体之间认识观念的偏差，不仅仅是由于不同主体的道德水平和自我意识不同，也是因为对问题农产品的宣传警示工作做得不够，使得各主体只考虑直接利益，没有把自己也看成问题农产品的受害者。

随着食用农产品不安全事件的不断发生，人们对农产品不安全风险的认识也逐渐提高。尤其是现代农业生产过度依赖化肥、农药等投入品，加之农业生产中污染源不断增多，政府监管往往难以杜绝小作坊、小企业的不法生产行为，这样造成了公众对农产品的质量安全越来越重视。政府监管部门往往更重视提高自身对食用农产品的安全监管，忽视应加强与多元主体共同协作来治理农产品质量安全。缺少多方主体的参与和贡献，政府监管部门一元主导的监管模式往往是"出大力而办不好事"。食用农产品所涉及的其他主体缺乏农产品质量安全治理意识，主要原因有：一是对食用农产品质量安全的宣传不够；二是对食用农产品质量安全需要多元主体参与治理的宣传不够。

农产品质量安全的宣传工作，主要是依靠媒体对农产品质量安全的宣传，媒体宣传能够潜移默化地影响和引导消费者形成注重食用农产品质量安全的观念。造成食用农产品质量安全治理的理念没有深入人心的重要原因之一，在于媒体对食品质量安全的宣传不够。媒体对农产品质量安全的宣传，往往是在发生重大的食品或农产品质量安全事件之后。而在这个宣传过程中，媒体往往不能多角度全方位报道某一事件，而是侧重某一个农产品安全事件的个别方面。例如，在对"瘦肉精"事件的报道中，公众通过媒体的宣传报道，了解到了生猪生产中可能存在的农产品质量问题，而忽视了其他禽畜饲养中也可能存在使用"瘦肉精"的问题。另外，媒体大力度地渲染生猪饲养中使用"瘦肉精"对人体造成的危害，造成公众对于"瘦肉精"产生过度恐慌，谈虎色变，以至于曾经在很长一段时间内消费者不敢再食用猪肉，猪肉在一段时间内销售滞缓。媒体本应该在弘扬高尚道德观念，树立正确价值观方面起到宣传和引导作用，但是像"瘦肉精"这种宣传对于农产品的消费者来说，只是带来对某种农产品超乎寻常的恐慌，对于农产品的生产商来说，只能带来经济利益的暂时性损失而起不到良好的宣传教育引导作用。媒体没有给农产品的生产者树立正确的农产品质量安全观念，由于农产品的生产者、加工者和销售者缺乏必要的职业道德制约，就会本能性地片面追求利润。媒体宣传力度的不足，过多关注重大农产品质量安全事件的曝光，缺乏对农产品安全生产的宣传，缺乏对农产品生产者和销售者宣传加强职业道德的重要性和必要性，缺乏对于诚信生产的宣传，也使得农产品质量安全意识没有深入农产品生产者和销售者的内心。

食用农产品质量安全的治理需要多元主体的共同参与,但就目前情况而言,农产品质量安全意识并没有深入人心,食用农产品质量安全治理需要多元主体参与的意识更没有融入生产者、销售商、消费者、监管者和科研人员的行为之中。

二、监管主体权力界线不明确

政府职能转变有效整合了食用农产品监管权力,但从职能整合效果来看,并没有达到将所有食用农产品监管权整合至一个部门的理想状态。由于食用农产品产业链几乎覆盖社会生活的方方面面,各环节的监管力量难以统一,除食品和药品监督部门外,仍有其他涉农部门对食用农产品拥有监管权,这就造成各个部门间协调困难,在职责分工上出现交叉重叠现象。在食用农产品质量安全的多元主体共同治理中,政府监管的职能定位还存在一定的偏差。对于市场不能进行有效自我调节的领域,本应该由政府相关部门来规制实现有效调节,但往往政府规章制度没能及时跟进,在食用农产品的质量安全问题上呈现出相关食用农产品质量安全法律法规体系建设滞后,食用农产品质量安全标准不统一,食用农产品质量安全的信用体系建设不到位,并且监管机制缺乏内部的协调性和连续性,监管部门众多但各部门职能交叉重叠,各部门权力边界不明晰。在食用农产品质量安全的监管中一个环节可能归属几个部门共同管理,但各部门之间由于监管标准不统一,被管理者疲于应付无所适从。监管部门的职能重复也导致了资源的浪费和行政效率的降低。在食用农产品的质量安全监管过程中缺乏规范化,对同一问题存在着多个不同的处理结果。

造成食用农产品质量安全监管主体之间权力边界不明晰、职责重叠、监管标准不统一的另一个原因是有关食用农产品安全层面的法律法规对监管权的配置不统一。我国相关食品和农产品法规体系庞杂,数量过多,各法之间缺乏协调。根据有关资料显示,截至 2006 年,涉及食品与农产品安全的法律法规已发布近 40 部,各监管部门制定的各级规章制度更是多达 300 余部,一些省、市也结合当地特色农产品产业情况出台了对应的地方性政策。综上所述,有关食用农产品质量安全的法律法规过于庞杂,各个监管部门的监管范围由不同的法律法规限定,现实中的监管活动也是依据各自不同的法律法规来作为,缺乏明确统一而协调的法规将食用农产品质量安全治理所涉及的有关监管部门职责做详尽且明确的划分。法律法规的不完善,也造成我国食用农产品质量安全监管部门各自权力边界不明晰、监管职能重叠等问题。

为了减少重大食品和农产品质量安全事件的发生,国务院于2004年9月1日发布《关于进一步加强食品安全工作的决定》,该决定采取"总负责+环节管理"的新模式对食品安全相关问题进行责任明确与分段监管①。在该模式下,一个地区的食品安全由该地的各级人民政府统一领导并负总责,并要总体协调该地区的食品安全监管治理,一个监管环节必须由一个部门负责,在实际执行中依照分段监管为主,品类监管为辅的监管模式。在此情况下,虽然每个环节都由不同部门负责监管。例如,农业部负责监督农产品的种植养殖环节,质检部门需看紧食用农产品的生产加工环节,工商部门要对食用农产品及其制品的流通环节负责,卫生部门主管食用农产品最终进入消费市场后的消费环节,食品药品监督部门要对食用农产品质量安全进行综合监督。但是食用农产品产业链的各个环节衔接处,由于牵涉多个监管部门,而各部门本身的权力边界不明晰,导致在这些环节的重复监管、政出多门,使被监管者无所适从。同时,由于食品和药品监督管理局在法律上没有被授予实质性的权力,其在监管中也缺乏应有的独立性和专业性。另外,在对食用农产品的质量安全监管中,卫生部、农业部、质监局等单位由于各种原因无法有效地支配其他部门的资源,这也使得涉农监管部门在实际监管工作中表现出监管乏力。一些部门在监管中由于分工重叠、职责交叉混淆,或是执法缺位,致使其连本身的监管职能都难以良好发挥,更无从谈及配合其他主体参与食用农产品质量安全治理。

三、违法违纪问责机制不健全

食用农产品质量安全的监管部门监管人员玩忽职守,甚至进行钱权交易

---

① 国家食品药品监督管理局:《国务院关于进一步加强食品安全工作的决定》,《中国医药报》2004年9月14日。

而发生的食用农产品质量安全大事件,不仅是由于监管部门工作人员自身职业道德水平较低,也是由于违法的惩罚力度较低,造成农产品安全监管部门发生渎职行为。

食用农产品质量安全监管方面的渎职行为,是指涉及食用农产品质量安全监管的公职人员为了寻求一己私利,背弃公务人员行为准则,不遵守职业道德,将公共权力、公共资源不作公共用途,在工作中违规使用公共权力、违规配置公共资源的不良行为,以致产生以权谋私、权钱交易行为。①

从政治学的角度来看,只要存在着权力的地方,就有滋生腐败现象;只要存在公共权力的地方,就有出现公权私用的可能。如果不把权力关进制度的笼子,食品监管人员渎职犯罪也是造成食品质量安全问题频发的原因之一。例如,湖南省邵阳市"10·24"特大制售病死猪肉案,病死猪在冷库后面的地下窝点进行初次切割分销后,又连夜拖往其他地点进一步加工,最后变成各种肉制品流入市场。其中负有对猪肉的检疫检验职责的公务人员公然向犯罪分子出售检疫检验合格证,驻守农贸市场的检疫部门人员甚至不加检验,让病死猪肉顺利进入销售环节②,而此案直到犯罪嫌疑人制售病死猪肉多年后才被侦破。按照正常情况来看,我国食品质量安全管理体系对肉制品产业各阶段均设有对应的监管部门,例如,生猪的养殖环节对应畜牧检疫部门、屠宰环节对应商务部门、加工环节对应质检部门、流通环节对应工商部门、销售环节对应卫生部门、消费环节对应食品药品监督部门,不论病死猪肉产生在哪一环节,都应立即被发现被查处。但在这起案件中,收购、加工总共长达几年时间,流通范围涉及多个省市,监管的失控与空白使得"病死猪肉"就这样钻过层层漏洞,在农产品市场上危害消费者的身心健康,而这些监管部门却在群众举报后才展开清缴工作。虽然农产品生产主体与经销主体本身负有一定的责任,但相关监管部门本应秉公执法却失职渎职甚至以权易钱,这是食品质量安全问题屡禁不止的重要原因之一。正是因为监管部门在面对复杂问题时互相推脱责任,甚至包庇纵容、以权谋私,农产品的黑色产业链才会反复存在,屡禁

---

① 孟凡麟、闫宝龙、李俊霞:《职务犯罪问题研究》,甘肃人民出版社2003年版,第13页。
② 肖湘雄、王思琦:《农产品质量安全事件的形成与治理——以邵阳"10·24"特大制售病死猪肉案为例》,《郑州轻工业学院学报(社会科学版)》2017年第3期。

不止。

而从市场经济本身来寻找原因,市场经济本身具有两面性,一方面促进社会生产力的不断发展,推进资源得到更好的分配,形成物质繁荣;另一方面也容易将享乐主义、拜金主义等一些糟粕引入社会。当这些负面影响扩散到农产品监管部门,就会致使一些公务人员产生拜金主义不良思想,以至其知法犯法,与不法分子进行钱权交易。一旦监管部门的公务人员用公共权力牟取到了不法利益而不被发现或不被惩处的时候,其权力意识就会极度膨胀,带来的后果就是公务人员价值观的异化和逐利心的膨胀,使执法部门公务人员为了一己私利而以权谋私,以社会公众的整体利益换取自己的物质需求,其后果无疑是影响深远的。

另一个原因是我国目前的食品质量安全监管问责制的发展还不完善,在农产品质量安全事件发生后,问责对象界定困难,这也从客观上造成了监管部门一些公务人员公权滥用而难以被追究责任。农产品质量安全监管问责制,是指拥有农产品质量安全监管职责的政府相关监管部门及其公务人员在进行监管活动、履行监管义务时,因为故意、过失所造成的,不能履行、不正当履行监管职责和监管义务而带来的危害性后果,应该追究涉事监管主体和涉事公务人员的行为,并需由其承担不良后果。由于我国目前多头监管造成的农产品质量安全监管部门之间职责存在交叉重叠,因此,在面对同一农产品质量安全问题时,各监管职能部门之间往往推诿扯皮,因而在此时界定问责主体就存在现实困难,造成问责对象难以界定,责任不能落实,惩罚就难以到位。食用农产品质量安全监管问责制不健全,给监管部门的渎职和权钱交易行为带来可乘之机,这也是造成食用农产品质量安全事件频发的原因之一。

四、行业协会自身管理能力低

在我国食用农产品质量安全的多元主体共同治理过程中,行业协会作为食用农产品的生产主体,是多元主体共同治理的重要参与者,其发挥作用能够弥补政府监管不到位的空白。造成食用农产品行业协会发挥作用力量薄弱,对多元治理贡献较小的原因有以下几方面。

首先,我国有关食用农产品行业协会的立法不完善,致使食用农产品行业协会的建立和发展缺乏法律作为坚实的后盾。虽然在2003年我国经济贸易委员会在还未撤销之前，为规范行业协会发展曾制订过相关方案，一些地方政府也就城市行业协会发展出台了地方性的办法和规定。例如，《温州市行业协会管理办法》等，但就目前情况来看，1998年国务院颁布的《社会团体登记管理条例》在整个国家行业协会发展的进程中仍起着主导作用①，行业协会发展缺少国家法律层面的规范文件，近年来也没有专门为管理行业协会制定一部法律②。原有的涉及行业协会管理的法律文件对目前行业协会的成立和发展作用较小，与市场经济条件下各类行业协会的运行管理不相匹配，不具有指导意义。与此同时，目前用于管理行业协会的《社会团体登记管理条例》本身也存在不完善之处，该条例没有将经济类协会与普通的社会团体进行区别对待与管理，因而带有明显的政治性特征，而行业协会是本行业内部的自律性组织，本身没有政治意义。因此，目前管理中把行业协会当作普通民间社团来管理，忽略了行业协会的特殊性质、特有职能，现实管理中更缺乏针对农产品行业协会的特殊法律法规，将农产品行业协会与其他社团采用同种管理方式，也就无法将农产品行业协会的特殊作用和职能发挥出来。

其次，有关行业协会的管理体制存在弊端。由于我国迄今为止并没有颁布相关法律法规对农产品行业协会进行规范指导，其设立成立、发展壮大、效用发挥都依赖于政府管理机关和上级主管单位来决定，管理模式主要为双重管理体制，与其他社会团体没有本质差异。在当前管理体制之下，政府通过各级民政部门以及工商、农业、林业等部门共同管理农产品行业协会，而农产品行业协会既需要接受登记管理机关的监管，也要在相关业务主管单位的指导下运作。所以，双重管理体制在管理结果上也产生了一定的弊端。政府的监督管理部门在双重管理体制之下享有过多的权力，致使农产品行业协会从成立、运作均要在监督管理部门的监管之下，因此行业协会实际上对监管部门形成了很大的依赖性，也在一定程度上变成了监管部门的附属物。而在我国传统的管理体制之下，政府的监管部门又倾向于对行业协会的管理和控制，行业

---

① 《社会团体登记管理条例》，《新法规月刊》1998年第12期。
② 张启胜、陈岳堂：《非政府组织参与食品安全监管研究》，《江西社会科学》2015年第8期。

协会从成立到运作都不能脱离政府管制的束缚,其本身也缺乏独立性,导致行业协会的作用不能较好地发挥出来。另外,由于双重管理体制的固有弊病,也导致了食用农产品行业协会不能充分地开展行业内部的自律管理。

再次,造成在农产品质量安全多元主体治理中行业协会发挥作用小的原因,还在于政府力量过于强大,行业协会发挥作用的空间受到政府力量不断压缩而变小。尽管食用农产品行业协会对农产品产业链的整合优化、技术支持上发挥出一定的作用,但从普通消费者的认知来看,其作用发挥与人们的期待还相去甚远。我国涉农管理部门数量众多,又难以协调统一,除了从中央到地方的垂直设置,还有各体系之间的平行设置,从而组建起庞大的事业单位体系。政府的法定主导地位使得其在整个农产品安全管理中统领大局,但相关监管机构又缺乏精细化科学化的理论和技术作为支撑,于是众多食用农产品行业协会只能以其专业技术为特色,协助政府进行治理,缺乏对行业内企业发挥领导和管理的主导作用。

最后,行业协会对多元主体治理的贡献力度较小,这也是由于食用农产品行业协会自身的特点造成的。与其他行业协会相比,食用农产品行业协会的弱质性特征比较明显。国民经济中的许多行业,例如,钢铁、煤炭、房地产等行业都会吸收部分资金充裕、管理科学、效益很好的大型企业作为会员,这些会员以其鲜明的企业优势成为行业佼佼者,在本行业内通常被视为标杆企业。大企业的参与不仅壮大了行业协会的力量,大企业对本行业规则规定和行业道德的遵守、践行为行业内其他企业树立了标杆,带动其他企业共同遵守和践行,较好地促进了行业协会的良性发展。相比之下,食用农产品行业协会的成员单位一般为涉农企业和农户。我国农业规模化程度较低,农户在地域的分布上较为分散、难以管理,加之食用农产品行业的大型企业数量也少于其他行业。因此,从食用农产品行业协会的成员特征来分析,无论是发展规模还是经济实力都难以与其他行业协会的会员相比较,从而其成员企业和入会农户的发展对食用农产品行业协会的成长壮大作出的贡献也较少,这也导致食用农产品行业协会发展缓慢、缺乏力量。因此,食用农产品行业协会对食用农产品质量安全多元主体治理的贡献度也较小。

五、主体间利益协调机制缺乏

参与食用农产品质量安全多元主体治理的各主体之间缺乏相互配合,甚至个别主体之间因为经济利益等原因还存在相互抵触,以致协同联动困难,究其原因,是由于我国缺乏科学、合理、有效的多元主体纵向一体、横向联动的治理机制。

从纵向一体的联动机制上来分析原因,纵向一体的联动机制要求从食用农产品的生产环节、销售环节、消费环节、监管环节到农业科研环节,各个环节所涉及的治理主体之间做到无缝对接的密切参与和配合。纵向环节上任何一个环节所衔接的两个参与主体的不配合,甚至是利益抵触,都使纵向一体的联动机制难以形成。纵向联动机制难以形成,从食用农产品的监管部门和农产品行业协会之间的关系来分析,首先,由于监管部门权力过大压缩了食用农产品行业协会的权力空间,造成其作用空间缩小,行业协会的作用力度被压缩,利益诉求不能很好地被监管部门采纳,而监管部门倾向于对行业协会进行管理和控制,尤其是在控制环节和行业协会自身的利益有所冲突,导致两者之间利益失衡时。我国涉农管理体系庞大,监管权力分散,使得食用农产品行业协会难以获得监管实权,只能起到政府部门的助手作用。而行业协会作为联系农民、企业、市场和政府的桥梁和纽带,是食用农产品生产者为了维护和增进共同利益,遵循自愿原则而建立的自治性组织,其本身具有三个方面的作用:第一是制定行业运行的规则规范,调节好行业内部的运行秩序,管理行业内部的事务,指导行业内企业良好发展;第二是监督公共权力的正常运行。食用农产品行业协会作为一个可以把分散的食用农产品生产者力量汇聚起来的组织,代表本行业大部分的经营者,形成了相对强大的凝聚力;在监管部门不合理或不合法使用公共权力时,能够对其形成一定的监督和阻止作用。也正是因为行业协会有比单个企业更大的力量,致使政府监管部门在行驶监管权力时必须顾及行业协会及行业协会内大型企业的权益。但也应看到,长久以来我国食用农产品监管机构倾向于对食用农产品行业协会进行控制,行业协会自身作用发挥受限制,其作用空间只在于政府权力不及之处,更难以谈及行业协会对于监管部门权力运作的监督。二者在监管和被监管环节中利益冲突难以协调,对于食用农产品质量安全的多元主体治理也会造成一定的影响。

由于多元主体之间缺乏利益协调机制,加之各主体之间缺乏共同利益作为沟通条件,因此,在食用农产品的生产主体、经销主体、消费主体和监管主体之间的利益协调上产生了困难。[①] 一方面,作为食用农产品的生产者和经销商,希望以最少的成本获得最大的利润。在此种情况下,食用农产品的生产者就不会向消费者告知其在生产过程中使用农药、化肥与添加剂等信息,但食用农产品的加工企业对生产者违规使用了化肥、农药的情况不了解,仍然会购买生产者所生产的存在质量安全隐患的农产品;加工企业为了保持食用农产品更好的销路,会在食用农产品加工过程中使用食品添加剂,但是加工企业也会对食用农产品的销售商隐瞒此情况;消费者处于信息最闭塞的一端,不了解以上各个环节的农产品质量安全情况。食用农产品从生产到消费的各个环节所涉及的不同主体之间由于利益取向不同,缺少共同利益作为联结不同主体的纽带,以致各主体之间的不同利益诉求难以协调。另一方面,物美价廉一直以来是消费者购买商品的重要偏好,消费者希望以最低的价格买到最好的商品,农产品是一切食品的最基本来源商品。每个消费者都有不同的独特要求,所以,不同的消费者持有不同的选购标准,对食用农产品也会有不同的偏好。生产者也无法满足所有消费者的需求,消费者的需求也不可能完全被生产者所知晓,二者之间利益不同,产生沟通上的困难,缺乏两者之间的利益协调机制。

六、科研机构支持力度比较小

涉农科研机构在食用农产品质量安全多元主体治理中的作用,主要是研发无毒无害化肥、农药与涉农产品添加物等,加强科普教育和培训,推动食用农产品质量安全知识楔入社会个体的日常工作生活之中,形成人人有责、群防群控的思想意识。涉农科研机构作用的发挥主要依靠的是农业科研成果的产出和应用,而我国目前涉农科研成果转换率较低,其原因不仅在于农业科研机构自身,也在于国家政策对涉农科研机构的支持力度不够。

首先,从农业科研机构自身来分析。第一,由于农业科研单位的地域性分

---

① 肖湘雄、彭舜、葛志华:《论食用农产品质量安全的社会共治》,《武陵学刊》2016年第2期。

布不均匀,限制了科技成果在更广范围的转化。目前我国农业科研单位通常由其所在地的相关部门管理,农业科研单位也肩负着为所在地区农业发展提供理论支持和指导的任务。农业科研人员为了解决当地农业生产中的困难问题,必须结合本地区实际情况来进行理论创新,因此,一些理论成果往往带有较强的地域适用性,不适于在其他地区的大范围普及推广。第二,农业科研理论成果推广人才严重缺乏。农业科技发展不能只停留在书面上,更要将其运用于实际,指导农业生产实践。在我国农业生产者文化素质较低、农业科研成果转化率低、农业产业化程度不高的现实状况下,利用高水平应用型的农业技术人才来对农业科研成果进行推广普及,就显得尤为重要。但现实情况是我国农业科技成果推广人员总数上严重不足。第三,农业技术人员的分布和结构也不合理。由于基层农业推广部门工作环境和待遇不高,基层农业部门想要招聘高学历人才十分困难,基层作为农业发展薄弱的环节亟须补充大量农业科技人员,但是往往很难有农业科技人员愿意去基层工作。

其次,从国家政策层面来分析。国家相关政策对涉农科研支持不够,从客观方面影响了农业科研成果转化率的提升。我国食用农产品质量安全方面存在的一系列问题若要得到解决,需要科学理论、农业科技创新的贡献。例如,保障食用农产品质量安全的科学理论、研发低毒无害的化肥农药、创新农产品加工生产中的质量提升技术等,这些解决措施的实施首先需要在资金上有持续的投入,所以,涉农科研需要国家财政给了更大比重的支持。从投入经费来看,我国政策对农业科研的支持度比较低。我国财政对农业的总体投入经费虽然逐年增长,但是实际用于涉农科研及技术推广的经费所占比例一直处于较低水平,投入力度非常有限。面对农产品质量安全治理的复杂现状和农业发展的重大压力,政府对农业科研投入的资金增长缓慢,直接导致农业的科研成果难以被推广至从事农作物生产与畜牧养殖的第一线,市场上的农产品质量安全情况没有得到提升,其实际意义大打折扣,最终使涉农科研机构在对农产品质量安全治理的过程中难以发挥作用。

七、内部长效监督机制未建立

食用农产品质量安全的治理,涉及多元主体,其参与者众多,在治理环节不同的主体使用各自不同的方式来参与治理。我国食用农产品质量安全多元主体治理的现状是，虽然存在多元主体参与的治理，但是实现多元主体互相协作的治理，还需要多方努力。因为各主体在治理方面是从单一主体角度出发，缺乏不同主体之间的信息共享、资源分享、互相监督和支持配合，这其中重要的原因之一是我国缺乏食用农产品质量安全治理多元主体之间的长效监督机制，彼此之间缺乏互相沟通，缺少多元主体之间的互相监督，多呈现出一对一的监督，多元主体之间多维度的互相监督机制不健全。因此，在目前的监督机制下，对其他主体的监督多是短期的、突击性的。

首先，在食用农产品质量安全治理的多元参与网格中，需要构建多元监督机制，其中政府监管部门扮演主导者，农产品的生产企业、社会、消费者都是监督者，这些主体是食用农产品质量安全治理中最主要的参与主体。而我国目前在食用农产品质量安全治理中，各主体之间缺乏互相监督，其原因有以下几点：一是政府主导作用的有效发挥没有完全实现。政府要建立完善的食用农产品质量安全法律法规来规范农产品生产、加工、销售市场，但是目前我国关于食用农产品质量安全的法律法规较为零散，以至于不同监管部门对同一农产品或者同一农产品生产加工环节有不同的监管标准和监管范围，以至于各监管主体之间职能交叉重叠，监管体系内部的互相监督也难以良好实现。二是监管部门的一些监管行为也由于缺乏法律规范和多方监督而出现背离监管本意的现象。例如，在一些监管部门的执法活动中，本该按照正规流程进行监管，但是一些监管工作缺乏详细记录，工作报告也不健全，消费者对监管部门执法的监督由于缺乏信息也难以进行。三是政府一直以来作为监管者的身份，在食用农产品质量安全治理中倾向于对农产品生产企业的监督和控制，监管方式单一。政府需要实现监管方式和工作思想的变革，破除长期以来的控制性思维，引导企业重视自身的道德诚信建设，引导企业进行规范化、安全化生产。政府长期以监管者身份居高临下，对食用农产品质量安全治理中其他主体的职能作用没有充分重视，行业协会、新闻媒体等多元治理主体只有监督权，没有管理权，治理过程难以持续。所以，政府相关监管部门应该动员社会各界共同关注和维护农产品质量安全，以期形成多元主体对食用农产品质量安全治理的监督网络。

其次,没有能够较好地调动食用农产品生产主体参与质量安全治理的积极性,没有能够鼓励其对自身行为的监督及配合其他主体进行共同监督。在食用农产品质量安全治理过程中,政府的监管权力往往只能在安全问题发生之后才能形成警示威慑,而多元主体的自我约束以及对其他从业者的互相监督才是保障食用农产品质量安全的内在动力。目前我国的食用农产品行业协会主要以规范行业内相关企业为主。既没有行之有效的办法对广大农户这一生产主体形成约束,也不能对与问题农产品有关的主体进行长期监督和及时公布相关信息,使消费者拒绝购买存在质量问题的农产品,从而引导业内生产者自觉维护良好的市场秩序,激励企业进行安全生产。企业主动性难以提升,行业协会又缺乏鼓励作用,食用农产品的生产者对自身的监督就会懈怠。与此同时,由于我国目前食用农产品质量安全各主体间的相互监督和沟通机制还没有形成,政府、媒体、消费者不能针对食用农产品相关问题进行定期沟通,政府虽然履行职责对食用农产品进行质量监督和检测,但由于信息不对称的存在,也缺乏完善的披露机制使问题农产品信息及时传递到消费者市场,食用农产品的安全信息很难以公众易于获得的方式进行信息共享,因此,公众和新闻媒体对食用农产品质量安全其他主体参与治理的监督,也只能停留在有限的信息范围内。

再次,由于多元主体的长效监督机制不健全,导致新闻媒体的监督作用没能最大限度地发挥。近些年来发生的重大农产品质量安全事故,都是由媒体记者暗访调查才得以曝光,由此可见社会媒体监督在打击食用农产品犯罪的过程中发挥着极其重要的作用。因此,作为食用农产品多元治理的主体之一,新闻媒体应切实承担起长效监督、引导风气的应有责任,在农产品相关报道中做到不偏不倚、独立客观,把最及时最精确的信息传递给社会,避免夸大和不实报道。同时,新闻媒体还肩负着监督政府相关部门对食用农产品质量安全的治理,监督食用农产品生产企业和农产品销售商的生产、经营行为。但是,目前新闻媒体对食用农产品质量安全治理中多元主体之间行为的监督,往往是在爆发了重大食用农产品质量安全事件之后进行集中报道,媒体在食用农产品质量安全事故出现后的追踪报道并没有很好地发挥监督功能,因为有效的监督行为是在食用农产品质量安全事件爆发之前就已出现端倪。媒体监督功能的较好发挥,必须是及时性的,即在违法生产和销售现象刚刚出现或即将出现时就被揭露出来,迅速广泛地公之于众,以引起人民群众的关注和重视,引起司法行政监督部门的关注并采取行动,而不是在爆发重大农产品安全事件之后被媒体曝光,相关监管部门才着手彻查,检察机关才开始调查渎职人员过失。① 媒体监督应该时刻做好准备,将随时开展监督活动变成日常行为,而不是在重大事故发生之后才进行大面积的报道,在事件发生之后才去曝光其他主体在参与治理中的过失行为,也不能起到事前监督的作用。这样媒体所发挥的仅仅是一个报道功能,而不属于监督的范畴。

---

① 李杰:《食品安全监管领域渎职犯罪问题研究》,《天津法学》2013 年第 1 期。

第五章　国内外食用农产品质量安全治理的做法及启示

第一节　国外食用农产品质量安全治理的做法

一、美国食用农产品质量安全治理的主要做法

美国在 20 世纪初就提出食用农产品质量安全问题,到现在已建立起具有科学性、系统性、整体性的相对完备的食用农产品质量安全治理体系。美国政府和人民通过一百多年的不断探索,已成为世界上食用农产品质量安全治理状况最好的国家之一。其治理呈现出工作方式公开透明、决策以科学为依据、公众广泛参与的特征。

（一）美国食用农产品质量安全治理的多元主体结构

美国食用农产品质量安全治理在不断地发展完善中,逐渐形成了"品种监管为主,分段监管为辅"的治理理念,构建出联邦、州、地方三级分层的治理网络框架。同时,国家鼓励并要求相关专业机构、人员,食用农产品的生产者、运输者、销售商和公众共同参与到食品质量安全问题的治理中,做到名副其实的多元主体治理。

在美国,联邦政府中涉及食用农产品质量安全治理职能的机构多达 20 多个。其中主要的机构有(见表 5-1):食品药品监督管理局(FDA),该机构是美国历史上最悠久的食品质量安全权威监管机构,下设众多部门分管食品、药品、食品添加剂、动物食品、化妆品及药品等产品的监督检验,并有权颁布食品标准以及发放相关许可证;美国农业部(USDA),其下属食品安全检验局(FSIS)和动植物健康监测中心(APHIS),分别负责国内进出口的肉、禽产品

安全及动物疫苗监测管理；美国商务部（UCDC）下属海洋大气管理局（NOAA），监管范围主要是鱼类和海产，在其生产、加工、销售的全过程中进行卫生监测等。[1]

表5-1 美国食用农产品质量安全监管职能机构及其监管客体划分表

职能部门	下属机构	监管客体
美国商务部	海洋大气管理局	鱼类、海产
美国农业部	食品安全检验局	进出口肉、禽产品
	动植物健康监测中心	动物疫苗
食品药品监督管理局		食品、药品、食品添加剂、动物食品、化妆品、药品

　　而在各州层面，地方政府对其辖区内的所有食品负责。主要表现为各地方政府卫生部门对本辖区内的各类食品生产、加工、销售行业进行监管，并制定出本辖区适用的各类食品质量安全标准。同时，联邦政府在各州设立派出机构，形成联邦与地方的联动治理。美国所建立的联邦、州、地方政府的治理网络，既相互独立同时也协调合作，监管部门虽然比较多，但机构分工明确，职责明确，各司其职，为食品质量安全提供了强有力的组织保障。[2] 美国在科学技术领域中建树颇丰，并将科学技术用于引导和规范食用农产品安全治理。前面提到的各类监管治理组织，均吸纳了大量的国内优秀学者，许多专业领域的科研、检测也是交由大学来负责的，大学里从事农业教育的人员必须有50%进行科研和推广工作。[3] 与此同时，还存在一些官方与民间合作的协助治理机构，其中具有代表性的是：食品安全与应用营养联合研究院（JIFSAN）、风险评估联盟（RAC）和食源性疾病反应协作组（FORCG）。这些组织弥补了政府治理在专业知识上的欠缺，为食用农产品质量安全治理提供了技术保障。

---

　　[1]　胡琼伟、徐凌忠、卢颖、周成超：《美国食品安全管理体系及其借鉴》，《中国农村卫生事业管理》2014年第9期。

　　[2]　李克强：《浅谈美国食品安全监管体系》，《淮海工学院学报（社会科学版）》2011年第12期。

　　[3]　周荣荣：《美国农产品质量安全控制管理体系的考察与思考》，《农业技术经济》2003年第4期。

从联邦到地方的有序分层监管,官方与民间的协作治理,开放透明的治理过程,使得美国民众对食用农产品质量安全充满信心,也培养并提升了他们自主参与、协同治理的意识。

(二)美国食用农产品质量安全治理机制的特征

第一,法律法规相对完善。美国之所以在食用农产品质量安全治理上能取得现有的成果,得益于其细致完备的法律法规。1890年《联邦肉品检验法》的颁布,是美国食品质量安全立法的开端,历经百余年的发展完善,现在的美国食品质量安全法律体系已十分科学而完备。其总数超过30部的各类食品质量安全法律中,既有系统性的综合法规,例如,《联邦食品、药品和化妆品法》(FFDCA)、《食品质量保障法》(FQPA);也有根据食品种类、生产环节等因素制定的具体法令,例如,《联邦肉类检查法》(FMIA)、《蛋品质量检查法》(EPIA)。美国在制定这些法律法规时,十分注重公开性和透明度,政府积极向管理机构以外的专家学者咨询,召开公开会议或是咨询会,收集广大群众的建议,让全社会参与到食用农产品质量安全治理中。[①]

第二,治理主体权责分明,各司其职。在美国食用农产品质量安全治理主体的分工协作方面,体现出鲜明的科学性与针对性。治理主体包括超过20个的政府监管部门以及繁多的行业自治组织,还有相关的企业和社会大众。美国的食用农产品质量安全治理工作分工条理清晰,各个主体权责分明。其重要特点是,在设置治理主体的同时,就已将其职能范围明确,大多数还具有法律法规的依据。这一特点,很好地避免了多元主体之间出现多头治理,或是在治理职能上互相推诿,更加合理地配置了治理资源,提高了治理能效。

第三,注重风险的检测与评估。美国在治理食用农产品质量安全的问题上,注重全面而规范的风险管理,其过程包括风险评估、风险管理、风险信息的传播和交流。在其每年的食品质量安全年度报告中,都会强调风险管理对食

---

① 张晓涛:《监管主体视角下的我国食品安全监管体制研究》,《今日中国论坛》2008年第5期。

品质量安全监控的重要性。美国影响力最大的预防性管理体系是 HACCP（Hazard Analysis Critical Control Point），是国际所公认的有效的食品安全卫生质量保障体系。① 该控制体系起源于美国，本是为了美国航天局的太空计划而制定，后将其推广到食品企业中。通过 HACCP 控制体系对美国食用农产品从生产、加工到运输、销售的整个流程进行全程监控，确保食用农产品质量安全，预防可能产生的安全风险，防患于未然。

第四，公众广泛参与，信息高度透明。在美国不断完善食用农产品质量安全治理机制的过程中，除了不断完善对食用农产品质量安全标准的制定，深化对食品生产者的规制，同时也一直致力于将食品质量安全问题的最直接影响人——消费者——加入到食用农产品质量安全治理中来。在治理的过程中，政府责任部门会将治理过程中的检验结果及相关信息公之于众。例如，美国 FDA 就建立了一个专供消费者搜索食品召回官方信息的网站，以此来提高食品质量安全信息披露的广泛性和透明度。② 消费者的监督对象既是食品生产从业者，也是政府、行业协会等监管部门。美国实施了有效的舆论监督制度，并实行举报人保护和奖励制度，举报人得到法律的保护以及经济补偿和奖励。③ 面对这个关乎社会每一个人的健康与生命的问题，政府的鼓励与法律的保护为群众参与协同治理提供了有力保障。这样高度透明与公开的治理方式也为治理者赢得了大众的信任，建立了良好的群众基础。

二、加拿大食用农产品质量安全治理的主要做法

加拿大的食品卫生安全质量治理体系一直以来都被世界各国认可并争相学习，其食品、食用农产品素来以安全著称。"基于变革的社会的科学监管""社会化的基于科学的食品安全综合管理"是加拿大政府食用农产品质量安

---

① 胡琼伟、徐凌忠、卢颖、周成超：《美国食品安全管理体系及其借鉴》，《中国农村卫生事业管理》2014 年第 9 期。

② 杜玉琼、肖嵩：《完善中国食品安全保障体系的思考——基于美国食品安全监管体系的经验探析》，《标准科学》2015 年第 12 期。

③ 胡琼伟、徐凌忠、卢颖、周成超：《美国食品安全管理体系及其借鉴》，《中国农村卫生事业管理》2014 年第 9 期。

全治理战略的重要思想理念。① 联邦政府、地方城市、食用农产品商家、广大民众组成了加拿大食用农产品质量安全治理的多元主体,政府鼓励并引导各方力量积极参与,肯定他们对治理成果的重要贡献,实现了名副其实的"食用农产品质量安全治理,人人有责",构建出广泛参与、协同合作的社会多元治理氛围。在监管治理措施上,食品召回制度在加拿大食用农产品质量安全治理中发挥了十分重要的作用,被很多国家借鉴学习。

（一）加拿大食用农产品质量安全的多主体协同治理

"统一管理、分级负责、相互合作、广泛参与"是众学者对加拿大食品质量安全监管模式的高度概括,也展现出食用农产品质量安全治理中各主体的结构关系。

统一管理。加拿大食品检验局(CFIA)是联邦政府为了对国家食用农产品、食品质量安全、动物检疫工作进行统一管理而设立的国家机构。作为联邦一级的食品质量安全监管机构,拥有 7000 多名工作人员,分布在总部以及四个分部,分部在全国各地设有 18 个办事处、20 多个实验室,有近 400 个驻厂或独立办公室。② 食品检验局治理的范围非常广,包括几乎所有国产和进口的食用农产品及生产原料,例如,种子、肥料、禽肉、蛋奶、蔬菜、水果,及其预包装食品。③ 其工作职能主要包括三个方面:保障食品安全,加强食用农产品、食品质量安全监管;增进动物健康,防止动物疾病传染给人类;保护国家植物资源,预防植物与森林受病虫侵害。食品检验局通过对食用农产品、食品相关法律法规、行业标准及相关政策的实施,来完成自身的工作职责。自该机构成立以来,曾多次对加拿大发生的食品质量安全危机做出迅速反应,并取得了较为圆满的处理成果。例如,枫叶食品厂的熟肉危机事件、碎牛肉大肠杆菌污染事件。通过在工作实践中不断总结经验,逐步发展完善,加拿大食品检验局在食用农产品质量安全治理中发挥着越来越重要的作用。

---

① 李怀:《发达国家食品安全监管体制及其对我国的启示》,《东北财经大学学报》2005 年第 1 期。

② 巫强、陈梦莹、洪颖:《加拿大食品检验署风险管理的创新驱动机制研究与启示》,《科技管理研究》2014 年第 18 期。

③ 张伟、张锡全、刘环等:《加拿大食品安全管理机构介绍》,《世界农业》2014 年第 6 期。

分级负责。具体是指从联邦政府到省级政府,再到市级政府的划分,也就是加拿大食用农产品质量安全治理的三级分层。首先,联邦政府层面的治理,主要就是前面所述的食品检验局对于食用农产品质量安全的治理。其次,省级政府参与治理,主要是通过本级食品检测监管部门,对本辖区内生产、销售食用农产品、食品的企业进行检查监督。再次,市级政府层面的治理,需要制定食用农产品、食品的生产、销售的具体要求,并监督相关主体对要求、标准、政策的执行。

相互合作、广泛参与。食用农产品质量安全关系到每一个人的生命健康安全,加拿大的政府、企业和消费者都充分认识到了这一点,因此,通过政府鼓励与引导,各方力量积极自觉地投入到食用农产品质量安全的治理中。政府对广大民众的参与十分关注,在制定法律法规和相关标准时,都会通过召开研讨会或在网络上公开征集,来广泛听取专家学者、企业、消费者的意见与建议。这样不光调动了民众对食用农产品质量安全治理的积极性,也使得政府的政策、法律更容易被大家接受与遵循。官方机构和民间组织之间的协同合作也非常频繁。例如,加拿大食品检验局与许多大学、实验室之间合作,以及和消费者食品质量安全教育组织之间合作。社会各界参与治理是政府治理的群众基础,也是食用农产品质量安全治理的基石。

(二)食品质量安全知识的普及和食品安全召回制度

食品质量安全知识的普及。加拿大十分重视对社会普及食品质量安全知识的工作,通过这种方式来提升社会各界对食品质量安全问题的关注度,培养全民参与治理的氛围。既可以促使企业树立自我监管的意识,也能帮助消费者养成良好、健康的饮食习惯,甚至提高全民的健康水准和幸福感。[①] 政府部门主要加强对食用农产品、食品商家及其员工的食品质量安全知识培训,只有具备扎实的食品质量安全知识才有资格进入相关的企业从业。社会上也开设了许多食用农产品、食品质量安全知识的培训课程,基层政府时常将日常食品质量安全小知识编写成小手册,发放给广大民众。消费者协会在网络上成立

---

① 李怀:《发达国家食品安全监管体制及其对我国的启示》,《东北财经大学学报》2005 年第 1 期。

了专门的食品质量安全知识教育组织。通过这些组织,消费者不仅能学到许多日常用得上的食品质量安全知识,还可以通过这个平台向政府监管部门举报身边发生的食品质量安全问题。加拿大经常对民众做食品质量安全知识普及,开创了全民参与治理的良好局面,也因此才使得其食品质量安全治理取得较好成效。

食品安全召回制度。加拿大较早确立了食品安全召回制度。1999 年食品检验局为协调全国各地的食品安全召回工作,成立了专门的办公室,负责评估食品安全风险以及发布召回信息。该制度已成为加拿大食用农产品质量安全治理的一大亮点措施,经过多年的发展完善,加拿大的食品安全召回制度已深入人心。既在治理中发挥出重要作用,又为政府监管赢得了群众基础。加拿大食品安全召回类型划分如图 5-1 所示。根据召回意愿划分为自愿召回和强制召回。自愿召回的食用农产品、食品,是可以通过对不足之处的改进而再次回到市场的,而强制召回则说明该食用农产品、食品对消费者的健康及社会公共卫生存在潜在的危害,或是已经造成负面后果。根据危害程度不同,食品安全召回制度分为三个等级:一级召回,被称作高风险级别,特点是危害大、影响范围广、牵连人数多,必须向社会大众发出警示;二级召回,也称作中度危害级别,相较于一级而言,二级危害威胁的是一部分群体,需要向这部分群体发出警示;三级召回基本就是低风险或是无风险,无须向社会大众发出警示。专门负责食品安全召回的调查员会对购买了问题食用农产品的消费者进行调查,收集该产品的基本信息,再对该产品的销售商、生产商做实地调查。通过这些调查结果,结合问题食用农产品在实验室的检测化验结果,专家学者和政府相关机构将对问题食品召回定级。定级后,政府和商家会立刻行动,将问题产品立即下架,并要立即拟定新闻稿,详细陈述问题商品召回的原因及情况。消费者可以在企业门户网站及政府网站、各大主流媒体网页了解到召回的详细信息。对于问题食用农产品、食品的召回,政府需要依据食品检验局开出的列表,抽取部分经销商,对食品下架召回的实际情况进行核实。最后,政府还要完成一些食品安全召回的后续工作。对于出现食品安全召回而需要整改的企业,食品安全召回组织还需继续跟踪调查,确保问题不再发生。同时也要对同类型的企业检验考察,以免同样的安全问题再次发生。而对于整个食品质量安全召回的全过程,都将整理清晰后公之于众,让消费者知晓政府的处理,对国家的食品质量安全状况放心。

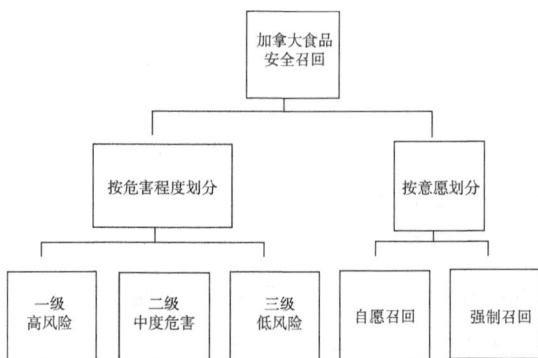

图5-1　加拿大食品召回类型划分图解

三、德国食用农产品质量安全治理的主要做法

德国在全球农业贸易中进口量第二,出口量第四,是欧盟最大的食用农产品生产国之一。国内农业企业生产模式大多是家庭农场形式。畜牧业尤为发达,在全国农业总产值中所占比例高达61.11%。[①] 一直以来,"德国制造"就是高品质的代名词。"三大目标"是贯穿于德国食用农产品质量安全治理过程中的中心思想,即保护消费者健康,仅允许提供质量可靠和符合安全标准的食品;保护消费者不受欺骗,严防欺诈;保护消费者知情权,提供的信息必须实事求是。[②] 此外,德国食用农产品质量安全治理遵循食品链原则、企业责任原则、可追溯原则、独立科学的风险评估原则、风险评估与风险管理分离原则、防范原则、风险沟通透明化原则七项原则[③]。

（一）德国食用农产品质量安全的多元主体治理网络

德国食用农产品检测机构遍布全国,联邦、州和地方都设立了食用农产品质量安全监管机构。全民参与是德国食用农产品质量安全治理的特点,通过政府引导、企业自检、消费者和各行各业的社会力量协作互助,构建出一张强

---

① 童建军:《德国农产品质量安全监管策略介绍》,《中国畜牧业》2012年第8期。
② 尚武:《德国食品安全监管体系五大特征》,《中国对外贸易》2013年第3期。
③ 李忠东:《德国大力加强食品安全》,《检察风云》2014年第21期。

大而严密的治理网络。①

政府监管。"统一管理、分级负责"高度概括了德国联邦政府食用农产品质量安全治理的体系。"统一管理"指的是联邦食品、农业与消费者保护部（BMELV），该机构是德国最高食品质量安全主管部门，领导全国食品质量安全治理工作的开展，制定相关的法律法规，并监督各主体对法律条文的执行。联邦食品、农业与消费者保护部有两个下设机构：其一，联邦消费者保护与食品局，主要负责工作的协调和危机处理。对外，完成与欧盟在食品质量安全监管工作上的协调沟通，被看作是欧盟的食品质量安全预警员；对内，负责引导各州、地方在食品质量安全治理工作中的协同合作。其二，联邦风险评估研究所，负责检测农药、兽药、食品添加剂等，进行登记、审查，形成科学报告，供主管部门参考。"分层负责"指的是联邦各州政府分为三层监管，最高一层为州政府，主要任务是制定监管政策和规定，成立相关检测机构；中层为区级机构，负责服务性和专业性的监管；县市级则是最基层，负责各类食用农产品、食品治理监管的具体工作项目。

企业自律。食用农产品、食品的生产者、加工者、经营者必须对其产品负首要责任，这在德国法典中被称作"谨慎义务"。② 严格来说，只有当企业的产品被消费者食用并且未产生任何负面问题后，企业才完成了自己的谨慎义务。在此影响下，德国的所有食品企业，无论大小规模，都有一套自己的质量检测系统，都要执行食品危害与分析关键控制管理（HACCP）。③ 企业在当地食品监管组织处进行风险列表的登记，每一次的原材料进货、销售渠道都向监管组织上报。在生产过程中，企业为预防风险，对生产过程中的产品进行抽查并做好记录。企业自律是解决国家食用农产品、食品质量安全问题的关键点，这种优良的治理传统是德国食品质量安全坚固堡垒的基石。④

社会其他力量的积极参与。食用农产品质量安全治理是一项复杂而又漫长的工作，仅靠政府和企业的努力是远远不够的，还需要全社会的支持与协

---

① 他山之石：《德国食品安全》，《中国果菜》2014年第9期。
② 梁珊珊：《德国食品安全保障体系研究》，《世界农业》2012年第11期。
③ 他山之石：《德国食品安全》，《中国果菜》2014年第9期。
④ 《向德国人学习食品安全管理》，《新农业》2015年第8期。

助。德国在此方面的突出社会力量有:第三方组织、各类媒体、广大消费者。德国在食用农产品领域有许多行业协会、科研机构,还有不少官方与民间力量共同管理的监管机构。例如,德意志联邦基金会下设的食品安全委员会、萨克森州汉诺威农业协会,以及各类消费者协会和咨询站。这些组织都是与食用农产品质量安全有着密切联系的主体,他们的积极参与、协同治理为德国构建出一个层次分明、监管严密的保障体系。来自媒体舆论的监管也非常多,德国的报纸杂志和电视节目中,经常能够看到科学家、专家们,对国内食用农产品、食品质量安全问题的点评和治理建议。① 来自舆论的压力推动着德国食用农产品质量安全治理的发展与完善。最广大的监督力量来自所有的消费者。德国政府素来十分重视来自消费者的声音,政府鼓励消费者积极主动地保护自己的合法权益,引导他们参与到食用农产品质量安全的多元治理中。消费者对食品的任何问题存在质疑,都可以向当地的食品质量监督部门咨询或举报,主管部门必须及时受理并解决。② 消费者也可以在政府官方网站上获取最新的食品质量安全问题信息,和政府机构对于食品质量安全问题进行线上的交流与沟通。这些社会力量都是德国食用农产品质量安全治理网络的重要组成部分。通过他们的共同协作努力,造就了今天全球公认的"德国品质"③。

(二)严格的市场准入和食品安全可追溯原则

严格的市场准入制度。为了保障食用农产品的质量安全,德国设定了极为严格的市场准入制度,主要包括两个方面的内容:一是对外国食用农产品、食品进入德国市场进行严格的检测和控制。主要是针对欧盟成员国以外的国家,这些食用农产品先从国外进入欧盟,边境检疫机构对食品进行检查通过后,德国边检将再检测一次,检查合格的食品方能进入德国市场,而检测不合格的食品将就地销毁。二是指德国本国生产的食用农产品、食品在进入市场前所要面临的检疫检查。对于德国国产产品的准入制度主要有三道防线,即对食用农产品、食品生产及加工企业实行许可证制度;对食品出厂实行检验制

---

① 丁声俊:《德国食品安全保障和食品风险防范措施》,《中国食物与营养》2011 年第 5 期。

② 李鑫、王崇民:《欧洲食品安全放心,其原因竟然是这样——德、法等欧洲国家食品安全体系浅谈》,《食品安全导刊》2015 年第 34 期。

③ 梁珊珊:《德国食品安全保障体系研究》,《世界农业》2012 年第 11 期。

度;对食品质量安全实行市场准入认证标志管理。① 严格的市场准入制度,就像坚不可摧的食用农产品质量安全防护墙,为德国的消费者们提供食品质量安全保护。

食品安全可追溯原则。2002 年,欧盟对食品生产行业提出"可追溯性"概念,并要求以具有强制性的法律法规来实行可追溯性制度,旨在从食物链的关系角度保障食用农产品质量安全。② 可追溯原则是德国七项食品质量安全保障原则之一,从 2005 年开始在全国贯彻执行,现已成为德国预防食用农产品、食品质量安全问题发生的重要措施。食品可追塑性原则要求德国市场上所有的食用农产品、食品,都要在外包装上标明该商品的商标、生产日期、成分等相关信息,以及相关检测机构的检测认证标志。生产商家的每一次原材料购入都需要登记在册,货品销售去向也应详细记录,以便在发生食用农产品质量安全事故时,能够快速做出反应,找到问题源头。在食品类商品的生产过程中,每一件商品都被赋予一个专门的编号,也就是追溯码。通过对追溯码的查询,消费者可了解到该食品生产相关的所有关键信息,甚至是原材料来源。例如,鸡蛋是再普通不过的食用农产品了,德国的每一个鸡蛋上都有一列编号,根据这组编号我们可以找到产出这个鸡蛋的农场,甚至找到生这枚鸡蛋的母鸡。③食品安全的可追溯原则贯穿于食用农产品生产、加工、销售的整个食物链之中,体现在德国市场的每一件食用农产品上。该制度既是保障食用农产品质量安全的有力措施,也是解决食品质量安全问题的捷径。

四、俄罗斯食用农产品质量安全治理的主要做法

俄罗斯国土面积世界第一,拥有超强的军事实力,工业基础雄厚,航天业领先世界。俄罗斯在食用农产品质量安全治理上也有值得我国学习和借鉴的经验。自苏联解体后,俄罗斯的农业生产受到一定程度的影响,一直处于恢复转型阶段,虽国力水平居世界前列,但粮食等农产品的生产却很难与欧美等国相比。在食用农产品收成不错的年间,俄罗斯还有一定的食品出口量,如果受

---

① 郑成军:《德国食品安全的三道关》,《安全与健康》2013 年第 12 期。
② 梁珊珊:《德国食品安全保障体系研究》,《世界农业》2012 年第 11 期。
③ 他山之石:《德国食品安全》,《中国果菜》2014 年第 9 期。

到不利气候因素影响,粮食产量减少,则粮食自给自足都无法做到,只能靠从国外进口。① 根据国际粮食组织确定的标准,如果一个国家的食品进口超过本国食品消费总量的17%,其国家食品安全就会受到威胁。② 近几年俄罗斯的食品进口量达到40%,可见其需要应对的农产品、食品质量安全治理任务还十分严峻。为保障国内食用农产品质量安全,俄罗斯制定了严谨的法律法规、严厉的检测执法政策以及严格的食品准入制度。③

(一)俄罗斯食用农产品质量安全治理体系

在联邦层面,俄罗斯农业部代表政府对国内食用农产品、食品质量安全负责。工作职责包括:起草食用农产品、食品质量安全方面的法律法规;拟定治理食品安全的总统及政府命令;制定国家食品质量安全政策;全程监控国内食用农产品、食品的生产、加工、运输、销售过程。为更好地做好食用农产品质量安全治理工作,2004年俄罗斯新设立两个官方机构。其一是设立于俄罗斯卫生和社会发展部之下的俄罗斯联邦消费者权益保护和公益监督局,其属性是国家联邦主管食品质量安全与营养的行政执法机构。其食用农产品、食品质量安全治理的具体工作包括:对国内及进口食品进行安全检验检测和登记备案;检测市场内食用农产品、食品的卫生安全并进行营养鉴定;在有必要时邀请国内专家学者讨论分析本辖区内发生的食品质量安全问题;打击一切有损消费者权益的违法违规行为。其二是在农业部下设的联邦兽医和植物卫生监督局,由俄罗斯畜牧及育种司、狩猎资源保护及发展司等多个机构合并组成。主要工作职责有:兽医、检疫、植物卫生及其他卫生安全许可证及证明的发放;实施、撤销食用农产品检疫检测的相关提案;对国内市场及国外进口的蔬菜水果进行检验检疫;检查监督肉类制品等动物源性产品按兽医卫生安全要求的执行情况。④ 与此同时,联邦兽医和植物卫生监督局还负责检疫和保护被国家列为狩猎保护对象、水生生物保护对象的动物和鱼类,在保障国家食用农产

---

① 安载学、滕占伟、刘志全:《俄罗斯农产品走势及合作展望》,《企业研究》2011年第8期。
② 柯继:《俄罗斯提高本国农产品和食品保障水平》,《中国食品报》2009年12月8日。
③ 王淑珍、于天祥、奚奇辉:《俄罗斯食品安全法规体系研究》,《检验检疫学刊》2011年第2期。
④ 王淑珍、于天祥、奚奇辉:《俄罗斯食品安全法规体系研究》,《检验检疫学刊》2011年第2期。

品质量安全的同时,兼顾生物的可持续发展。地方级的食用农产品质量安全治理机构是兽医和植物卫生监督局及消费者权益保护和公益监督局在全国各地的分局。各个分局在自己所辖范围内再细分多个分支机构,检测控制辖区内具体食用农产品、食品的质量安全及卫生健康情况,检验检疫动物、禽畜健康卫生状态等。俄罗斯认为有能力保障国家食用农产品、食品质量安全,保护好国民享用健康卫生食品的权益,才是国家真正的强大。所以,俄罗斯政府为此付出很多心血与努力,得到了全体国民的认可与支持。在政府的鼓励与指引下,消费者若对买到的食用农产品、食品质量有质疑,就会拨打消费者权益保护和公益监督局的投诉电话。政府机构在接到民众投诉后会迅速做出反应,对问题食品生产、销售商进行调查,基于检验结果和问题严重程度,依法处置问题责任人。以此种消费者和政府联合协作的方式,实现俄罗斯食用农产品质量安全治理的全民参与。

(二)俄罗斯食用农产品质量安全保障措施

第一,食品标准认证制度。ГОСТ 是俄罗斯食品质量安全国家标准,由国家标准化委员会批准实施,该标准几乎涵盖了和农产品、食品有关联的所有领域,并且被要求强制执行。与 ГОСТ 标准一同实施的还有 HACCP 自愿认证体系。[1] 依据食品质量安全标准和食品、食用农产品可能带来的安全卫生问题危害程度,将认证分为两大类:强制认证和自愿性认证,并分别以黄色和蓝色为认证代表色。在俄罗斯,不论是国内生产及加工的食品、食用农产品,还是国外进口的,只要是强制认证的食用产品,都必须按照俄罗斯食品质量安全标准进行检验,检验通过的可获得俄罗斯国家标准合格证书。该认证证书既是进口食品入关俄罗斯时必须具备的文件,也是食品产品进入俄罗斯市场的入场券。通过食品标准认证制度,将不合格的劣质产品杜绝于市场之外,保障消费者享用到卫生安全的合格食品。

第二,制定农业发展长期规划。这也是俄罗斯治理食用农产品质量安全问题的重大措施之一。俄罗斯的农业发展情况并不乐观,食用农产品生产结构不合理导致禽畜类的食用农产品常年需要从国外进口,加重了国家食用农

---

[1]　高空:《俄罗斯食品安全法与食品市场整治》,《俄罗斯中亚东欧市场》2009 年第 7 期。

产品质量安全治理的负担。为改变这种被动局面,俄罗斯政府开始着手制定农业发展的长远规划,并通过立法来保障发展规划的顺利实施。2007年俄罗斯制定了第一个农业发展五年计划,提出了许多推动国家农业发展的具体实施计划:增加农业生产要素的供给,提高农业生产者的收入和福利水平,实现农业技术现代化,完善工农业产品比例,恢复和发展市场基础设施,恢复和发展国内农业机械生产,提高农业劳动生产率,建议统一粮食市场等。① 通过制定农业发展的长期规划,调整农业结构,促进俄罗斯农业生产恢复,对食用农产品产量与品质的提升发挥着非常重要的作用。

第三,转基因食品监管。随着科学技术的飞速发展,先进的生物技术在农业生产上运用也越来越多,许多转基因食品应运而生,数量超过百种,包括生活中常见的番茄、大豆、玉米、马铃薯等蔬菜、粮食。通过对这些转基因食品的检验检测,许多国家都开始接受这类产品进入市场。俄罗斯接受转基因食品进入市场,并为此制定一系列的检验程序和治理法规。② 首先,对于转基因食品、食用农产品,必须要粘贴标注标签,不同层级的转基因食品需要进行不同的检疫检测。近些年俄罗斯有部分商家为躲避因转基因而带来的额外检查,就故意不粘贴标签,以此躲过相关部门的检查。这种做法严重侵害了消费者的合法权益,也为国家食品质量安全治理带来了潜在危机。俄罗斯政府对此问题高度重视,重申强调转基因食品检验的重要性,制定转基因食品、原材料的明细范围,要求生产、销售转基因食品或是含有转基因成分食品的企业注册登记。对于为了消减成本,恶意隐藏、逃避转基因食品检查的企业进行严厉打击,将违规商家的信息向社会曝光,并勒令商家整改或停产。转基因食品的发展历史并不久,许多消费者对此还是一知半解,在购买时也难以辨别挑选。为此,俄罗斯政府加强了对消费者的宣传教育工作,提高了消费者的健康安全意识,鼓励消费者和政府联手打击一切扰乱食用农产品、食品质量安全的无良商家。

---

① 魏凤:《俄罗斯粮食安全现状及其政策评价》,《农村经济》2009年第8期。
② 王淑珍、于天祥、奚奇辉:《俄罗斯食品安全法规体系研究》,《检验检疫学刊》2011年第2期。

五、日本食用农产品质量安全治理的主要做法

20 世纪日本曾发生过多起食品卫生安全事件,包括 1953—1956 年震惊世界的水俣病事件、1955 年的砒霜牛奶事件、1968 年的米糠油症事件等。接连发生的重大食品质量安全事件,引发了全民对食品质量安全问题的关注,直接加速了日本对食用农产品、食品质量安全治理的发展。日本政府不断汲取教训,制定出一系列的食品质量安全监控法律法规、研发先进的科技检验方法、完善检验检测体系。① 现在的日本,拥有完善的食品质量安全法律体系和严密的食品质量监管网络,其食品已成为高质量的代名词,日本已成为全球食品质量水平最高的国家之一。

（一）日本食用农产品质量安全的治理理念与多元主体

日本食品质量安全根本大法《食品安全基本法》指出对食品质量安全的治理应明确三个理念:国民健康为首要;对食品进行科学判断,预防比监管更重要;从"农场"到"餐桌"的过程化规制。② 国民健康为首要,保护消费者的权益,让消费者吃得放心、吃得健康从来就是日本对食用农产品、食品监管最根本的目标。消费者拥有自主选择质量高、卫生安全的食品,也拥有参与食品质量安全治理的行政权力。政府通过制定法律法规明确和保护消费者在食品质量安全治理问题上的权力,构建高度透明的治理机制,保障消费者对食品质量安全信息的知情权,广开言路,在制定相关政策、法规时积极听取并采纳消费者的建议。这种突出消费者权利的理念,为日本的食用农产品质量安全治理打下了坚实的群众基础。其次,对食用农产品质量安全的治理要以尊重客观规律、科学依据为前提,食品的安全生产、检验检疫都需要先进科学技术的支持。大力发展农业科技,重视对食品的科学判断,通过科学检测,对食用农产品质量安全问题防患于未然,才能为消费者提供一个卫生、安全、健康的食品环境。此外,对食用农产品的全过程监控也是必不可少的,在食用农产品、食品的生产、加工、运输、销售等任何一个环节里,都有可能存在威胁消费者健

---

① 任智华:《日本农产品质量安全管理现状及对中国农业的影响》,《农业科技与装备》2010 年第 1 期。

② 郝生宏:《日本农产品（食品）安全管理体系及启示》,《食品研究与开发》2014 年第 12 期。

康的安全隐患,只有对全过程严格把关,时时检测,处处监管,才能保障消费者享用的产品是完全安全的。

2003 年之前,日本政府食品质量安全治理的机构主要是厚生劳动省和农林水产省。但两者之间存在各自为政的情况,加之随着时代的不断发展,食品问题也越来越复杂,两家机构的监管已无法完全控制日本食用农产品、食品质量安全。由此,政府设立了一个全新的治理机构——食品安全委员会。2008 年日本爆发毒大米事件,社会对政府的信心发生动摇。为重建政府公信力,消除消费者心中的恐慌,2009 年日本成立了消费者厅,专门负责有关消费者维权的各项事务,并由社会民众组成了消费者委员会。① 这些由政府和民众共同组成的治理力量,共同保护着日本消费者的健康。农林水产省和厚生劳动省是直接隶属日本中央省厅的行政部门。农林水产省的管辖领域包括农业、林业和渔业,需要对管辖领域的产品实施全程监管,并做好风险监控的工作,还需对消费者履行信息告知的义务。厚生劳动省是日本医疗卫生和社会保障的核心机构,主要职责是对全国的食用农产品、食品质量安全治理工作进行监督与指导,发展和完善食品标识制度,根据食品危害成分研究制定食品质量安全规范措施,完善公共卫生危机应急机制,向消费者收集食品质量安全治理意见、公布政府监管工作情况等。与这两个中央直属部门不同的是日本食品安全委员会,它是一个相对独立的食品质量安全评估性机构,主要职能是风险评估、风险交流和紧急应对。消费者厅是负责接受消费者的咨询与投诉、维护消费者权益的机构。而消费者委员会则是监督消费者厅的组织。日本食用农产品、食品质量安全治理的主体虽多,但通过科学合理的分工,实现了全国范围、各环节全面覆盖的有效监管。

(二)良好农业规范与进口食品管制

1. 良好农业规范(GAP)。良好农业规范是一套针对食用农产品生产制作过程的操作标准,通过经济的、环境的和社会的可持续发展措施,以控制生

---

① 赵璇、高琦、贾有峰等:《日本食品安全监管的发展历程及对我国的启示》,《农产品加工(学刊)》2014 年第 6 期。

产过程中的质量安全为核心的保障体系。粮食、蔬菜、水果的种植,肉禽、水产的养殖,甚至观赏性植物的培植,以及这些产品的加工、运输,都属于 GAP 的监管范畴。日本的 GAP 体系是针对本国国情及农业发展的实际情况量身定制的,农林水产省从 2005 年开始致力于在全国推行 GAP 体系,2007 年正式将贯彻 GAP 方法作为农林水产省的工作重点。目前,日本大部分的粮食、蔬菜、水果等食用农产品都普遍应用了 GAP 认证方法。日本实施 GAP 的主要流程分为四步①,见图 5-2。

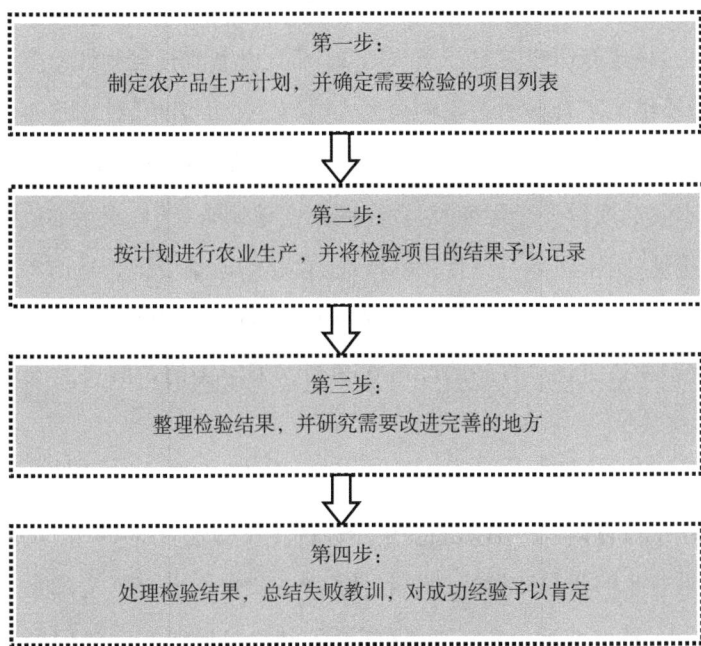

図 5-2 日本 GAP 体系实施流程图

通过 GAP 对食用农产品生产过程的监管,循环往复,将一次次的经验总结起来,就可以通过综合分析,研究出完善的安全生产食用农产品的技术方法。通过政府机构、企业、民间组织的共同努力,GAP 在全国推广普及,成为生产质量优良、安全味美的食用农产品的保障,既有利于日本国内食品质量安全治理,也促进了本国出口食用农产品的发展。

---

① 陈延贵、黄波等:《日本良好农业规范的实践与启示》,《世界农业》2010 年第 5 期。

2.进口食品管制。受到地理因素和自然环境的影响,日本约有60%的食用农产品需要从国外进口。但进口国的食用农产品生产、加工与日本国内的情况存在差异。因此,为保障消费者享用到安全合格的食用农产品,日本对进口食品设定了非常严格的检疫要求。根据日本《食品安全法》规定,所有的进口食品都需要经由厚生劳动省的检验检疫,对于很少发生质量安全问题的食品,采取的是监控检查,这是一种广泛的抽查,只要抽查的食品全都合格,不存在安全隐患,就可以通关进口,不合格的产品将被拒绝过关或是直接销毁。而对于发生质量安全问题概率高的食用农产品,就要求进行命令检查,也就是通过行政命令,设定专门机关对该类食用农产品、食品实行强制性检查。在检查中,多次检验结果不合格的商家将被列入进口企业黑名单,日本将不再接受这些企业任何产品的进口。此外,日本也会对进口商家提出自主监管的要求,通过告知日本食品质量安全标准、对食品商家实地调查指引,或是结成生产技术上的合作等形式,来保障进口食用农产品、食品的质量安全。从历年资料可以看出,日本政府对进口食用农产品、食品的要求在不断提高,监测力度也在不断增强,希望通过对进口食品的严格管制来保障本国的食品质量安全环境不被破坏。

六、新加坡食用农产品质量安全治理的主要做法

根据近些年的资料数据统计,《经济学人》杂志指出,在"全球食品安全指数"排行榜上,新加坡近年来一直名列前茅,其食品质量安全治理经验值得各国学习。新加坡作为世界著名的花园国家,在其并不十分宽裕的领土上,城市面积几乎占用了绝大部分的国土。其农业发展也相对薄弱,农业经济在国家整体经济比重中仅仅占了不到0.1%的比重,并且仅有的一些农业也大都是种植、养殖一些观赏性的动植物。从自然角度来看,新加坡地处赤道附近,全年高温多雨,炎热湿润的气候非常容易导致食用农产品、食品腐败变质。新加坡属于移民国家,有20多个民族,国民的宗教信仰各异,受这些因素影响,新加坡的食品文化也十分多元。由此可见,新加坡的食用农产品安全治理工作十分复杂、难度较大,但其在此方面的治理却卓有成效,值得探究与学习借鉴。

（一）新加坡食用农产品质量安全治理主体架构与职能

少部门管制是新加坡食用农产品、食品质量安全治理方面的特点，主要负责部门是国家发展部下属的农粮食品和兽医局，以及国家环境及水源部下属的国家环境局。[①] 农粮食品和兽医局简称农粮局，主要职能是引导和约束食用农产品、食品企业坚持高品质的卫生安全生产，还有向国民宣传、推广食品质量安全治理知识。受农粮局管制的食用农产品、食品很多，包括动植物类农业产品、食品、水产品等。农粮局的主要治理任务包括：对进出口以及转运食用农产品、食品的检验监测，食品召回，食品应急事件处理等。国家环境局则是负责餐饮店铺、超市、农贸市场的具体治理规制工作，分设的五个分区办事处负责对辖区内食品生产、销售营业执照的发放，日常的安全卫生检查工作，以及依法处置违规的个人和商家。国家环境局还有许多卫生部特派的医学专家，专门处理食物中毒、食物污染一类的问题。

新加坡是十分重视社会秩序和法律规范化的国家，其国民素质相对而言比较高，这也是其食用农产品质量安全治理的有利条件。政府鼓励并引导食用农产品的相关主体共同参与治理，广泛开展各种质量安全治理的推广活动，让社会各界一同承担起保障国家食品质量安全的重任。食品商家通过严格的自我检验管理和同行相互间的学习监督来实现治理中的自我价值。消费者就是最基层的安全监控员，积极参与政府组织的宣传活动，增长食用农产品、食品质量安全常识，协助政府机构治理食品质量安全问题。舆论监督也是新加坡食用农产品质量安全治理的重要力量，公共媒体对违反食品质量安全法规、标准的企业予以曝光，公布其营业场所的位置，引起广大消费者的注意。国民对食用农产品、食品质量安全问题给予高度重视，全民自主参与治理的社会氛围推动了新加坡食用农产品质量安全治理体系的建成。

（二）分级管理模式与食品引入监督机制

分级管理模式。新加坡十分重视食品质量安全标准，除了极少数本地特色食品外，新加坡采用的食品质量安全标准几乎完全与国际食品法典委员会

---

① 徐润龙、罗华标：《新加坡和中国香港食品安全监管经验对完善中国大陆食品安全监管工作的启示》，《中国食品卫生杂志》2014年第2期。

接轨,以最严格的检查、最严厉的执法来提高国家食用农产品质量安全保障水平。[①] 政府相关机构对食用农产品、食品企业监管的第一步就是对企业进行风险评估和质量状况评定,按照测评结果把企业划分成 A、B、C、D 四个等级,对不同等级的企业,治理措施也稍有区别。质量 A 级就是优秀,A 等级企业会得到食品安全优秀奖,政府通过给予一定的奖励与政策优惠来重点扶持。质量等级为 C、D 的企业则被列为常规监督的重点单位,需要面临比 A、B 等级更多、更严格的监管和检查。[②] 一旦有企业的产品造成食物中毒、食品污染事件,该企业将被立刻划分为 D 等级。被评为 A、B 质量等级的企业一年至少要接受四次检查,而 C、D 级则一年至少要面临八次检查。通过这种分级式的管理,对不同情况的食品企业采取不同措施,既做到了对症下药、量体裁衣,合理地分配了政府的监管资源,又对食品企业产生了很好的激励作用,在等级制的压力下,不断改进、完善自身。此外,划分等级也方便消费者对商家进行分辨挑选。根据新加坡国家环境局的规定,四个等级证书都有各自的颜色标示:A级是青色;B 级是蓝色;C 级是黄色;D 级是粉色。各商家必须按政府要求把质量等级证书和营业许可执照挂在经营场所的显著位置,消费者可根据自身需求选择食品商家。

食品引入监督机制。基于新加坡的农业发展状况,国内对食用农产品、食品的需求完全无法做到自给自足。数据显示,新加坡 90% 以上的食用农产品、食品都是从国外进口,由此可以看出,对进口食品的监督管制是新加坡食用农产品质量安全治理的重点组成部分。新加坡农粮局负责对绝大部分的进口食用农产品检疫检测,严格把关,少部分食品的进口也由国家环境局一同参与监管治理。新加坡进口食品标准号称是世界上最严谨的标准,其国内使用的是与国际食品法典委员会接轨的安全标准与食品认证制度,对国外进口的食用农产品、食品也同样要求符合国际标准。为了不让不合格的食用农产品进入新加坡,农粮局制定了一系列安全卫生检验检疫流程。从源头控制食用农产品的质量安全,很多进口产品还未进入新加坡便已开始接受检测。不光

---

① 胡颖廉:《城市食品安全治理的新加坡经验》,《党政视野》2016 年第 5 期。
② 李世清:《新加坡食品安全监管调研与启示》,《工商行政管理》2011 年第 24 期。

是进口商品需要检疫,生产、加工商品的环境、程序也需要接受新加坡的审核。所有新加坡的进口食品合作商都必须在农粮局注册登记,进口前必须递交足以证明自己商品安全性的文件资料。因为对进口食品严加监管,每年新加坡都会有非常多的食用农产品、食品被召回或是直接销毁。例如,2013年的"甲醛海鲜产品"事件,质量安全问题一经查出,这些从印度尼西亚、泰国等地运来的不合格食用农产品就被当场销毁并处罚了进口企业。通过严格检验检疫、食品召回、进口转运管制等这些食品引入监督机制,杜绝不合格食用农产品流入新加坡,从而保障消费者享用卫生安全又健康的各类食品。

七、印度食用农产品质量安全治理的主要做法

印度是人口数仅次于中国的世界第二人口大国,经济水平不高,地区发展欠平衡,和中国一样同是处于经济发展和社会转型期的发展中国家。在食用农产品、食品方面,印度是食用农产品出口大国,主要出口的农产品有谷物、蔬菜、水果、咖啡豆、香料等,这些产品在世界食用农产品市场上占的份额相当高。但在印度国内,食品质量安全不过关情况非常多,食品引发的卫生安全问题时有发生,甚至有很多民众在食品质量安全事故中死亡,其食用农产品质量安全治理面临着十分严峻的考验。中国和印度同为人口众多的发展中国家,在经济、社会等若干方面和印度有相似之处,因此,在食用农产品质量安全治理方面,两国需要相互交流学习。

（一）印度食用农产品质量安全治理概况

印度最早关于食品质量安全方面的立法是颁布于1954年的《防止食品掺假法》,这部法律也是发展中国家最早制定的一部食品质量安全法。① 法律法规的制定虽确立了印度的食品质量安全监管体制,规定了监管治理程序等,但这些法律存在许多缺陷,在实际操作中出现很多问题,导致法律监管失灵的局面。而印度民众在食用农产品、食品质量安全方面的意识十分淡薄,也导致印度频繁发生食品质量安全事故。例如,轰动全球的"苏丹红"事件和"毒可乐"事件,还有劣质假酒造成42人中毒身亡事件等。这些事件的不断产生给政府

---

① 宁立标:《印度食品安全的法律治理及其对中国的启示》,《政法论丛》2015年第1期。

部门带来了沉重的压力。为解决该问题,2006 年印度启动了食品质量安全法律的当代变革。改革前,依据《防止食品掺假法》,印度的食用农产品、食品质量安全监管由 9 个部门共同负责,监管部门过多,而又缺乏必要的交流协作,使得印度的食用农产品、食品安全得不到保障。直到政府颁布了《食品安全标准法》,建立了统一的监管模式,新设立了一个独立的食品监管机构——印度食品安全与标准局,农产品质量安全治理局面才有所改善。① 依据法律规定,印度食品安全与标准局是由和食用农产品、食品的生产、加工、销售、监察息息相关的主体构成的,他们包括政府官员、食品行业代表、消费者代表、农户代表,以及农业、食品相关的著名专家学者。其职能不仅仅是对食用农产品、食品从生产到餐桌整个食物链的检测监管,还需要制定与之相关的法律法规、行业标准、食品政策等。多主体共同参与是科学、民主决策的重要表现,各个主体代表了不同群体的利益,专家学者提出专业性的建议,这样制定的法律法规、政策标准更完善,也更能得到各方面的认同,从而提高食用农产品、食品质量安全治理成效。另外,印度政府在地方还构建了多层级的食用农产品、食品质量安全监管机制。联邦政府在地方任命食品质量安全高级官员,监管企业是否严格遵循法律法规和食品质量安全标准进行生产。食品质量安全高级官员再任命食品质量安全特派员和食品质量安全办事员,负责为食品企业进行等级注册、颁发或吊销执照,发布上级机构下达的通知等具体治理任务的执行。

(二)科学防范风险和食品司法专门化

科学防范风险。随着社会的不断发展,人们的生活每天都在发生变化,饮食也越来越多样化,与之一同出现的是更加复杂的食用农产品、食品卫生安全问题。近年来,出现了一些从前未曾听闻的食源性传染病、寄生虫病,要解决这些问题,必须依靠先进的科学技术。② 因此,在印度新法改革后,政府十分重视科学技术在食用农产品、食品质量安全治理上的运用,所有食品质量安全治理机构内都设有科学专家小组,各类科学专家小组分别负责对食用农产品

---

① 宁立标:《印度食品安全的法律治理及其对中国的启示》,《政法论丛》2015 年第 1 期。
② 蒲芳:《印度食品监管法律制度研究》,《中国卫生法制》2007 年第 4 期。

肥料、农药、食品添加剂、转基因、营养产品等不同食品质量安全领域的问题进行讨论研究。根据研究成果召开听证会,为食品质量安全与标准局提供科学、专业的建议。科学委员会是为了组织和协调各食品质量安全监管部门内设科学技术机构,引导各领域专家小组共同协作的跨部门组织。其内部成员都是独立的科学家、学者,不属于任何政府机构内部的科学小组。由于其独立的特性,针对食品质量安全提出的专业建议也更客观,为政府治理机构提供科学技术支持。在食品质量安全风险防范与控制方面,印度学习了欧洲国家的先进经验,制定了风险防范原则,印度食品安全与标准局在发现有可能导致食品质量安全风险的苗头时,就可立即采取应对措施,而不需要等到科学技术证实风险确实存在。印度食品安全与标准局是风险管理的主要机构,风险防范、风险控制、风险评估等工程的标准程序与管理规则都由该局制定,同时,对各种风险的检测、信息收集、风险监控也在其责任范围内。还有对风险管理成果总结、交流,将掌握的食用农产品、食品质量安全风险信息传达给印度中央联邦政府,以便及时地控制、应对风险,更好地治理食用农产品、食品质量安全问题。

食品司法专门化。《食品安全标准法》的颁布,以法律明文规定了食用农产品、食品生产经营者的权利与义务,生产商、销售商如果没有依据法律规定履行好自身的责任与义务,将依据其违法情况的严重程度而受到相应的惩处。为此,联邦政府设立了专门的食品质量安全上诉法庭,食品质量安全案件受《食品安全标准法》的约束,但可以不依照民事诉讼规定程序。食品安全上诉法庭并不是常设机构,法官由中央联邦政府或州政府直接任命,是一个非常灵活的临时性机构。[①] 食品质量安全案件的司法专门化,构建出一个专门处理食品质量安全违法行为的机构,保障了执法的高效,是食品质量安全法制建设的重要组成部分,也是食用农产品、食品质量安全治理的法制保障。

八、澳大利亚食用农产品质量安全治理的主要做法

澳大利亚以牛、羊为主的畜牧业十分发达,现代化的农业生产模式加上

---

① 宁立标:《印度食品安全的法律治理及其对中国的启示》,《政法论丛》2015年第1期。

先进的科学技术手段,使之成了世界上牛肉产量及羊毛出口量排名第一的国家。数据表明,澳大利亚的经济比重中,农业占 4%,制造业占 19%,其他经济成分主要是服务业,而服务业中比重最大的就是餐饮业。[1] 高水准的农业生产和发达的食品生产加工及餐饮业,都离不开科学、系统的食用农产品质量安全治理。澳大利亚也曾发生过不少食品质量安全问题。例如,1995 年造成一名儿童身亡,24 名涉事群众重伤的香肠污染事件,1998 年南澳大利亚州发生的学生因食用有奥雷丁堡沙门氏菌的冰糕中毒事件,以及近些年的麦当劳"生肉门"事件等。正因为这些食品质量安全问题的爆发,食用农产品质量安全治理问题得到澳大利亚政府和民众的高度关注。通过政府的引导和社会多方力量共同协作,澳大利亚铺下一张食品质量安全监管的大网。多主体的共同努力也赢得了许多卓越的成果,值得世界各国学习与借鉴。

(一)澳大利亚食用农产品质量安全治理网络的主体及职能

澳大利亚政府和人民都十分重视食用农产品质量安全问题,由政府和民间机构、企业及消费者共同组成的治理网络已经成型,共同抵御食品质量安全危机的挑战。

第一,政府治理机构及其职能。澳大利亚是联邦制国家,政府对食用农产品的治理结构划分与德国、加拿大一样,分为联邦政府和各州各地方政府两个层面。联邦政府层面主要有三个治理机构,分别是澳大利亚新西兰食品监管部长理事会、澳大利亚新西兰食品管理局,以及澳大利亚检验检疫局。[2] 前两个机构为澳大利亚和新西兰两国共同设立的食品质量安全监管机构。澳新食品监管部长理事会的工作职责是组织颁布食用农产品、食品质量安全及标准的法律法规和政策规定。澳大利亚新西兰食品管理局则是负责制定澳新两国共同认可并遵循的食品标准法典,并对澳大利亚国内的食品质量安全教育工作、食品质量安全召回工作,以及制定行业标准和食品质量安全风险评估等工作负责。澳大利亚检验检疫局是农渔林业部的直属部门,是政府设立的出入

---

① 林淑英:《澳大利亚食品安全监管初探》,《中国食品药品监管》2014 年第 4 期。

② 王志刚、李丹丹、刘涛:《澳洲食品安全管理机制及其对中国的启示》,《山西农经》2012 年第 2 期。

境检验检疫执法机关。① 其主要职能就是进出口的检验检疫、出证、食品质量安全检疫问题的国际联络。州政府的食品安全监管部门分别是卫生部、食品监管局、基础产业部门,职能包括研究制定食用农产品、食品质量安全治理的政策和法规,执行并监督相关主体对政策法规的遵守执行情况,还要对州地区的食品质量安全教育工作负责。

第二,专业科研机构。先进的科学技术是食用农产品质量安全治理的助推器,澳大利亚在全国建立的不同层次和类型的农业科研机构有 50 多个,这些机构由政府、企业、行业协会和大学等专业科研机构联合建立,形成了多单位、多部门联合协作的农业科研网络。这些科研机构的成果运用于食用农产品的生产、加工中,也用于完善食用农产品的检验检疫工作中。

第三,非政府组织。第三方组织对于食用农产品质量安全的治理,主要是通过澳大利亚的消费者协会。成立于 1959 年的澳大利亚消费者协会是一个完全独立的非政府组织。它在食用农产品质量安全治理中的作用主要是:对政府食品质量安全立法、执法工作的监督;发行报纸、杂志向消费者普及食品质量安全知识,公布政府食品质量安全监管工作情况;促进社会组织与官方组织在食用农产品质量安全治理工作中的合作治理。

(二)食品质量安全教育与食品质量安全标准化

1.食品质量安全教育。澳大利亚在食用农产品质量安全治理方面的建树,离不开多元主体的共同协作,而多元主体自主参与治理,则与澳大利亚"润物细无声"②的食品质量安全知识教育体系有着密不可分的联系。澳大利亚政府非常重视民众的食品质量安全教育问题,不仅仅是对政府监管人员或消费者的食品质量安全知识普及,还有专门针对食用农产品生产者、加工者的食品质量安全知识培训。现代农业发展迅速,食用农产品质量安全治理好,离不开政府对食用农产品生产者的安全知识培训。澳大利亚对于农户的教育培训分为高等农业教育、中等农业教育、农业职业培训三大类。还有许多是政府委托大学院校开设的形式更多、内容更广的农户培训班,所有农户在生产中都

---

① 朱雨薇:《澳大利亚乳制品质量安全监管体系及相关标准法规综述》,《食品工业科技》2013 年第 17 期。

② 贾海薇:《澳大利亚食品安全管理见闻》,《中国社会科学报》2013 年 1 月 16 日。

严格遵循自己所学的食品质量安全知识。数据显示,澳大利亚目前已有31%的农业从业人员是拥有大学文凭的科技型农民。① 同样,对于食用农产品的加工者,政府也开设了对口的食品质量安全教育,主要是普及食品质量安全标准和加工食品过程中的技术规范知识。对于加工、销售食用农产品的企业员工,政府每三年对其专业知识进行一次考察。对于消费者的食品质量安全知识普及,更多的是利用网络平台或是食用农产品展销会等契机。对食用农产品质量安全治理主体的教育和培训,引导各主体积极参与治理,促使食用农产品的生产农户、企业树立高度自治的治理理念,也让消费者可以从更专业的角度对食品质量安全问题进行监督,实在是一个一举多得的好措施,直接提升了食用农产品质量安全治理工作的效率。

2.食品质量安全标准化。这是澳大利亚确保食用农产品质量安全的保障措施之一。政府监管机构对于食用农产品、食品的生产、加工、销售等整个食品链过程都严格控制,力求达到标准化,从而保障生产加工的食品没有质量安全的隐患。在生产食用农产品、食品原材料的初级阶段,各个牧场、农场都有政府分派的专业技术指导人员在生产中严格控制化肥、用药、添加剂的使用,监督农户严守生产标准要求。在生产后,专设检验人员对成品进行抽查检验,若有没达到食品质量安全标准的,马上处理并追究农户责任。在食用农产品、食品加工阶段,加工企业需主动提供所用原材料的质量安全合格证明,政府工作人员对企业的产品加工全过程严格监督。在食用农产品、食品销售阶段,政府监管的重点主要是两方面:一是对商品运输过程的控制把关,严防运输过程中对食品的污染;二是对商品储存和销售环境卫生是否合格的检测。食品质量安全标准化理念贯穿食用农产品、食品的生产、加工、销售等全过程,政府严格控制监管,保障了澳大利亚食用农产品的质量安全。

第二节　国内食用农产品质量安全治理的概述与做法

中国是农业大国,随着国家政治经济的不断稳步向前,政府对于食用农产

---

① 聂善明、崔野韩、吴光红等:《澳大利亚农产品质量安全管理技术体系》,《中国渔业质量与标准》2012年第2期。

品质量安全的关注度日益提升，社会大众对此也表现出更高层次的要求。同时，食用农产品的品种越来越丰富，其生产加工技术也在不断更新变化，这些改变一方面推动了食用农产品行业的发展进步，另一方面也使得食用农产品质量安全的治理变得更加复杂和困难。近些年来，中国在食用农产品质量安全治理问题上做出了很多努力，也取得了一定的成果。但食用农产品质量安全事件还是时有发生，威胁着人民群众的身体健康。2008年震惊全国的三鹿"毒奶粉"事件、2010年"地沟油"事件、2011年"瘦肉精"事件、2013年"毒生姜"事件、2015年"糖精枣"事件，这些事件接二连三地发生，使得人民群众对食用农产品质量安全的信心不足，政府公信力不断下滑，消费者对于政府能否提供一个安全有保障的食用农产品环境存在很大质疑。就中国目前的情况而言，从政府到普通消费者都意识到保障好食用农产品质量安全问题的重要性，也逐步开始寻求更高效、更具有实践操作性的治理方法，举国上下一同努力，力求从根本上解决中国人民"吃"的安全问题。

一、国内食用农产品质量安全治理的概述

(一)食用农产品质量安全的治理主体及其职能

2004年，出台了《国务院关于进一步加强食品安全工作的决定》，该决定为中国如何在食品安全监管上实现分段、分品类监管做出了清晰、明确的指引。① 2008年《食品安全法(草案)》颁布，法案对中国食品安全机构的权利与职能做了详细的划分和阐述。② 2008年国务院机构改革，国家食品药品监督局改由卫生部管理，卫生部具有综合协查食品安全、组织查处食品安全重大事故的职责，中国食用农产品质量安全监管体系得到初步确立。政府仍是食用农产品质量安全治理中最核心的主导力量，而其他治理主体参与明显不足。最主要的政府治理机构有：中华人民共和国卫生部、中华人民共和国农业部、国家质量监督检验检疫总局、中华人民共和国国家工商行政管理总局。

中华人民共和国卫生部在所有治理主体中占主导地位，发挥综合协调作

---

① 国家食品药品监督管理局:《国务院关于进一步加强食品安全工作的决定》,《中国医药报》2004年9月14日。

② 《中华人民共和国食品安全法(草案)》,《人民日报》2008年4月21日。

用,其主要治理职能是:第一,负责与食品卫生质量安全相关的法律法规、安全标准等的制定;第二,构建符合中国食品卫生安全实际情况的信息化控制系统,通过此系统对地方层面的政府组织进行监督与指导;第三,在发生重大食品卫生安全事故时,及时向国务院报告事故情况。

中华人民共和国农业部的治理职能细分为四个板块,分别由其下属的四个部门负责:种植业管理司、渔业局、畜牧业司和兽医局。通过这四个下属部门的协同合作,农业部对农产品种植和畜牧养殖过程进行严格的管控和监督,其最为关键的一项职能是监督和检测植物农产品和动物农产品在种植、养殖和生产加工过程中的农药、兽药以及添加剂的使用。

国家质量监督检验检疫总局主要负责对食用农产品加工品的管控治理,其下属机构设为食品生产监管司和进口食品安全局。食品生产监管司主要是针对食用农产品生产加工这一过程进行治理,包括相关法律法规和质量安全卫生标准的制定;生产许可、市场等制度的实施;质量安全卫生的监管控制;风险防范与分析,以及发生质量卫生安全事件后的处理与调查;引导并配合地方层级的监管部门完成其监管工作。进口食品安全局主要的治理工作则是针对进出口的食用农产品。首先,进口食品安全局要负责进出口食用农产品质量安全检验检测制度条款的拟定;其次,要分析预估并防范进出口食用农产品质量安全卫生危机的发生;再次,负责对进出口食品重大卫生安全事故的查处和应对。

中华人民共和国国家工商行政管理总局主要是对食用农产品行业市场中的一些违法违纪交易、不正当竞争及其他对市场秩序及消费者合法权益有不利影响的行为进行监管查处。一般来说国家工商行政管理总局主要是协同其他治理机构共同完成治理。

(二)食用农产品质量安全治理的法律体系

法律法规、管理条例、部门规章是中国食品质量安全法律体系的三个板块。食用农产品质量安全法律法规的制定主要是围绕《中华人民共和国食品卫生法》和《中华人民共和国农产品质量安全法》这两部基本法。主要的法律法规包括《中华人民共和国农业法》《中华人民共和国动物防疫法》《中华人民共和国渔业法》等10余部。相关的管理条例和部门规章也非常多,主要有

《农业转基因生物安全管理条例》《散装食品卫生管理规范》《食用农产品包装和标识管理办法》《进口食品卫生质量管理办法》《餐饮业食品卫生管理办法》《绿色食品标志管理办法》等。

中国食用农产品质量安全治理的法律体系十分庞大,法规条例的数量仍在一直增加,所涵盖的治理范畴也在不断扩大。[①] 国家和政府对完善食用农产品质量安全法律体系越来越重视,同时也加强了对该领域违法违纪行为的惩治力度,希望通过对食用农产品法律体系的完善来保障最广大人民群众的生命健康权,通过法律的强制力从根本上推动中国食用农产品质量安全治理的发展完善,保护所有消费者的合法权益不受损害。

(三)食用农产品质量安全治理的主要举措

为治理好食用农产品质量安全问题,中国在不断探索和尝试各种治理方法、措施。现阶段实施的食用农产品质量安全治理举措主要有:质量安全的检验检测、风险管理和市场准入。在追溯制度和问题食品召回方面,中国也一直在努力,但效果并不理想,食品溯源只能在较为发达的省市实现,而食品召回也在实际操作中遇到了很多障碍。这些治理举措需要在实践中不断改进,才能越来越贴近中国的实际情况,才能真正为中国食用农产品质量安全治理所用。

1.质量安全检验检测是中国食用农产品质量安全问题上的一项传统治理举措。这项工作由多个政府部门共同协作完成,早在20世纪80年代便开始实施并沿用至今。质量安全检验检测的主要方式是对食用农产品及其加工品进行抽检,而抽检分为三种类型:第一种是定期监督抽检。这种抽检形式适用于对食用农产品质量安全的日常监管,政府部门以此来了解食用农产品生产、销售商家的质量安全卫生情况,并对他们进行监管督促。第二种是突击性监督抽检。此类型的抽检主要运用于一些特殊时段。例如,国家节假日等食用农产品的销售旺季;或是运用于某种特殊情况,例如,对已知存在问题的商家进行突击性抽检。第三种是专项监督抽查。这种抽查方式是三种抽查中针对

---

① 梅星星、喻春桂:《食用农产品质量安全现状、存在问题及政策建议》,《中国食物与营养》2014年第3期。

性最强、检测力度最大的,也是最能发现质量安全卫生问题、取得监管成效的抽检。它是专门针对某一种或某一类食用农产品展开的区域性的质量安全抽查。

2.质量安全风险管控的主要牵头机构是国家卫生和计划生育委员会。该项治理措施是对食用农产品从生产到加工、销售所有环节的监控,通过对各环节的信息、数据收集,并结合先进科学技术进行详细分析从而做出风险评估。当数据表现出异常时就要引起重点关注,发出风险预警。质量安全风险管控要达到的目标是:对未发生的风险进行预测,及时解决可能导致危机发生的问题;对已发生的风险进行监控管理,将风险损失降到最低;对已经结束的风险事件进行总结,做好风险信息反馈,为以后的风险管理提供实践经验。

3.市场准入是指为保障食用农产品质量安全,对生产者、加工者和销售商提出具有一定强制性的标准,只有达到规定标准才有资格生产、加工、销售食用农产品。中国的市场准入制度分为三个环节:首先是进入市场环节,也就是针对食用农产品生产和加工过程中的监管,现阶段中国进入市场环节的管制主要包括产地准出、农产品质量安全认证和市场验证检验检测。其次是市场交易环节,该环节是市场准入机制的关键,主要是通过标识信息制度和市场巡检制度来解决市场中信息不对称对消费者造成的负面影响。再次,就是退出市场环节,主要治理工作是依据相关法律法规,对前两个环节中检测出的没有达到市场准入标准的食用农产品及其生产者、销售者,采取相应的惩治措施。不合格的产品必须退出市场,中国现有的退出制度分为协议退出和强制退出。协议退出是生产、销售商在发现不合格产品后主动提出退出市场,政府支持并鼓励此种形式的退出。而强制退出则是在检测检验后发现不合格产品,由政府或相关部门对生产、销售商提出的强制性指令,此种退出形式往往会伴有一定的经济或行政惩罚。

二、国内食用农产品质量安全治理相关事件的做法

(一)海南省治理"毒豇豆"事件的主要做法

2010年1月25日至2月5日,湖北省武汉市农检中心对武汉市武商量贩水果店、白沙洲农副产品批发市场等处销售的农副产品进行抽检,来自海南省

陵水县英洲镇和三亚市崖城镇等地的 5 个豇豆样本在连续进行的 3 次抽检中,均检测出水胺硫磷农药残留超标。武汉市农业局立即依据相关食品法律条款销毁了不合格豇豆,同时依据湖北省农产品市场准入规定对海南产豇豆采取了市场监管措施。并于 2 月 6 日向海南省农业厅发出协查函,产于海南的豇豆在此后三个月被禁止销入武汉市场,三个月过后只有经检测合格的海南省产豇豆方可再次进入武汉市场。事件发生后,受到社会广泛的关注。同时针对海南部分地区产豇豆农药残留超标问题,农业部向全国下发紧急通知,要求所有省份地区提高在农产品生产方面的监管力度。事件曝光后几天内,陆续有深圳、杭州、合肥等地在检查中检测出海南产豇豆农药残留超标,事件影响进一步扩大。与此同时,海南省农业厅在接到武汉市农业局发出的协查函后,对此次事件高度重视。① 紧急部署并迅速采取有力措施对事件予以处理:首先,下发通知要求各县市区加强对农药和豇豆生产环节的监管;其次,加大对陵水县、三亚市等地农产品监测力度,紧急增加检查检测设备,严格把控豇豆等农产品产地源头关口;再次,选派人员组成督导组,奔赴豇豆主产区开展安全生产监督检查,切实保障农产品质量安全。

武汉市农业局和海南省农业厅两地在事件发生后积极采取措施,有效遏制了不合格豇豆进入相关市场,"毒豇豆"得到基本控制。后续调查中,海南省农业部门联合市县公安、工商、质量监督管理等部门对豇豆等农产品进行了拉网式排查,调查发现豇豆农药残留超标问题主要由四个方面的原因构成。第一,农产品质量监督、检查、检测体制机制薄弱。农产品质量监督检查设备、机构、人员配备不足,质量监督意识淡薄。第二,农户分散经营,监管难度大。海南豇豆生产多为散户经营,实施有效监督难度大、费用高,且缺乏市县统一农产品质量监管标准体系。第三,种植户药用知识匮乏,政策熟悉度低下。海南省 2004 年便禁止使用高毒农药,但在调查中种植户浑然不知。第四,农产品溯源系统尚未建立。目前尚未建立全省范围内的农产品用药、配送溯源系统。②

---

① 钟良:《涉"毒"豇豆重创海南?》,《21 世纪经济报道》2010 年 2 月 24 日。
② 郑玮娜:《海南"毒"豇豆是如何"种"出来的》,《新华每日电讯》2010 年 2 月 28 日。

海南省农业厅通过"毒豇豆"事件发生之初采取紧急措施,随后联合多部门进行拉网式的后续排查,省内所有的豇豆收购点都被列入检测范围,严查严控,杜绝一切农药检测不合格豇豆销售出岛,并在全岛开展整治农药专项治理行动,大力宣传、培训农产品生产加工技术,有效遏制住了"毒豇豆"事件的进一步恶化升级,并查明"毒豇豆"事件发生的起因。

(二)黑龙江省治理"五常大米"事件的主要做法

2010年7月12日,央视《消费主张》栏目曝光一则消息,消息称享有"中国地理标志保护产品""农产品地理标志证明商标"和"中国名牌产品"三项桂冠的黑龙江五常大米存在使用香精掺假销售现象。新闻曝光了西安一家大米生产加工企业使用五常外其他产地大米加入一定量的香精冒充五常大米制假销售的消息。因五常大米享誉全国,"冒牌五常大米"的新闻曝光后,随机引起社会大众和舆论媒体的广泛关注。2010年6月下旬,记者来到黑龙江省五常市进行调查,发现五常本地生产加工的大米同样存在用其他品种大米同五常大米"调和"出售的现象。在五常市杜家镇,记者找到当地一家规模较大的大米生产加工企业:五常市金福粮油有限公司。在该厂的生产车间中记者发现,机器出米口处的墙上写着:小绿长香王(稻花香:3;639:4;假:3),记者经询问得知,这是该厂产五常长香王大米的混合比例,即真正的稻花香比例为30%,639号为40%,假则表示普通的长粒大米为30%。也就是说五常长香王并不是真正的五常大米,而是不同种大米按需配比制成。由于不同种大米按比例混合制成后,五常稻花香所特有的香味就会丧失,而解决办法就是添加香精,添加香精后的"调和米"就这样摇身一变成了"五常大米"。[①]"假冒五常大米"曝光后,随即成了舆论热议的焦点,生产商和政府监管部门面临着前所未有的信任危机,五常大米的品牌信誉、销售情况受到巨大负面影响。

事件发生后,五常市政府、全国各地工商部门、全国各大超市采取紧急措施对事件予以处理,同时大米行业协会发声引导舆论方向,有效打击制止了制售"假冒五常大米"的行为,维护了五常大米的品牌声誉。五常市委、市政府对此高度重视,召开紧急会议分析、讨论"假冒五常大米"事件,并成立了由工

---

① 王彦:《监控不力还是商标侵权?》,《黑龙江日报》2010年7月16日。

商、质监等五部门组成的联合调查组对事件展开调查,迅速对全市稻米生产加工企业展开清查行动并实行产地登记制度。200多家米业加工企业被责令停业整顿,已曝光的6家米厂被摘牌。同时工商部门责令这6家涉事企业的3个直销店限期整改,封存了4332个不同包装袋,并勒令商品封存,机器停产。① 此外,五常市成立大米检测办公室,对五常市大米实施常年监控,严把原料关、生产流通关、出口关三道关卡,保障稻米都是原产地产出的优质米,严控生产流通环节行为规范,及时有效检验监测,确保售外大米逐一通过监测。随后,全国各地工商行政管理部门针对经销商出售的五常大米进行了突击检查,对问题大米收缴并销毁。"假冒五常大米"事件发生后,全国各地经销商第一时间对所销售的五常大米进行了自检自查,并要求供货商提供最新质检报告、地理保护标志等证明文件。确保所销售大米正规合法后才继续销售,对于不符合规定的问题大米予以封存,要求供应商承担相应责任,保障大米市场有序、稳定。至此,社会及舆论逐渐转向,该事件的社会讨论热度趋于缓和。

(三)河南省治理"双汇瘦肉精"事件的主要做法

2011年中央电视台《每日质量报告》"3·15"特别节目播出了《"健美猪"真相》。节目报道中称,在河南省孟州等地有养殖户采用违禁药物"瘦肉精"养殖有毒生猪,这些有毒生猪流入到了河南省双汇集团旗下的济源双汇公司,而该公司所宣称的其产品须经的"十八道检验"工序中,却不包含对"瘦肉精"的检测。② 节目播出后,再次引起社会各界对于农产品质量安全的信任危机。3月15日,双汇集团立即责令其下属的济源双汇公司停止生产,对已完工的成品及未完工的半成品都立即就地封存,对未屠宰的生猪进行"瘦肉精"检测。事件发生的第二天,双汇集团公开道歉,承认其产品生产中使用"瘦肉精"猪肉,同时表示将采取一切措施,给消费者一个满意的答复。3月17日,双汇集团对外称济源双汇公司涉事高管已被免职,同时已经收回涉及"瘦肉精"的产品。在积极配合有关部门进行事件调查取证的同时,自3月16日起集团内部采取多项措施应对"瘦肉精"事件。首先,双汇集团在事件发生后,

---

① 贾红路:《我省集中三个月严打假冒五常大米》,《黑龙江日报》2015年11月7日。
② 江德斌:《集体作恶的"健美猪"》,《嘉兴日报》2011年3月16日。

紧急下拨资金购买一批"瘦肉精"检测设备,同时新增检验检测专业技术人员,将原有的生猪屠宰"抽检"改为现在的"在线逐头检测"。其次,严把质量关,引进长期食品安全战略合作第三方权威检测机构——中国检验认证集团。再次,重申、强化源头控制索赔制度。严格供应商把关,决不让一头"问题猪"和"问题原料"流入双汇任何一家工厂。最后,将每年的 3 月 15 日设立为"双汇企业安全日",成立"双汇集团食品安全监督委员会",建立企业食品安全奖励基金,长鸣食品安全警钟。①

双汇"瘦肉精"事件曝光后,国家为此成立了专门的事件调查小组,赶到河南进行实地调研。3 月 20 日,国务院食品安全委员会又会同多个部委成立联合调查组进驻河南,旨在彻底查清"瘦肉精"事件。当地政府也高度重视,河南省公安厅迅速做出反应,查封了新闻曝光的问题生猪养殖场,控制了事件相关的所有负责人员,并对事件立案,在全省范围内开展了多次拉网式的"瘦肉精"问题猪检查工作。与此同时,销售有关产品的超市和经销商也积极采取相关措施应对此次事件。多家超市在事件发生后,对自家的相关产品进行自查,并对问题商品采取下架等措施;同时经销商表示正在积极同双汇厂家和检验部门进行沟通,确保所销售产品的安全性。②

在双汇集团、国务院及有关部委、河南省有关部门、经销商等多方配合下,"瘦肉精"案件逐步查清并浮出水面。河南省全省排查出涉事养殖场近 6 万个以及 7 万多户养殖散户,整个事件的相关责任人多达 68 名,涉及的政府公职人员 77 人,在事件处理后,所有责任人都得到了应有的处罚甚至判刑,问题生猪生产设备被依法销毁。

(四)山东省"药袋苹果"事件和"毒生姜"事件治理的主要做法

1."药袋苹果"事件治理的主要做法

2012 年 6 月 11 日,知名媒体《新京报》发表题为《烟台部分红富士套袋长大》一文,文章报道在山东烟台红富士苹果主产区栖霞、招远一带,存在果农

---

① 陈晓伟:《近看双汇 食品安全焦点下如何生产"放心肉"》,《中国质量万里行》2014 年第 1 期。

② 博阳:《双汇"瘦肉精"事件的启示:珍惜来之不易的品牌》,《中国航天报》2011 年 4 月 8 日。

使用无任何标志的药袋包裹苹果从生长直至成熟,药袋所含的白色粉末药物直接与苹果接触。报道发出后,被多家知名媒体和权威门户网站转载,消息迅速传播。因报道中称药袋中含有的白色粉末为国家禁止使用农药退菌特和福美胂,严重损害了食品质量安全,引起社会广泛关注和激烈讨论。一时间,"药袋苹果"成了舆论热议的焦点,多数民众认为食用"药袋苹果"会严重影响身体健康,危害生命安全,并表示不会购买来自山东的苹果。该事件使烟台市特别是上述两地苹果销量受到打击。

事件爆发后,农业部、山东省农业厅随即派出联合调查组就"药袋苹果"事件进入烟台市进行调查。6 月 12 日,为控制住"药袋苹果"事件的发展势态,烟台市政府召开了新闻发布会。发布会回应称,"药袋苹果"的确个别存在,但烟台市所产苹果质量在总体上是值得信任的。烟台市政府表示,目前正全力组织联合执法力量,对果袋和果袋生产企业进行拉网式检查,并严肃处理违法违规厂家、经销商和个人,同时对库存苹果进行全面抽样检查以确保安全出库。次日,全国多家媒体对烟台市新闻发布会官方回应进行了报道,其中《21 世纪经济报道》对事件进行了独立调查,新华网记者就此次事件采访权威专家束怀瑞,均得出相同结论——"药袋苹果"只是个别现象。①

经农业部、山东省农业厅、多家新闻媒体调查,实地走访,加上舆论热议,逐渐显露出《新京报》于 6 月 11 日发布《烟台部分红富士套袋长大》报道失实,同真实状况严重不符。与此同时,新闻媒体、网民等多方主体通过实际调查为烟台市苹果正名。其中主要有:

经跟踪调查,央视《真相调查》栏目于 7 月 7 日晚为烟台苹果正名。栏目报道,"药袋苹果"事件中套袋之所以被关注,是因部分药袋中存放了退菌特和福美胂两种农药。央视记者调查中通过农业部中国农药信息网查询得知,退菌特和福美胂两种农药并非此前报道宣称的禁止使用农药,而是可以在果树上喷洒使用的,只是需要分别稀释500—800 倍和700 倍才可使用。同时还有部分籍贯为山东烟台的知名记者、作家、知识分子、网络评论员等,纷纷在博客、微博等自媒体平台上为烟台苹果的品牌进行辩护。如衣向东、刘原等在表

---

① 李攻:《烟台将拉网彻查苹果套药袋》,《第一财经日报》2012 年 6 月 13 日。

述自我观点的同时,充分发挥了自身显著的影响力,有效地引导了网民意见,使网民的倾向性逐渐向有利于烟台苹果的方向发展。①

通过农业部、山东省农业厅全面排查,检测了栖霞市 210 多家果袋生产、销售企业,对存在问题的药物果袋进行统一的查处、没收,并集中销毁。经过多方调查取证及媒体公众的努力,自 6 月 14 日起主流媒体及微博网友对"药袋苹果"事件的报道量和关注度开始下降,至 6 月 17 日,舆情热度趋于平稳。至此,"药袋苹果"事件宣告结束。

2. "毒生姜"事件治理的主要做法

2013 年 5 月 4 日,据央视《焦点访谈》节目报道,央视记者不久前在山东省潍坊市采访时发现,当地农药经销商和农户将国家禁止用于蔬菜瓜果的剧毒农药"神农丹"用于种植生姜。报道一出,社会一片哗然,民众谈"姜"色变。央视《焦点访谈》栏目调查指出,山东省潍坊市峡山区王家庄街道下辖的 10 多个村庄,农户们在种植生姜时,为达到防止病虫侵害、保障产量的同时,还能降低种植成本,在十分了解药性的情况下依旧违法使用国家明令禁止的剧毒农药"神农丹"。"神农丹"主要成分是一种名叫涕灭威的剧毒农药,50 毫克可致一个 50 公斤的成年人死亡,且涕灭威一旦使用能够完全被植物吸收,严重威胁民众健康,因而涕灭威不能直接用于蔬菜瓜果。5 月 4 日经央视报道潍坊峡山区农户使用剧毒农药"神农丹"种植生姜后,山东省委、省政府连夜派出工作组赴潍坊市进行现场监督查处。5 月 5 日起,山东省潍坊市委、市政府责成峡山区会同潍坊市农业局、市公安局、市食品安全办公室、市环保局等多个部门立即联合对潍坊全市"神农丹"剧毒农药的销售和使用情况进行调查,对违法违规销售使用的"神农丹"予以集中收缴。同时,在进一步调查中发现,剧毒农药"神农丹"之所以流入市场,是因为农药监管体系薄弱,监管制度存在漏洞,菜农、农药经销商道德责任缺失。调查显示,峡山区部分菜农为防止病虫害、增加生姜产量,出于降低成本增加利润的利益诱惑,而选择购买和使用价格相对更低、见效较快的剧毒农药"神农丹"。对于当地农药经销商而言,由于菜农对利益的追逐而催生对"神农丹"农药的巨大需求,农药经销

---

① 史丽:《"药袋苹果"引发农药安全焦虑》,《经济参考报》2012 年 6 月 13 日。

商受利益驱使,同样会大量进购并销售"神农丹"以满足菜农用药需求和自身利益追求。农药经销商能够违规销售以及菜农能够违规购买并使用剧毒农药"神农丹"而不被生产、农药监管部门发现,暴露出了生产和监督体系的漏洞。与此同时,潍坊当地对于农药残留采取的是抽查制度,一季度抽查一次,且抽查的样本由菜农或经销商自行选择样本送检,因而抽查时只需准备一份合格的样品送检,即可获得农药残留检测合格证明,抽查和自行送检的监管方式使得监管制度形同虚设,毫无用处。①

基于以上情况和为防止事件进一步恶化,潍坊市决定,对查获的使用"神农丹"剧毒农药种植的生姜统一清除、销毁。对各类农药经营业户展开拉网式检查,对于违规违法销售剧毒农药的经营业户依照相关法律法规予以惩处。组织人员力量到峡山区生姜种植区域,进行每家每户的生姜检验检测。对于发现使用剧毒农药的生姜种植地要求农户进行翻耕、种植其他作物,相关部门同时启动对土壤的降解、排毒工作。为彻底清除剧毒生姜,潍坊市成立了由各级农业部门牵头组成的工作小组,组织专业技术力量,帮助农民使用科学技术方法解决农产品生产过程中的病虫害问题。同时,山东省潍坊市要求辖区内各县市区依据本地农产品质量安全实际情况,立即组织力量展开排查,全力封堵监督管理过程中的漏洞,提升监管水平。

经山东省各有关部门、媒休和公众的共同努力,"毒生姜"事件得到控制,收缴违法违规剧毒农药"神农丹"38箱,对使用"神农丹"种植的126亩姜田和生姜全部进行翻耕清除和销毁,并改种其他允许使用农药的作物,同时以政府公告的形式重新公布禁止使用的农药目录,公开举报电话,鼓励民众有奖举报。②

(五)江西省"毒皮蛋"事件治理的主要做法

2013年6月14日中央电视台《朝闻天下》《新闻30分》等栏目曝光江西省南昌县部分企业为缩短皮蛋制作周期、降低生产成本而违规使用工业用硫酸铜腌制食用皮蛋。事件源于江西省一位皮蛋行业业内人士向记者举报,南

---

① 《管不住的"神农丹"》,《中国食品安全报》2013年5月7日。
② 何勇海:《"神农丹"暴露监管失灵》,《人民法院报》2013年5月8日。

昌县某些皮蛋加工企业违规使用工业用硫酸铜制作皮蛋。接到消息后,记者第一时间赶赴现场实地调查求证。在南昌县向塘镇的强盛禽蛋加工厂中,记者看到在生产区内摆放有大量白色塑料桶,生产工人正将鲜鸭蛋放入桶内腌制。记者仔细观察发现桶内腌制皮蛋所用的料水呈黑色,且气味腥臭刺鼻。同时,按照传统方式腌制皮蛋需要 60 多天才可出售,而该厂工人向记者透露,他们腌制的皮蛋一个月便可起缸出售。在进一步调查中,记者发现多数加工企业均有使用硫酸铜作为加工协助剂来生产皮蛋,但并不清楚其所用硫酸铜是可食用的还是工业用料。随后,记者在部分工厂中发现硫酸铜用编织袋,编织袋上并未注明是食用还是工业用硫酸铜,而只有生产厂家名称。记者随后致电编织袋上生产厂家,厂家表示其生产的硫酸铜均为工业用硫酸铜。且记者从国家质检总局获悉,截至事件发生,该局尚未办理任何使用硫酸铜的生产许可。江西省南昌县每年加工生产禽蛋达到 30 万吨,产量最多时占到全国市场15%的份额,且曝光事件中企业所使用的硫酸铜含有铅、砷、铬等剧毒成分,重金属含量高,产品制作周期越短所需的硫酸铜含量越高,食用后可对人体产生巨大伤害。因此,事件曝光后引起全国各地广泛关注,并再次引起对农产品质量安全问题的激烈讨论。①

事件曝光后,江西省南昌县政府高度重视,并采取一系列措施调查补救。6 月 14 日即事件曝光当天,记者从中共南昌县委获悉,该县已采取紧急措施要求辖区内 30 家拥有生产许可证的皮蛋加工企业紧急停产待查,其他无证生产加工企业也在紧急排查中。6 月 15 日深夜,江西省宣传部门通报有关"毒皮蛋"事件的最新情况。至 6 月 19 日,江西省警方共抓获"毒皮蛋"事件涉案人员 3 名,查封涉事企业 4 家,并配合江西省"打击食品犯罪保卫餐桌安全"专项行动,对涉案人员和涉案企业依法进行严惩查办,保障农产品质量安全。至此,"毒皮蛋"事件基本结束。②

(六)湖南省"病死猪"事件治理的主要做法

湖南邵阳"病死猪"事件又称邵阳"10·24"特大制售病死猪案。2013 年

---

① 赵婧:《须重典治理"毒皮蛋"》,《经济参考报》2013 年 6 月 21 日。

② 赵广泉:《毒皮蛋事件会不会问责?》,《健康时报》2013 年 6 月 24 日。

7月22日湖南省邵阳市公安局接到市食品药品监督管理局转来的群众匿名举报信,举报信中称:居住在邵阳市冷库后面一名叫黄某的男子长期从事病猪死猪的收购与加工。邵阳市公安局接到举报后,迅速采取行动展开调查。调查中得知,举报信中名叫黄某的男子早已不再从事猪肉收购加工,且该名男子已不知去向。因线索中断,邵阳警方便从与其接触亲密的人开始调查,在进一步调查过程中邵阳警方发现与黄某关系紧密的新邵籍男子危某行踪不定,且目前仍从事生猪收购和买卖,存在收购和加工病死猪(肉)的重大嫌疑。邵阳警方以此为线索,跟进调查,并于2013年10月成立专案组立案侦查。案件历经长达一年的调查取证,专案组人员由5人增加到60多人,侦查对象由1人扩大到100多人,一张巨大的犯罪网浮出水面。保险公司、动物检验检疫部门、肉食品制作与加工企业和多家旅游食品生产销售公司等牵涉其中。经查证,此次特大病死猪肉制售案具有一个完整的运作链条:首先,犯罪嫌疑人危某从保险公司保险员处获取病死猪信息。我国为落实《动物及其产品无害化处理制度》鼓励对病死猪无公害化处理,每头猪专项补贴80—800元不等,但地方专项资金经常被半途截留,未能足额发放给养殖户,导致养殖户处理病死猪积极性低下。危某以每公斤不足2元的价格从养殖户手中购买病死猪。随后,危某将从养殖场和农户处收购的病死猪以每公斤4元的价格销售给屠宰加工行业的危某。在对病死猪肉进行屠宰加工后,一部分以每公斤8元的价格销售给腊肉和卤制品加工者刘某(少部分),其制造的产品使得病死猪肉在此链条中最先流入市场;另一部分则以每公斤11元的价格销售给华兴肉类加工厂老板肖某(大部分)。肖某本身不加工病死猪肉,而是转卖从危某处购买的病死猪肉,赚取差价。销售肉类需要检疫合格证明,邵阳市畜牧水产蔬菜局刘某负责对双清区肉联厂销售的肉类进行检疫检验,刘某时常擅自离岗,将《动物检疫合格证明》交由他人甚至是肉贩自行填写。即便在岗,也只是通过肉眼观察,这使得肖某可轻易获得检疫合格证明而销售病死猪肉。获得检疫合格证明后,肖某将购买来的病死猪肉分别销售给张家界吃香食品有限公司、张家界郝胖子食品有限公司、张家界茅岩河绿色食品有限公司。最后,此三家公司将从肖某处购买的病死猪肉加工制作成"湖南特产"销往市场,并由来张家界旅游的游客带往全国各地。原本该处理的病死猪肉被制作成腊肉、火腿、熟食、饺子馅,提炼加工成食用油等。案件调查结束后,警方查证涉案病死猪肉总计万余吨,涉案金额过亿元,批准逮捕58人,并将案件移送法院起诉。①

(七)河北省"甲醛白菜"事件治理的主要做法

2015年6月9日,河北省电视台的一则新闻报道,曝光了河北省定州市北平谷蔬菜批发市场志义菜站违法使用甲醛喷洒白菜以达到保鲜防腐目的的情况。"甲醛白菜"事件随即引发社会民众对农产品质量安全问题和质量监管问题的关注和讨论。2015年6月初,河北电视台记者接到一名蔬菜经销商马先生来电举报称,位于河北省定州市的北平谷蔬菜批发市场志义菜站,违法使用国家禁止用于蔬菜生产和加工助剂的甲醛,来避免菜站所批发销售的白菜在长途运输过程中出现腐烂、变质情况和保持白菜品相。记者当即与举报人一同驱车前往定州市北平谷蔬菜批发市场调查事情真相。到达北平谷蔬菜批发市场后,经一番暗访调查,发现工人在装车时总是将白菜根往一个盛有液体的盆里蘸一下再装车,一颗一颗蘸。整体装车完成后还要用小喷雾器往白菜上喷洒液体。为求证白菜装车工人所蘸和喷洒的是否是马先生爆料的甲醛,记者询问了装车工人。装车工人明确表示其所使用的是甲醛即平常所称福尔马林。经记者调查确认后,2015年6月9日河北电视台对"甲醛白菜"事件予以报道,并在报道中对有关部门责任职责的履行提出了质疑。②

媒体曝光"甲醛白菜"事件后,引起定州市食品药品监管部门的高度重视,并迅速采取措施处理事件。首先,市食品药品监管部门组织执法人员赶赴北平谷蔬菜批发市场,对拉菜车辆、蔬菜购销站、市场冷库等进行逐一排查。其次,联合8个分局执法人员对全市有蔬菜批发市场的乡镇进行逐一检查,共检查市场、超市50多家。再次,对新闻中曝光的菜站当事人进行询问和立案侦查。最后,召集蔬菜批发市场经营户,宣讲甲醛危害及食品质量安全等相关法律法规知识。在进一步调查"甲醛白菜"事件的同时,为防止事件影响扩大和保障后续蔬菜生产批发的质量安全,定州市食品药品监管部门于6月11日出台《关于开展严厉打击在蔬菜瓜果上非法添加和滥用食品添加剂专项整治

---

① 肖湘雄、王思琦:《农产品质量安全事件的形成与治理——以邵阳"10·24"特大制售病死猪肉案为例》,《郑州轻工业学院学报(社会科学版)》2017年第3期。

② 吕冰心:《甲醛白菜可致白血病?》,《北京科技报》2015年6月22日。

方案》,各相关分局和科室按专项整治方案在全市展开行动。6 月 12 日,分局在排查中共发现经营瓜果蔬菜的超市中 9 户无证、12 户证件超期,15 户滥用绿色食品标识。6 月 13 日,食药监管部门出动 50 人次,向全市经营白菜代购代销的菜站、各蔬菜批发商户发放《关于严禁使用甲醛等有害有毒物质作为食品添加剂、助剂、保鲜剂的通知》,并在全市大型蔬菜批发市场悬挂有关蔬菜安全的条幅,放置普及甲醛危害的宣传展板。此外,为严防蔬菜批发市场白菜非法使用甲醛,确保公众饮食用菜安全,河北省食品安全委员会办公室印发了《关于全面清查白菜非法使用甲醛情况的紧急通知》,要求全省各地监管部门围绕蔬菜批发市场、农产品销售市场、商场超市等食品经营户,开展"甲醛白菜"清查整治行动,严厉查处和打击销售含甲醛白菜等违法行为。同时加大抽样检测力度,确保问题产品早发现、早处置。经河北省定州市食品药品监管部门调查和河北省食品药品监管局核查,北平谷蔬菜批发市场志义菜站负责人吴某承认报道内容属实。定州市公安机关已将犯罪嫌疑人吴某刑事拘留,同时国家食品药品监管总局责成河北省食品药品监管局对批发市场开办者进行调查,追究其管理责任。

第三节　国内外食用农产品质量安全治理的比较研究

一、国内外食用农产品质量安全治理的相似性分析

(一)以保障群众的生命健康为治理目标

通过前文对国内外食用农产品质量安全治理情况及做法的分析,毋庸置疑的是,在对如何治理好食用农产品质量安全问题的探讨中,国内外的根本目标都是保障本国人民群众的生命健康。只有食用农产品质量安全得到保证,人民群众的生活才有保障,社会治安才能稳定,国家经济才能健康发展。通过对食用农产品质量安全的治理,构建出一个政府、非政府组织、食用农产品生产者、加工商、经销商、消费者、新闻媒体、社会群众等相互协作、共同监管的治理网络。所有与食用农产品相关的对象都成为质量安全治理的主体,各主体在追求自身的目标、利益的同时,还要朝着共同的目标努力,即保障食用农产品的质量安全。在多元的治理主体间必须构建良好的协调机制,每个主体手

中所掌控的资源都是不同的,他们自身所追求的利益也各有差异。只有从共同追求的目标出发,各主体之间相互协作、共同努力,各展所长,在解决食用农产品质量安全的问题上充分整合资源,最终达到共同利益最大化,才能实现个体和整体的利益双赢。不论是在国内还是国外,政府、非政府组织、生产者、加工销售的企业、媒体、消费者,他们既是食用农产品质量安全治理的多元主体,最终也是治理成果的受益者,做好治理工作实际上也是实现他们自身利益的需要。因此,实现食用农产品质量安全,保障人民群众生命健康,维持国家长治久安的这一根本目标,是国内外食用农产品质量安全治理的共同追求。

(二)政府整合资源联合执法

美国政府在食用农产品质量安全治理中构建了联邦、州、地方三级分层的治理网络框架,保证了从国家到地方的分级监管。加拿大政府对食用农产品质量安全实行"统一管理、分级负责",联邦一级食品质量安全治理由加拿大食品检验局负责,联邦以下则是省政府、市政府层级的治理。与之相似的还有澳大利亚,其政府治理层级划分为联邦政府和各地政府两个层面。各级政府互相联动、资源整合,从宏观到微观,从国家到地方,对国家食用农产品质量安全问题做到全面监控,面面俱到。

在国内,食用农产品质量安全治理中多级政府联合执法治理体系相互间的合作配合,主要以"上下两级"配合的形式相互连接,共同治理。主要体现形式有以下三种。

1. 农业部与各省农业厅相互配合共同治理,这也是最高一级的联合执法治理体系表现形式。从海南省"毒豇豆"事件的治理中可以明显看出,农业部与省级农业厅及有关部门之间的相互配合及联合执法可视为农产品质量安全事件治理的一级治理,两者联合组成调查小组对事件进行调查,并指导下级农业部门及工商、质检等有关部门配合调查,提供的是宏观层面的治理举措。

2. 各省农业厅与市县以及农业部门及相关部门之间的共同治理,可归属于农产品质量安全事件治理的第二级治理。省级农业厅一要同农业部组成的一级治理体系对下级治理给予宏观层面指导;二要与市县级农业部门及有关部门组成二级治理体系。两者共同制定措施应对辖区内农产品质量安全事件,并制定适合于乡镇、社区的治理措施。

3. 市县级农业及有关部门和乡镇、社区共同组成第三级治理体系。市县级农业部门不仅要会同省级部门制定有关农产品质量安全事件应对措施，还须对乡镇、社区落实治理措施方面予以监督，同时还须同乡镇、社区制定下辖区域农产品质量安全事件处理的具体细则与办法，以保证上级部门措施落到实处。

（三）治理主体积极承担社会责任

政府、社会组织、民众、媒体以及食用农产品生产、加工、销售企业，都是食用农产品质量安全治理的多元主体。从前面可得出，无论是在国外还是国内，各治理主体都能做到直面食用农产品质量安全事件，积极承担自身的社会责任。政府是最为传统的治理者，在众多治理主体中统筹全局，一旦发生食用农产品质量安全事件，政府有关部门一般都会采取积极措施予以应对和处理，全力保障人民群众生命财产安全，严厉打击违法违规制造、销售有毒有害问题食用农产品的行为。此外，食用农产品生产销售企业也大都能承担起自身的社会责任。在德国，食用农产品生产企业都有自己的"谨慎义务"，必须确保自身产出、售出的产品不会对消费者产生任何负面影响。而一旦出现失误并且导致食用农产品质量安全事故的发生，企业一般会承担起自己的责任，积极配合政府对事件的处理，将问题的社会危害降低到最低水平。在我国，大部分企业也逐渐调整自身的角色定位，开始承担起自身在食用农产品质量安全治理中的社会责任。例如，"双汇瘦肉精"事件中，双汇公司在事发后紧急展开调查并及时召开新闻发布会主动向社会公开道歉，免去涉事公司高管并召回涉事产品进行封存或销毁，主动承担社会责任。事件处理方面，双汇集团在事发后，采取多项措施对事件予以处理。首先，源头把控方面，摒弃以往生猪检测抽查制，而采取检验检测更加精确精细致的在线生猪检验检测制度。其次，双汇集团在国内首创引入第三方权威检测机构，与其签订长期食品安全战略合作协议，保障食品质量安全。再次，重申源头索赔制度，设立双汇企业安全日，使企业食品质量安全警钟长鸣。由此可以看出，国内外在农产品质量安全共同治理中的共同点：治理主体积极应对，主动承担社会责任，维护企业声誉和人民生命健康。除了政府和食用农产品企业外，社会组织、人民大众也开始转变思想，逐步参与治理，承担社会责任，为发展完善食用农产品质量安全治理贡献出了自己的力量。

（四）严厉打击食用农产品质量安全治理中的违法者

不论是国外还是国内,食用农产品质量安全治理中的违法违规者,都将面临惩罚甚至是法律处理。例如,日本在进口食品管制中,对于不合格的食用农产品采取强制手段,拒绝过关并直接销毁。那些有多次检验结果不合格的商家,则会被列入进口企业黑名单,日本将不再接受这些商家的任何产品。这种强硬的惩处方式既是对这些违法违规商家的严厉打击,也是为其他商家敲响了安全的警钟。新加坡在此方面也十分严苛,其国家环境局专门负责对餐饮食铺、超市、农贸市场进行日常管制,对违法、违规的商家及个人,依法处置,严惩不贷。在国内,通过对国内各省食用农产品质量安全治理的典型案例分析,不难发现在对事件进行处理时,各个案件处理主体或有关部门均严格依法将犯罪嫌疑人或单位移交司法机关进行处理,严格按照法律程序对相应责任人进行了惩处查办。依法严惩违法犯罪人员和企业单位,展现出法律的公正威严,保障人民群众生命财产安全。在农产品质量安全事件典型案例的处理中,不论是"毒豇豆""甲醛白菜"事件,还是"双汇瘦肉精"事件,对事件调查过程中发现明显违反法律规定的个人及单位,严格依据我国相关法律规定及其犯罪事实给予相应程度的惩罚。调查及审查过程严格依照国家法律进行,均表现出对国家法律威严的维护。

二、国内外食用农产品质量安全治理的差异性分析

（一）政府在食用农产品质量安全治理中地位的差异

从治理理论角度来说,多元治理主体间的相互协作是建立在地位平等的基础上的,也就是说在食用农产品质量安全治理中,所有的治理主体都应该是同一层级的、相互平等的个体。在国外,在政府的协调下,企业、社会组织、公共媒体、人民群众积极有序地参与到食用农产品质量安全的治理中。政府是食用农产品质量安全治理中的一个主体,但不一定是处于治理的主导地位,政府的职责主要还是对整个治理过程的引导和规范。例如,德国、加拿大、日本等国家,在食用农产品质量安全治理问题上,政府十分重视各类社会力量广泛参与,引导社会组织、民众参与食用农产品的立法工作,对于企业、媒体、公众

反应的质量安全问题做出迅速反应。这些行为是对多元社会主体治理地位的认可和对他们治理工作的鼓励,十分有利于食用农产品质量安全治理的多元主体治理体系的构建。但在国内,食用农产品质量安全多元主体治理的局面还未能完全形成,政府在治理中的绝对主导地位仍然无法动摇。这将直接导致其他治理主体难以发挥其职能,平等的治理关系变成上下级的层级监管模式,社会主体在行使自身治理职能时,难免会受到政府治理的牵制,也就没有创新,难以在治理的发展完善中有新突破,自然无法实现食用农产品质量安全的多中心、宽领域治理。

（二）社会力量参与治理程度的差异

在国外许多国家,社会各界力量参与食用农产品质量安全治理已经是一种非常普遍的社会现象。德国有德意志联邦基金会下设的食品安全委员会、萨克森州汉诺威农业协会等食用农产品相关的行业协会和第三方组织,这些组织一直以来对德国的政府、食品企业、超市、市场等进行着严密的监督,充分参与到国家食用农产品质量安全的治理中。新加坡的消费者就是国家最基层的安全监管员,经常参与政府的各类食用农产品质量安全宣讲活动,公共媒体也积极行使自身的监督权,主动追击、曝光那些违法、违规生产销售问题食用农产品的企业。澳大利亚早在1959年就成立了消费者协会,这个完全独立的非政府组织有着对政府食品质量安全立法、执法工作的监督,发行报纸、杂志向消费者普及食品质量安全知识,公布政府食品质量安全监管工作情况等治理职能。在中国虽然也有部分社会团体和个人参与农产品质量安全协同治理,但与国外相比,参与程度还比较低,参与面比较窄,主要还是以被动参与的形式为主。其主要原因在于,中国在治理信息透明度方面还有待进一步加强,消费者自身的维权意识以及社会主人翁意识还比较薄弱,政府对消费者权益及监督权的保护还做得不够。媒体在食用农产品质量安全治理中的表现差强人意。从国内各省的案例中可以看出,不少食用农产品质量安全事件的发现还是依靠我国的公共媒体,在群众监督环节中,从群众或者行业协会工作者的举报和爆料而获得新闻线索,从而展开调查深入发现及了解事件,在经过实际调查确认后,通过新闻、报纸、热点节目等方式向社会公众披露,在社会中形成舆论压力,促使政府有关部门采取措施进行事件处理,保障食用农产品质量安全和人民群众健康。

（三）食用农产品质量安全法制建设的差异

从国外各国的治理情况来看,发达国家针对食用农产品治理问题的立法相对健全,不少国家都根据不同的农产品、食品种类制定了专门的监管法律,例如,美国的《联邦肉类检查法》《蛋品质量检查法》;加拿大的《食品和药品法》《种子法》等。国内虽然也出台了许多食用农产品质量安全规制的法律,但大多比较宏观,内容多是比较原则性的规定,缺乏具体的细节。例如,《中华人民共和国农业法》《中华人民共和国农产品质量安全法》,这些法律还不够细致,也不够全面。另外,国外的食品质量安全法律会随着农业的不断发展、科学技术的不断提高而进行及时的修改,让法律能够更好地与实际情况相匹配,各治理主体也能够依据法律法规的指导,做好自身的工作。国内农产品质量安全相关法律法规亟待完善,主要要做好两方面的工作:一是要进一步细化和规范各类农产品、食品法律法规,尽量做到以法律的强制性使食用农产品从生产到食用的整个过程实现规范化;二是要及时地更新、修改已有的法律法规,时代日新月异,从前制定的法律早已无法适应现今日益复杂的农产品质量安全问题。如果不及时调整,治理部门将无法有力、有效地开展工作。农产品质量安全相关法律法规的制定是保障消费者享用质量优、营养好的食用农产品的法制保障,是治理主体依法治理的先决条件,其重要性显而易见。

（四）食用农产品质量安全知识普及的差异

食用农产品质量安全知识教育是国家治理食用农产品质量安全的必要基础建设。澳大利亚、日本等国将食品质量安全知识的普及列为食品质量安全监管的重要任务之一,通过这方面的努力,食品从业人员能更好地理解和遵从食品质量安全标准,同时也提高了消费者对食品的辨识能力,更好地保护自身的健康安全。而在中国,食品、农产品生产加工行业的从业门槛较低,一张健康卡就能够上岗,有的食品从业人员根本就不具备基本的食品质量安全知识。在这方面,还需要政府多花心思,借鉴国外的经验,政府监管部门和科学检验机构或高校老师一同协作,开办专门的食品从业人员培训机构,提高食品从业者的专业素养和技能。同时,在消费者安全意识培养方面,中国消费者在这方面还需恶补,消费者只有具备必要的食品质量安全知识才能轻松地辨别食品是否卫生安全,才能在发生质量安全事件时及时地做出正确的应对措施,将自身的伤害降到最低。政府可以通过社区、街道、学校,定期开展一些农产品、食品质量安全知识宣传活动;举行食品质量安全知识竞赛;发放食品质量安全知识普及小手册;等等。通过这些消费者容易接受的形式,将食品质量安全知识融入日常生活,获得更好的效果。

三、国内外食用农产品质量安全治理的比较分析

通过对国内外食用农产品质量安全治理的比较研究,总结了其相似性和差异性。相似性展现出国内外在食用农产品质量安全治理中所共有的成功经验,证明了政府整合资源联合执法、治理主体积极承担社会责任、严厉打击食用农产品质量安全治理中的违法者等共同点在食用农产品质量安全治理过程中的重要推动意义。与此同时,通过对国内外食用农产品质量安全治理的差异性分析,找出我国在食用农产品质量安全治理上与世界诸多国家之间的差距。通过比较分析国内外食用农产品质量安全治理的相似性及差异性,总结出我国在食用农产品质量安全治理中的几个特点与不足之处。

(一)政府监管部门责任缺失,监管机制存在漏洞

从国内食用农产品质量安全治理现状分析及国内外的情况对比中发现,国内农产品质量安全事件治理存在一大缺陷:政府监管部门责任缺失,相应配套监管机制漏洞明显。

1.政府责任缺失。我国政府部门在农产品质量安全治理中的责任缺失可依据农产品质量安全事件的对象不同分为两种。第一种是对于散户经营的,政府及相关部门的责任缺失主要体现在监管制度建设不足甚至缺失,监管职能责任范围不明确导致各部门相互"踢皮球"。第二种是对于规模化经营或者集团企业的,政府及相关部门的责任缺失主要表现在职能履行不到位甚至缺位。

第一,以散户经营为对象的监管制度责任和监管职能责任缺失。依据典型案例和实际情况可知散户经营最大的特点是"规模小、分散、数量多"。监管制度建设受制于散户规模小、分散、数量多的特点,建立能够适用于各个散户经营者的监管制度费用高、难度大,因而无法建设具体落实到户的监督管理制度,而只能套用一个较大范围的制度。政府部门出于监管制度建设成本高、难度大等惰性因素考虑,对散户的经营管理采取"放养",对散户生产加工等

监管责任未切实履行到位,致使职能履行缺位。

第二,以规模经营及集团企业为对象的监管职能履行不到位甚至缺位。对于具有一定规模的经营单位或企业集团,建设配套监管制度相较于散户经营者费用低,且建设难度小。因而,政府及有关部门在对具有一定规模的经营单位和企业集团的监管中不存在监管制度不适用的情况。因此,对这一类监管对象的责任缺失主要是监管职能履行不到位,敷衍了事。从典型案例中我们可知,政府机构对于农产品质量安全的监督检验多采取抽查方式进行,甚至可以自行选择送检样本。抽查方式具有降低监管成本、提高检查效率的优点,但也存在无法全面检查的缺点。此外,有的企业自行送检的,样本可自行挑选,企业在样本的选择中具有很大的自主权,送检样本不具代表性。在此过程中,政府有关部门虽履行了部门或机构职能,但对于职能履行结果的全面性、科学性难以保证。

2. 监管机制漏洞。监管机制漏洞主要体现在农产品生产环节、加工环节、销售流通环节三部分。生产加工环节监管制度漏洞主要体现在两个方面:对于散户经营者,政府通常采用相对宽泛的监管制度进行监督管理,结果是生产环节的具体操作规范、准则均由散户自行决定,政府源头监管制度漏洞明显。对于规模化经营者及企业集团,其活动主要是加工与流通销售环节。而政府监管机构对于农产品质量的监管主要采取抽查或由企业自行送样检查的方式进行,这样的方式除会导致职能履行不到位外,还暴露了监管制度的不足。抽查的检查方式,无法全面有效地保障全部农产品质量安全,而自行送检更是如此,送检者完全可以自行选取符合检测要求的样本而避开自家不符合检测要求的农产品。

(二)食用农产品生产者法制观念淡薄

据国内食用农产品质量安全治理现状的典型案例可知,豇豆、白菜等蔬菜多是散户种植,没有统一的监管标准和办法。散户种植的最大特点就是,种植户可依据自己的意愿来决定是否使用违禁药物种植生产,这里暴露出来的问题按对象划分有两个方面。

1. 一般种植户,也称小规模种植户。他们的特点是种植面积和经营规模小,组成人员大多数是生活在城镇边缘的农民,依靠种植蔬菜等农产品取得生活收入,据此我们可以分析出这部分种植户法律观念淡薄和逐利意识驱赶守法意识占据主导地位的原因。

一般种植户组成人员多为农民。居住在城市边缘的农民,土地种植收入是其最主要的收入来源,种地也是他们最熟悉的事务。种植户法律意识淡薄甚至缺失的原因可细分为两个方面:第一,中国传统文化范式影响种植户法律意识和观念建立。文化水平较低的种植户一个占据主导地位的观念就是,种地是不需要知道太多专业的法律知识的,种地是种植者的“本行”。一般种植户传统落后观念根深蒂固,后来的现代法治观念难以撼动其地位。第二,对于他们来说生活中最重要的事情是如何取得更多更高的收入,而严格遵守用药的相关法律规定会使得自家产品在产量和卖相上落后,导致收入下降,这是一般种植户所排斥的。严格依照法律用药种植除了导致上述结果外,客观上不会为种植户带来任何收益。这就表明法律不是他们生活所需,或者说不是必需,收入的稳定和提高才是他们追求的目标。以上两点共同解释了一般种植户法律意识淡薄的原因。

一般种植户种植面积、经营规模小,决定了他们收入的大致范围。遭遇病虫等自然灾害时,严格依照政府有关部门用药标准,将会使一般种植户种植成本增加。更重要的是合乎规定的药物药效相较于高毒农药见效慢,为维持原有收入水平,一般种植户出于利润最大化考虑会选择使用违规高毒药物保证产量,从而保证收入稳定。没有遭遇病虫害时,为了能在收购商处或市场上以尽可能高的价格出售产品,在产量已定的前提下,提高收益的主要办法就是改变农产品的外观,而改变农产品外观最有效方式就是使用违禁药物增强农产品色泽。例如,河北定州“甲醛白菜”事件中,菜站为保证白菜长途运输后仍能保持新鲜色泽,违法使用甲醛浸蘸白菜以保持色泽质量。

2.规模种植户。其规模相比于小规模种植户要大,但相互之间也同样是分散经营。规模种植户在农产品质量安全事件中的特点主要是知法犯法。规模种植户相较于一般种植户的不同之处在于,规模种植户大多有专人负责生产销售产品,人员都具备一定程度的法律知识和专业技术知识,这就表明规模种植户违法违规生产有毒有害农产品,不是出于法律意识淡薄而更多是受金钱利益驱使知法犯法。

（三）食用农产品质量安全治理一体化体系尚未构建

农产品质量安全治理典型案例具有的一个共同点是：监管部门将大范围的监管体系应用于细致化的农产品监管，造成统一细化的农产品质量安全监管标准体系迟迟未能建立。依据农产品从生产到最终为消费者所食用的各个环节，可以将统一标准体系划分为生产环节监管标准体系和流通销售环节监管标准体系两个部分。各环节统一标准未建立的原因如下。

1. 生产环节监管标准体系。无论是"海南省毒豇豆事件"，还是"河北甲醛白菜事件"，豇豆和白菜这类农产品在生产环节有一个共同点，即散户经营。每个种植户或者养殖户都是一个独立的经营者，没有与其他经营者联系在一起。这就带来了生产环节统一监管标准体系建立的首要困难——适用性的问题。分散经营模式下各个经营者各有各的特点，统一的监管标准体系建立面临普适性困难。在此情况下，标准监管体系建立部门面临三种选择：第一，耗费巨大成本建立一套细致具体适用于各家的标准体系；第二，不建立具体细致的标准体系，直接套用大范围监管标准；第三，既不建立具体细致的标准体系，也不套用宽泛体系，不作任何处理。第一种情况往往由于建设费用高、难度大而不采用；第二种情况属于目前各地普遍采用的模式，直接套用无须建立新的标准，费用低，难度小，但监管效果差；第三种模式属于政府职能缺失，也较少存在。因而，生产环节统一的监管标准体系没有建立，主要是由于适用对象的复杂性导致的高费用和高难度，使得监管部门采取"擦边球"方式套用宏观标准而不建立细化标准。

2. 流通销售环节监管标准体系。流通环节主要有两个方面：从生产者向收购商的流通销售和从收购商向经销商的流通销售。

第一，生产者向收购商的流通销售环节中，细化性质的监管标准体系未建立主要是因为收购商数量众多和其生产经营流动性大。数量方面，收购商的数量虽不及生产者数量，但其基数也十分巨大，面对数量众多且没有统一收购标准的收购商，建立一套细致化的监管标准体系情况与上面所述的生产者环节类似，高额费用和巨大难度是不可逾越的障碍。流动性方面，收购商相比于生产者而言，其不同在于，生产者必须依附于土地或者建设在固定位置的厂房，离开土地或搬迁厂址成本都是巨大的，因而生产者很少流动。收购商的活动范围较大,收购活动可以遍及各地,哪里有利可图就往哪里走,不受地域和位置限制。也正是由于收购商经营不固定,难以建立细化监管标准体系。基数大与经营不固定使得农产品流通销售环节细化监管标准体系的建立难度巨大。

第二,收购商到经销商的流通销售环节中,由于涉及产品销售、运输、质检等多道程序,与上一阶段的流通相比更需要多元化的监督管理。多元化监督管理指的是农产品从收购商到达经销商之间的环节要经过多个部门多道程序的监管。这一环节没有建立统一质量标准监管体系的主要原因是政府监管的"公地悲剧"。在于涉及多个部门职能履行,因而各以各的标准处理,多头管理结果就是农业部门、工商部门、质检部门、卫生部门都在管。监管效果不如人意或者出现事故时,部门之间又相互推责,导致最后谁都不愿管的结果,如此一来统一标准的监管体系的建立也就无从谈起。

(四)食用农产品市场调控自发性缺陷明显

国内现阶段食用农产品质量安全事件治理中,农户、企业、媒体、政府等主体在安全事件爆发后均会积极采取有效措施协助调查或应对事件。但这属于事后被动性处理措施,非事前预防性措施,这与食用农产品市场本身具有的自发性有密切联系。我们将食用农产品市场自发性对象按主体划分为两类:种植户和经销商。

1. 种植户市场自发性表现。食用农产品种植户市场自发性是农产品市场自发性中最基础的,因为种植户在食用农产品市场中处于供应链源头。种植户自发性的体现可以从本身和外在两个方面进行分析。

第一,种植户本身自发性。种植户本身自发性主要是出于增加收入和减少损失两方面考虑。在没有病虫或自然灾害的正常情况下,种植户出于降低成本提高收入考虑,会选择使用廉价有毒有害物来提升农产品产量,达到增加收入的目的。在面临病虫或自然灾害的非常情况下,种植户出于维持产量减少损失考虑,会违规违法使用高效有毒药物来防止病虫害维持农产品产量,达到减少损失的目的。

第二,种植户外在自发性。种植户外在自发性主要发生在种植户完成农产品生产、准备对外销售的过程中。种植户完成农产品生产达到对外销售状态后,为在农产品销售市场中取得竞争优势占据有利地位,会选择使用违规违法手段进一步提升农产品"质量",如外观。不仅有助于产品对外销售且相较于不经任何处理的原物销售价格更高,收益更高。

2.经销商市场自发性表现。经销商可视为生产者与消费者之间的中介人,经销商从食用农产品生产者手中批量购入,经加工后出售给最终消费者。因而经销商的市场自发性主要体现在购进与售出食用农产品两个方面。

第一,经销商购进过程中的自发性。经销商在购进食用农产品过程中市场自发性的表现与种植户出售农产品过程中的自发性表现是相关联的。种植户为获得更多收益而违规违法对产品做改观,这对于批量收购的经销商来说同样是利好的,外观品质好意味着加工费用的减少还可获得更多的收益。经销商出于成本考虑,花费大力气去检查农产品是否合格对经销商本身是没有多大益处的。

第二,经销商售出过程中的自发性。经销商在售出过程中的自发性体现主要是对于品质较差的原产品的处理和批量销售过程中的保鲜。倘若经销商前一阶段收购的农产品,其外观质量不完全符合出售需求,则必须进行一定程度加工改观。加工改观的经销商出于成本考虑,会如同种植户一样采取违规手段进行加工。加工完成出售阶段,产品从经销商处到达消费者手中需经一个周转期。在此过程中,经销商为保持农产品特别是蔬菜类农产品的新鲜度和质量,而使用违法违规有毒药物保鲜防腐,此类情况在河北省"甲醛白菜"事件中便有所表现。

正是食用农产品市场中种植户和经销商在追求自身利益时,受其自发性影响,做出以损失食用农产品质量安全为代价,片面寻求个人利益最大化的盲目举动,从而导致了食用农产品质量安全治理困境的产生。

第四节　国内外食用农产品质量安全治理的启示

一、树立食用农产品质量安全多元主体协同治理观念

多元主体协同治理观念是中国真正落实食用农产品质量安全多元主体治

理的首要前提,只有协同治理观念得到大众的接受与认可,政府职能才能更迅速、更顺利地转变,社会各界力量才能更透彻地理解并认同自身的治理主体地位。食用农产品质量安全问题与每一个人的生活都息息相关,不论是政府工作人员还是食用农产品生产者,或是平民老百姓,都应该重视自身的治理义务与责任。长期以来,中国的食用农产品质量安全监管工作由政府掌控,其主导监管地位深入人心。在中国,非政府组织和行业协会成立门槛高,不少机构都是依附于政府部门才得以生存,治理中并未体现出很大的效用。而消费者习惯性处于被服务的状态,参与治理的主动性和积极性都不高。以上这种情况是亟待解决的。在国外多元主体协同治理观念早已得到普及,政府引导、社会力量广泛参与已是治理常态,社会力量成为食用农产品质量安全治理中至关重要的角色。

中国要树立食用农产品质量安全多元主体协同治理观念,需要从政府到人民进行一次思想转变、理论学习。政府相关机构可以组织工作人员外出考察,实地了解国外政府在食用农产品质量安全治理中的角色定位和权责划分。将考察结果总结成政府学习课件,供本部门及其他相关部门学习借鉴,推进政府在治理中的角色转变。对于非政府组织、生产企业,政府应牵头引导,组织各类非政府组织、企业代表,共同参与多元主体协同治理理论知识的学习。首先做到思想认识上的转变;再通过颁布一些鼓励政策,构建激励机制,更实际地推动非政府组织和生产企业参与到治理中来。对人民群众多元主体协同治理观念的宣传教育方式应更为多样化,以社区、村委会、居委会为单位,组织开展宣传、教育活动,发放协同治理观念宣传手册等。让多元主体协同治理观念深入每个老百姓的生活,激发他们的治理意识,让每一个人都积极主动地参与到治理中。通过从上至下的理论学习,才能使多元主体协同治理观念在全国普及,进而推动中国食用农产品质量安全多元主体协同治理的实施。

二、增强食用农产品质量安全政府联动协作队伍力量

多级政府部门联合执法使农产品质量安全事件治理实现上下联动处理,同时也表现出政府部门对于关乎人民群众生命健康事务的重视和关注,有利于政府执法和履职能力的提高。从国内食用农产品质量安全治理案例中可明

显看出,多级政府部门联合执法对于农产品质量安全事件的治理起到积极的促进作用。因而,多级政府联合执法体系是有效治理食用农产品质量安全事件的重要保障,同时也是适于我国国情的切实可行的治理经验。我国政府机构设置采取层级制,多级联合执法中的"多级"指的就是不同级别的政府机构,这与我国政府机构体制设置是相切合的,因而多级政府联合执法治理农产品质量安全事件是符合我国国情的,通过多级政府资源联合治理能够更高效、更妥善地处理好食用农产品质量安全事件。我国国内多级政府联合执法在农产品质量安全事件治理中,主要举措是组建食用农产品质量安全治理的联合执法队伍和加强食用农产品质量安全治理的政府间联动协作力度。

(一)组建食用农产品质量安全治理的联合执法队伍

多级政府联合执法队伍或者多级政府联合执法调查小组指的是由食用农产品质量安全治理的相关部门分别派出人员或提供设备共同组成工作组或调查组针对所发生事件进行联合调查治理。联合执法队伍的组建能有效地实现不同级别政府之间的联动,提升相互之间配合的默契度,从而促进整个政府系统治理效率的提升。通过这种经常性的协作配合,各级政府之间能够探索出一条高效、快捷的配合路径,在提高食用农产品质量安全执法效度的同时也减少了政府部门之间的责任缺失和越位现象。多级政府联合执法队伍的作用主要体现在以下两个方面。

1. 促进政府间职权划分的明晰化。多级联合执法队伍作用的发挥必须依赖于与各政府部门相互之间清晰而明确的职责权限划分。职责权限不明确,多部门联合执法体系就会毫无用武之地。在我国食用农产品质量安全典型治理案例中,多级政府组成的联合执法队伍之所以能做到有效配合,是因为各政府部门之间有着明晰的职权划分。多级政府组成联合执法队伍对农产品质量安全事件进行治理,在联合执法的过程中就要求相互间职权分明、分工明确,既不存在执法空地也不存在执法重合。各级政府职能部门在联合执法的过程中能够明确各自职责和权限,并以此为依据在事件治理中做出适宜的应对措施。

2. 促进政府工作效率的提高。多级政府联合执法建立在相互之间职责权限划分明晰的基础上,从而使各级政府在联合执法治理农产品质量安全事件过程中能够严格依照职权办事,不至于出现责任缺失和越权行为。正是因为各级政府部门在对事件进行治理的过程中严格遵循自身的权限划分,做到各司其职,如此一来政府治理效率自然得到大幅提升。在食用农产品质量安全事件治理中,各级政府依照职权联合执法,促进了治理效率的提高。同时,各级政府在相互间的配合过程中,积累相互协作的默契度,久而久之便衍生出一条高效的合作路径。该路径能够有效地改善政府间原有的僵化、低效工作方式,为政府管理改革提供有效探索。

(二)加强食用农产品质量安全治理的政府间联动协作力度

加强食用农产品质量安全治理的政府间联动协作力度,是对组建政府间联合执法队伍的补充与升华。政府部门间联动虽与联合执法队伍有重合,但也具有联合执法队伍无法具备的功能。从国内食用农产品质量安全事件治理案例中可看出,多级政府联合执法体系中相互间的联动主要是通过对各部门间的资源整合达到合理配置资源的功能。联动的主要表现是多级政府不同部门在治理过程中,为有效治理农产品质量安全事件进行的相互间协作配合。中国层级制政府机构设置方式的一大弊端就是政府间资源分配的不平衡,有的部门资源过剩而有的部门则资源紧缺,相互之间缺乏有效协调机制,政府职能履行受阻。而政府间加强联动协作力度则能够有效整合资源,使政府间资源配置达到相对的平衡,从而保障各自职能的有效履行和权力的有效行使。食用农产品质量安全事件治理中,不同政府部门参与其中,相互间分工协作,目标都是妥善治理好事件,保护人民群众生命健康免受侵害。在相互配合过程中,必然涉及资源整合问题,政府部门资源分配不均的局面被打破,将合理配置资源问题暴露在人们面前。为了能够积极有效地治理事件,资源分配充足的部门可向资源紧缺的部门进行调配,通过相互间资源分配整合,实现资源合理配置,进而使食用农产品质量安全事件得到有效治理。

三、构建食用农产品质量安全多元主体协同监管体系

众所周知,食用农产品具有易腐坏、不易储藏、规格结构多样、生产周期长且生产环节监控监督难度大等特点,仅靠单一的监管体系是难以有效发挥作用的,多元主体治理体系的构建是保障食用农产品质量安全的重要前提。目

前国内食用农产品质量安全治理体系仍表现出严重的政府主导特性,其他治理主体诸如群众、媒体舆论都处于治理体系的边缘。但正如美国著名经济学家詹姆斯·布坎南在其著名的政府失败理论中所言,政府的行动并不总是如同想象的那样或者理论上所说的那样有效,也存在着政府失灵。这启示我们,政府主导的单一化食用农产品监督体系无法满足多元主体共同治理的需求,多元化、参与化、协同型的多元治理体系的构建是加强我国食用农产品质量安全治理的必由之路。

(一)食用农产品质量安全治理中的政府监管

政府监管是指政府有关部门依据法律法规对食用农产品在生产、加工、运输、销售等环节中行为的合法合规性进行监督审查的过程。目前,我国食用农产品质量安全的监管体系是一种以政府为主要监管主体的政府主导型监管体系,而不是多元主体共同参与的监管体系。因而,政府有关部门在多元主体治理体系构建过程中,应当转变角色,实现与其他监督主体之间的协同治理。政府应合理确定自身位置,充分协同其他主体共同监督治理食用农产品质量安全。多元主体治理体系强调的是多元主体共同参与治理,相互间地位平等,职能划分明确。这就要求政府部门转变原有的主导型监管方式,从管理型政府向参与型政府转变、从单一监督方式向多元协同监督方式转变。政府角色的转变,为其他监管主体的参与放开了通道,使得原本被边缘化的群众监管、媒体监管和行业监管等其他监管主体能够以平等的身份参与到食用农产品质量安全监督管理中。在提高其他主体参与监管积极性的同时,也有利于多元治理体系作用的发挥,进而实现食用农产品质量安全的有效监督和管理。

从单一政府管理型监管转向多元协作参与型监管方式后,政府需要处理好自身与群众、媒体等其他监管主体之间的协同合作关系,如相互间监管的衔接、监管信息的传递、资源共享、行动政策的连续性及系统性等问题。这些环节是实现多元协同监管体系构建的关键环节,只有明确各监管主体在多元化监管体系中的角色定位,以及相互间的协同合作关系,多元协同监管体系才能够真正地运作起来并发挥效用。角色与关系的明确可通过制定统一的行动准则或依照法律规定成立协同指挥机构来实现。由协同指挥机构来对多元监管主体进行统一管理,既可避免各监管主体出现监管乏力或监管越权,又可降低监管成本,从而构建起高效节约的多元协同监管体系。

(二)食用农产品质量安全治理中的行业监管

食用农产品质量安全治理中的行业监管是指食用农产品行业协会,参与其中的企业、超市等主体对危害农产品质量安全的行为进行监管的过程。食用农产品质量安全行业监管是农产品质量安全多元治理体系中不可或缺的一部分,是规范食用农产品质量安全的行业内部力量。行业监管的参与者都是食用农产品生产、加工、销售环节的直接参与者,相较于群众、媒体、政府等其他外部监管主体更有针对性。一方面行业监管从群众、媒体舆论和政府方面接收有效信息,并针对所接收信息和行业规范采取相应措施抑制事件恶化;另一方面,行业内部自查自纠也是多元治理体系中十分重要的一部分。行业内部可制定自查自纠的规范制度,实行定期监督检查的措施,有效地预防农产品质量安全事件的发生。同时,成为行业内部的监管主体是对农产品行业参与者一种十分有效的内在约束,通过监管责任与利益之间的正向关系来规范行业参与者的行为,从而达到预防食用农产品质量安全事件发生的目的。

(三)食用农产品质量安全治理中的媒体舆论监管

媒体舆论监管主要是指新闻媒体、广播电视等主体通过新闻调查、实地访谈等形式对食用农产品质量安全实施的监管。媒体舆论监管因其巨大的舆论导向力和影响力,在多元主体协同监管体系中承担接收、证实信息和引导舆论导向的监管职能。

1.新闻媒体在多元主体协同监管体系中的作用主要是对群众反馈的监督信息予以接收并调查证实。第一,接收来自群众的监督信息,既有利于解决群众问题也有利于自身新闻发掘。第二,证实群众监督信息,倘若举报监督信息属虚假信息,则新闻媒体可报告政府有关部门对虚假信息提供者予以警告或处罚,避免相关个人及单位蒙受损失;若举报的监督信息真实可靠,则新闻媒体可通过报道向社会曝光,并报告有关部门予以整治,避免群众利益受损。

2.农产品质量安全事件经媒体曝光后,定会引起社会公众舆论热议,产生巨大的社会反响。我国舆论的开放性和网络的便利性导致社会舆论进入门槛低,农产品质量安全事件一经报道短时间内便可迅速形成舆论浪潮,造成巨大社会压力。这一方面体现出我国公民对社会事务的关注;另一方面也给农产品质量安全事件的治理带来一定的压力。新闻媒体的舆论导向作用主要体现在当社会公众对事件的讨论关注逐渐偏离正轨、明显触及法律或不利于社会健康稳定时,立即发声调整舆论倾向,通过文章评论、报道等形式将偏离的舆论引导到正确的方向,从而起到健康舆论环境、维护社会稳定的作用。

(四)食用农产品质量安全治理中的群众监管

群众监管,顾名思义就是全体社会公众在日常生活中对食用农产品生产、加工、运输、销售等各个环节所进行的基础性监管。群众监管在我国食用农产品质量安全多元主体协同监管体系中处于基础性地位。群众监管本身相较于媒体监管、行业监管和政府监管最大的不同在于监管主体组成的多样性和多数性。多样性指的是群众监管中的社会公众是由跨民族、跨行业、跨地区甚至跨国别的单一个体组成。多数性指的是群众监管是由数量非常庞大的单一个体组成。多样性和多数性共同决定了群众监管在多元主体协同监管体系中的重要地位,其作用主要体现在以下两方面。

1. 全面而基础的监管。全面性主要体现在群众监管的构成主体是社会中的单个个体,组成分子多样且多数,覆盖社会各个行业和地区,他们每一个个体对农产品各环节实施的监督都是群众监管作用的发挥。基础性主要体现在群众监督各组成分子对食用农产品各环节的监督都是单方性质的,只能发挥基础的监督作用而难以采取具体措施,具体措施的实施需要依靠其他监管主体来共同完成,因而提供的监督是基础性的。

2. 监管信息收集与输出。正是由于群众监管是全面基础性的监管,因此,群众监管与其他监管主体之间的协同合作主要体现在监管信息的收集和交流。监管信息收集是指群众监管依靠其巨大的监管群体,在社会中广泛收集有关农产品质量安全的信息;监管信息交流是指单个个体或群体将收集的食用农产品质量安全有关信息及时反馈给其他监管主体,并协同决策治理措施的过程。群众监管的巨大群体与监管成本低是其他监管主体所不具备的优势,可为其他监管主体提供及时有效的食用农产品质量安全信息,发挥监督协同作用。

四、完善食用农产品质量安全市场健康稳定发展秩序

随着我国社会主义市场经济的不断完善与发展,市场本身所要达到的要

求也越来越高。市场健康稳定发展的前提条件是市场经济活动的有序进行，市场秩序是维护市场稳定发展的基石，也是推动市场进步迎合时代需求的驱动力。食用农产品市场属于社会主义市场经济条件下的一个组成市场，其健康稳定发展也必然要依赖于稳定的市场秩序。食用农产品市场有序化是保障食用农产品质量安全的重要前提。我国部分食用农产品质量安全事件的发生就是由市场秩序混乱造成的。市场对市场参与主体行为没有实行有效规制措施，从而使得市场秩序失衡混乱，致使农产品质量安全事件频繁发生。因此，完善食用农产品市场秩序是保障食用农产品质量安全、维护市场参与主体利益的必要举措。完善食用农产品市场秩序应从法制建设、市场监管和行业自律三方面进行。

（一）法制建设

食用农产品市场的法制建设指的是通过有效立法、严格执法、违法严惩等方面来规范市场本身和市场参与主体的行为，以法律的权威和强制性来维护市场秩序的稳定，促进食用农产品市场活动持续健康稳定发展，保障食用农产品质量安全。首先，要进行的是食用农产品市场立法工作，通过吸取国内已有食用农产质量安全事件治理的积极经验并与本地市场实际结合起来，排查本地区在食用农产品市场监管方面存在的法律漏洞，进而有针对性地依据实际状况制定适宜的法律，保证食用农产品市场有法可依。其次，要在规范市场秩序过程中严格执法，严格遵循法律法规，对破坏市场秩序、危害市场稳定的行为采取措施。再次，要做到依法惩处，对于明显危害市场秩序稳定和破坏市场运行的行为主体，严格依照相关法律规定采取惩处措施，对违法违规行为绝不姑息。充分发挥法律在维护食用农产品市场秩序稳定方面的强制性作用，以此保证食用农产品市场健康稳定发展，保障我国食用农产品质量安全。

（二）市场监管

市场监管是我国政府四大基本职能之一，指的是国家市场管理机关在实施监督管理活动中作用于管理客体的客观功能。市场监管具有规范、监督、查处三大职能，分别可用来规范市场秩序、监督市场行为、查处惩戒违法违规市场行为及主体。食用农产品市场监管同样依赖于这三大职能作用的发挥，食用农产品市场监管的相关政府参与主体应积极履行监管职能，规范市场多元参与主体的市场行为,防止违法违规行为的发生。与此同时政府参与主体还必须依据食用农产品市场监管法律规定,对市场多元参与主体的行为进行监督,保证各个参与主体严格遵守市场规则,依照市场规则开展市场活动。对于规范监督环节发现的违法违规行为,应严格依照市场监管法律规定进行处理惩戒,保障食用农产品市场行为的规范合法,巩固食用农产品市场秩序。

(三)行业自律

提升食用农产品市场秩序除依靠法律和政府监管之外,还需要从行业自身做起。只有食用农产品行业参与者共同努力,从规范自身行为做起,逐步带动和影响身边参与者,形成良好的市场氛围。才能从根本上解决食用农产品质量安全问题,才能实现食用农产品行业的良性发展。具体而言:食用农产品生产者要严格遵守食用农产品种植、养殖、生产规定,坚决抵制使用违法违规药物和禁用添加剂来生产食用农产品;收购商、经销商和企业不非法使用添加剂来保鲜,而是采购先进设备来保持产品质量,不销售劣质有害食用农产品给消费者;媒体舆论不夸大食用农产品事件,严格依据客观、公正的态度报道事实,正确引导舆论方向等。只有这样,食用农产品市场才能形成严守规范、知法守法的行业氛围,形成行业自律,树立良好的食用农产品行业形象。因此,行业自律是规范食用农产品市场秩序,减少市场参与主体自利性动机的有效保障,是从根本上解决食用农产品质量安全问题的重要举措。

五、健全食用农产品质量安全多元主体竞相参与机制

食用农产品质量安全治理有赖于多元治理主体的有效参与和共同协作,健全食用农产品质量安全多元主体参与机制,营造多元主体参与食用农产品质量安全治理的社会氛围,可以提高我国食用农产品质量安全多元主体治理效率,促进治理效果的发挥,降低质量安全事件的损失,减少质量安全事件发生的概率。健全食用农产品质量安全多元主体参与机制包括以下三个方面。

(一)食用农产品质量安全多元主体参与的财力保障机制

经济基础决定上层建筑,物质基础决定食用农产品质量安全多元主体参与机制能否成功构建。坚实的物质基础也就是多元主体参与食用农产品治理的财力保障,包括治理设施和场所的购置建设、技术人员配备以及对多元主体共同治理的资金投入。第一，多元主体参与食用农产品质量安全治理必须依赖于一定的基础设施进行，这就要求政府加大对食用农产品质量安全治理的经济投入，政府要承担治理中大部分的基础设施建设和专业技术引进、专业人员培养。以食用农产品的质量检测为例，在多元主体共同治理模式下，食用农产品生产、加工、运输、销售的每个环节都要进行产品质量的检验检测。检验检测最基本的前提就是要具备专业检验检测设备和专业的检验检测技术人员，专业技术设备和专业技术人员的配备都必须建立在坚实的物质基础之上。没有坚实的财力保障机制作为支撑，就无法更好地推动多元主体参与治理，食用农产品质量安全难以得到保障。第二，足够的财力投入也是促进多元主体发挥治理效用的必要保障。以生产者为例，我国国内食用农产品质量安全典型案例中，生产者多是为了牟取眼前私利而做出了违法违规行为。倘若政府能够加大资金投入，构建完善的财力保障机制，加大对生产者的资金扶持力度，同时在生产者遭遇病虫等自然灾害时给予补贴以保障其收入，降低损失，解决其利益受损问题，降低生产、销售者的费用成本，食用农产品质量安全自然会得到更多的保证。

（二）食用农产品质量安全多元主体参与的准入和退出机制

多元治理参与主体并不是来者不拒的，强调的是实际治理效果的体现，必须构建规范化的参与主体准入和退出机制。准入方面，要避免一切不符合条件的人或组织进入治理主体的行列，同时也要减少符合条件的人或组织被排除在治理主体之外的情况发生，即要避免"劣币驱逐良币"现象的发生。退出方面，对于治理职能无法有效履行或者明显不符合治理要求的主体应责令其退出多元治理行列，同时要注意避免符合条件的主体被驱逐排挤出治理行列的情况。多元主体准入和退出机制的构建要十分注重治理主体资格的审查和筛选，建立资格审查制度。同时在退出方面要十分注重治理主体退出后的主体位置补充，防止出现治理空地。规范化的多元主体准入和退出机制能够保证食用农产品质量安全治理主体都具备相当的专业性和针对性，每一个治理主体都能够切实履行其治理责任，多元主体间能积极配合、共同治理食用农产品质量安全事件，维护食用农产品质量安全。

（三）食用农产品质量安全多元主体参与的激励约束机制

食用农产品质量安全多元主体参与的激励约束机制包括正激励与负激励两方面，也就是通过奖励与惩处实现对主体的约束。正激励机制指的是对于在食用农产品质量安全事件治理中表现优异的治理主体给予一定的奖励。负激励机制则是对于没有履行多元主体共同治理职责的治理主体处以相应的惩罚。通过正激励与负激励对多元治理主体的行为进行约束，促使他们合法合规并更积极主动地履行自身的治理职责。激励约束机制是同多元主体进入和退出治理机制相结合的。允许符合参与治理条件的主体参入多元主体治理，充分发挥其治理效用，推进食用农产品质量安全事件治理。对于贡献显著的治理主体给予相应的奖励，例如，给予荣誉称号、划拨一定额度奖金等。对于多元治理主体中没有依法履行治理责任或者存在慵懒懈怠等推诿行为的，提出严厉批评，同时依据责任大小予以惩罚处置。例如，罚款、吊销营业执照等。情况严重的可依法取消其参与治理资格，并强制其退出多元主体治理行列。

第六章 食用农产品质量安全多元主体网格化治理机制的构建

第一节 食用农产品质量安全多元主体网格化治理的主体及职责

食用农产品质量安全多元主体网格化治理的主体涵盖五个领域:一是生产主体。包括农户、家庭农场、农产品生产企业、农民专业合作经济组织、农产品行业协会。二是经销主体。包括农资经营商、农产品物流服务商、农产品经销商。三是消费主体。包括消费者、消费者协会。四是监管主体。包括网格化治理监管员、农产品质量安全监管部门、涉农媒体。五是涉农研发机构。包括农业科研院所和涉农高等院校、涉农企业研发机构。食用农产品质量安全多元主体网格化治理的主体及其职责如表6-1所示。

表6-1 食用农产品质量安全多元主体网格化治理的主体及职责对比分析

主 体	主要职责
农户、家庭农场及农民专业合作组织	发挥基础性、补充性的作用,角色由政府监管的相对人变为治理的竞相参与者,同时接受政府监管
经销商、物流服务商、农资经营商	治理的竞相参与者,对自己的经营行为严格自律,主动接受其他经营主体的监督、约束和控制
食用农产品协会	以谋求会员利益最大化为宗旨,为会员提供咨询、改进技术、统一标准、提升品质、打造品牌等服务

主 体	主要职责
消费者协会	有效保护消费者权益,为消费者及时提供农产品质量安全信息、提供维权帮助与支持,联合广大消费者放弃某类、某一品牌
涉农科研机构	研发无毒、无害化肥、农药与涉农产品添加物等,加强科普教育和培训,推动食用农产品质量安全知识楔入社会个体的日常工作生活之中,形成人人有责、群防群控的思想意识
政府监管部门	提供基础服务和大力保障,确定治理的整体方向和标准,明确各类治理主体的地位和职责分工,引导各类主体竞相参与,推行有奖举报,加强行政执法,协调各方主体利益等
媒体组织	进行媒体监督,在社会上形成强大的舆论压力
网格监管员	收集、处理食用农产品质量安全信息,开展日常巡查工作,拓宽政府监管部门的食用农产品质量安全信息渠道,推动食用农产品质量安全问题处理的提速增效

一、农户、家庭农场、农民专业合作组织及其职责

农户对食用农产品质量安全发挥基础性作用。农户是指在农村常住、常年从事农业生产劳动的住户,他们是最原始也是数量最多、分布最广的生产者。由于经验主义错误,因获取信息和信息交流通道闭塞、科学知识缺乏等原因,在无意情况下生产出与原目的背道而驰的问题农产品的情况是很多的。当农户从被动接受监管到主动参与监管的角色转换时,农户首先从思想认识上会产生主人翁的责任意识,强烈的责任感和使命感让他们自觉地改变观念进行正确、科学的农业生产,真正投入参与治理主体的角色,从生产根源上减少质量安全问题的产生。

家庭农场是一种新型农业经营主体,以家庭成员为主要劳动力,从事农业规模化、集约化、商品化生产经营,且以农业收入为家庭主要收入来源。十七届三中全会首次提出将家庭农场作为农业规模经营主体之一。家庭农场队伍在短时间内迅速壮大,这证明它是具有其特有的优势的,推动商品经济的进程,弥补了小农经济自给自足的弊端,为社会提供更多更丰富的农产品,而产

量提升的同时质量问题发生的概率也随之增加。作为治理的竞相参与者,家庭农场要比农户们更加注重质量安全,在提高商品化程度的同时一定要保障产品质量,做到高产量高质量,还要不断创新家庭农场生产方式,更好地激发家庭农场的活力。

农民专业合作组织是"合作与联合"的主体,是现代农业经营体系的重要纽带。① 十七届三中全会明确指出要扶持农民专业合作社加快发展,目前我国多种农民专业合作组织苗壮成长,有力促进了现代农业的发展,在食用农产品质量安全治理机制中进行角色的转变,他们所承担的责任更加重大。要充分发挥对农产品质量安全治理的补充性作用,除了农民专业合作组织本身需要加快完善法律法规、实现规范发展,还要促进农民专业合作组织健康发展,提高农民专业合作组织规范化建设水平,建立统一标准,完善制度;必须坚持规范与发展并重,一切农业生产活动都要在原本制度水平之上进行更高层次的发展;带动农户进入市场,扩充农产品社会治理队伍。

农户、家庭农场及农民专业合作组织作为生产主体在整个食用农产品质量安全治理体系中处于源头即根本位置。生产主体竞相参与治理是历史的必然,也是整个农产品市场的选择,各个主体从自身角度出发,将有效的历史经验与先进科技和现代化生产手段相结合,充分发挥各自优势,同时自觉接受政府部门的监督,积极配合相关工作,为食用农产品质量安全治理贡献力量。

二、经销商、物流服务商、农资经营商及其职责

农产品经销商是独立的经营机构,他们经营一种或多种农产品,将农产品经过他们的手加工或者直接再销售,从中赚取差价,他们注重的是买卖产生的利差而不是农产品价格本身。在农产品市场销售链中,作为中间商的他们在市场上的地位举足轻重,他们的作用也是其他主体所替代不了的。经销商上承生产者下启消费者,这足以让经销商获得最多的来自生产者和消费者的市场信息,从而根据自身需求调整或改变经营策略,使信息资源发挥作用,谋求利益最大化;为了稳固在市场中的地位,部分经销商可以拓宽经营渠道,增加

① 胡若哲:《促进农民专业合作组织健康发展》,《人民日报》2015 年 11 月 6 日。

经营产品种类,进入更多销售领域;最先最多获取优势农产品资源,淘汰部分问题农产品,以降低经营成本和经营风险,也为市场上的农产品做了一个粗略的筛选,在一定程度上净化了食用农产品市场。这是一个先进经销商在参与治理过程中应主动承担的责任。

物流服务商独立于产品供需的双方,它通过与供需双方客户合作来提供专业的运输配送服务以赚取运输费。现代物流服务商基于传统的运输资源和配送业从事综合物流服务,他们还具有物流专业知识和一定的资源,能有针对性地解决物流困难,使服务变得专门化、科学化,为客户提供专业高效的物流服务。优秀的物流服务商大都拥有专业的知识和工作素养,服务水平较高;专业的从业人员和服务团队都具备丰富的工作经验,能尽可能减少在工作中出现不必要的耗费,降低经营成本,并全力满足客户需求,赢得客户信任,与商家达到利益共赢,提高企业竞争力;制定一套完善的服务链解决方案和紧急预案,时刻做好意外保障,尽最大可能挽救客户和自身利益,紧跟需求复杂多样化的市场步伐,及时有效地解决客户问题。

农资经营商其实就是代理商,他们购进肥料、农药、农用机械等农用物资转手卖出,像经销商一样注重的是利差。就农资行业来说,他们懂得农业知识,了解农业生产规则,但他们几乎是依靠着农户们的生产活动而生存和发展的,他们经历买卖双方的变革,见过多方竞争的局面,比任何农业生产主体都更能体会农业市场的起起落落。面对信息化、数据化的大环境,农资经营商要做的还很多。借助信息技术整合资源,建立从种子、化肥到农机、农产品销售,全面的、服务到位的、完整的产业链,增强综合实力;另外,社会需求越来越复杂,服务对象越来越庞大,单个农资经营商很难提高竞争力,应鼓励多个农资经营商聚拢力量,发挥集体效应,取长补短,协同合作,将农资经营局面推上一个新层面。

作为治理的竞相参与者的经销主体,要努力规范自己的服务方式,提高服务水平;要对自己的经营行为进行严格自律,从自己做起坚决杜绝违法乱纪行为的发生;还要主动接受其他经营主体的监督、约束和控制,义不容辞地承担起促进食用农产品质量安全多元主体网格化治理体系向前发展的责任。

三、食用农产品协会及其职责

行业协会是依照国家相关法律、法规,由企业、事业单位等自愿组成的自律性、非营利性的社会团体。食用农产品协会是建立在自愿、互利的基础上的民办民管的合作组织,协会成员进行自我组织、自我管理,因共同目标组织在一起共谋发展。食用农产品协会的最大特点之一就是非营利性,协会不以营利为目的,具有自愿性、组织性和自治性。可以说该协会是适应我国当前农业农村发展基本国情的,支持食用农产品协会是完善食用农产品质量安全多元主体网格化治理机制的需要,更是推动社会主义市场经济发展的需要。

从协会内部角度出发,食用农产品协会要以谋求会员利益最大化为宗旨,为会员提供信息咨询、改进技术、统一标准、提升品质等服务,在规范和壮大协会本身的同时带动和促进协会内成员的发展。协会成员本就是因为追求共同利益最大化而自愿组织在一起的,因而协会最重要且最终职责就是谋求会员利益最大化。在谋求利益最大化的过程中,要为会员提供咨询服务,协会要善于收集协会内部及整个食用农产品行业的有效信息,利用信息技术手段进行整合、归类并储存,在会员需要时可以及时将信息提供给会员,打破信息交流屏障,实现协会内部资源共享;协会要善于归纳总结先进经验分享给协会成员,及时淘汰陈旧落后的农业产业技术,并进行技术创新,为会员的发展提供技术指导;要壮大协会且保障协会健康持续的发展,建立一个科学合理的统一的农业产业标准是必要条件,各自发展状况参差不齐的会员在协会里应寻求一个统一标准。这个统一标准会成为每个会员自我发展的一根标杆,对会员开展工作起示范指导作用,也在一定程度上对会员的行为进行约束;协会应不断完善组织结构,构建完善的协会组织制度;拓展服务路径,拓宽服务范围,提升服务水平,充分挖掘集聚效应;加强农业技术创新,为会员提供强大坚实的支撑,继而形成优质品牌,借势吸纳更多优质会员,获取更多积极有效的农业产业信息,不断扩充协会信息库,更好地服务会员,形成食用农产品协会内部的良性循环。

从社会层面来说,食用农产品协会属于社会的一分子,有责任协助政府相关部门实施农业农产品行业管理和维护社会各农产品企业的合法权益,推动整个食用农产品行业和企业的发展;协会要对食用农产品行业改革和发展道路上出现的问题进行深入调查研究,集合协会内多方信息,站在食用农产品市场第一线的直接利益相关者角度,向政府及农业部门提出有关改革、发展,包括产业、技术、政策及立法规定等方面在内的意见和建议;在一项新的制度或法规颁布后,协会要做好带头作用,团结协会内成员积极履行好、贯彻好、落实好国家相关政策,在全社会合力推进食用农产品质量安全多元主体网格化治理机制发展的进程中贡献应有的力量。

四、消费者协会及其职责

消费者协会是对服务及商品进行社会监督,保护消费者合法权益的社会组织。全国县以上的消费者协会已有 3000 多个,并且协会数量还在不断地增加,消费者协会队伍的发展壮大可见一斑。中国消费者协会的组织机构是理事会,协会工作和开展活动的经费主要来源于政府资助和社会赞助。为了切实保护消费者的合法权益,有效维护社会经济秩序,促进社会主义市场经济持续发展,自 1994 年 1 月 1 日起我国开始施行《中华人民共和国消费者权益保护法》。

法律和社会共同赋予了消费者协会更广泛的职责。为消费者及时提供农产品质量安全信息,提供消费信息及咨询服务,以增强消费者维护自身合法权益的意识和能力,有效保护广大消费者的合法权益,引导健康、文明、合理、绿色的消费方式;协同有关部门对食用农产品和相关服务进行监督检查,督促食用农产品加工销售企业合法经营、绿色经营,为市场提供健康、无污染的食用农产品;及时受理消费者投诉,秉持公正进行调查取证,为消费者提供维权帮助与支持,及时、准确地向有关部门反映消费者合法权益问题,并尽快给出合理、有建设性的建议,降低消费者损失和受害指数;遇到损害消费者合法权益的行为,可以通过大众传播媒介进行揭露,利用现代社会信息传播速度快、传播面广的特点,联合广大消费者一起放弃某类、某一品牌问题产品,将不合格的、危害人们身体健康的食用农产品从市场剔除;在参与制定消费者权益的法律、规章制度时,结合日常工作经验和实际状况,提出维权重点,分清主次矛盾,减少维权盲区,最大范围保障消费者合法权益。对优质产品及服务给予特别证明,以区分劣质和优质农产品,并进行一定的宣传和知识普及,方便消费者择优购买;通过发布便于识别的统一标识,将标志权分发给合格的有资格的企业或个体户,帮助广大消费者正确选择产品和服务,引导科学合理的消费,降低消费者投诉事件发生的概率。

无论是个人、企业还是社会组织,接受社会监督是不可忽视的,消费者协会应该认真履行保护消费者合法权益的职责,要走近消费者群体、深入消费者群体,及时听取消费者的意见和建议,在工作中不断改进和完善工作制度和工作方式,切实维护消费者权益。消费者协会还要依法依规,根据地方实际情况、客观条件和消费者需要,定时或不定时开展保护消费者合法权益的活动,普及消费者权益方面的法律法规知识及维权途径,同时在活动中收集更有利于消费者协会帮助消费者维权的有效信息,为日后的协会发展和服务工作提供信息参考。

五、涉农科研机构及其职责

新中国成立以来,我国的农业科研技术水平不断提升,涉农科研机构作为提升农业生产力的重要部门之一,其作用的发挥不仅仅对农业科技水平的提高产生重大影响,还从侧面为我国食用农产品质量安全多元主体网格化治理机制的发展和完善作出巨大贡献。涉农科研机构是我国科研事业单位中较为庞大的一组分队,他们具有专业的农业生产知识和先进的农业生产技术,从食用农产品的种植、培育、收获、运输和流通等各个方面对安全的食用农产品给予技术支持和安全保障。与其他队伍相同,涉农科研机构以向社会提供服务为主要任务,他们为生产领域提供科学技术支持,为食用农产品质量安全治理工作的开展奠定技术基础。

涉农科研机构的工作目标是服务农民、支持农村、发展农业。[1] 涉农科研机构在科研项目开展过程中不断将当代先进的、科学的农业科学技术引进运用到农业生产中,以提高农业生产水平、提升食用农产品品质和推进食用农产品质量安全多元主体网格化治理为出发点,培育优良品种,研发无毒、无害的

---

[1] 陈珂:《农业类科研事业单位机构改革研究——以洛阳市农科院为例》,西北农林科技大学 2013 年。

高效化肥、农药与涉农产品添加物。农业科学技术的提升带来农业生产水平的提高，农业生产的人力成本、财力成本等的下降，也就意味着农业农村经济收入的增长，这就为食用农产品质量安全奠定了物质基础，最终结合实地情况将科研成果引入各地区农业生产活动中，实现农业科学研究从理论到实践的跨越，同时为将来的涉农科研项目提供宝贵经验。

加强科普教育和培训，推动食用农产品质量安全知识浸润到整个社会成员的日常工作生活之中，形成人人有责、群防群控的思想意识。农业部数据显示，涉农科研机构大约有1万多个，有从业人员近10万人，另外还有农业技术推广人员达七八十万人，这为食用农产品生产技术研发提供了大量人力资源，对这些人力资源进行质量提升和优化配置，伴随政策上的支持，农业科研能力将更上一个新台阶。涉农科研机构要对工作人员加强专业知识科普教育，重视科研培训，提升科研人员的综合素质，让农业科研普及化，让先进的科学技术更广泛地运用在食用农产品市场上，要让科研思想渗入人们的日常生活，在潜移默化中对人的行为意识产生影响，形成人人有责、群防群控的良好局面。

涉农科研机构的发展不能一成不变，时代在变化、需求在更新，改革是一剂强有力的催化剂。革新观念，伴随市场经济发展，拓宽科研机构涉及面，扩大科研规模，延伸科研领域的广度和深度，创新科研制度，增强科研创新能力，不断壮大涉农科研机构的发展。在日新月异的现代社会，只有不断创新改革，才可能一直走正确的农业科研发展道路，才能不被新时代新问题所打倒，才能适时恰当地解决我国食用农产品质量安全治理道路上遇到的各种困难。

六、政府监管部门及其职责

食用农产品质量安全多元主体网格化治理的最重要的权威来自政府，政府监管部门是治理工作的重中之重。政府监管部门对内对政府相关部门的工作和人员进行监督，对外对包括食用农产品相关生产主体、经销主体、消费主体等在内的整个食用农产品行业起监督管理作用，以内外监管合力保障食用农产品市场健康运行，助力食用农产品质量安全多元主体网格化治理体系的发展。

首先,舌尖上的安全需要我们加快建立一个统一、权威、科学、高效的食用农产品质量安全监管机制。严格落实监管职责,提供基础服务和大力保障,明确食用农产品范围的界定并制定出统一标准;明确食用农产品质量安全监管主体范围,对食用农产品质量安全监管工作范围尽量做到全面覆盖,减少或避免监管漏洞;明确食用农产品质量安全属地管理的责任,建立相应的考核规范和评价机制,对各主体产生激励作用也达到消除责任盲区的目的;建立食用农产品全程监管体系,确定治理的整体方向和标准,准确划分各类治理主体的地位和职责;在统筹协调的基础上,出台相应的监管措施弥补因现行法律法规尚未明确规定的监管职责和事项而出现的漏洞。

其次,要加强政府监管部门行政执法能力。要加快建立健全基层食用农产品质量安全监管队伍体制机制,具体情况具体分析,采取预警、紧急和备案等措施有机统一;切实加强政府部门对食用农产品质量安全监管能力建设,加强执法协作,加大执法力度,根据需求开展联合调研;对食用农产品在生产、销售和消费过程中存在的突出问题进行重点突破、专项整治,开展有计划、有重点的治理整顿,严厉惩处各类违法行为,绝不放过任何危害人民身体健康的违法违规行为。

再次,要努力协调各方主体利益,使各方主体利益达到平衡,引导各类主体竞相参与食用农产品质量安全治理。为调动各方积极性,可以扶持一批活跃在政府和企业之间的中介力量,给予一定的政策支持,让他们相互竞争,在竞争中成长,在同行业中起带头模范作用,做政府、企业和消费者之间的桥梁,帮助协调好各方主体的利益,帮助形成各类主体竞相参与食用农产品质量安全网格化治理的局面。

最后,加快诚信体系建设,推行有奖举报制度,催化企业诚信内部治理的发展和完善,激发食用农产品经营者承担应有的社会责任和参与治理的积极性,打破我们社会治理能力差和市场自我约束能力低的僵局。另外,在重大突发安全事件和舆情发生时应加强跟踪监测,建立信息共享制度,对食用农产品质量安全监管信息进行不定时交流,强化数据共享,对相关主体的工作提供信息支持。

七、媒体组织及其职责

所谓媒体组织,是为了满足社会需要而衍生的专门从事大众传播活动的一种社会机构。社会现实生活变化万千,近年来舆论监督越来越受到人们的高度关注,对舆论的需求也越来越迫切,而媒体组织的存在恰好为人们弥补了需求的空缺。媒体组织存在于我们社会中的各个角落,其影响渗透到每一个人生活的方方面面,它将社会的一些相关或不相关的个体和机构有机地联系在一起,通过反映、报道种种社会现象或社会问题来实现媒体组织的自身价值。媒体组织的形成不是顺其自然形成的,而是经过一定时间的筹划有目的地专门建立的。它们明确的目标就是满足社会大众对舆论的需求。因其自身特性,它被社会和时代赋予其他组织机构无法承担的使命。

媒体组织本身最根本的工作理念就是满足社会大众的需求,充当信息传播的中介,要扮演好这个角色,首先要求媒体组织要有一个完整、全面、系统的工作机制,合理划分工作区域和职能,制订清楚的行动步骤,细致筹划每一次工作。由于媒体组织的工作具有相当强的时效性,要求媒体组织追求时间上的及时和持续性,有周期性的出版。另外,没有规矩不成方圆,媒体组织也应有自己的规章制度,在不违背法律法规的基础上结合自身实际情况制定合情合理合法的规章制度,以约束组织成员的行为和保证组织发展方向,更好地实现组织目标。媒体组织在很多情况下,直面各种社会现象,要保持客观公正的报道和监督,这对媒体组织队伍的素质提出很高的要求。媒体组织成员必须要有正确的世界观和价值观,要有坚定的信念和处事原则,要有刚正不阿的法制观念,要下大力气培育一支高素质的媒体组织队伍,使其能在食用农产品质量安全治理工作中发挥更大的作用。

每一个主体在社会生活中都有自己对社会应尽的义务,媒体组织同样也不例外。媒体组织应是社会生活最广泛、也是最公正公开的监督者,是食用农产品质量安全信息的传播者,还应该是社会最能让人信任的公共权益维护者。媒体组织对生产经营者、政府、消费者等多个主体的工作行为进行同一个时空里的平行监督。在行使监督权力时,要做到完全真实及客观公正,这是最基本的要求。媒体组织在实施舆论监督时有很多种方法,这就要求媒体组织结合内容和动机,把握时机,全盘考虑,采用合理高效的方式进行监督。不断增强食用农产品质量安全信息的透明度,对违法违规的主体施以强大的舆论压力,同时为消费者的维权举动提供一定的帮助,这是时代赋予媒体组织的神圣使命。

八、网格监管员及其职责

网格指的是网格化社会服务和管理模式。网格化的监管模式,使食用农产品质量安全治理工作变得更加细致,让任务分配和责任分配更加明确,这有利于调动工作人员的积极性。网格监管员在网格监管模式下对各网格内的社会服务和社会管理事务等工作进行监管,网格监管员的工作性质要求工作人员严格遵守各项网格管理的规章制度,不偏不倚地认真履行网格管理所规定的各项职责。

第一,网格监管员要履行收集、处理食用农产品质量安全信息职责。网格化治理就是将一定区域内的工作进行网格划分,需要网格监管员行使其职责,将碎片化的信息进行收集、归纳和整理,进而处理成可为食用农产品质量安全治理所用的有效信息,再将这些有效信息在一定时期里传达给需要的相关部门和个人,最后整理归档、记录在册。并且每天要及时查询内网信息系统,看看在自己所负责的网格内是否有投诉信息或相关信息异常,如果出现投诉要立即处理。

第二,履行日常巡查工作职责。网格监管员要积极主动地做好网格内的日常巡查工作。一个负责任的监管员应该随时掌握本网格内的状态,哪里出现了食用农产品违规生产,哪里有消费者不满意食用农产品市场秩序等,都应在第一时间内了解情况并给出应对措施,即时将问题处理在萌牙状态。全力配合其他相关部门工作人员,消除网格内不和谐因素。

第三,履行拓宽政府监管部门的食用农产品质量安全信息渠道职责。网格监管员要按时采集各类信息并上报到我国政府农业部门信息系统,为政府监管部门工作的开展提供有效信息,让政府监管部门能够更广泛地收集不同角度的信息,更切实地做好治理工作。

第四,履行推动食用农产品质量安全问题处理的提速增效职责。前面提到监管员要做好日常巡查工作,这样可以及时发现问题并解决问题。各个监管员在工作中要积极配合、全力协助各基层治理组织的工作,掌握更多信息,并做好信息分析工作。在面对突发事件时可以将结论派上用场,还能从已掌握的信息出发,提出更有效的食用农产品质量安全治理建议,推动食用农产品质量安全问题处理的提速增效。网格监管员的工作肩负来自政府、公众、社会的期望,他们要比任何人都了解网格情况要进一步弄清楚区域内各企业状况,分析本网格治理环境风险;要能够并善于收集信息、整理信息,深入网格内实地走访;要能紧密联系群众、依靠群众解决问题。这无不要求每个网格监管员时刻保持强烈的责任感和担当意识,积极学习专业知识,提升工作能力。

第二节 食用农产品质量安全多元主体
网格化治理机制构建的原则

一、坚持价值引导与制度规范相结合的原则

核心价值观的提升与嬗变是农产品质量安全多元主体网格化治理机制构建之路的根本所在。世界经济高速增长,生活方式不断改变,人们的思维方式、价值观念等也都发生了变化,开始注重生活质量、营造绿色文明的新价值观。人们的消费需求偏好开始向那些不污染环境、对人无害的绿色产品、有机产品转移。随着我国社会改革深化,矛盾凸显且呈现出日益复杂的多元化态势,这必然引发传统价值观的改变甚至是重塑。强化食用农产品质量安全多元主体网格化治理意识,引导人们从内心接受并且能身体力行地支持食用农产品质量安全多元主体网格化治理机制的构建。从个人到群体,从部分到整体,借助价值观对人的行为的导向作用,大力推进食用农产品质量安全多元主体网格化治理机制的建设。

自 2004 年国务院下发《国务院关于进一步加强食品安全工作的决定》(国发〔2004〕23 号)对国家层面有关食品质量安全的管理部门及职能分工作出规定。我国食品安全管理体制采取"以分段监管为主、品种监管为辅"的方式,按照一个监管环节由一个部门监管的原则,采取全国统一领导、地方政府负责、部门指导协调、各方联合行动的工作机制。[1] 作为食品安全管理的重要

---

[1] 陈松:《中国农产品质量安全追溯管理模式研究》,中国农业科学院 2013 年。

组成部分的农产品质量安全管理,其制度规范不可或缺,以制度影响思维导向,以制度约束社会行为,以制度护航机制建设是实践检验出来的真理。当下不断完善的法律法规、不断推进的农业标准化、不断进步的质检体系以及不断趋于科学合理的风险评估预警体系等各项制度标准,正在从各个角度多方位地推动我国食用农产品质量安全多元主体网格化治理机制的健康持续发展。一个科学合理的制度是规范人们行为的有力武器,而人们的行为又受到价值观的直接引导,那么,结合价值引导和制度规范则成为构建食用农产品质量安全多元主体网格化治理机制的必然要求。

二、坚持普遍支持与差异支持相结合的原则

在食用农产品质量安全多元主体网格化治理过程中,多元主体的特性注定了普遍性与差异性的存在。统一的产品标准是食用农产品质量安全治理的准绳;大众化的市场需求是使食用农产品市场平稳运行的保障;食用农产品质量安全治理体制发展方向一致等都离不开食用农产品质量安全各个主体的普遍支持。在相同的社会背景下,农产品的生产条件、生产手段、运输途径等很大一部分所需支持都是相同的,普适性是存在的;与此同时对制度的科学性检验也由此充分体现,能适应大部分的需求支持才是科学合理的,毕竟优先大多数才是顺应人心和社会发展的,即普遍支持应是占据主导地位的。

不可否认,我国食用农产品质量安全多元主体网格化治理中的多元主体间差异也是必然存在的,特殊性存在于任何主体间,他们各自的利益要求不尽相同,并且随着时代和社会不断变化,各主体本身的利益要求或自身情况也会发生改变。这是各个主体之间的差异,也是不同时间段里整个治理机制之间的差异。根据每一个治理主体的每一个单元网格的实际需求和具体情况,有针对性地给予差异支持,了解各个利益相关者的实际状况和具体冲突点来合理完善治理机制,以实现高效的农产品质量安全治理效率。也就是说在多元主体治理机制里,对主体的支持并不是全部都事先统一规定好的,而是在一定情况下利益相关者根据需要给予或受到差异支持。比如,统一的农业化标准是经过大量数据采集、统计、分析、总结而来的,是普遍的,但用在一些特殊的农产品上并不科学,多一点或少一点都可能造成问题农产品的产生,差异支持才能平衡农产品本身的内在差异。毫无差别的普遍支持是不合乎农业生产规律的,是无法实现各个主体的利益要求的,也是不符合社会发展潮流的。

三、坚持单项支持与综合支持相结合的原则

利益需求从来都是市场经济及各个利益主体行为的最主要影响因素,它是一把双刃剑,既对食用农产品安全起积极作用,又是问题食用农产品产生的重要诱因。食用农产品质量安全多元主体网格化治理机制中各个主体利益要求并不一致,但最终共同完善并维护食用农产品质量安全多元主体网格化治理机制的共同目标使之成为利益共同体。在此基础上,以治理为基础,对各个主体治理行为进行综合支持,这着重强调多元主体在治理过程中的战略合作,对食用农产品质量安全治理起推动作用且同时对各个主体本身形成正确的行为引导,充分发挥治理效应,优化主体间的协调合作,开展多层次、宽领域、全方位的多元主体治理机制。

从微观角度考量食用农产品质量安全多元主体网格化治理过程的方方面面时,其各主体的管理方式及其利益冲突都对单项支持提出了要求。即在保持综合目标内在一致的基础之上,满足各主体单项的合理要求,同时对治理主体进行科学合理的约束,以激发各主体治理积极性。另外,由于各个主体在治理过程中,因为治理信息来源、内容等的不同而采用不同的治理方式,这时单项支持则可以弥补差异,为各主体参与治理扫除妨碍实现治理的各种障碍,实现治理主体思想和行为的同向性,使得多元治理的结构牢靠稳固而又能灵活多变,利于有效实现农产品质量安全多元主体网格化良性治理的终极目标。

四、坚持局部支持与整体支持相结合的原则

进入 21 世纪,整体与局部协同作战成为新公共治理研究的主要内容。在多元主体网格化治理中,参与主体在整个系统里相互依存、相互监督、相互交流、相互促进,通过频繁的互动加强了主体间的联系和信任,实现信息交换和资源互补,从而将整体协作的效应价值发挥到最大。各主体间的交流协商工作有利于形成一个优势互补的高效的有机整体。当各主体经过多次交流,相互了解并逐渐磨合出共同的盈利战略时,就会出现一个平衡点,此时整体优势

将减少甚至消除局部劣势所产生的消极影响,实现各主体共赢结局。大数据背景下的食用农产品质量安全多元主体网格化治理机制能够克服传统的治理模式的不足,采用更先进、更科学的信息化技术对食用农产品的质量安全进行局部与整体相结合的多元主体治理机制。

当前公共治理问题的复杂化以及信息资源的碎片化,使各个主体都不具备独立解决公共领域内产生的绝大多数问题的能力,这是由公共环境决定的。正因如此,能带来不同的理念、资源和途径的多元主体组成的多元网格化治理体系则成为最理想状态。所谓多元主体网格化治理,每一个主体及其底下的单元网格都属于整个治理体系的一部分,相互独立又相互联系,"格"与"格"之间各自为政是行不通的,做到"格有界,而治理无界"才能发挥治理的最大作用。① 任何整体中的各个部分散乱无序都是不可行的,整合信息资源,保持网格之间的畅通交流,是将这些分散的局部整合在一起的关键所在,这就需要做到局部支持与整体支持相结合才能实现。

五、坚持静态支持与动态支持相结合的原则

不管是过去还是现在抑或是将来,变化也许是唯一不变的真理。为了维护整个多元主体网格化治理体系在任何时候任何情况下的有效性,各个参与主体要在相对灵活、开放的治理环境中对整个治理体系进行持续不断的创新与改进,迎合受众群体和市场,与国际环境接轨去适应社会发展的需要。与时俱进一直以来是社会在大环境下向前发展的必然要求,从各个治理主体本身来说,不断调整和完善也是促进主体自身成长和壮大所必需的。比如,2015年北京达邦食品安全管理顾问有限公司运用"互联网+食品安全"思维推出的网格化移动监管软件,就很好地适应了农产品监管的新形势,达到了其主体本身的利益需求同时还满足了整个农产品安全治理体系的利益要求。② 在食用农产品质量安全多元主体网格化治理中,各个主体都有其特殊性,自身的利益要求不一样,且不断变化,生产主体和经销主体的利益要求与消费主体的利益

① 杨海涛:《城市社区网格化管理研究与展望》,吉林大学 2014 年。

② 李广平、朱秀君:《保障食品安全　开创网格化移动监管新模式——访北京达邦管理顾问有限公司总经理杨明升》,《食品安全导刊》2015 年第 20 期。

要求也不一样,监管主体与涉农研发机构等主体间利益要求差异更大。有了这些差异如果不及时做出合理调整,那么不但主体利益受损,而且对整个多元主体治理的体系会造成损害。所以,整个治理过程绝不是静态的,而是一个结合实际、科学运作及监管的动态过程。

当然,单纯的动态管理也是不可能的,毕竟主体的持续发展对稳定性还是有一定要求的,在相对稳定的基础上进行切合实际的动态调整才是持续健康发展的不二法则。例如,在动态的食用农产品的供应链里,解决质量问题时必须依照客观实际进行动态支持,拒绝死板和被制度束缚进行动态解决,但供应链主体在盈利时质量安全问题会得到一定的控制,这是在保证利益的情况下,良性供应链保持稳定静态,静态支持就可以很好地推进食用农产品质量安全多元主体网格化治理。一成不变放在任何地方任何时候都是行不通的,动静结合的治理机制才是充满活力且适应发展需要的。

六、坚持民生为本与服务为先相结合的原则

中共十六届三中全会上提出以"以人为本"作为科学发展观的核心,它是我们党全心全意服务人民的根本宗旨。只注重经济高速发展、GDP 高速增长而忽视人民群众真正的需要和利益的发展观已经过时,"以人为本"的发展观已逐步成为我国制定各项政策制度的首要考虑因素。服务型政府要求政府履职时必须坚持"以人为本"原则,体现"社会本位、民众本位"精神。服务型政府并不意味着政府的全面干预和控制,过度依赖政府会阻碍我国食用农产品质量安全治理进程。以民生为本要求相关农业部门在出台相关政策时首先将民生放在第一位,最大程度照顾到民生需求和利益,要深入群众客观分析,要换位思考多想民生、多听民声,做到切实维护人民群众的根本利益。

在我国食用农产品质量安全多元主体网格化治理的实践中,以管理控制为主的治理观念还存在于我国农业相关部门,他们的工作重管理而轻服务,并没有认识到利用服务来促进管理。这已经不能适应社会发展的需要,由管理型向服务型转变才是当今民生社会的主题。以合作为起点,利用大数据系统收集整理信息资源,并将信息资源转化为相对应的服务行动,以弥补传统管理服务的不足,落实民生为本理念更好地履行公共服务的职能。另外,值得注意

的是,多元主体网格化治理所带来的服务主体多元化,是建立在政府相关农业部门真正认识到怎样提高服务水平、提升服务效率的基础之上的,只有包括政府在内的各个主体通力合作,各自发挥有效职能才能实现食用农产品质量安全多元主体网格化治理机制的健康有序发展。

第三节　食用农产品质量安全多元主体网格化治理机制构建的目标

一个完善的、科学的治理机制并不是一朝一夕就可以形成的,目标是道路前进的方向,有了方向才有动力。只有各个治理主体目标一致才能齐力推进食用农产品质量安全多元主体网格化治理机制的构建。

一、建立"逐级负责、网格到底、纵向一体、横向联动"治理新机制

食用农产品质量安全多元主体网格化治理,就是利用信息技术将一定范围内所牵涉的农产品质量安全监管工作按区域网格进行划分,同时紧密协调各单元格间的工作和信息交流,增强沟通、加强合作,开展区域内既分散又集中的治理模式探索。首先,根据区域实际情况,将区域分为纵横交错的几级网格;其次,建立健全治理监管机构,成立工作小组对单元网格内工作负责;再次,明确各级各单元网格内人员的工作任务,分工到位、责任到人、全面覆盖。多元主体网格化治理则更突出在治理体系中主体多元化的特点,生产主体、经销主体、消费主体、监管主体、涉农研发机构等多元主体构成治理网格的主体,各主体之间相互依存、相互监督、共同进步。可以说,"网格化"和"多元主体"两个新理念的加入为传统的食用农产品质量安全治理机制注入新的活力,更切合社会的实际状况,更加有效地解决一些社会问题,更加完善农产品质量安全监管的制度化、责任化和规范化,对整个食用农产品质量安全治理工作的整体发展产生巨大推力。

网格化治理首先发端于城市,也主要应用于城市,随着具有时代特色的社会问题的暴露,它逐渐显露出来在公共服务方面的潜力。2003年底,北京市东城区率先依托数字城市技术推进网格化城市管理模式,并在一定时期内取

得了城市社会管理的明显成效,随后全国各地纷纷效仿,形成全国性"网格化城市管理"的热潮。① 近年来"网格化管理"向"网格化治理"转变。实践证明,网格化治理能提高工作效率和工作水平,其在食用农产品质量安全多元主体治理的领域内的优势日渐凸显。2014 年,江苏省泰州市在全市范围内开展了农产品质量安全多元主体网格化治理工作,并取得了蔬菜抽检合格率达98.13%、"三品"数量达 2100 个的良好成效。② 湖北省宜昌市是全国创新社会管理工作的试点单位,这几年也在积极探索"以人为本"的网格化、信息化的农产品质量安全多元主体网格化治理机制,并且取得了有益成果。

由此可见,我国利用信息技术配合单元网格间协同工作,多元主体共同参与,实现资源交流,提高工作效率的食用农产品质量安全多元主体网格化治理机制是合乎现代社会发展要求的,建立"逐级负责、网格到底、纵向一体、横向联动"的食用农产品质量安全多元主体网格化治理机制这一目标的实现定能为我国食用农产品质量安全这座大厦增砖添瓦③。

二、开创多元主体竞相参与食用农产品质量安全网格化治理新局面

食用农产品质量安全治理是一项庞大而复杂的工程,一个群体或某一部分力量都太弱小,需要社会多方力量共同努力,共同解决食用农产品质量安全问题。

食用农产品质量安全多元主体网格化治理工作是一项涉及多方面的系统工程,上下各方密切配合,理顺分工和责任,避免监管盲区,保障工作无缝对接,仅一个政府部门是达不到这样的工作要求的,这时,多元主体竞相参与机制的引入为食用农产品质量安全治理开辟新天地。首先,多元主体竞相参与对政府农业部门权力形成外在力量制约。④ 在追求自我利益的动机面前,政府相关部门利益的天平出现摇摆,最终牺牲个体或社会利益在某种程度上是

---

① 井西晓:《挑战与变革:从网格化管理到网格化治理——基于城市基层社会管理的变革》,《理论探索》2013 年第 1 期。

② 赵婷婷、范正辉:《农产品质量安全网格化管理模式探讨——以江苏省泰州市为例》,《农产品质量与安全》2015 年第 3 期。

③ 陶沙:《食用农产品质量安全网格化治理机制构建研究》,湘潭大学 2016 年。

④ 耿弘、童星:《从单一主体到多元参与——当前我国食品安全管制模式及其转型》,《湖南师范大学社会科学学报》2009 年第 3 期。

难免的。牺牲个体或社会利益,这样食用农产品质量安全治理效果就会大打折扣,要切实维护人民群众的利益,引入多元主体参与公共治理,自己维护自身利益才是最可靠的。将公共权力制约的主体扩展到整个社会,无疑比政府单一权力治理要更广泛、更透明,效用也大大增强。其次,多元主体的参与可以说是政府农业部门信息、工作能力等方面的有效补充。生产主体、经销主体、消费主体等多元主体能在一定程度上为农业部门分担监管任务,并且各主体在参与治理的过程中,作为参与者可以比政府农业部门更精准、更直接、更及时地发现问题、解决问题,提高监管工作效率。再次,多元主体的参与可以提供更广泛的信息支持,为食用农产品质量安全治理带来新思路。食用农产品质量安全治理牵涉多方利益,各方利益需求都不一致,当各主体自己参与到治理过程中来,直接地面对出现的问题,能有效表达主体自身的体验和想法,为解决问题提供切实可行的建议,从而提高食用农产品质量安全多元主体网格化治理的有效性。

多元主体竞相参与食用农产品质量安全网格化治理的优势是显而易见的,不失为从根本上解决我国食用农产品质量安全问题的有效措施。要开创多元主体竞相参与食用农产品质量安全网格化治理局面并形成竞相参与的新氛围绝非易事,广泛宣扬多元主体治理的有效性,从思想认识上改变政府及社会各主体的治理理念;政府相关部门制定制度规范,推进配备相应法律法规为多元主体参与治理保驾护航;第三方形成外部监管力量,对政府农业部门及社会各参与主体进行实时全面监督,督促食用农产品质量安全治理工作的健康有序进行。实现开创多元主体竞相参与食用农产品质量安全网格化治理新局面这一目标,我们任重而道远。

第四节　食用农产品质量安全多元主体网格化治理机制构建的内容

一、战略联盟机制

战略联盟机制,即以多元主体治理协议为基础,以依法治理为保障,以实现食用农产品质量安全为目标,形成生产主体、经销主体、消费主体、监管主体和涉农研发机构等多元主体治理结构,对食用农产品质量安全展开全方位、多层次、宽领域的深度合作,构建深入细致的联防联控联服务的食用农产品质量安全多元主体网格化治理新格局。战略联盟机制强调治理主体彼此之间的高度信任意识和战略合作意识,能够科学准确地预判食用农产品质量安全多元主体网格化治理的积极意义和主体自身的正确行为引导与正向影响。战略联盟机制是食用农产品质量安全多元主体网格化治理机制的重点。多元主体通过科学合理的分工与合作,在治理网格间利用信息技术进行资源共享、信息对接,从而实现食用农产品质量安全多元主体网格的紧密联结。由于治理网格的主体众多,单靠某一主体不可能达成目标,而且保障食用农产品质量安全不仅是政府的责任,而是生产者、经销商、消费者、涉农研发者和监管者共同的责任,生产者充分发挥对农产品质量安全治理的作用,严格把控生产源头,从源头保障好食用农产品质量安全;经销商要做好农产品运输、存储等流通过程中的质量防护,并进行严格自律,依法经营;消费者要不断学习、掌握食用农产品质量安全知识,理性地、有效地参与治理;涉农研发者为食用农产品质量安全治理工作提供技术支持,要不断地改革创新,增强科研实力;监管工作是食用农产品质量安全治理工作的重中之重,所以监管者要落实监管职责,增强执法能力。只有各主体在权利与机会均等的基础上进行充分的协商,实现自我意志的表达;在合作与信任的基础上进行深度的交流,才能达成共识。战略联盟机制要求多元治理主体都参与协商讨论与战略合作,其关键在于对食用农产品质量安全多元主体网格化治理协议的细致思考和认真把握,对各主体在深度合作与协同治理过程中的细微行为和链接节点要有明确的指向性规定,最大限度地发挥多元主体的优势。多元主体间形成联合并进、优势互补、利益共享、风险共担的食用农产品质量安全多元主体战略联盟机制,从而提升食用农产品质量安全多元主体治理能力,促进食用农产品质量安全多元主体网格化治理结构牢固又不失灵活,推动食用农产品质量安全预防控制、网格化服务等有序进行。

二、利益与共机制

利益与共机制是指多元主体通过合理的利益划分和高效的资源配置方式,实现利益并存和合作共赢。利益与共机制是食用农产品质量安全多元主体网格化治理机制的基石。利益驱动作为市场经济行为和社会行为的主要影响因素,对食用农产品质量安全治理有着重要作用。在利益与共机制下,要使食用农产品质量安全多元主体治理机制得到有效运用,必须对各个共同参与食用农产品质量安全治理主体的权利和义务进行均衡。首先,要对各利益主体的权利与利益进行全面的、充分的考虑。各治理主体对利益与共机制的构建有着重要影响是因为他们对于各自利益的追求,比如,生产者追求高产量、高收入、低成本,消费者追求低价质优的农产品。因此,在利益与共机制的构建过程中,要充分考虑各治理主体的利益追求。其次,要强化责任意识与义务认知。对各治理主体不仅要考虑其利益,也要重视其责任,达到权利运用、利益满足与责任意识、义务认知的统一。最后,要协调好各治理主体之间的利益关系。由于各治理主体的利益追求不同,所以在构建食用农产品质量安全多元主体网格化治理过程中,要与各治理主体进行充分的沟通,努力协调治理主体之间的利益关系,确保各治理主体在网格化治理中相互配合,保证食用农产品质量安全多元主体治理机制的合理运行。多元主体网格化治理机制的有效运行是各治理主体合力作用的结果。这种合力效用形成于各治理主体主动追求自身利益实现的过程中,各治理主体追逐利益的实现实质上是各治理主体对权、责、利合理配置的过程,利益与共机制将食用农产品质量安全多元主体网格化治理过程中的利益分配方式作为主要突破口,对于提升安全保障效率具有显著作用。利益分配的标准不仅要从市场经济和社会生产行为中的主体责任进行确立,而且要以调动多元主体参与积极性和治理结果评估作为重要指标,深化各治理主体间的团结合作,提升互信程度。利益与共机制的实质是在尊重各治理主体的权利与承认各治理主体利益的基础上,使社会共同利益普惠各治理主体,在各治理主体都能获得利益的前提下,各治理主体间的信任度上升,从而在多元治理主体间营造出一种良好协商合作的氛围,各治理主体在食用农产品质量安全多元主体网格化治理中坚持利益与共,在切实保障各方利益的基础上实现食用农产品质量安全多元主体网格化治理的目标。

三、资源整合机制

资源整合机制通过组织和协调,将各个共同参与食用农产品质量安全治理又拥有独立结构的多元主体整合成一个为食用农产品质量安全多元主体网格化治理服务的系统。食用农产品质量安全多元主体网格化治理资源整合机制,不仅要在信息等资源方面实现省、市、县、乡镇、村等五级治理网格间的交流、整合和共享,而且要建立起生产者、经销商、消费者、监管者和涉农研发者之间的联合。资源整合是治理战略调整的手段,也是在治理过程中的日常工作。面对治理需求的多样性与不确定性和治理任务的艰巨性与复杂性,食用农产品质量安全多元主体治理网格结构需要通过资源整合来实现各主体间的信息互通、资源共享,从而促进治理主体的有效合作。目前我国食用农产品质量安全领域普遍存在着信息不对称现象,而消费者一直处于信息劣势地位,这样不利于消费者做出基于自身需要的理性的消费选择。信息不对称现象的普遍存在,不仅使得各治理辖区的信息不畅通,政策传递不及时,资源分布不均衡,而且使得各治理主体之间的信息阻塞、无法达到效率最优,效益最好,所以说资源整合机制对于食用农产品质量安全多元主体网格化治理机制的构建显得尤为必要。在多元主体共同协作、资源共享的基础上,生产者可以获得准确的市场需求以及先进的技术指导,有效地提高农作物的产量,极大地改进农作物质量,同时优化农业生产资源;经销商通过对比生产信息与市场需求,能够有效地整合资源,提高盈利能力;消费者能够做出利己的、合理的消费选择;监管者能够更好地开展监管工作,提高监管水平;涉农研发机构能够准确把握农产品生产的最新动态,及时创新并提供先进的农业生产技术。资源整合机制要帮助食用农产品质量安全多元主体网格化治理尽可能扩大信息资源收集范围,扩充收集信息资源的种类,提升资源归纳整合的能力,并进行最优分配提高资源的有效性。资源整合需要充分发挥资源共享、网格化聚集作用,实现多元主体效益成倍增长而不是简单相加,在共商、共建中形成网格化积聚效益,多元主体合力促进食用农产品质量安全资源共享平台建设。

四、共振动力机制

共振动力机制是指建立各主体目标与多元主体总目标共振的动力机制,对各主体的治理行为进行共振激发,并充分发挥治理文化的引领与黏合效应,以增强网格化治理动力、提高网格化治理质量、激发网格化治理响应。要以多种外在机制对治理主体行为进行催化、指引和约束,重在优化主体间的合作默契、协调意识和提高行为的一致性、同步性。同时,更要强化其内在的思维方式、核心理念、精神归属等,激发治理主体间的强烈共鸣和治理动力,提升各方参与食用农产品质量安全多元主体网格化治理等各项治理的积极性、主动性,在保持各分目标与总目标内在一致性的基础上,满足各方合理要求,进而实现食用农产品质量安全多元主体网格化治理的最终目标。要逐渐培养治理主体对彼此间治理行为配合度、信任度在认知上的高度认同感,获得理论成形和实践方式的共同成果,从而形成网格化治理文化的核心结晶体,不断推进网格化治理文化精神对多元主体参与行为的引导作用和对治理结构、治理关系的黏合固定作用。

食用农产品质量安全多元主体网格化治理的主体包括五个大的领域:生产主体、经销主体、消费主体、监管主体、涉农研发机构。其中每个领域又内含不同的个体,生产主体内含的农民、家庭农场、农民专业合作组织属于食用农产品质量安全治理体系中最基础最关键的部分,这些主体直接决定了食用农产品质量安全的初始水平;经销主体囊括的经销商、物流服务商、农资经营商在整个治理体系中起承上启下的作用,负责将初始农产品运输销售到各地,确保运输过程中农产品质量安全不受损;消费主体是整个网格化治理体系中的被服务者,消费者享受来自其他主体提供的优质服务,消费者协会确保消费者权益同时影响着品牌的兴衰;监管主体包括政府部门、社会媒体、网络舆论,政府监管负责制定和确保农产品质量安全治理的总体方向和目标,以法律法规为效力,明确各类主体职责,社会媒体及网络舆论宣扬食用农产品质量安全多元主体风格化治理体系的必要性,通过对违法主体及生产高质量农产品主体进行对比性报道增强舆论压力,促进各主体依法从事相关工作;涉农研发机构致力于研发低毒高效环保的农药化肥,减少因高毒农药残留引发的食用农产品质量安全问题。在整个食用农产品质量安全多元主体网格化治理主体中,总目标是确保食用农产品质量安全,其中生产主体和经销主体的目的是赚取利益、消费者寻求高质量农产品、政府监管部门确保制度的有效运行、社会媒体及网络舆论追求大众聚焦、涉农研发机构创新化肥农药生产。尽管这些主体在治理中追求的目标存在差异,但可以在尽量满足各主体目标的基础上,加强各主体之间的沟通交流,减少不必要的摩擦和纠纷,建立共同的治理目标,发挥各主体治理能力的最大效应。

五、联合保障机制

联合保障机制旨在维护食用农产品质量安全多元主体网格化治理稳定化、常态化运转,为各个治理主体参与治理过程扫清各种障碍,对不确定性因素的影响作用、范围提前进行预判,促进食用农产品质量安全多元主体网格化治理链条中的后续环节能够正常运行。联合保障机制主要包括思想保障、人才保障、财政和金融保障、利益保障、信息保障等机制。各个主体基于不同的治理方式参与治理过程,主要是因为治理信息的来源渠道、接收程度、内容量度等各有不同。因此,推动信息保障能力不断增强,确保信息内容和接收方式保持一致,能够实现治理主体思想和行为的协同性、统一性。

思想保障就是确保治理主体在关于食用农产品质量安全治理方面,以保证质量安全为第一目标,摒弃生产者只顾追求高产而忽视食用农产品质量安全的行为,防止经销商采取滥加工或不加工的方式,降低加工成本赚取高额差价以及物流服务商为囤积居奇不按规定对食用农产品进行妥善保存,禁止农资经销商销售剧毒高毒农药化肥,杜绝商贩、消费者不按正确说明方法食用和使用农产品。人才保障则要求培养食用农产品质量安全监管方面的高素质人才,提高食用农产品质量安全网格化治理主体关于食用农产品质量安全方面理论及实践的整体素质。只有治理主体具有专业的知识和技能才能识别出农产品中的残次品、污染物对社会的危害,从而有效减少乃至杜绝不合格食用农产品流入市场。财政和金融保障、利益保障三者都聚焦保证治理主体的经济效益。从近年来食用农产品质量安全治理过程中显现出的问题来看,食用农产品质量安全问题得不到有效遏制的原因在于诸多治理主体一味谋求自身利益最大化而铤而走险。在网格化治理机制稳定运行的情况下,治理主体的资金有了稳固的保障,追求个体利益最大化而忽视治理的问题得到有效缓解。联合保障的最后一点是信息保障。由于大数据时代的快速发展,治理主体信息趋向透明,网格化治理模式受到外界信息的冲击,信息保障将和其他保障共同构成联合治理网络以防止治理数据外泄,确保食用农产品质量安全治理的独立性、科学性与合理性。

只有思想、人才、资金、利益、信息等得到有效保障，政府监管部门及其他治理主体才能够完全投入食用农产品质量安全多元主体网格化治理之中。食用农产品质量安全治理的多元主体间拥有相互信任的合作基础，网格化治理工作才能顺利开展。建立联合保障机制，加强各治理主体在思想、人才、资金、利益、信息等方面的协调与沟通，保障各治理主体的合法权益，才能更好地促进各治理主体在食用农产品质量安全网格化治理中的协调合作。

六、阳光监督机制

阳光监督机制，即建立权责一致、权责清晰、公开透明的食用农产品质量安全多元主体网格化治理的工作体系，严格落实问责惩戒机制。网格化治理强调治理主体的多元化以及各个治理主体之间的密切合作，要建立健全食用农产品质量安全多元主体网格化治理的权力运行制约和监督体系。监督管理是对生产农产品质量安全行为的外在约束。政府作为多元主体网格化治理的主导者，监管农产品质量安全是其义不容辞的职责。政府监督主要包括事前预防、日常监管、政府控制、政府惩治、政府支持等五个方面。在政府内部形成分工明确、横向联动、纵向一体的农产品质量安全监管机制。对外加大监管力度，加强行政执法能力，严格惩处各类违法行为，将被动型政府监管转化为主动型政府监管。政府作为主导者，不仅需要准确划分各类治理主体的权力与义务，界定责任的边界，同时也要完善信息共享平台，为其他治理主体开展工作提供信息支持。

事实上，政府监管不可能面面俱到，的确存在一定的监管死角和盲区。因此，应当将非政府组织和个人纳入监管主体的范畴，给予其相对应的治理权力。网格化治理要求治理主体多元化，网格化治理的主体包括政府、生产者、企业、消费者、新闻媒体、非政府组织等。社会公众监管主要是指消费者、行业协会、新闻媒体监管。

消费者作为农产品的直接食用者，群体数量十分庞大，是社会监督中的重要组成部分，它的贡献不容小觑。消费者能够对生产者、企业、政府部门等多个主体进行阳光监督和合理约束。一方面，消费者对农产品的质量安全要求极其严格,一旦发现食用风险,可通过新闻媒体、互联网等平台曝光有关的问题农产品,有效弥补政府部门的监管盲区。消费者的这种反馈与维权行为将给生产主体以及经销商带来安全生产的责任感与危机感。另一方面,发生食用农产品质量安全事件后,政府部门如未及时回应消费者的诉求,那么事件给全社会所带来的恶性影响则难以控制。消费者对食用农产品质量安全的监督管理、所作所为、所思所想,以极大的冲击力约束着政府部门的公共权力,督促执法人员的合法用权,避免出现滥用职权、以权谋私的腐败现象。尊重和提倡社会公众参与,畅通消费者的反馈、投诉以及举报渠道,提升其民主参与意识,这也是网格化治理结构的特点之一。

消费者协会有更加广泛的职责。它能为众多消费者提供农产品质量安全信息,降低信息不对称所造成的负面影响,方便消费者择优购买。此外,受理消费者的投诉,提供维权帮助与支持,并将有关信息及时反馈给政府部门,减少维权盲区,有效保护消费者的合法权益。新闻媒体具有社会信息传播速度快、传播面广、渗透程度深的特点。在食用农产品质量安全多元主体网格化治理机制下,媒体组织需要提升农产品质量安全信息的透明度、农产品质量安全事件的真实度,对造成严重后果和社会恶性影响的违法违规行为施以舆论压力,发挥舆论监督的最大作用。

政府、消费者、消费者协会、新闻媒体,是农产品生产者、经销商在生产经营过程中必将面对的几个主要力量,尤其是在当前互联网信息技术高速发展的社会大背景下,生产者的违法违规行为一旦被曝光,便会受到冲击,甚至遭受牢狱之灾。建立食用农产品质量安全多元主体网格化监管工作是一项系统工程,需要借助社会各界力量以提高我国食用农产品质量安全水平。

七、依法治理机制

依法治理机制,即将各种参与食用农产品质量安全治理方式、主体、程序等纳入依法治理轨道,形成具有连续性、系统性、协调性的食用农产品质量安全多元主体网格化治理的法律机制。诚信体系的建设是一种"柔性措施",法律制度代表震慑力更强的"刚性保障"。从传统的一元主体监管转变为多元主体网格化治理,治理理念在不断强调法制化。食用农产品质量安全治理过程不仅是多元主体参与社会公共事务管理的过程,也是各治理主体执法用法、依法行动的过程。依法规范食用农产品质量安全多元主体网格化治理,提升食用农产品质量安全多元主体网格化治理的认知权威。实质性的法律威慑力,使得各个参与治理的主体在运用相关权力时,能够正确约束自身行为,不做违法违规之事,不触及法律红线。多元主体网格化治理的执行效率得以明显提高,并且对于推动我国民主法制建设、提升社会治理能力具有重要作用。

首先,从法律制度层面上明确政府、非政府组织在参与食用农产品质量安全多元主体网格化治理时的法律权力。厘清法律的框架,以法律法规的形式对各治理主体的权力与义务确立定性,使不同部门、不同主体在统一的法律框架内实施管理。有效保证各治理主体的行为有法可依,各治理主体的权力有法律保障,避免政府内部出现政出多门、各行其是的情况。

其次,完善农产品质量安全监管的问责惩戒机制,使之法律化、制度化、规范化。多元主体共治下,责任的认定,责任的划分,不同主体担责程度等系列难题亟待解决。要尽快建立以司法责任追究为主、行政责任追究为辅的违法失职农产品质量安全监管行为责任追究机制,形成共同承担食用农产品质量安全治理责任的机制,结成治理食用农产品质量安全事务的多元主体行动网络。尤其要健全公务人员违法惩戒机制,约束权力拥有者私自滥用行政权力。

最后,完善农产品质量安全法以及消费者权利保护法。加大处罚力度,并将食用农产品质量安全的相关法律条款做进一步的细化和延伸。例如,就剧毒农药管理制度方面,对禁用限用的剧毒农药做法律范围内的界定,在提高农药污染处罚金额的同时,有必要追究非法使用剧毒农药的法律责任。增加规定食用农产品质量安全追溯制度。追根查源农贸市场上未达到安全食用标准的农产品,查明责任,依法处理,全程监控农产品从农田流向餐桌的整个过程。就消费者主体方面,建立消费者权益维护机制,使消费者依法维权;建立消费者维权保护制度,使消费者敢于维权,消除维权者的后顾之忧,对食用农产品质量安全违法分子带来强大威慑力。

第七章 食用农产品质量安全多元主体网格化治理评估指标体系

第一节 食用农产品质量安全多元主体网格化治理评估指标体系的构建过程

一、多元主体网格化治理评估指标体系构建的原则

食用农产品质量安全多元主体网格化治理评估指标体系的构建需要依照一定的原则,使构建的指标体系能够充分反映多元主体在食用农产品质量安全网格化治理过程中的实际绩效与出现的问题,而不是指标的简单堆砌和罗列。根据评估指标体系的构建流程,构建食用农产品质量安全多元主体网格化治理评估指标体系需要遵循以下五项原则:系统性与典型性相结合原则、动态性与科学性相结合原则、可比性与可量化性原则、可操作性原则、目标一致性原则。

(一)系统性与典型性相结合原则

首先,系统性原则要求食用农产品质量安全多元主体网格化治理机制评估体系的各项指标之间相互联系,在逻辑上构成合理关联。各项指标要从不同的方面反映出网格化治理多元主体之间的内在联系。核心指标之间彼此独立,同时也存在关联,共同构成有机的指标体系。核心指标与基础指标要具有层次性,自上而下、深入反映多元主体网格化治理的每一个方面。典型性原则要求食用农产品质量安全多元主体网格化治理机制评估体系突出核心指标,所选指标必须具有极强的代表性。系统性与典型性相结合原则要求所选指标既能反映多元主体网格化治理的内在联系又能反映出多元主体网格化治理的

整体特征,便于提高结果的针对性和可靠性。

其次,系统性原则要求指标体系尽可能全面地涵盖食用农产品质量安全多元主体网格化治理所涉及的各种影响因素。在设计整个指标体系时一方面要注意研究对象的系统性,多元主体的网格化治理不同于单一主体的治理,评价指标体系除了要针对不同的主体设计不同的指标,同时还要对多元主体之间的纵横联系设计评价指标;另一方面是研究过程的系统性,多元主体网格化治理是一个动态且复杂的过程,设计指标需要考虑多元主体在共同治理过程中出现的影响因素。典型性原则要求指标体系能够反映多元主体网格化治理总体水平,并尽可能真实地反映网格化治理的水平。

食用农产品质量安全治理的方式有很多,而此次设计的评估体系主要面向多元主体的网格化治理机制,因此,评价指标需要有一定的典型性。多元主体的网格化治理涉及方方面面,纵向与横向交织不可避免地会导致各类因素之间包含重复的信息,因此,在设计评价体系中的各项指标时应遵循系统性与典型性相结合原则,尽量反映多元主体网格化治理的每一方面的特性,避免交叉与重复。在评价指标的设计、指标权重的分配以及标准的划分等方面都要与多元主体网格化治理的实际情况相适应。

(二)动态性与科学性相结合原则

食用农产品质量安全多元主体网格化治理评估指标体系应当具备动态性。动态性原则是绩效评估指标中的重要原则。从宏观角度上来看,多元主体网格化治理机制在我国尚属新生事物,随着经济社会的不断发展以及人民生活水平的提高,网格化治理的方式和水平也在不断变化之中,具有一定的动态性。因此,评价指标体系不应该是一成不变的,可以根据我国多元主体网格化治理水平的提高而调整评价指标,从而及时反映多元主体网格化治理机制的实际情况。从微观角度上看,多元主体参与网格化治理的过程也是动态的,各主体之间并不是简单地相连接,而是在职责上相互交叉,在治理过程中动态协作。因此,构建的指标体系也不是简单地针对每个主体完成治理任务进行评价,还需要对治理主体之间的协同与互动进行评价。

评价指标的设计并不是信手拈来的,指标的选择以及权重的确定都应当遵从科学性原则,能够反映食用农产品质量安全多元主体网格化治理的客观情况以及治理特征。一方面构建评价指标体系的过程要具有科学性,要选择合理的指标设计方法,在保证指标体系的科学完善基础上,尽可能使计算方法简洁明了,易于操作;另一方面各项指标的设计应当具有科学性,指标体系不能过于简单,避免遗漏,要涵盖多元主体网格化治理评估的各方面,指标设置也不能过于烦琐细碎,避免指标的重复。

科学性原则要求评估指标的选取应该充分体现食用农产品质量安全多元主体网格化治理的实际情况。通过对网格化治理的纵横角度以及多元主体的特性以及合作互动等方面充分体现食用农产品质量安全网格化治理的全貌。指标体系构建自始至终要贯彻科学性原则,从指标的初选、指标的信度效度检验或者指标权重的计算都需要以科学原理为依据。具体而言,食用农产品质量安全多元主体网格化治理体系各级指标选取在理论上要有科学合理的定义,在实践中要能切实应用到考核中。评估指标应充分考虑到多元主体网格化治理的特殊性,保证指标体系能够将多元主体网格化治理区别于单一管理。在指标的信度和效度检验上,需要选取科学的检验方法,在数据的检测上需要保证计算方法和计算过程的准确性。总而言之,食用农产品质量安全多元主体网格化治理的评估指标体系要遵循科学性原则,科学构建指标体系是保障评估结果合理有效的基础。

(三)可比性与可量化性相结合原则

食用农产品质量安全多元主体网格化治理评估指标体系所要评估的对象并不是单一的,评估对象的结构也不是单向的。这就要求构建起来的评估指标体系既能满足不同治理主体之间的比较,又能满足纵横交错的网格结构之间的比较。从宏观意义上来说,可比性原则要求构建的指标体系从既能满足网格化治理在不同历史阶段之间的纵向比较;又能满足同一时间段,不同地区网格化治理横向之间的比较。即指标体系应该同时满足食用农产品质量安全多元主体网格化治理在时间和空间上的可比性。可比性原则要求在设计治理评估指标体系时需要做到两点:一是构建的食用农产品质量安全多元主体网格化治理指标体系时,保证各个指标所考察的内容互相独立,在评估内容上不能有重复和交叉;二是评估指标体系不能偏离食用农产品质量安全多元主体网格化治理的基本属性,虽然参与治理的主体不同,但指标体系应关注治理目标和治理对象的共同性,这样才能比较多元主体在治理方面的差异性。

评估体系的构建是为了服务于食用农产品质量安全多元主体网格化治理,因此在确定指标时,需要各项指标在同一体系内具有一致性,采用统一的计量方式和计算量度,便于各项指标之间互相比较。食用农产品质量安全多元主体网格化治理涉及多方面因素,既有宏观的政策因素,也有微观的执行与操作因素。因此,理想的评估指标体系要将定性分析与定量分析结合起来,构建完整的评估指标体系并尽可能将指标量化处理。可量化原则是食用农产品质量安全多元主体网格化治理评估指标可比性和可操作性的基础。在构建指标体系时应避免指标含义的含混不清,要使各项指标客观、可操作,便于后期的计算与分析。但对于难以量化的指标,需要通过专家咨询法,在专家的指导下对这类指标进行定性描述。

(四)可操作性原则

可操作性原则要求在构建食用农产品质量安全多元主体网格化治理评估指标体系时应当考虑三个方面的问题。第一,评估指标要基于食用农产品质量安全多元主体网格化治理的现实情况设计。食用农产品质量安全多元主体网格化治理评估指标体系需要体现多元主体网格化治理方式的特殊性和先进性,根据多元主体参与网格化治理的实际情况和治理水平划定评估的标准,避免高估或者低估多元主体的治理水平。第二,可操作性原则是指评估指标的描述需要立足于现有的、已被证明的绩效评估理论。设计出来的评估指标需要具有可测量性,能够运用测量方法计算或验证出准确的结论。一般来说,定量的指标需要遵循统一的度量指标,确保定量指标之间能互相比较。只能用定性指标来考察的评估内容,也应当尽可能采用专家打分的方式,使定性指标在后期的计算中换算为定量指标,使定性指标也具有可测量性。例如,关于重要程度的指标考核,采用"非常重要""比较重要""一般""比较不重要""非常不重要",这样后期计算评估结果时,可用打分代替指标选项,从"非常重要"到"非常不重要"分别以分数"5-1"分来代替。第三,食用农产品质量安全多元主体网格化治理评估指标体系的设计要考虑到在实际评估中是否切实可行。如果设计出来的指标体系在实际评估中无法获得有效的信息,或者获取评估信息的渠道堵塞,无法应用于实际评估之中,那么即使设计出来的多元主体网格化治理评估指标体系在理论上很完美,也只是纸上谈兵。此外,评估指标的设计还应考虑到后期数据的收集工作。食用农产品质量安全多元主体网格化治理评估指标体系最终的落脚点还是在治理的评估上,是为了实现食用农产品质量安全治理目标服务的。因此,可操作性原则是整个评估过程实现的关键原则。

(五)目标一致性原则

目标一致性原则要求评估指标体系要与评估目标以及评估对象的目标保持一致。换言之,构建食用农产品质量安全多元主体网格化治理评估指标体系的目的在于实现多元主体对食用农产品质量安全的治理目标,同时评估其治理目标的实现程度。因此,在选择食用农产品质量安全多元主体网格化治理的评估指标时,应当从实际的治理目标出发,依据治理目标选择和设计食用农产品质量安全多元主体网格化治理的评估指标。在指标的初选上,可以采用目标分解的方法,将评估指标体系的核心指标设定为食用农产品质量安全治理的战略目标。在设定核心指标的基础上,一级一级分解核心指标,设置切实可行的二级指标和三级指标。此外,多元主体共同参与食用农产品质量安全治理并不是简单的分散式治理,而是纵横交错,相互关联、相互促进的网格化治理。因此,构建食用农产品质量安全多元主体网格化治理指标体系需要与网格化治理的客观结构保持一致。此外,一致性原则还要求各项指标之间在逻辑上互相关联、在考评范畴上互相独立,系统全面地反映食用农产品质量安全多元主体网格化治理的客观情况。

二、多元主体网格化治理评估指标甄选的方法

本课题研究中主要运用综合指数评价法、模糊综合评判法等方法分别对评估指标进行信度与效度检验及测算评价。

(一)综合指数评价法

综合指数评价法将多元主体网格化治理的各项评估指标转化为度量相同的指数,在后期的研究中,有利于将各项评估指标综合比较,并以量化的综合指数来衡量多元主体在食用农产品质量安全网格化治理中的质量。每项指标

的指数由其重要性决定,能够充分表现该项指标在整个评估体系中的重要程度。综合指数评价法主要是把层次分析法中得到的权重与模糊评价法中得到的数值予以累乘并相加,最后得出多元主体网格化治理评估指标的综合指数。为了便于对多元主体网格化治理评估指标的量化处理,根据专家的意见和建议,将指标的重要性划分为五个等级,分别是:非常不重要、不重要、一般、重要、非常重要。且此五项等级分别设置对应的数值,即 1、2、3、4、5。根据综合指数评价法的公式,即选择频次/选择总人数,计算出综合指数,将综合指数排序,选取指数较高的指标,并刨除指数较低的指标。

(二)模糊综合评价法

对于难以量化、定义比较模糊且具有较大不确定性的指标,为了满足后期综合计算的需要,通过模糊综合评价法将此类指标转换为定量指标。模糊综合评价法依据最大隶属度原则将指标进行等级评定,并按照综合数值的高低对指标进行排序。此方法利用模糊数学,将各种定性的指标通过专家学者的判断转化成定量的评价。模糊综合评价法一方面能够解决定性指标与定量指标之间的综合比较问题,具有系统、科学以及结果清晰等优点;另一方面,由于其评价过程中运用了人的主观判断,其评价结果的主观性较强,不同人的评价对结果产生的影响也不同,具有一定的局限性。

(三)专家打分法

专家打分法是通过不记名的方式,征询多名专家对某一主题的意见,综合多名专家的判断和经验,将难以进行计算的定性分析转化成可以计算的定量分析。为了减少专家打分法中专家主观因素的影响,通常要进行多轮打分,综合多轮打分的结果对问题进行进一步分析。在筛选与确定食用农产品质量安全多元主体网格化治理评估指标中,结合已有的文献资料和目前多元主体网格化治理的实际情况,尽可能全面地罗列出食用农产品质量安全多元主体网格化治理中存在的问题。联系高校中研究食用农产品质量安全多元主体网格化治理方面的专家,对这些因素的重要程度进行打分和筛选。

三、多元主体网格化治理评估指标体系的构建流程

本节将明确食用农产品质量安全多元主体网格化治理机制评估指标体系构建的具体流程。在构建评估指标体系之前先确定评估的目标,对构建评估指标体系的步骤进行完整的规划。提前规划指标体系构建流程有利于使接下来的研究有条不紊地推进,避免后期的研究偏离方向。

(一)构建食用农产品质量安全多元主体网格化治理评估指标体系的步骤

食用农产品质量安全多元主体网格化治理评估指标体系的构建共包括以下 5 个流程(见图 7-1):

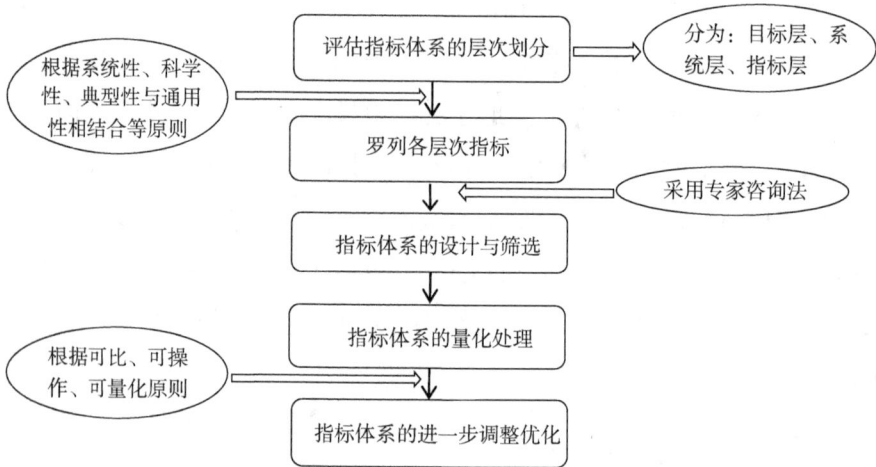

图 7-1　食用农产品质量安全多元主体网格化治理评估指标体系建立流程图

1. 分层。运用层次分析法对整个评估指标体系划分层次,包括食用农产品质量安全多元主体网格化治理的目标层、系统层以及指标层。对评估指标的目标层、系统层进行进一步的阐述与分析。

2. 罗列。对各个层次的指标进行罗列。根据综合分析相关文献资料中关于食用农产品质量安全治理的研究成果,结合专家访谈给出的意见,通过研究者个人的判断,不考虑客观因素的影响,尽可能多地罗列出能够描述该层次状态的指标。这部分工作主要是遵从指标构建的全面性原则,即

在指标构建的开始,需要全面罗列出可能的指标,防止遗漏重要指标。需要注意的是该过程对指标的罗列不需要考虑是否有含义重复或相冲突的指标。

3.筛选。运用专家打分法对罗列出的食用农产品质量安全多元主体网格化治理评估指标进行筛选。请专家对指标体系给出指导意见,依靠专家的专业知识对上一阶段罗列出来的指标进行筛选,填补未罗列但专家认为重要的指标,减少专家认为不重要或者重复的指标,增加指标的科学性和准确性。对专家打分问卷进行信度和效度分析,以保证调查结果可靠、可行,使得到的指标体系既能够全面描述各个层次的状态,又具有逻辑上的合理性和科学性。

4.量化。指标体系是为多元主体网格化治理的评估服务的,因此,指标不仅需要具有描述作用,还应具有定量或者定性的评估作用。通过采用德尔菲法,征询多位专家的意见,通过几轮的咨询,了解专家对各层次、各项指标的重要性的划分,设置各层次相统一的量化程度,便于后期的数据分析以及评估。

5.优化。进一步调整优化食用农产品质量安全多元主体网格化治理评估的指标体系。为了保证指标体系在后期评估中的实用性和可操作性,对现有的指标体系进行进一步调整,保证所有的评估指标具有可操作性以及实用性。

(二)食用农产品质量安全多元主体网格化治理评估指标的层次划分

结合国内外评估指标体系的构建流程,评估指标的构建划分为三个层次。其一,对评估设定所需达到的目标;其二,针对考核对象的实际情况,将考核目标划分为多个系统目标;其三,对每个系统目标设定具体可行的三级指标。因此,食用农产品质量安全多元主体网格化治理机制评估体系可划分为三个层次。包括目标层、系统层以及指标层。

1.目标层。即食用农产品质量安全多元主体网格化治理所要达到的总目标。对特定地区的食用农产品质量安全水平进行监测,监测结果用数值表示,数值越低则说明食用农产品质量安全的治理水平越低,数值越高则表示食用农产品质量安全的治理水平越高。

2.系统层。即食用农产品质量安全多元主体网格化治理评估指标体系层次分目标。根据食用农产品质量安全多元主体网格化治理所包含的内容,系统层分为七个部分:战略联盟、利益与共、资源整合、共振动力、联合保障、阳光监督、依法治理。这七个指标均用数值表示,数值的大小从各个方面反映出食用农产品质量安全多元主体网格化治理的情况。数值越大表明治理水平越高;数值越小则表明治理水平越低。

3.指标层。即本课题研究指标体系的基础的、具体的评价指标。即根据可比、可操作、可量化的原则,对系统层的七个方面进行细化的指标设定,从具体的方面评估食用农产品质量安全多元主体网格化治理的实际情况。

第二节　食用农产品质量安全多元主体网格化治理评估指标体系的设计与筛选

随着社会生活水平的提高,人民群众对食用农产品质量安全问题的要求也越来越高,越来越多的社会主体参与到食用农产品质量安全治理当中。食用农产品质量安全治理方式的转变也是大势所趋。对食用农产品质量安全多元主体网格化治理过程进行评估,首要的任务是构建科学合理的评估指标体系。合理的评估指标体系应包含逻辑合理的结构层次以及相互联系的指标群,能够为实现特定的研究目的作出贡献。构建合理的多元主体网格化治理评估指标体系要考虑两个方面的问题:一是明确评估食用农产品质量安全多元主体网格化治理体系需要包含哪些指标;二是这些评估指标之间的关联是否符合逻辑,在结构上是否科学。本课题研究试图构建起符合我国现阶段食用农产品质量安全治理形式的评估指标体系。一是给实际多元主体网格化治理提供学术上的依据;二是抛砖引玉,希望给后来的研究者提供理论上的参考。

一、多元主体网格化治理评估指标的筛选思路

构建食用农产品质量安全多元主体网格化治理评估指标体系并不是一项简单的工程。治理理论兴起于20世纪90年代,国内外对治理理论的研究尚

属起步阶段,而对治理机制的评估问题的研究更是少之又少。这也是构建多元主体网格化治理的评估指标体系的一大难点。除了遵循前面所提到的构建指标体系的原则之外,科学有效的评估指标体系还应准确把握食用农产品质量安全多元主体网格化治理评估指标的设计思路,分析可能对指标体系构建产生影响的各种因素。

本课题研究对食用农产品质量安全多元主体网格化治理评估指标体系的筛选主要遵循以下思路。

首先,翻阅文献资料,借鉴目前已有的国内外相关学术成果,总结前人的经验;其次,分析食用农产品质量安全多元主体网格化治理在实践中需要注意的问题;再次,通过确定食用农产品质量安全多元主体网格化治理的目标,综合分析治理目标,来逐个分析治理目标中所包含的具体内容,从而进一步确定每个治理指标下层的具体指标。筛选过程中需要注意的是:在构建具体的指标体系之前,最重要的是在宏观上把握指标体系的结构,首先要保证结构在逻辑上的正确性。在构建指标体系的过程中,时刻按照结构所划定的框架,以免指标的选择偏离逻辑方向。只有食用农产品质量安全多元主体网格化治理评估指标体系设计思路科学,构建出来的指标体系才能真正发挥考核评估的作用。

二、多元主体网格化治理评估指标的筛选调查

(一)食用农产品质量安全多元主体网格化治理评估指标筛选过程

食用农产品质量安全多元主体网格化治理评估指标的初选结果主要是笔者参考国内外相关文献资料、结合多元主体网格化治理的少量实践样本设计而出的,结果不可避免具有一定的主观性,并不是所有的指标都能准确地考察食用农产品质量安全多元主体网格化治理的实际情况。为了使构建的评估指标体系更加科学合理,本课题研究对初选的评估指标体系进行进一步的筛选。

筛选主要采用专家咨询法。联系的专家主要有:一是高校学者;二是长期参与食用农产品质量安全治理的实践专家。各自优点分别为:(1)选择高校学者对指标进行筛选,是因为在多元主体网格化治理等理论范畴内,高校学者

长期从事治理理论的研究,能够把握治理理论的精髓,保证构建起的指标不偏离治理理论,在理论上具有客观性和科学性。(2)选择长期参与食用农产品质量安全治理的专业人士,是因为其在治理上具有丰富的实践经验。选择理论学者和实践专家有利于从不同的角度把握食用农产品质量安全多元主体网格化治理评估指标体系的合理性。应当注意到,专家咨询法本身具有一定的主观性,要减少专家学者由于个人知识结构以及实践经验的不同带来的主观性,应尽可能将选取的专家学者来源扩大、人数增多。从众多专家学者的选择结果中选择较为统一、中立的结果,保证指标体系的科学性和客观性。将初步构建的食用农产品质量安全多元主体网格化治理机制评估指标提交给联系好的专家,请各专家学者采用邮件、线上打分等方式,把各项指标的重要程度反馈给研究人员。在专家咨询这一环节中,所选取的高校学者主要来自湖南各大高校。而参与食用农产品质量安全治理的专业人士主要来自政府相关部门以及社会组织。指标的筛选主要是请专家学者对指标的重要程度进行打分,将每个指标对食用农产品质量安全多元主体网格化治理评估的重要程度划分为"非常不重要""不重要""一般""重要""非常重要"五个档次,在分值确定上采用李克特量表的 5 分值,便于后期筛选并剔除指标体系中专家学者普遍认为隶属度比较低的指标。此外,为防止初选指标体系有缺漏,除了对初选指标重要程度进行打分之外,还请各位专家对指标体系中遗漏或认为逻辑不对的部分给出指导意见。

(二)评估指标体系专家打分调查问卷信度与效度分析

本课题研究共发放出去 200 份专家打分表,其中回收的专家打分表共163 份,回收率81.5%(有效问卷 152 份,有效回收率76%)。在 200 名专家中,39 名专家来自高校以及农业科研机构的学者,占比 18.5%,此部分专家回收率(即实际参与问卷调查的专家占所有专家的百分比)为100%;161 名专家来自食用农产品质量安全治理的从业人士,占比 81.5%,此部分专家回收率为70.1%。下面对专家打分调查问卷的信度与效度进行具体分析,以保证得出的指标科学、可靠。

1. 专家打分问卷的信度分析

信度(Reliability)是指评估指标体系问卷测量结果的可靠性、稳定性以及一致性。信度即指标体系对某个评估对象或相似的几个评估进行多次测量时,其多个结果所呈现出来的一致性。信度分析测量量表中所设立的一系列指标是否体现被调查对象的一致性和稳定性。

基于测量方式的不同,信度分析方法分为四种类型:α 信度系数法、折半信度法、重测信度法、复本信度法。笔者采用最常用的克朗巴哈(Cronbach)α 系数法,使用统计软件 SPSS22.0 测量量表的 α 信度。依据 Nunnally(1978)标准进行划分,$\alpha < 0.35$ 表示低信度,$0.35 < \alpha < 0.7$ 表示中等信度,$0.7 < \alpha < 0.9$ 表示高信度,$\alpha > 0.9$ 表示信度非常高。

使用 SPSS22.0 软件进行统计分析,所得克朗巴哈 α 系数如表 7-1 所示:

表 7-1　量表信度分析

量表名称	代号	题　　　项	测量指标数	Chronbach's Alpha 值
战略联盟	A1	联盟目标兼容性程度	12	0.924
	A2	联盟机制兼容性程度(机构设置、领导分工、治理权限)		
	A3	联盟主体参与治理的积极程度		
	A4	联盟决策流程的完善程度		
	A5	联盟主体对食用农产品质量安全的认识程度		
	A6	联盟主体间的信任程度(主体个人间的互信程度、主体组织间的互信程度:信守承诺和遵守联盟协议)		
	A7	联盟主体对网格化治理的认识程度		
	A8	联盟主体对网格化治理的贡献能力		
	A9	联盟主体的物力资源互补性程度		
	A10	联盟主体的技术能力互补性程度		
	A11	联盟主体的关系资源互补性程度		
	A12	联盟主体的信息资源互补性程度		
利益与共	B1	多元主体的利益表达情况	2	0.881
	B2	多元主体的利益获得情况		

量表名称	代号	题　　项	测量指标数	Chronbach's Alpha 值
资源整合	C1	网格化治理的人力资源整合	5	0.891
	C2	网格化治理的财力资源整合		
	C3	网格化治理的物力资源整合		
	C4	网格化治理的信息资源整合		
	C5	网格化治理的技术资源整合		
共振动力	D1	联盟主体的外部共振动力	2	0.882
	D2	联盟主体的内部共振动力		
联合保障	E1	网格化治理的人力联合保障	6	0.917
	E2	网格化治理的财力联合保障		
	E3	网格化治理的物力联合保障		
	E4	网格化治理的信息联合保障		
	E5	网格化治理的技术联合保障		
	E6	网格化治理的制度联合保障		
阳光监督	F1	网格化监督制度的建设	8	0.927
	F2	网格化监督主体的设置		
	F3	监督渠道的公开		
	F4	意见反馈方法的设置		
	F5	群众反馈意见的采纳率		
	F6	治理信息公开平台的搭建		
	F7	治理信息的公开程度		
	F8	治理奖惩制度的构建		
依法治理	G1	食用农产品质量安全相关法律、法规的制定	9	0.933
	G2	食用农产品质量安全事故的依法处理		
	G3	食用农产品质量安全事故的执法情况（发生率、达标率等）		
	G4	食用农产品质量安全事故的违法查处		
	G5	食用农产品质量安全多元主体网格化治理目标的完成情况		

续表

量表名称	代号	题　　项	测量指标数	Chronbach's Alpha 值
依法治理	G6	食用农产品质量安全治理覆盖范围	9	0.933
	G7	无公害农产品认证增长率		
	G8	无公害农产品生产基地占农业生产的比重		
	G9	农业生产区农药化肥的使用率		

从表 7-1 可知,在 7 个变量中,战略联盟、利益与共、资源整合、共振动力、联合保障、阳光监督、依法治理的 Cronbach's Alpha 系数分别为 0.924、0.881、0.891、0.882、0.917、0.927、0.933,都超过了 0.7,说明信度较佳。

2. 专家打分问卷的效度分析

针对问卷来讲,通常是使用内容效度和结构效度进行测量。其中,内容效度是指题项与所测变量的适合性和逻辑相符性,本书使用的问卷是基于文献的回顾表明变量之间的关系或者关联构建,并且根据预调查结果对题项措辞、表述方式等做了进一步的修正和完善,因而可以认为量表具有符合要求的内容效度。结构效度是指题项衡量所测变量的能力,通过收集回来的数据进行探索性因素分析(Exploratory Factor Analysis,EFA)来证明量表的结构有效性。

通常进行探索性因素分析要先进行因子分析的可行性检验,需要满足两个条件 Field(2007):(1)KMO>0.7;(2)Bartlett's 球形检验显著(Sig.<0.005)。

当满足上述两个条件后进行探索性因素分析,一般因素分析需要满足下列条件,才具有良好的结构效度(Tomaz Kolar,Vesna Zabkar,2010;Hair,Anderson,Tatham,Black,1998):(1)因素负荷量(Factor loading)大于 0.5;(2)交叉载荷量(Cross loading)小于 0.4;(3)各个测量题项均落在符合的构面。

修正量表通常是精简测量题目:(1)删掉因素负荷量过低的题项,如 0.5以下,代表该题项信度不佳,难以反映出实际因素的测量;(2)删除交叉载荷大于 0.4 的题项;(3)删除跑错构面的题项。基于量表精简的原则,将不符合要求的题项删除后重新进行分析,重复这些操作,直到得到具有良好结构效度的量表。

利用 SPSS22.0 软件进行探索性因子分析对量表进行 KMO 和 Bartlett's 球形检验,结果见表 7-2。

表 7-2　KMO 和 Bartlett's 检验

取样足够的 Kaiser-Meyer-Olkin 度量		0.868
Bartlett 的球形检验	近似卡方	5189.383
	df	946
	Sig.	0.000

由表 7-2 可得到 KMO＝0.868,大于 0.7,Bartlett's 球形检验值显著(Sig.< 0.001),表明问卷数据符合因子分析的前提要求。因此进一步分析,因子提取时采用主成分分析方法,并以特征根大于 1 为因子提取公因子,因子旋转时采用方差最大正交旋转进行因素分析。因素负荷量系数分析结果见表 7-3。

表 7-3　总方差解释

成分	初始特征值			提取载荷平方和			旋转载荷平方和		
	总计	方差百分比	累积 %	总计	方差百分比	累积 %	总计	方差百分比	累积 %
1	14.647	33.289	33.289	14.647	33.289	33.289	6.772	15.392	15.392
2	4.907	11.153	44.442	4.907	11.153	44.442	6.285	14.284	29.675
3	2.941	6.684	51.126	2.941	6.684	51.126	5.094	11.577	41.252
4	2.466	5.606	56.732	2.466	5.606	56.732	4.418	10.040	51.292
5	2.102	4.777	61.509	2.102	4.777	61.509	3.652	8.299	59.591
6	1.486	3.377	64.886	1.486	3.377	64.886	2.061	4.683	64.274
7	1.466	3.331	68.217	1.466	3.331	68.217	1.735	3.943	68.217
8	0.992	2.256	70.473						
9	0.972	2.210	72.683						
10	0.873	1.984	74.667						
11	0.806	1.832	76.499						
12	0.728	1.654	78.153						
13	0.665	1.510	79.663						

成分	初始特征值			提取载荷平方和			旋转载荷平方和		
	总计	方差百分比	累积 %	总计	方差百分比	累积 %	总计	方差百分比	累积 %
14	0.642	1.460	81.123						
15	0.623	1.416	82.540						
16	0.565	1.283	83.823						
17	0.559	1.269	85.092						
18	0.498	1.132	86.224						
19	0.486	1.104	87.328						
20	0.461	1.049	88.377						
21	0.425	0.966	89.343						
22	0.397	0.901	90.245						
23	0.368	0.837	91.081						
24	0.349	0.793	91.875						
25	0.333	0.756	92.631						
26	0.311	0.707	93.339						
27	0.287	0.653	93.991						
28	0.261	0.594	94.585						
29	0.259	0.588	95.173						
30	0.226	0.514	95.687						
31	0.209	0.475	96.162						
32	0.199	0.453	96.615						
33	0.197	0.447	97.061						
34	0.181	0.411	97.473						
35	0.169	0.384	97.857						
36	0.151	0.343	98.200						
37	0.148	0.336	98.536						
38	0.133	0.303	98.839						
39	0.115	0.261	99.100						
40	0.107	0.243	99.343						
41	0.095	0.217	99.559						
42	0.086	0.196	99.756						
43	0.060	0.137	99.893						
44	0.047	0.107	100.000						

从表 7-3 可以看出因素分析结果总共得到 7 个因素,解释能力分别为 15.392%、14.284%、11.577%、10.040%、8.299%、4.683%、3.943%,总解释能力达到了 68.217%,大于 50%,表明筛选出来的 7 个因素具有良好的代表性。因素负荷量系数见表 7-4。

表 7-4　旋转后的成分矩阵

		成　　分						
		1	2	3	4	5	6	7
战略联盟	A1	0.729	0.080	0.083	0.231	0.147	−0.113	0.046
	A2	0.586	0.074	0.125	0.041	0.110	−0.176	0.198
	A3	0.722	−0.011	0.141	−0.023	0.125	0.045	0.062
	A4	0.702	0.050	0.090	0.086	0.021	0.105	0.118
	A5	0.616	−0.033	0.182	0.148	−0.018	0.008	0.067
	A6	0.627	0.031	0.098	0.089	0.010	0.322	0.218
	A7	0.720	0.044	0.073	−0.017	−0.043	0.070	0.091
	A8	0.792	0.195	0.015	0.068	0.077	−0.071	0.008
	A9	0.719	0.181	−0.022	0.073	0.069	0.097	−0.033
	A10	0.789	0.211	0.032	0.081	0.122	0.095	−0.044
	A11	0.784	0.260	−0.004	0.067	0.105	0.063	−0.082
	A12	0.758	0.205	0.013	0.234	0.151	0.144	−0.028
利益与共	B1	0.162	0.165	0.307	0.156	0.028	0.785	0.110
	B2	0.145	0.128	0.160	0.198	0.139	0.836	0.033
资源整合	C1	0.190	0.155	0.091	0.090	0.793	−0.003	−0.019
	C2	0.225	0.175	0.103	0.079	0.826	0.069	−0.022
	C3	0.127	0.053	0.035	0.095	0.782	−0.066	0.155
	C4	−0.041	0.096	0.183	0.069	0.815	0.095	0.031
	C5	0.094	0.097	0.063	0.244	0.787	0.108	0.022
共振动力	D1	0.145	0.142	0.121	0.133	0.034	0.033	0.851
	D2	0.216	0.266	0.122	0.002	0.133	0.116	0.808
联合保障	E1	0.150	0.246	0.218	0.680	0.030	0.014	0.158
	E2	0.225	0.303	0.098	0.700	0.147	0.008	0.100
	E3	0.070	0.191	0.212	0.804	0.143	0.186	0.063
	E4	0.135	0.109	0.177	0.838	0.199	0.178	−0.102
	E5	0.172	0.082	0.241	0.814	0.087	−0.029	0.048
	E6	0.110	0.362	0.228	0.681	0.144	0.215	−0.051

续表

		成 分						
		1	2	3	4	5	6	7
阳光监督	F1	0.075	0.266	0.740	0.272	0.027	0.238	0.115
	F2	0.138	0.360	0.614	0.099	0.039	0.215	0.140
	F3	0.189	0.306	0.657	0.054	0.059	−0.058	0.029
	F4	0.112	0.105	0.747	0.164	0.116	−0.053	0.098
	F5	0.038	0.195	0.823	0.094	0.118	0.031	0.049
	F6	0.063	0.293	0.663	0.225	0.117	0.211	−0.022
	F7	0.083	0.336	0.759	0.278	0.112	0.123	0.035
	F8	0.119	0.380	0.705	0.278	0.095	0.226	−0.016
依法治理	G1	0.152	0.836	0.215	0.204	0.112	0.064	0.015
	G2	0.160	0.653	0.159	0.306	0.046	−0.072	0.130
	G3	0.104	0.791	0.206	0.076	0.017	0.027	0.078
	G4	0.161	0.695	0.264	0.064	0.120	−0.007	0.039
	G5	0.153	0.687	0.217	0.047	0.094	−0.083	0.114
	G6	0.159	0.749	0.250	0.078	0.063	0.102	0.180
	G7	0.010	0.674	0.271	0.226	0.139	0.245	−0.069
	G8	0.143	0.634	0.206	0.247	0.206	0.209	0.100
	G9	0.133	0.826	0.176	0.242	0.110	0.153	0.028

由表7-4可知,各个测量题项的因素负荷量均大于0.5,且交叉载荷均小于0.4,每个题项均落到对应的因素中,表明量表具有良好的结构效度。

(三)食用农产品质量安全多元主体网格化治理指标的筛选细则

本课题研究对食用农产品质量安全多元主体网格化治理指标的筛选主要采用专家打分法。通过专家打分,剔除食用农产品质量安全多元主体网格化治理初选指标中重复以及重要程度较低的选项,同时补充指标体系中缺漏的部分。因此,针对食用农产品质量安全多元主体网格化治理评估指标体系的最终使用目的以及构建原则,对初选指标进行筛选主要遵从以下细则。

首先,构建出的指标体系在实际评估中应具备可获得性。指标在评估中的可获得性主要包括两个方面的内容:一是参考文献的可获得性。评估指标的构建需要建立在已有的理论成果上。目前国内外学术界在食用农产品质量安全方面的研究成果较多,但在多元主体网格化治理及其评估方面的研究成果寥寥无几。构建食用农产品质量安全多元主体网格化治理评估指标需要考虑到已有的参考文献,保障参考资料的可获得性。二是评估结果的可获得性。构建指标体系最终是为评估食用农产品质量安全多元主体网格化治理服务,指标体系在实际评估中应当具有考察作用,能够获得有利用价值的评估结果。

其次,食用农产品质量安全多元主体网格化治理指标应具有概括性。初选结果中的各项指标要能够概括出食用农产品质量安全多元主体网格化治理的某一方面信息。同时每级指标的下级指标应当涵盖上级指标中包含的全部内容,减少遗漏的出现。筛选后产生的指标应当包含没有入选的指标所考察的信息。

再次,构建出的多元主体网格化治理指标还应具备独立性。即食用农产品质量安全多元主体网格化治理的各项评估指标之间应当相互独立。虽然各项指标在整体结构上互相关联,但指标与指标之间所考察的多元主体网格化治理信息不能重叠。

最后,食用农产品质量安全多元主体网格化治理评估指标体系还应具备简洁性。多元主体网格化治理不同于单一主体的食用农产品质量安全管理,其治理主体具有多样性,治理的方式也是多样的。评估对象本身具有复杂性,这并不意味着评估体系也应复杂。相反,正因为评估对象本身复杂,评估体系才应当尽量理清评估对象的内部结构与特点,做到考核指标体系简洁高效。简洁的指标体系能够给后期的分析计算带来便利,也简化了整个评估的流程,提高了评估的效率。

(四)食用农产品质量安全多元主体网格化治理评估指标隶属度分析

根据现有的参考文献,以及专家学者的意见,本书将食用农产品质量安全多元主体网格化治理分为战略联盟、利益与共、资源整合、共振动力、联合保障、依法治理、阳光监督 7 个二级指标,并进一步设计了 44 个三级指标。参考前面专家打分表结果,为了对初选的指标进行进一步筛选,将食用农产品质量安全多元主体网格化治理评估指标划分为"重要""一般""不重要"三个等级。其中,"重要"等级为专家打分表中"非常重要"及"重要"两档的选择人数总和,而"不重要"则为专家打分表中"非常不重要"及"不重要"两档的选择人数总和。之所以这样选择,是因为专家对各项指标的打分情况实际上在一定程度上反映出各项指标是否重要,直接运用专家打分表的结果能够提高问卷结果的利用率,进而提高指标体系构建的效率。

本书对食用农产品质量安全多元主体网格化治理评估指标的筛选主要依据的是指标的隶属度。隶属度是模糊数学领域内的一个概念。模糊数学主要应用于实际生活中不具有明确分界线问题的研究之中,这些不具有明确分界线的问题无法使用经典的集合理论来研究。现代数学即建立在集合论的基础上。一般来说,同一组对象中如果具备同一种属性,那么可以以属性来表明对象的概念,或者以对象来说明属性。符合这一概念的所有对象都可以视为一个集合。经典的集合理论只适用于有明确界限的集合,意味着集合内所有对象与所属集合的隶属关系必须是明确而一致的。但实际运用中,有很多集合的外延不是明确的,很多问题具有复杂性和模糊性。隶属度函数是模糊数学里常用的工具。隶属度并不是对一个集合里的所有对象都做出明确的判断,评价结果也不是绝对的属于或者不属于,而是判断在多大程度上该对象属于这个集合,以一个模糊集合来表示。食用农产品质量安全多元主体网格化治理中的各项指标均无特定的界限和属性,无法利用经典的集合理论筛选指标,只能按照模糊集合的理论判断各指标的隶属度。即将农产品质量安全多元主体网格化治理评估体系看成一个模糊集合,每个二级指标则为元素,将下属的每个三级指标分别进行隶属度分析。

根据专家打分表的结果分析,将各项指标得到的分值汇总成一个表格。依照前面提到的筛选原则和筛选方法计算出各项指标的隶属度,将相对而言隶属度比较低的指标剔除,最终得到食用农产品质量安全多元主体网格化治理评估指标体系。

将食用农产品质量安全多元主体网格化治理评估指标体系设为模糊集合 U,其中下属的 44 个三级指标为其因素集,分别为因素 $U_1, U_2, U_3, U_4, U_5, U_6 \cdots U_4, U_5, U_4$,即 U=\{ $U_1, U_2, U, U_4, U_5 \cdots, U_41, U_42, U_4$ \}。假设专家认为 U_i 项指标能够在很大程度上体现食用农产品质量安全多元主体网格化治理的属性,即打分为"重要""非常重要",可以说明该项指标隶属于该集合。其计算公式如下:

隶属度 $R_i = n_i / N$

其中 n_i 为认为 U_i 隶属于该模糊集合的次数,而 N 为参与调查的专家总数(即判断 U_i 是否属于该模糊集合的总次数)。隶属度 R_i 的数值越大,则说明该项指标在很大程度上属于食用农产品质量安全多元主体网格化治理指标体系，也就意味着该项指标的重要性越高。反之，当 R_i 的数值越小，则说明该指标体系与集合 U 的关联越小。根据隶属度数值的大小比较，应当将隶属度数值小于临界值的指标予以剔除，而隶属度数值大的指标应当纳入食用农产品质量安全多元主体网格化治理评估体系中来。只有当隶属度确定之后，指标体系才能进行进一步的信度和效度分析，才能投入评估研究当中。而隶属度临界值的选取一般根据需要保留的指标个数决定。本书中食用农产品质量安全多元主体网格化治理评估体系预计保留 6 个二级指标，30—35 个三级指标。

按照前面隶属度的计算方法，通过分析专家打分表的数据，各项指标的隶属度如表 7-5 所示。

表 7-5　食用农产品质量安全多元主体网格化治理评估指标隶属度

一级指标	二级指标	三级指标	专家选择次数			隶属度
			重要	一般	不重要	
食用农产品质量安全多元主体网格化治理	战略联盟	联盟机制兼容性程度（机构设置、领导分工、治理权限）	63	62	27	0.414
		联盟决策流程的完善程度	34	59	59	0.224
		联盟主体间的信任程度（主体个人间的互信程度、主体组织间的互信程度:信守承诺和遵守联盟协议）	98	28	26	0.645
		联盟主体参与治理的积极程度	25	63	64	0.164
		联盟主体对食用农产品质量安全的认识程度	36	44	72	0.237
		联盟主体对多元主体网格化治理的认识程度	41	43	68	0.270
		联盟主体对多元主体网格化治理的贡献能力	59	70	23	0.388
		联盟主体的物力资源互补性程度	64	55	33	0.421
		联盟主体的技术能力互补性程度	71	43	38	0.467
		联盟主体的关系资源互补性程度	82	42	28	0.539

一级指标	二级指标	三级指标	专家选择次数			隶属度
			重要	一般	不重要	
食用农产品质量安全多元主体网格化治理		联盟主体的信息资源互补性程度	77	44	31	0.507
	利益与共	多元主体的利益表达情况	80	51	21	0.526
		多元主体的利益获得情况	76	38	38	0.5
	资源整合	网格化治理的人力资源整合	65	52	35	0.428
		网格化治理的财力资源整合	73	38	41	0.480
		网格化治理的物力资源整合	66	40	46	0.434
		网格化治理的信息资源整合	69	45	38	0.454
		网格化治理的技术资源整合	61	57	34	0.401
	共振动力	联盟主体的外部共振动力	83	44	25	0.546
		联盟主体的内部共振动力	79	40	33	0.520
	联合保障	网格化治理的人力联合保障	72	38	42	0.474
		网格化治理的财力联合保障	71	45	36	0.467
		网格化治理的物力联合保障	69	42	41	0.454
		网格化治理的信息联合保障	75	49	28	0.493
		网格化治理的技术联合保障	83	35	34	0.546
		网格化治理的制度联合保障	96	25	31	0.632
	阳光监督	网格化监督制度的建设	92	28	32	0.605
		网格化监督主体的设置	76	33	43	0.5
		网格化监督渠道的公开	83	32	37	0.546
		多元主体意见反馈方法的设置	69	54	29	0.454
		群众反馈意见的采纳率	75	46	31	0.493
		网格化信息公开平台的搭建	68	58	26	0.447
		网格化治理信息的公开程度	72	45	35	0.474
		网格化治理奖惩制度的构建	41	54	57	0.270

一级指标	二级指标	三级指标	专家选择次数			隶属度
			重要	一般	不重要	
食用农产品质量安全多元主体网格化治理	依法治理	食用农产品质量安全相关法律、法规的制定	96	24	32	0.632
		食用农产品质量安全治理覆盖范围	19	56	77	0.125
		食用农产品质量安全事故的执法情况（发生率、达标率等）	93	42	17	0.612
		食用农产品质量安全多元主体网格化治理目标的完成情况	38	55	59	0.25
		食用农产品质量安全事故的违法查处	59	70	23	0.388
		无公害农产品认证增长率	21	48	83	0.138
		无公害农产品生产基地占农业生产的比重	24	59	69	0.158
		农业生产区农药化肥的使用率	18	60	74	0.118
		食用农产品质量安全事故的依法处理	85	41	26	0.559

根据需要保留的食用农产品质量安全多元主体网格化治理评估指标个数，表7-5中需要剔除的指标个数在10个左右，因此，可以得出食用农产品质量安全多元主体网格化治理评估指标隶属度临界值选为0.3。对表7-5中44个三级指标进行计算，其中大于或等于临界值0.3的指标共34个，其中隶属度低于临界值0.3的指标共10个（具体指标及隶属度如表7-6所示）。将此10个指标予以删除，得到的即为筛选后的食用农产品质量安全多元主体网格化治理评估指标体系。

表7-6 食用农产品质量安全多元主体网格化治理评估指标隶属度低于0.3的选项

二级指标	三级指标	隶属度
战略联盟	联盟主体参与治理的积极程度	0.164
	联盟决策流程的完善程度	0.224
	联盟主体对食用农产品质量安全的认识程度	0.237
	联盟主体对多元主体网格化治理的认识程度	0.270
阳光监督	治理奖惩制度的构建	0.270
依法治理	食用农产品质量安全多元主体网格化治理目标的完成情况	0.25
	食用农产品质量安全治理覆盖范围	0.125
	无公害农产品认证增长率	0.138
	无公害农产品生产基地占农业生产的比重	0.158
	农业生产区农药化肥的使用率	0.118

三、多元主体网格化治理评估指标体系的具体内容

按照前面指标体系构建的原则,结合国外食用农产品质量安全多元主体网格化治理机制评估的相关文献资料,根据相关领域的专家共同讨论,本书对每个评估体系中指标的隶属度进行了逐个遴选,提出了食用农产品质量安全多元主体网格化治理机制评估指标体系。在此指标体系中食用农产品质量安全治理这一总体目标分解为战略联盟、利益与共、资源整合、共振动力、联合保障、阳光监督、依法治理7个二级指标以及多个具体的三级指标。具体指标构建如表7-7所示。

表7-7 食用农产品质量安全多元主体网格化治理评估指标体系

一级指标	二级指标	三级指标
食用农产品质量安全多元主体网格化治理评估指标体系	战略联盟	联盟目标兼容性程度
		联盟机制兼容性程度(机构设置、领导分工、治理权限)
		联盟主体间的信任程度(主体个人间的互信程度、主体组织间的互信程度:信守承诺和遵守联盟协议)
		联盟主体对多元主体网格化治理的贡献能力
		联盟主体的物力资源互补性程度
		联盟主体的技术能力互补性程度
		联盟主体的关系资源互补性程度
		联盟主体的信息资源互补性程度

一级指标	二级指标	三级指标
食用农产品质量安全多元主体网格化治理评估指标体系	利益与共	联盟主体的利益表达情况
		联盟主体的利益获得情况
	资源整合	网格化治理的人力资源整合
		网格化治理的财力资源整合
		网格化治理的物力资源整合
		网格化治理的信息资源整合
		网格化治理的技术资源整合
	共振动力	联盟主体的外部共振动力
		联盟主体的内部共振动力
	联合保障	网格化治理的人力联合保障
		网格化治理的财力联合保障
		网格化治理的物力联合保障
		网格化治理的信息联合保障
	阳光监督	网格化治理的技术联合保障
		网格化治理的制度联合保障
		网格化监督制度的建设情况
		网格化监督主体的设置情况
		网格化监督渠道的公开情况
		意见反馈方法的设置
		群众反馈意见的采纳率
	依法治理	网格化治理信息公开平台的搭建
		网格化治理信息的公开程度
		食用农产品质量安全相关法律、法规的制定
		食用农产品质量安全事故的依法处理
		食用农产品质量安全事故的执法情况(发生率、达标率等)
		食用农产品质量安全事故的违法查处

四、多元主体网格化治理主要评估指标的描述

(一)战略联盟指标

战略联盟是指两个或两个以上的主体为了达到某个共同的战略目标,共同承担风险、成本、责任,互相合作的联合行动。食用农产品质量安全多元主体网格化治理最大的特色在于治理主体的多元化。食用农产品质量安全治理中涉及的各个主体共同组成治理联盟。这一指标主要评估多元主体组成的网格化治理共同体的情况。具体包括联盟目标兼容性程度、联盟机制兼容性程

度、联盟主体间的信任程度、联盟主体对多元主体网格化治理的贡献能力、联盟主体的物力资源互补性程度、联盟主体的技术能力互补性程度、联盟主体的关系资源互补性程度、联盟主体的信息资源互补性程度8个指标。

(1)联盟目标兼容性程度。考察多元主体的治理目标是协同一致还是互相背离。

(2)联盟机制兼容性程度。考察多元主体治理共同体在机构设置、领导分工、治理权限等方面是否合理协调。

(3)联盟主体间的信任程度。考察多元主体之间的合作意愿,包括主体个人间的互信程度、主体组织间的互信程度,如信守承诺和遵守联盟协议的程度。

(4)联盟主体对多元主体网格化治理的贡献能力。考察各主体在食用农产品质量安全治理中承担的责任程度。

(5)联盟主体的物力资源互补性程度。考察各主体在食用农产品质量安全治理中对财产、物资的共享程度,不冗余不浪费。

(6)联盟主体的技术能力互补性程度。考察各主体在食用农产品质量安全治理中对先进的特色技术的共享程度,不冗余不浪费。

(7)联盟主体的关系资源互补性程度。关系资源是指网格化治理共同体由于主体的多元化,能够与政府、社会组织、企业、个人等保持良好的关系,从而获得可以利用的外部资源,呈现良性互动实现可持续发展。关系资源之间的互补程度能在很大程度上影响治理目标的完成情况。

(8)联盟主体的信息资源互补性程度。考察各主体在食用农产品质量安全治理中对部门数据资源尤其是实时数据的共享程度,不冗余不浪费。

(二)利益与共指标

食用农产品质量安全的多元主体网格化治理涉及社会各界主体,除了政府等监管主体之外,还包括农户、农产品生产企业等生产主体,农产品经销商等经销主体,消费者以及涉农研发机构等。这些主体参与食用农产品质量安全治理并不仅仅是为了实现保障农产品质量安全这一目标,还包括在共同治理过程中获得的利益。每个主体的利益诉求也各不相同。例如,生产主体和经销主体参与治理是为了通过提高农产品质量安全而提高农产品的价值,而消费主体参与治理则是为了保护个人健康状况和提高生活水平。这些利益在根本上不是相互背离的,而是可以共同促进的。评估指标体系需要对多元主体的利益与共进行考察,应该包含多元主体的利益诉求表达情况和联盟主体的利益获得情况两个方面。

(1)多元主体的利益诉求表达情况。包括考察利益诉求表达渠道是否多样化、渠道是否畅通、诉求反馈是否及时等方面。

(2)多元主体的利益获得情况。包括直接利益的获得情况、间接利益的获得情况。直接利益在于各主体提出利益诉求被满足的程度,间接利益包括治理过程中产生的正外部性。

(三)资源整合指标

食用农产品质量安全多元主体网格化治理过程中需要各种资源,不同的治理主体由于其处于社会中的位置不一样,拥有的资源也各不相同。但可以肯定的是,网格化治理需要多元主体互相分享已有的资源,才能提高食用农产品质量安全的整体治理效果。资源整合是指通过协调与调整,在共同参与食用农产品质量安全治理的同时将互相独立的治理主体所具有的资源整合成一个新的资源的过程。资源整合是多元主体共同治理食用农产品质量安全过程中必不可少的一个过程。对不同主体、不同结构、不同领域的资源进行有机整合,丰富多元主体网格化治理的整体资源。在这一指标下,主要对多元主体网格化治理不同领域的资源整合进行考察,包括网格化治理的人力资源整合、网格化治理的财力资源整合、网格化治理的物力资源整合、网格化治理的信息资源整合、网格化治理的技术资源整合5个方面指标。

(1)网格化治理的人力资源整合。主要考察多元主体对人力资源的利用效率,整合程度越高且反馈得到的效果越好,说明效率越高。

(2)网格化治理的财力资源整合。主要考察多元主体在财力资源互补共享的基础上对财力资源的综合使用效率,同时做到公平公正。

(3)网格化治理的物力资源整合。主要考察多元主体在物力资源互补共享的基础上对物力资源的综合使用效率,同时做到公平公正。

(4)网格化治理的信息资源整合。主要考察多元主体在信息资源互补共享的基础上对信息资源的综合利用效率,尤其是对时效性信息资源的利用率。

(5)网格化治理的技术资源整合。主要考察多元主体结合自身情况对新技术的运用能力和创新能力。

（四）共振动力指标

"共振"这一概念来源于物理学,后其含义引申到其他领域。在管理学领域,共振效应更多的是指多个主体在朝同一目标行进时,应保持节奏一致,互相协调。虽然多元主体网格化治理在很多方面有区别于单一主体管理的优势,但如何将多元主体联合起来形成共振是联盟需要考察的重要指标之一。多元主体由于性质各不相同,代表的利益群体也各不相同,在治理过程中,如果不能形成共振,网格化治理则无法发挥其优势,甚至不如单一主体管理的效率高。联盟主体之间的共振相当于网格化治理的推进器。评估指标需要考察联盟主体的外部共振动力及联盟主体的内部共振动力两个方面。

（1）联盟主体的外部共振动力。主要指政策、社会氛围的引导及其产生的积极效应。

（2）联盟主体的内部共振动力。主要指组织内部参与治理的积极性与合作意愿及其产生的积极效应。

（五）联合保障指标

实现食用农产品质量安全多元主体网格化治理需要来自各方面的保障,这种保障的来源并不是单一的,参与治理的各个主体都应保障网格化治理的顺利实施。联合保障指标考察的是多元主体网格化治理各方面的保障,包括多元主体网格化治理的人力联合保障、多元主体网格化治理的财力联合保障、多元主体网格化治理的物力联合保障、多元主体网格化治理的信息联合保障、多元主体网格化治理的技术联合保障、多元主体网格化治理的制度联合保障6个方面。

（1）多元主体网格化治理的人力联合保障。人力联合保障除了数量上能够满足基本要求,更重要的是体现其质量水平,精兵强将。

（2）多元主体网格化治理的财力联合保障。财力保障上除了满足基础的必要需求外,还应对一些特定项目能有足够财力保障。

（3）多元主体网格化治理的物力联合保障。物力保障不同于财力保障,是指保障多元主体网格化治理所必需的硬、软件总和。

（4）多元主体网格化治理的信息联合保障。指的是要有保障信息共享得以顺畅进行的渠道、方法和负责专部。

（5）多元主体网格化治理的技术联合保障。指的是要有保障最新技术得以创新地运用并顺畅进行的渠道、方法和负责专部。

（6）多元主体网格化治理的制度联合保障。前面5条的保障要能顺畅、有效地进行，最重要的是要形成相应制度，各主体间要有经常性的沟通与协调的制度机制，形成联合保障的规范制度。

（六）阳光监督指标

以社会监督为核心的信息揭示是提高食用农产品质量安全的有效途径。[1]"让权力在阳光下运行"，加强对食用农产品质量安全多元主体网格化治理的监督，能够促进网格化治理机制的不断完善，有利于保障科学治理、依法治理的顺利推进。构建食用农产品质量安全多元主体网格化治理的阳光监督机制，能够有效预防和惩治各治理主体的腐败，对实现食用农产品质量安全治理目标具有重要意义。这一指标主要考察监督机制是否完善、是否严格执行监督制度。具体考核指标包括网格化监督制度的建设、网格化监督主体的设置、网格化监督渠道的公开、意见反馈方法的设置、群众反馈意见的采纳率、网格化治理信息公开平台的搭建、网格化治理信息的公开程度7个方面。

（1）网格化监督制度的建设。科学完善的规章制度是食用农产品质量安全多元主体网格化治理得以顺利运行的基础，网格化监督制度建设水平高低反映了多元主体执行力水平的高低。

（2）网格化监督主体的设置。监督主体设置的合理性直接反映网格化治理的公平公正性及准确性，监督主体应该兼顾各方，主次分明。

（3）网格化监督渠道的公开。监督效果要得以顺利实现，必须要有公开透明的监督渠道，各主体可以通过各类监督渠道履行自己的职责。

（4）意见反馈方法的设置。主要考察意见反馈方法的创新性、科学性及便利性。

（5）群众反馈意见的采纳率。监督效果怎样主要看监督主体的反馈意见是否得到重视，是否能被执行主体所采纳。

（6）网格化治理信息公开平台的搭建。

---

[1]　龚强、张一林、余建宇：《激励、信息与食品安全规制》，《经济研究》2013年第3期。

（7）网格化治理信息的公开程度。阳光监督的原则便是能对实时的监督结果进行公开、告知大众,以督促各相关部门及时纠正错误、执行得当。

（七）依法治理指标

依法治理这一指标考察的是多元主体网格化治理的实际成效。在食用农产品质量安全治理的法律制度方面,是否制定和完善了相关的法律法规,是否制定了相应的政策;在实施食用农产品质量安全治理方面,考察是否严格依照相关的法律法规执行,以及食用农产品质量安全事故的违法查处情况;对治理的具体效果考察包括以下4个方面。

（1）食用农产品质量安全相关法律法规的制定。法治国家要求在食用农产品质量安全治理过程中要有法可依,这是治理的基础和依据。

（2）食用农产品质量安全事故的依法处理。考察依法处理过程当中是否按照科学严谨、依法依规、实事求是、注重实效的原则,弄清原因,查明事故的性质和责任,并总结事故教训,提出整改措施,并对事故责任者提出处理意见。

（3）食用农产品质量安全事故的执法情况。考察执法过程与结果,可以对一些分指标加以考察。例如,食用农产品达到合格标准的比例、农业生产企业及作坊检查达标率、无公害农产品认证的增长率、农业生产区农药化肥的使用量等。

（4）食用农产品质量安全事故的违法查处。对事故责任追究,体现违法必究原则,不使违法行为人心存侥幸,责任到人。

第三节　食用农产品质量安全多元主体网格化治理评估指标权重的确定

评估指标的权重是指评估指标体系中以具体的数字表现的各项指标分别在体系中的重要性。经过之前研究中的信度和效度检验、隶属度筛选,食用农产品质量安全多元主体网格化治理评估指标体系中共有7个维度的二级指标,以及二级指标细分的34个三级指标。所有指标对于评估结果的影响程度是不同的。在评估过程中,不能将所有指标的评估结果都简单地看作同等重要,而是需要区分每项指标的权重。目前确定指标权重的方法主要包括专家咨询法和层次分析法。这两种方式都属于集体决策的方式,即研究者通过咨询多个专家,专家根据自身的知识水平和经验对各项指标在食用农产品质量安全多元主体网格化治理评估体系中的重要性进行判断,分配每项指标的权重。虽然专家判断可能在一定程度上使权重的判断结果具有主观性和片面性,但集体决策参与专家人数众多,可以在集体探讨的过程中选取较多学者都赞同的结果,减少个人的主观性,增加判断结果的科学性。

一、多元主体网格化治理评估指标权重调查方法

本书对食用农产品质量安全多元主体网格化治理评估指标权重的调查主要采用专家打分法。专家打分法又称专家咨询法,主要采用问卷调查的方法咨询专家对于食用农产品质量安全多元主体网格化治理各项指标权重的意见,意见收集完成之后,再次咨询专家对调查结果是否同意,如果不同意则修正调查问卷继续进行调查,直到专家组达成统一意见。具体运作流程如图7-2所示。运用专家咨询法确定评估指标体系中各项指标的权重在实际操作上能够大大简化研究流程。在专家组选择合理、人数足够的情况下,能够比较客观、真实地反映专家对各项权重结果的判断。

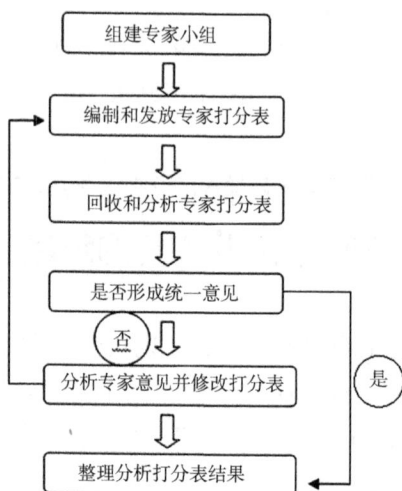

图7-2　专家咨询法确定指标权重流程

二、多元主体网格化治理评估指标权重调查过程

运用专家咨询法进行调查目的是从专家学者那里获得关于食用农产品质量安全多元主体网格化治理评估体系各项指标的权重数据。在组建专家小组时需要注意两点：一是专家小组成员人数的选择要合理,兼顾合理性与效率。专家人数过少,会增加指标权重判断的主观性,使结果不具有代表性。专家人数过多,则会大大增加调查研究的时间和成本,降低评估调查的效率。二是专家组成员的选取要有代表性。专家组成员的意见是权重确定的主要依据,因此,专家组的选择来源显得尤为重要。邀请的专家一定要在食用农产品质量安全多元主体网格化治理等相关领域有所研究,或在该领域已有一定的学术成果或实践基础。此外,专家组成员选定之后,本课题研究人员还要与专家进行沟通,使其了解到此次指标体系的构建要求。本次构建的指标体系主要是服务于食用农产品质量安全多元主体网格化治理的评估,而多元主体网格化治理又与传统的单一管理并不相同,在治理方式、治理主体以及治理结构上具有一定的特殊性。因此,在指标权重的确定上要把握好评估对象的特殊性,但把握评估对象的特殊性并不意味着要考虑到治理过程中出现的特殊情况。换而言之,评估指标体系是针对通常情况下食用农产品质量安全治理的情况,而治理过程中个别特殊情况和事件的出现属于小概率事件,不纳入考核对象中去。

三、多元主体网格化治理评估指标权重结果分析

本次食用农产品质量安全多元主体网格化治理评估指标权重调查所选择的专家学者共 10 位,主要来自湖南高校公共管理院系。将评估指标体系 U 的总体权重设为 100,二级指标 U_1—U_7 权重的综合为 100。同样二级指标下属的所有共 34 个三级指标权重总也为 100。即

$U = U_1 + U_2 + U_3 + U_4 + U_5 + U_6 + U_7 = U_11 + U_12 + U_13 + \cdots + U_ij$（其中 U_ij 为第 i 个二级指标下属的第 j 个三级指标）

请专家将 100 分对各项三级指标进行分配,通过计算 10 位专家分配结果的平均值确定各项指标的平均值。具体的食用农产品质量安全多元主体网格化治理评估指标权重分配如表 7-8 所示：

表7-8　食用农产品质量安全多元主体网格化治理评估指标权重专家打分

一级指标	二级指标	三级指标	专家										
			1	2	3	4	5	6	7	8	9	10	均值
食用农产品质量安全多元主体网格化治理	战略联盟	联盟目标兼容性程度	4	2	1	3	2	3	2	3	1	2	2.3
		联盟机制兼容性程度（机构设置、领导分工、治理权限）	5	4	3	4	4	5	3	2	3	6	3.9
		联盟主体间的信任程度（主体个人间的互信程度、主体组织间的互信程度：信守承诺和遵守联盟协议）	6	4	3	3	4	4	3	5	3	4	3.9
		联盟主体对多元主体网格化治理的贡献能力	2	3	1	3	2	3	2	2	4	2	2.4
		联盟主体的物力资源互补性程度	2	3	1	2	2	1	4	3	3	2	2.3
		联盟主体的技术能力互补性程度	3	1	1	3	1	3	2	3	2	3	2
		联盟主体的关系资源互补性程度	3	4	5	4	2	2	5	4	2	3	3.4
		联盟主体的信息资源互补性程度	2	2	3	4	1	3	2	3	2	4	2.6
	利益与共	多元主体的利益表达情况	5	3	1	3	2	1	4	2	1	3	2.5
		多元主体的利益获得情况	2	3	2	1	1	2	1	2	1	2	1.7
食用农产品质量安全多元主体网格化治理	资源整合	网格化治理的人力资源整合	3	2	4	2	5	4	2	4	3	3	3.2
		网格化治理的财力资源整合	2	3	2	4	4	5	3	3	2	3	3.1
		网格化治理的物力资源整合	2	2	1	1	3	1	2	2	1	2	1.7
		网格化治理的信息资源整合	4	2	3	5	3	4	3	3	2	3	3.3
		网格化治理的技术资源整合	2	1	2	4	2	1	3	2	4	2	2.3
	共振动力	联盟主体的外部共振动力	2	3	4	2	2	4	2	3	3	2	2.7
		联盟主体的内部共振动力	1	2	2	2	4	1	3	2	3	3	2.3

续表

一级指标	二级指标	三级指标	专家										均值
			1	2	3	4	5	6	7	8	9	10	
食用农产品质量安全多元主体网格化治理	联合保障	多元主体网格化治理的人力联合保障	4	5	5	4	6	5	4	4	6	3	4.6
		多元主体网格化治理的财力联合保障	3	4	3	3	2	4	4	5	2	3	3.3
		多元主体网格化治理的物力联合保障	2	3	1	2	1	3	2	1	2	2	1.9
		多元主体网格化治理的信息联合保障	2	2	4	3	5	2	2	3	5	4	3.2
		多元主体网格化治理的技术联合保障	3	5	4	3	2	3	3	2	3	3	3.1
		多元主体网格化治理的制度联合保障	4	5	4	3	4	4	5	6	3	4	4.2
	阳光监督	网格化监督制度的建设	1	3	5	3	3	5	4	4	5	6	3.9
		网格化监督主体的设置	2	3	2	3	2	3	4	4	3	3	3.2
		网格化监督渠道的公开	2	2	4	2	3	2	2	3	1	1	2.2
		意见反馈方法的设置	1	2	1	1	3	2	1	1	2	1	1.5
		群众反馈意见的采纳率	1	3	2	2	1	3	1	4	2	2	2.1
		治理信息公开平台的搭建	2	2	3	1	2	1	1	1	2	1	1.8
		治理信息的公开程度	3	2	4	2	4	3	4	2	3	3	3
食用农产品质量安全多元主体网格化治理	依法治理	食用农产品质量安全相关法律、法规的制定	4	5	6	4	3	5	5	3	5	5	4.5
		食用农产品质量安全事故的依法处理	4	4	4	3	4	3	2	3	5	4	3.6
		食用农产品质量安全事故的执法情况（发生率、达标率等）	6	4	5	6	5	4	4	3	5	4	4.6
		食用农产品质量安全事故的违法查处	6	2	4	5	4	4	2	2	6	3	3.7
总计			100	100	100	100	100	100	100	100	100	100	100

如表7-8所示，本次专家打分法共邀请10位专家，每位专家分别将100分按照重要程度分配给各项三级指标。经过对专家打分结果的统计分析，我们发现食用农产品质量安全多元主体网格化治理评估指标体系中，二级指标的权重按照从大到小依次为：战略联盟（23%）、联合保障（20%）、阳光监督

（18%）、依法治理（16%）、资源整合（14%）、共振动力（5%）、利益与共（4%）。具体占比如图7-3所示。

食用农产品质量安全多元主体网络化治理
二级指标权重占比图

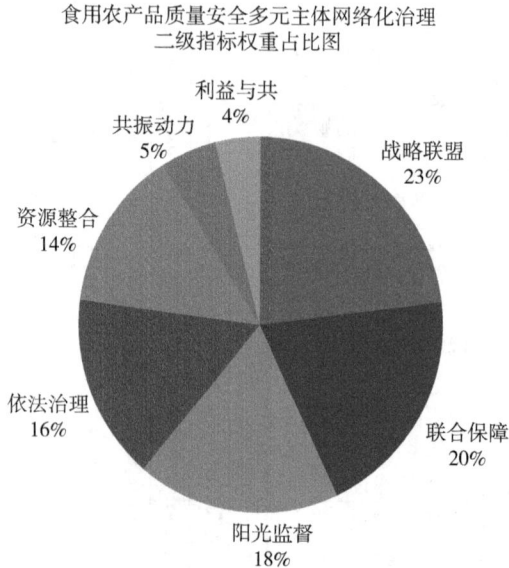

图7-3　食用农产品质量安全多元主体网格化治理二级权重占比图

从图7-3中可以看出权重大的两个二级指标分别为战略联盟指标和联合保障指标。由于这两项指标下属的三级指标个数亦较多,每位专家是对三级指标逐个打分,并不是直接对二级指标打分,因此,这两项指标的权重受到下属指标的影响较大。而三级指标中,我们选取了权重大的前10项指标进行比较,其中专家打分平均值在4分以上的分别为:多元主体网格化治理的人力联合保障(4.6分)、食用农产品质量安全事故的执法情况(4.6分)、食用农产品质量安全相关法律法规的制定(4.5分)、多元主体网格化治理的制度联合保障(4.2分)。权重最大的前10项三级指标主要来自联合保障指标(2项)、依法治理指标(4项)、战略联盟指标(3项)和阳光监督指标(1项)。

第四节　食用农产品质量安全多元主体网格化治理评估指标体系的总体评析

治理评估指标体系的逻辑结构、指标设计得科学与否,与能否准确反映出食用农产品质量安全多元主体治理的效果息息相关。除了指标体系本身所应具备的科学性和合理性之外,在实施评估考察过程中,评估指标体系是否具有可行性和可操作性也是关乎指标体系是否实用的重要因素。食用农产品质量安全多元主体网格化治理本身是较为新颖的治理方式,治理方法也在不断摸索中。只有对多元主体网格化治理进行科学、准确的评估,才能真正了解治理中取得的成绩和存在的问题,才能优化改善治理方式,达到更好的治理效果。

本节对食用农产品质量安全多元主体网格化治理评估指标体系的构建进行研究,主要基于对食用农产品质量安全治理中存在的问题和影响因素,遵照相关的指标构建原则、结合已有的关于多元主体网格化治理评估方面的文献资料,期望所设计出的指标体系对食用农产品质量安全多元主体网格化治理的评估和分析有所帮助。总体而言,食用农产品质量安全多元主体网格化治理评估指标体系具有以下6个方面特征。

第一,指标具有科学性。食用农产品质量安全多元主体网格化治理评估指标体系并非是课题组凭空臆测出的,而是在参考和整合了国内外相关的理论、文献,基于食用农产品质量安全的治理现状,结合专家学者提出的宝贵意见形成的。

第二,指标具有可操作性。食用农产品质量安全多元主体网格化治理评估的过程并不是简单量化的过程,而本指标体系正是考虑到这些难点和困难,将难以量化的定性因素通过模糊综合评价法,转化成定量指标,使指标在评估过程中具有可操作性。

第三,指标体系全面系统。通过专家打分法,将食用农产品质量安全多元主体网格化治理划分成7个部分,包含治理过程中的方方面面,指标体系全面系统。在食用农产品质量安全多元主体网格化治理评估指标体系的34项指标中,包含了战略联盟、联合保障、阳光监督、依法治理、资源整合、共振动力、利益与共7个方面内容。在这7项二级指标中,战略联盟、联合保障以及阳光监督3项指标在权重中排在前三位,说明在当前形势下,网格化治理战略联盟、网格化治理的保障以及对网格化治理监督3个方面对食用农产品质量安全多元主体网格化治理评估效果起着极其重要的作用,食用农产品质量安全的治理效果实际上与这3个方面的完善程度息息相关。

其中战略联盟考察多元主体治理目标的一致程度,此外,还考察多元主体治理共同体在机构设置、领导分工、治理权限等方面的协调程度、联盟主体间的信任程度、多元主体之间的合作意愿、各主体在食用农产品质量安全治理中承担的责任程度、多元主体在各个方面的互补程度等。可以说战略联盟这一指标考察结果能够充分体现出网格化设置是否合理、责任划分是否明确。而联合保障指标则从制度、人力、物力、信息、技术等多方面考察配套保障体系是否完善。阳光监督则主要考察监督机制是否完善、是否严格执行监督制度。例如,监督制度的建设、监督主体的设置是否广泛,监督渠道的公开程度、意见反馈方法的设置是否科学,群众反馈意见的采纳率、治理信息公开平台的搭建、治理信息的公开程度等。可以说此 3 项指标考察食用农产品质量安全多元主体网格化治理体系本身是否科学合理。

第四,指标体系简单易操作。本书设置指标体系虽然包括食用农产品质量安全多元主体网格化治理的各方面,但评估指标的个数并不烦琐,在实际评估的过程中较为容易实施,实用性强。所构建的评估指标体系一共包含 7 个二级指标和 34 个三级指标,在数量上繁简适中,而且指标筛选环节的专家调查问卷具有较高的信度和效度。

第五,指标具有量化性。除了上述几项对网格化治理起到系统保障的定性指标之外,在 34 个具体的指标中还包含体现食用农产品质量安全多元主体网格化治理效果的定量指标。如群众反馈意见的采纳率、食用农产品质量安全事故的执法情况(发生率、达标率)等,这些能够被定量考察的指标可以有效减少定性指标考察带来的主观差异,能够对各个主体在食用农产品质量安全网格化治理中工作的效率与效果进行直接考察。

第六,指标具有实践性。由于食用农产品质量安全直接关系人的身体健康与生命安全,关系经济健康发展与社会和谐稳定。这使构建食用农产品质量安全多元主体网格化治理评估指标体系具有实践价值。在管理学、行政学等学科的相关理论指导下,综合参考了众多研究成果和专家意见,结合当前食用农产品质量安全多元主体网格化治理的实际情况,科学遴选各项指标并构建了食用农产品质量安全多元主体网格化治理评估指标体系,有利于提高评估的可信性和有效性。

第八章 食用农产品质量安全多元主体网格化治理机制运行的风险及防范措施

第一节 运行风险分析

一、基于农户行为的机制运行风险

农户作为食用农产品的主要供给者,是重要的生产组织单元。作为食用农产品供应链的第一个环节,农户生产行为是影响食用农产品质量安全的源头关键。

(一)农户生产行为特征对多元主体网格化治理机制的运行风险

改革开放以来,我国农村长期实行家庭联产承包责任制这一基本经营制度,这使得我国农业经营组织呈现出农户分散经营的组织形态,生产规模小,农户生产行为具有明显的个体行为特征,即"理性的小农"(舒尔茨,1963),具体包括以下几个方面的特征。

1. 农户生产行为目标的双重性。根据"行为决定"理论可知,生产的需要和动机是农户生产行为的两个决定因素,这就形成农户的两大生产目标,即自给自足型生产目标和销售牟利型生产目标。一般情况下,农户会在先满足自身消费需求的前提下,再将其食用农产品生产的剩余部分用于销售,以满足他人的消费需求,并从中获取经济收益,即满足自身的商品性生产目标。农户生产行为双重性目标的相互交叉与融合这一特征,尤其是农户追求经济效益最大化的商品性目标,容易造成农户的一些非理性生产行为,从而更易忽视食用农产品的质量安全。

2.农户生产行为的能动性,也称可转变性或可改造性,是指对外界刺激或内部影响做出积极的回应,即农户面对个人认知水平、行为动机、习惯、态度、外部环境因素等的变化使其在生产食用农产品行为上的转变。学习作为塑造个体行为的主要途径,是使农户生产行为发生基本改变的第一步。具体而言,可以采取培训、宣传、教育、技术交流、信息知识咨询等方法和手段,以扩宽农户的知识面,提升农户的知识水平,增加农户对食用农产品质量安全的了解与认知。农户生产行为能动性这一特征是调整农户生产行为的重要前提,对于食用农产品质量安全多元主体网格化治理有着较大的应用价值。

3.农户生产行为的个体差异性。根据农业生产投入与收入所占比例的不同,可将农户划分为三大类,即只经营农业的纯农户、主营农业的农业兼业户、主营工业的非农业兼业户。因受到土地、人力、物力、财力、技术等生产要素分配不均衡、政府政策和市场的波动性以及其他外部环境因素的介入等影响,这就致使农户生产行为个体差异性形成,从而直接影响农户生产食用农产品的行为,是造成食用农产品质量安全差异性的直接因素和必然条件,也是实施食用农产品质量安全多元主体网格化治理模式的前提基础。

4.农户生产行为的市场导向性。根据行为经济学的有关理论,农户是"理性的小农",即农户的生产行为具有有限理性的特征。在我国社会主义市场经济体制的健全完善以及城乡一体化进程加快的时代背景下,农村市场经济也在迅猛发展,农户的自给自足型生产目标已基本实现,其所需的各种生产经营要素逐渐依赖于市场,农户生产经营的商品化趋势不断增强,商品性生产目标日益凸显。在食用农产品市场机制的调控下,价格和供需的波动影响农户的经营收入、生产投入成本以及生产供应量。在追求经济效益最大化的"有限理性经济人"假设的前提下,农户会根据市场所发出的相关信号,比较分析具体成本收益情况来调整和安排自身生产经营的规模和生产方式,从而容易造成以牺牲农产品质量安全为代价来实现经济利益最大化的现象,从而影响食用农产品质量安全多元主体网格化治理机制的正常运行。

(二)农户本身的特征及其认知水平的局限性对多元主体网格化治理机制的运行风险

由于受到农户本身的文化素质偏低、自我约束机制不严格、对相关行为认知的缺乏等因素的影响,使得农户对食用农产品质量安全多元主体网格化治理问题尚未形成共识。

1.农户本身的文化素质偏低。农户的文化素质很大程度上是由农户受教育程度决定的。一般意义上,农户的受教育程度与其对现代农业可持续生产观念的接受程度呈正相关关系。在我国,农户本身的文化素质现状仍处于低水平,具体表现在:一是农户的科技文化素养水平不高,全国接受过系统农业职业技术教育的农户十分有限,与发达国家相比差距较大。科技文化素养的局限性使得农户不能科学、安全、正确地运用先进的农业科学技术以及农业化学品等,从而对农产品的质量安全造成一定风险。二是农户的法律意识不强,对于相关食用农产品质量安全法律法规知之甚少。三是农户的道德素质偏低。当前中国正处于社会转型期,社会出现了信任危机,公德淡漠、道德沦丧、诚信机制缺失等问题导致在关乎人们生命健康安全的食用农产品领域存在欺诈坑骗、以劣代优、掺假制假贩假等农户生产经营的不良现象,进而给食用农产品质量安全多元主体网格化治理机制的运行增加了诸多风险与变数。

2.农户的自我约束机制尚不严格。由于我国农业以小规模生产经营模式为主,小农户需要独自面对食用农产品产业的大市场,生产操作规范以及食用农产品质量安全的技术标准难以统一。在农户尚未掌握相关食用农产品质量安全知识的前提下,农户的自我约束机制呈现出不严格、不健全的特征,从而不利于食用农产品质量安全多元主体网格化治理机制的建立与运行。

3.农户对相关行为认知的缺乏。农户对食用农产品质量安全认知水平主要受其年龄、性别、家庭成员数量、文化素养、收入水平等诸多因素的影响。在现行家庭联产承包责任制下,农户作为独立的生产者和经营者,其对于食用农产品质量安全、追溯制度、政府政策支持以及对其他相关行为的认知还存在严重不足,这也是造成在食用农产品质量安全多元主体网格化治理实践中农户的参与层次和深度不充分的重要原因。

(三)农户生产经营的组织结构及其组织化程度不同对多元主体网格化治理机制的运行风险差异

1.农户行为在不同农业组织结构中的差异性。从产业组织的角度来划分农业经营组织结构,可以分为农户分散经营、"订单农业"形式、多层组织形式三大类型。农户行为在不同的农业经营组织结构中呈现出不同的特征差异。比如,在分散经营条件下,农户作为"理性的小农",当因信息不对称导致消费者难以识别和区分食用农产品质量时,再加上激励相容机制的缺乏,从而致使农户生成以劣代优的机会主义倾向,在食用农产品质量安全多元主体网格化治理机制中产生较大的运行风险;而在"公司+农户"组织模式和"公司+合作组织+农户"经营组织结构中,农户通过综合评估其行为对于长期预期收益和声誉的影响,将每次交易视为重复博弈或是关联博弈,从而降低其机会主义行为倾向,也会使食用农产品质量安全多元主体网格化治理机制中生产主体的运行风险减少。因此,在不同农业组织结构中农户行为的差异性表现会导致食用农产品质量安全多元主体网格化治理产生不同的风险影响。

2.农户生产经营的组织化程度在各类农业产业化经济组织中的差异性。农户生产经营食用农产品的组织化程度是由其在各类专业合作经济组织以及食用农产品生产企业的参与程度决定的。与农户分散经营模式不同,在其他产业化经营组织中,由于受组织内部激励机制以及农户个体生产行为可预期成本收益的不同等相关因素影响,农户生产经营食用农产品的组织化程度呈现出较大差异。农户生产经营组织化程度的高低,直接影响组织激励机制以及食用农产品市场的竞争力,从生产源头上影响食用农产品质量安全多元主体网格化治理机制的运行。

二、基于"政府失灵"行为的机制运行风险

"十三五"规划纲要提出,应当"完善党委领导、政府主导、社会协同、公众参与、法治保障的社会治理体制",因此,政府作为食用农产品质量安全监管的主体,在食用农产品质量安全社会共治机制中发挥着日益重要的作用。但由于传统单一的政府监管模式、政府职能转变不到位、政府监管体制不顺、机制缺失、全程追溯制度不到位等一系列的"政府失灵"现象的存在,使得在构建多元主体"逐级负责、网格到底、纵向一体、横向联动"的食用农产品质量安全多元主体网格化治理机制的过程中仍然存在一定的运行风险。

(一)传统单一的政府监管模式对多元主体网格化治理机制的运行风险

自2013年国务院"大部制"改革以来,我国对食品安全监管体制进行了

调整,从多头分散监管的食品质量安全监管体制转变为大部门的统一综合监管体制,即从"九龙治水"监管模式转变为"一龙治水"监管模式。但这两种监管模式在结构形式上都是一致的,政府对于食用农产品质量安全的监管仍然为传统的、单一的、垄断型的模式。这种传统单一的垄断型政府监管模式对于食用农产品质量安全多元主体网格化治理机制所产生的运行风险突出表现在以下两大方面。

1. 政府承担监管职能过多,易产生食用农产品质量安全多元主体网格化治理机制主体失衡的运行风险。在传统单一的垄断型监管模式中,政府所承担的职能过多,具体表现在既要承担制定质量检测技术标准、行政审批、严格执法等基础性职能,又要承担诸如食用农产品质量安全认证与检测、风险评估等其他原本可以委托给第三方监管主体的非基本性职能。政府这种几乎承担了食用农产品质量安全治理的全部责任的行为,使得市场、社会等其他第三方监管主体被完全置之度外,形成了一种政府包揽一切的垄断型治理格局,从而使得在食用农产品质量安全多元主体网格化治理机制中除政府外的其他多元主体培育严重缺失。

2. 政府垄断型监管模式具有政府监管压力大、监管能力有限等弊端,使得食用农产品质量安全治理机制存在单一化的运作风险。首先,在事事包揽的政府垄断型监管模式中,食用农产品质量安全监管部门所面临的监管压力日益突出。随着消费结构以及监管对象的日益复杂化,这种以"实现从农田到餐桌的全过程监管"为目标的传统监管模式,无论是对中央政府还是地方政府,其压力都是非常大的,也难以保障食用农产品的质量安全。其次,在传统单一的政府垄断型监管机制中,政府部门监管能力有限性这一弊端日益凸显。所谓政府能力是指政府收集和利用自身所拥有的资源和能量,为社会公众提供覆盖面广且高质量的公共物品和公共服务的能力①。政府不是全能的,在食用农产品质量安全监管机制中,政府部门所拥有的人力、物力、财力、权力、公信力等资源都是有限的,现如今食用农产品质量安全事件与问题的频繁发

①　耿弘、童星:《从单一主体到多元参与——当前我国食品安全管制模式及其转型》,《湖南师范大学社会科学学报》2009 年第 3 期。

生也是政府监管能力有限的深刻体现。再次，政府垄断型监管模式的另一大弊端表现为，食用农产品质量安全监管部门存在信息不完全性和不对称性。这一弊端往往会导致政府部门在监管信息不准确、不充分的情况下，做出关于食用农产品质量安全治理的决策，从而增大了政府监管的信息成本，也增加了食用农产品质量安全多元主体网格化治理机制的运行风险。因此，在这种传统单一的政府监管模式下的一系列弊端，使得食用农产品生产经营者为第一责任人制度不能有效实施，导致在食用农产品质量安全多元主体网格化治理机制运作中监管主体单一化、严重失衡的风险进一步加剧。

（二）政府职能转变不到位对多元主体网格化治理机制的运行风险

政府作为食用农产品质量安全的监管主体，在食用农产品质量安全多元主体网格化治理机制中不仅仅是承担掌舵者的角色，更多的应当充当协调者和服务者的角色。政府部门在食用农产品质量安全多元主体网格化治理模式中的主要职责包括：一要建立健全食用农产品质量安全监管、检测体系和制度；二要制定和执行有关食用农产品质量安全的法律法规；三要监督和管理食用农产品的生产流通过程，监测和评估食用农产品质量安全的整体风险等。在社会主义市场经济大发展大繁荣环境的冲击下和新公共治理理念的指导下，我国政府的职能设定已经开始逐步走出计划经济体制下"政府包揽一切"的困境。但由于长期受到传统单一的垄断型政府监管模式的影响，这种以政府为本位的"全能型"模式，使政府部门监管和治理食用农产品质量安全问题效率低下、成效不佳。因此，如何转变好政府职能、培育好其他多元主体积极参与食用农产品质量安全的社会治理，是防范基于"政府失灵"行为的食用农产品质量安全多元主体网格化治理机制运行风险所必须要着力解决的重要问题。

（三）政府监管体制不顺、机制缺失、机构功能设置不合理对多元主体网格化治理机制的运行风险

首先是政府监管体制不顺造成"政府失灵"问题，主要体现在国家财政困难、行政效率低下、官僚作风一定范围内存在等方面，这种在传统官本位思维模式指导下的政府监管体制，对于食用农产品质量安全的有效监管和治理产生了负面影响和制约作用。其次是食用农产品质量安全行政监管机制的缺失

问题,具体表现为我国食用农产品质量安全长效监管机制以及预警和应急管理机制的缺失。如何在食用农产品质量安全行政监管职能部门构建长期性的有效监管机制、形成延续性的网格化治理模式,以防范食用农产品质量安全社会共治机制中监管主体的运行风险,是值得我们深入探究的一大问题。再次是关于食用农产品质量安全监管机构设置不合理的问题,其监管机构功能设置不尽合理、区域设置不均衡、监管对象的抗法违法、监管主体的缺位、执法不严等缺陷,使我国食用农产品健康有序的市场秩序难以得到有效保障。这些体制和机制上的种种弊端造成政府运作失灵,致使我国食用农产品质量安全多元主体网格化治理机制在构建和实际运作过程中都面临严峻的风险考验。

（四）全程追溯制度不到位对多元主体网格化治理机制的运行风险

自欧盟最早在活牛和牛肉制品等食用农产品质量安全中开始应用可追溯系统以来,许多发达国家已经广泛建立起基于食用农产品质量安全的可追溯系统,并把食用农产品质量安全可追溯系统纳入法律制度的框架下。而目前在我国,虽然有些地区已经开始试用各种形式的食用农产品质量安全追溯方法,但绝大多数地区仍然没有建立起统一有效的食用农产品质量安全追溯制度,都是各行其是,从而很难建立起"从农田到餐桌"的全程追溯制度。全程追溯制度不到位加大了监管和控制食用农产品生产源头质量安全的难度,难以界定食用农产品质量安全问题的"始作俑者",这在无形中也增加了食用农产品质量安全多元主体网格化治理机制的运行风险。

三、基于"柠檬市场"中信息不对称行为的机制运行风险

著名的"柠檬市场"理论是美国经济学家乔治·阿克洛夫（George Akerlof）于1970年在引入信息经济学对次品市场进行分析时提出的,这一理论的主要观点为:当卖方对于产品的质量比买方掌握更多的信息时,即出现了由于买卖双方对于产品质量的信息不对称所导致的逆向选择行为,低质量的产品将会把高质量的产品驱逐出市场,从而产生市场上的产品质量持续下降的现象。[1] 阿克

---

① 黄娇娣、李锦霞、庄佩芬:《从信息不对称的角度探讨福建省茶叶质量安全问题》,《台湾农业探索》2010年第6期。

洛夫的"柠檬市场"理论同样适用于解释食用农产品市场的信息不对称行为所造成的"市场失灵",即在食用农产品市场中,食用农产品的生产者、加工者、销售者、消费者、政府监管者之间存在着质量安全信息的不对称而形成食用农产品市场的"柠檬现象"。信息不对称可以划分为隐藏知识和隐藏行动两种基本类型,隐藏知识会导致逆向选择问题,隐藏行动则会产生道德风险问题。

（一）信息不对称情况下的逆向选择对多元主体网格化治理机制的运行风险

根据阿克洛夫"柠檬市场"模型（又称为"旧车市场"模型）的分析框架,在食用农产品市场中,食用农产品的生产经营者与消费者之间存在着食用农产品质量安全信息的不对称而导致相互间的逆向选择。这种逆向选择行为是由食用农产品的生产经营者与消费者双方隐藏知识所造成的,也就是说,当作为食用农产品生产主体的农户,比中间经销商以及消费者掌握更多食用农产品的质量安全信息这一隐藏知识问题不能得到有效解决时,则会出现逆向选择行为,会使劣质食用农产品将优质食用农产品驱逐出市场,导致食用农产品市场"柠檬问题"日益凸显,食用农产品质量也随之陷入恶性下降怪圈。在食用农产品市场中,对于消费者这一群体来说,获取农产品质量安全的信息成本十分昂贵,这不仅体现在单个消费者对食用农产品质量安全认识和了解程度的差异性,而且体现在消费者掌握食用农产品质量安全真实信息的难度与生产经营者相比要大得多。因此,消费者只能通过采取压低价格的途径以尽可能地减少因信息不对称所带来的损失。但消费者的这种"逆向选择"行为会使得食用农产品的生产主体和经销商去生产经营质量安全的优质产品的成本要高于质量安全低的劣质产品的成本,从而导致质量安全高的优质食用农产品的生产经营者因基于利润驱动力的缺失逐步退出市场,而被质量安全低的劣质食用农产品所取代并充斥整个食用农产品市场。因此,在食用农产品"柠檬市场"信息不对称的情况下,消费者的这种事前机会主义行为所产生的逆向选择问题会造成整个食用农产品市场整体质量安全水平下降的恶性循环,从而为食用农产品质量安全多元主体网格化治理机制带来"市场失灵"的运行环境风险。

（二）信息不对称情况下的道德风险对多元主体网格化治理机制的运行风险

信息不对称的第二种基本类型体现为"隐藏行动"，即一方比另一方掌握更多有关行动方面的信息。当这一隐藏行动问题没能有效解决时，则会产生道德风险问题。在食用农产品"柠檬市场"中，道德风险问题主要是指食用农产品的生产经营者为实现利益最大化，采取隐藏或者扭曲信息等手段，使之与消费者之间信息不对称而从中谋取利润的行为所产生的问题。道德风险行为一般发生在事后，所以也被经济学家称作"事后机会主义"行为。一是从经济学的经济理性假定这一视角出发，我们可以得出以下结论：食用农产品生产经营者的目的是谋取和实现自身利益最大化。而在食用农产品市场中，由于食用农产品的产业特性，会产生不同质量安全的食用农产品具有相同或相近价格的现象。根据成本收益分析，在同等情况下，生产经营质量安全高的优质食用农产品的成本要远远大于质量安全低的劣质食用农产品，使生产经营质量安全高的优质食用农产品所获利润远远低于生产经营质量安全低的食用农产品。因此，食用农产品市场的这一现象对于质量安全高的优质食用农产品生产经营者是极为不利的。本着利益最大化的内在动力，在政府对食用农产品质量安全监管的体系尚未健全的情况下，生产经营者会自发地采取一些"败德"行为以最大限度地降低生产经营成本、增加产量。比如，喷洒"毒农药"、掺入劣质食品添加剂、滥用化肥增产等，这使得质量安全低的劣质食用农产品生产经营者能够赚取超额利润，逐渐将优质食用农产品生产经营者驱逐出市场。二是从道德风险理论假设的行为是否具有可观测性这一视角出发，在食用农产品的生产过程中，基于农产品的生产特性，农户的行为对于经销商以及消费者而言是不可观察的；但基于食用农产品质量安全检测特性，农户生产行动的结果产出又是可观测的，经销商和消费者可通过一定的技术和手段对食用农产品的质量安全进行检测以分析农户的生产行为。因此，食用农产品的生产特性和质量安全检测特性作为生产经营者事后机会主义的外在动力，使得农户在生产过程中做出以劣代优的机会主义行为决策，在与经销商和消费者在食用农产品生产质量安全信息不对称的情况下而产生道德风险问题；而中间经销商与农户之间在收购过程中检测信息不对称的存在，使得中间经销商也存在隐藏行动的行为即道德风险问题。综上所述,生产经营者基于信息不对称情况下的机会主义行为会造成质量安全高的优质食用农产品在食用农产品市场的供给不足,造成市场调节机制失灵。从这个意义上来说,我国食用农产品质量安全多元主体网格化治理机制中的市场调节治理机制存在失效的风险。

四、基于社会中间组织行为的机制运行风险

通过上述政府和市场"双失灵"对食用农产品质量安全多元主体网格化治理机制运行风险的分析可以发现,这种"双失灵"现象依然会长期存在。因此在公民社会迅速发展的社会背景下,且随着网格化社会共治理论的不断深入,人们在食用农产品质量安全治理的制度安排上,开始关注到存在于政府与市场之间的第三方治理主体——社会中间组织。社会中间组织是指不具有强制性,实行自愿和自治式运作,独立于政府和企业之外的组织机构。[①] 目前我国食用农产品质量安全的社会中间组织大致可以划分为食用农产品行业内的社会中间组织和食用农产品行业外的社会中间组织两大类。前者在食用农产品质量安全社会中间组织中更为典型,也更具代表性,对食用农产品生产经营者的行为产生直接影响。同时,食用农产品行业外的社会中间组织在保障食用农产品质量安全方面的作用也日益突出。社会中间组织作为一种新生的非强制性的第三方治理力量,在食用农产品质量安全多元主体网格化治理机制构建和运作中也面临不同程度的风险和阻碍。

(一)食用农产品行业内的社会中间组织行为对多元主体网格化治理机制的运行风险

食用农产品行业内的社会中间组织主要包括食用农产品行业协会、农民专业合作社及其他的合作经济组织等中立组织和机构。在发展和建设食用农产品行业内的社会中间组织这一食用农产品质量安全治理力量的过程中,面临以下几个方面的困境:一是食用农产品行业内的社会中间组织不能充分发挥其自律功能和服务功能。农民专业合作社和食用农产品行业协会作为

---

① 秦利:《基于制度安排的中国食品安全治理研究》,东北林业大学 2010 年。

食用农产品行业内的社会中间组织的两种典型代表,都建立在自律、联合互助基础上进行自我管理与自我服务。但是受到现阶段发展的局限性影响,食用农产品行业内的社会中间组织的自律和服务功能尚不完备,对组织内部成员的规范、约束和服务功能都没有得以充分发挥。二是食用农产品行业内的社会中间组织参与食用农产品质量安全治理的政策法律保障不到位。具体表现在食用农产品行业内的社会中间组织的法律地位不明确以及政府的政策支持力度不够,导致食用农产品行业内的社会中间组织的职能权限范围极其狭窄。除了一些统计、调查等工作外,其余有关食用农产品质量安全的行业标准制定、质量安全评估等关键性职能权限仍然由政府相关部门掌握。三是食用农产品行业内的社会中间组织的管理机制缺乏创新,组织体系仍不完善,使得其一体化发展进程慢、规模化水平不足。具体体现在食用农产品行业内的社会中间组织的职能分工、组织结构设置等尚不健全,组织内部管理运作机制较为滞后,导致其一体化、规模化的进程缓慢,不利于自身公信力的提高。食用农产品行业内的社会中间组织所面临的上述弊端,使得其难以充分发挥在食用农产品生产经营各个环节质量安全治理方面的"第三方主体"作用。

(二)食用农产品行业外的社会中间组织行为对多元主体网格化治理机制的运行风险

食用农产品行业外的社会中间组织主要是指消费者权益保护组织、社会公益媒体、消费者协会等行业外的第三方机构和组织。随着消费者维权意识以及公民参与治理意识的日益增强,这种非典型的社会中间组织在食用农产品质量安全中的治理作用日益凸显,但由于其自身的缺陷在食用农产品质量安全多元主体网格化治理机制运行中所产生的风险同样也不容忽视。第一,在消费者协会这类食用农产品行业外的社会中间组织中,面临难以有效发挥其维护消费者合法权益功能作用的困境,这是由维权法律法规欠缺、维权程序复杂、维权成本高、消费者维权积极性不高等多方面原因造成的。从而影响消费者这一主体参与食用农产品质量安全多元主体网格化治理的积极性。第二,作为食用农产品行业外的社会中间组织的另一重要组成部分,社会公益媒体对食用农产品质量安全的舆论监督功能存在两个极端现象:一是部分媒体在食用农产品生产经营的各个环节都没有及时准确公开地传播其真实的质量安全信息,其舆论监督功能得不到实施和发挥;二是存在个别媒体不能正确行使舆论监督的职责,其对重大食用农产品质量安全事件的歪曲报道会加剧消费者恐慌、形成强大舆论压力而影响司法公正、损害生产经营者的合法权益,从而不利于社会公益媒体在参与食用农产品质量安全多元主体网格化治理中舆论监督功能的有效实现。

五、基于供应链主体间关系的机制运行风险

食用农产品供应链是指由原材料供应商、生产商、分销商、零售商以及最终消费者等上游主体和下游主体之间相互连接组成的网络结构,主要包括食用农产品的原材料供应、生产、加工、储运、销售等环节。这些环节在食用农产品供应链中环环相扣、相互联系、相互影响,其中任何一个环节、任何主体间关系发生异常,都会引起其他环节发生变动,从而影响食用农产品供应链这一有机系统的正常运行。食用农产品供应链的质量安全问题不仅是影响食用农产品质量安全的决定性因素,也是关乎国计民生、社会稳定的重要问题。食用农产品供应链主体间的关系包括农户与企业、关联企业之间、消费者与零售商、政府与各企业之间的关系等,理顺这些复杂的供应链主体间关系也是建设和优化食用农产品供应链的关键所在。在我国食用农产品市场尚未健全的环境下,农资经销商、农户、批发商、零售商、消费者等供应链主体都是从自身利益出发来进行相互之间的利益博弈。

（一）供应链中农户与企业之间的关系对多元主体网格化治理机制的运行风险

在食用农产品供应链中,农户与企业之间的关系比较复杂,主要是指分散的"小农"同合作社、生产企业与加工企业之间的关系。我国目前的农业经营组织呈现出农户分散经营的组织形态,生产规模小,这使得农户与企业的关系更多地表现为松散型关系。在现行的食用农产品供应链组织模式中,农户与企业之间的关系面临以下困境:一是从利润分配结构来看,农户与企业之间的利润分配不均,且呈现出向企业倾斜的特征。在农户组织化程度低、食用农产品"柠檬市场"造成信息不对称的情况下,企业在收购食用农产品的过程

中会通过压价等方式做出损害农户利益的行为,以赚取更多利润。对于仅靠生产食用农产品来获取收入的农户来说,滥用高毒农药化肥等投入品以降低食用农产品的生产成本,是农户为其自身利益博弈的选择策略。农户的这种博弈选择会降低食用农产品供应的质量安全,从而增添了食用农产品质量安全多元主体网格化治理的难度。二是农户和企业之间没有形成"以契约为联结"的分工协作关系,双方由于缺乏合作的信任机制以及没有形成长期连续的契约联结,使得两者分工不明、协作共生动力不足、关系出现严重困局,从供应链源头上加大了食用农产品质量安全多元主体网格化治理机制运行的风险。

（二）供应链中关联企业之间的关系对多元主体网格化治理机制的运行风险

在食用农产品供应链中,关联企业之间的关系是指生产企业、加工企业、运销商、批发商、零售商之间对于食用农产品供给的博弈关系。基于食用农产品"柠檬市场"信息不对称的情况,在连续性的食用农产品供应链中往往会发生重复博弈,从而难以实现好的均衡结果,使得利润分配结构不均衡。再加上食用农产品供应链中的关联企业之间缺乏信誉机制以及合作机制,导致滋生了食用农产品供应市场上的机会主义行为。机会主义行为会使得关联企业为减少供应成本、实现其自身利益最大化,而做出降低食用农产品生产、加工、运销、批发、销售等各个环节的质量安全的策略选择,从而造成食用农产品质量安全多元主体网格化治理机制在供应链环节的运行风险。

（三）供应链中政府与企业之间的关系对多元主体网格化治理机制的运行风险

在供应链中,政府与企业之间是监管与被监管的关系。政府作为贯穿于食用农产品供应链各个环节的监管主体,其与企业之间的关系对于食用农产品质量安全的治理与保障具有重要意义。但由于目前我国政府部门存在"监管失灵"的困境,其惩处机制、激励机制以及全程追溯机制等尚未完备,再加上企业自身的质量安全意识淡薄,从而使得质量安全低的劣质食用农产品充斥整个食用农产品供应市场,增加了食用农产品质量安全多元主体网格化治理的难度。

（四）供应链中消费者与零售商之间的关系对多元主体网格化治理机制的运行风险

在食用农产品供应链中，消费环节是特殊的最终环节，消费者直接受到上游食用农产品供应环节的质量安全影响。一是消费者与零售商之间的信息不对称容易导致消费者做出低价购买食用农产品的消费决策，导致对质量安全高的优质食用农产品的需求不足，造成整个食用农产品供应市场陷入整体质量安全水平下降的恶性循环，为食用农产品质量安全多元主体网格化治理机制带来"市场失灵"的风险。二是由于目前维权成本高、维权法律体系不健全、惩处力度轻，因此，消费者对于零售商这种关乎食用农产品质量安全的侵权行为往往做出不追责、不维权的决定，从而严重影响消费者群体参与食用农产品质量安全多元主体网格化协同治理的积极性。

六、基于食用农产品污染行为的机制运行风险

随着我国工业化、城市化进程加快以及农业经济的粗放型发展，食用农产品污染事件的频繁发生，使得食用农产品污染问题成为影响食用农产品质量安全的核心问题之一。食用农产品污染问题是由不同性质的污染物和污染行为引起的，造成食用农产品质量安全问题的污染源贯穿于食用农产品生产经营的各个环节，主要包括物理性污染、化学性污染、生物性污染、本底性污染四种类型[①]。

（一）食用农产品生产前的污染行为对多元主体网格化治理机制的运行风险

食用农产品生产前的污染问题主要是指本底性污染问题即产地环境的污染。由于受工业污染、污染物排放不合理、农业粗放型发展模式等因素影响，我国部分食用农产品的产地环境遭到严重污染破坏。产地环境的污染问题主要包括水污染、大气污染以及土壤污染。首先，在水污染方面，我国的废水排放量逐年递增，湖泊的富氧化程度日益恶化，地表水和地下水的水质污染严重，使得灌溉水等农业用水供给匮乏，"污水农用"逐年上升。其次，在大气污

---

① 丛原：《造成农产品质量安全问题的四大污染源》，《农产品加工》2004 年第 6 期。

染方面,我国许多地区的大气环境中重金属及有机污染物、悬浮颗粒物等污染物含量严重超标,尤其是在全国大中城市都出现了硝酸型酸雨强度和频率的上升、PM$_{2.5}$严重超标的"雾霾"问题。这些大气环境中的污染物会通过大气循环而沉降到农田和作物的表面,成为食用农产品的污染源。再次,在土壤污染方面,重金属及有机污染物是造成土壤污染的两大污染物。污水灌溉、开矿、"三废"不达标排放以及有机化肥诸如磷肥等的不合理施用,造成分布在工矿区与污灌区的农田土壤重金属含量普遍超标,复合污染状况日趋严重。此外,农药、固体废物及其渗滤液、石油及其产品等有机污染物也是造成土壤污染的另一个重要方面[1],影响我国食用农产品的质量安全。从上述分析可知,目前我国水污染、大气污染以及土壤污染等产地环境污染严重,给我国食用农产品的质量安全造成很大的威胁和不良影响,使得食用农产品质量安全多元主体网格化治理机制的运行产生源头风险,是制约我国农业经济可持续发展的突出障碍。

(二)食用农产品生产过程中的污染行为对多元主体网格化治理机制的运行风险

在复杂的食用农产品生产链中,农户在生产过程中各个环节的污染行为都会对食用农产品的质量安全产生重要影响。食用农产品生产过程中的污染问题主要包括物理性污染、化学性污染以及生物性污染。在物理性污染方面,表现为食用农产品中混有如金属碎片、重金属颗粒物等有毒有害杂质。这种物理性因素的污染问题往往是由食用农产品收获、加工过程中人的不规范、不合理操作所造成的。可以通过事前规范操作加以预防,事后经消费者反馈予以追责等途径来保障食用农产品的质量安全。在化学性污染方面,主要是指在食用农产品生产和加工过程中生产商和加工商对农药、化肥、兽药、渔药、化学添加剂等不合理使用所产生的污染。对农作物不合理地施用高毒农药、过量使用氮肥促增产、对禽畜长期使用高激素水平的抗生素、违法添加化学剂等一系列化学性污染行为,造成食用农产品中有毒有害化学物质残留污染严重,对食用农产品质量安全以及消费者的生命健康都造成极大威胁。在生物性污

---

① 冯忠泽:《中国农产品质量安全市场准入机制研究》,中国农业科学院,2007年。

染方面,主要是指在食用农产品生产和加工过程中由于受到细菌性污染、真菌毒素污染、病毒性污染等生物性因素的影响所产生的污染问题,具有涉及面和影响面广、控制难度大等特征,给食用农产品质量安全多元主体网格化治理产生很大的潜在风险。

(三)食用农产品生产后的污染行为对多元主体网格化治理机制的运行风险

在食用农产品生产加工后的流通环节造成的后续污染问题,同样对食用农产品的质量安全造成严重影响。一是在食用农产品贮藏环节所产生的污染,比如,储存仓库的卫生环境差、温度湿度控制不当等造成致病性微生物大量繁殖并产生毒素,给食用农产品的质量安全造成威胁。此外,一些厂商为保持食用农产品的新鲜度,不合理地使用化学添加剂等有毒有害物质,极大降低了食用农产品的质量安全。二是在食用农产品的包装环节,由于包装材料、容器自身的污染或损坏、包装间的环境污染、包装方式不当等原因,间接地对食用农产品质量安全造成影响。三是在食用农产品的运输环节产生的污染。食用农产品从生产加工地区到消费市场,运输环节是必不可少的。在该环节的操作不规范、运输工具的污染、运输途中的粉尘污染以及运输人员人为污染等行为,都会影响食用农产品的质量安全。

七、基于智库建设困境的机制运行风险

食用农产品安全智库作为食品安全智库的重要组成部分,承载着食用农产品质量安全实践的思想库、决策的智囊团、食用农产品产业创新的孵化器、国家软实力和竞争力的强化剂等职能,在食用农产品质量安全多元主体网格化治理机制中的作用日益凸显。在推进食用农产品供给侧改革的背景下,我国食用农产品安全智库的建设面临不少困难和挑战,这也为食用农产品质量安全多元主体网格化治理机制的构建和运作带来不容忽视的风险。

(一)食用农产品安全智库"体制内外"建设发展不平衡问题对多元主体网格化治理机制的运行风险

由于受到官本位思维模式的长期影响,"体制内"官方食用农产品安全智库对于"体制外"民间食用农产品安全智库多半采取排斥、歧视、对立的态度,使得

"体制外"食用农产品安全智库成为"局外人"的角色,发展建设举步维艰。食用农产品安全智库这种"体制内外"建设不公平、相对失衡的现象,制约了我国食用农产品安全智库的建设和发展,从而导致在食用农产品质量安全多元主体网格化治理机制的构建和运行中难以发挥其"智囊团"的智力保障作用。

(二)食用农产品安全智库建设缺乏协调合作机制对多元主体网格化治理机制的运行风险

目前我国食用农产品安全智库建设面临的一大困境就是缺乏协调互动合作机制。不同学科的单位只是意识到协同工作研究的重要性,而在实际食用农产品安全智库建设中,往往缺乏协调合作机制或机制运行效率并不高。大多数协调合作研究平台都是在食用农产品安全智库建设需要的时候临时组建的,而这些临时性的跨学科协调合作机制难以解决食用农产品安全智库建设所面临的实际问题,也难以实现食用农产品质量安全多元主体网格化协同治理的要求。

(三)食用农产品安全智库成果应用程度低、缺乏制度性保障和综合性人才对多元主体网格化治理机制的运行风险

首先,从食用农产品安全智库成果的应用来看,当前我国食用农产品安全智库的研究成果大多是对现行政策的附和与阐释,独立自主性和创新性不足且受到成果传播形式落后的影响,使得"智囊"作用不能及时有效地发挥。其次,在食用农产品安全智库建设的制度性保障方面,我国没有建立起专家咨询激励制度、责任机制等基础性制度框架,也没有形成优胜劣汰的竞争法则、食品安全智库的行业自律机制以及统一健全的法律保障体系。再次,在食用农产品安全智库建设的人才培养方面,智库建设的综合性人才储备不足这一缺陷已成为我国食用农产品安全智库进一步发展建设的绊脚石。上述几点困境使得食用农产品安全智库建设不能适应供给侧结构性改革背景下食用农产品市场质量安全需求的变化,也加大了食用农产品质量安全多元主体网格化治理模式中"智治"机制的运行风险。

八、基于法律法规体系建设困境的机制运行风险

完备健全的法律法规体系是食用农产品质量安全多元主体网格化治理机制运行的外在保障。自党的十八届四中全会提出全面推进依法治国、建设社

会主义法治国家以来,法律法规体系作为一项重要的外在规制工具,在食用农产品质量安全多元主体网格化治理机制中所起的制度性保障作用也越来越重要。但由于我国在相关法律法规体系建设方面滞后,使得食用农产品质量安全多元主体网格化治理机制在立法、执法、司法方面呈现出不同程度的运行风险。

(一)食用农产品质量安全立法实践存在的问题对多元主体网格化治理机制的运行风险

1. 食用农产品质量安全的法律法规体系立法层级低。具体表现为:有关食用农产品质量安全的法律法规大部分都只是由相关部门所起草的行政规章或规定,在食用农产品质量安全网格化治理方面甚至没有国家的专门立法。因此,在食用农产品质量安全多元主体网格化治理模式中,会加大不同网格之间、部门之间行政规章冲突的风险,从而影响到食用农产品质量安全多元主体网格化治理机制运行的制度保障效果。

2. 食用农产品质量安全的法律法规体系立法内容"缺失"。我国于2006年颁布和实施了《农产品质量安全法》,这不仅标志着我国调整农业初级产品的法律体系的初步建立,也标志着"从农田到餐桌"的农产品质量安全法律体系基本形成。但我国目前在食用农产品质量安全方面的立法存在严重的立法内容"缺失"问题,具体表现在:食用农产品的范围界定不明确、食用农产品的质量安全标准及法律责任规范不明确、食用农产品产地环境规定不清晰等,针对食用农产品质量安全进行全过程管控的法律法规尚处于"空缺"状态。这种食用农产品质量安全法律法规体系不健全、立法内容覆盖面窄的弊端,使得在食用农产品质量安全多元主体网格化治理机制中,容易形成各治理主体职责交叉的模糊地带,从而产生漏管、重复监管、不作为等行为,不利于食用农产品质量安全多元主体网格化治理机制的构建和运行。

3. 食用农产品质量安全法律法规体系立法内容的可操作性不强。综观我国的《农产品质量安全法》及其他相关法律法规可以看出,我国的食用农产品质量安全法律及行政法规中的内容表述抽象、具体规定不够明确、实际可操作性不强。我国现行的食用农产品质量安全法律法规大都是基于相关政府部门管理的需要而制定的,致使管理者在法律法规的制定和修订过程中会留有制度解释余地以及执法操纵空间。但这也造成食用农产品质量安全的监管职能部门执法操作不规范、互相推诿的"搭便车"行为，也会减少食用农产品生产经营者的违法成本，从而滋生更多的机会主义行为，增加食用农产品质量安全多元主体网格化治理机制的运行风险。

（二）食用农产品质量安全执法实践存在的问题对多元主体网格化治理机制的运行风险

近几年来，食用农产品安全事故频繁发生，不仅仅是立法"缺失"的体现，更直接暴露出我国政府职能部门在食用农产品质量安全监管过程中，存在"有法不依、执法不严、违法不究"等问题。第一，由于现有食用农产品质量安全法律法规体系缺乏严密的规范约束机制和统一的执法标准，再加上我国现有责任机制不明确、执法监督体系不完善、监管部门职责交叉，在食用农产品质量安全执法实践中，容易出现相互推诿、不作为、执法犯法、徇私枉法等严重渎职行为。第二，我国食用农产品质量安全执法实践中存在惩罚力度不足的问题。具体表现在：一是惩罚力度过轻，违法成本低；二是惩罚执行不统一，惩罚标准差别化；三是惩罚内容、力度、等级、标准都缺乏明确规定。我国食用农产品质量安全监管部门在执法实践过程中的一系列渎职行为以及惩处力度太轻的问题，会使得不法的生产经营者降低其违法成本，法律法规体系的保障功能难以实现，从而加大食用农产品质量安全多元主体网格化治理机制的外在环境运行风险。

（三）食用农产品质量安全司法实践存在的问题对多元主体网格化治理机制的运行风险

在食用农产品质量安全的司法实践过程中，一是由于消费者维权机制不健全、食用农产品质量安全犯罪的刑事责任追究机制、侵权诉讼制度以及赔偿制度不完备，使得消费者在食用农产品质量安全问题上的维权意识和积极性欠缺。二是在实际司法实践中往往会出现个别媒体捏造、歪曲事实的报道，使得司法审判受到社会舆情倾向的影响，从而使司法公正遭受挑战。因此，如何走出食用农产品质量安全法律法规体系的滞后困境、实现立法、执法、司法三大过程的合理配合，是食用农产品质量安全多元主体网格化协同治理模式的外在制度保障建设需要解决的重要命题。

第二节　风险防范措施

一、针对生产主体中农户行为的机制运行风险防范措施

（一）加大对农户生产能力的培训力度，加强食用农产品质量安全知识宣传教育

针对我国目前存在的农户受教育程度层次偏低、生产能力较为低下、农户的安全生产认识水平亟待提高等运行风险，由于农户生产行为具有可塑造性的特征，且农户的食用农产品质量安全意识与其生产行为的安全性呈正相关关系，为此，一要加大对农户生产能力的培训力度，进一步加强对农户的食用农产品质量安全方面知识能力的教育与培训，传授普及食用农产品质量安全方面的技术，注重加强对无公害食用农产品生产技术能力的培训和指导，可以通过现场教学、远程教育、讲座等多种渠道和途径进行技术指导和培训；二要加强对食用农产品质量安全生产知识的宣传教育，可以采取编印宣传手册，以及借助广播、电视、报刊、网络等媒体进一步加强对农户的食用农产品质量安全方面知识的宣传普及，努力营造一个良好的食用农产品质量安全生产的环境，从而真正从源头上防范食用农产品质量安全网格化治理机制的运行风险。

（二）提升农户的综合素质及其认知水平

对于我国农户综合素质及其认知水平整体偏低的现状，我们应当采取以下措施来提升农户的综合素质及其认知水平：一是要提高农户的科学文化水平。要加强基础教育经费投入，着力健全农户职业教育和继续教育制度，尤其要注重提升青年农户群体的科学素养，保障未来食用农产品生产主体的基本科学文化素养。二是要增强农户的法律意识。应当对农户这一生产主体加强食用农产品质量安全相关法律法规的宣传普及、教育培训，加大农户生产经营的违法犯罪成本，全面增强农户的规则意识和法律意识，以真正营造一个良好的食用农产品质量安全多元主体网格化治理的外部法治保障机制。三是要提升农户的道德素养。通过构建食用农产品农户生产经营的诚信档案机制与"黑名单"制度，加快推进社会的诚信体系建设，逐步走出社会信任危机、摆脱

不良道德风气,稳步提升食用农产品行业的信誉度和诚信自律度。四是要提高农户的认知水平。通过加强宣传教育和生产示范等途径来强化农户的可追溯意识和食用农产品质量安全意识,并且宣传及示范的重点对象要向认知程度相对较低的农户群体倾斜,以提升农户对追溯制度、政府政策支持力度等方面的认知水平,从规范农户个人行为意向和主观态度这一视角出发来防范食用农产品质量安全多元主体网格化治理机制的运行风险。

(三)创新农户生产经营的组织结构,提高农户生产的组织化程度

根据农户行为在不同农业组织结构中的差异性,"公司+合作组织+农户"的生产组织方式使得农户生产行为的安全性最高,其次是"公司+农户"生产组织结构,安全性最低的则为农户分散经营的方式。我国长期实行家庭联产承包责任制,这一农业生产经营体制所形成的传统供给模式存在浪费严重、资源利用率低、反应速度迟缓、食用农产品质量安全难以保障的弊端,为此,必须创新农户生产经营的组织结构,鼓励农民合作经济组织的发展和壮大,借助合作社和企业与农户的契约关系,以合作社和企业为平台,在农户自愿互利的基础上构建起小农生产与食用农产品质量安全多元主体网格化治理的对接机制。

提高农户生产的组织化程度是降低农户机会主义倾向、从生产源头上提升食用农产品质量安全的重要途径。为此,要通过大力扶持和发展龙头企业、各类农民专业合作经济组织来带动分散生产经营的农户实现组织化生产经营;通过财政、金融等经济政策手段促进实现食用农产品农户生产向产业化经营组织形式转变;同时,应当进一步改革土地流转制度和农村金融制度、调整食用农产品主产区的产业政策和组织制度、完善食用农产品的价格政策和市场机制,从而为基于农户行为的食用农产品质量安全多元主体网格化治理机制的运行提供有利的政策环境保障,以防范实际运作风险。

二、针对监管主体中"政府失灵"行为的机制运行风险防范措施

(一)由传统单一的政府垄断型监管模式向多元主体网格化治理转变

治理主体多元化、治理手段数字化、治理标准和流程规范统一化是食用农产品质量安全多元主体网格化治理的三大要求,因此,促使政府监管由传统单

一的垄断型模式向网格化治理型模式转变是实现食用农产品质量安全多元主体网格化治理三大要求的前提条件。在构建食用农产品质量安全多元主体网格化治理模式过程中,要注意以下几个方面:第一,在夯实保障政府在食用农产品质量安全多元主体网格化治理机制中的掌舵者、总指挥地位的基础上,建立起合理明确的责任分担体系,政府、食用农产品生产经营者、消费者、媒体等第三方主体都应承担各自的责任。第二,积极促进政府作为协调者和服务者两大角色的设定和发展。在食用农产品质量安全多元主体网格化治理机制的实际应用中,重视政府服务和协调作用的发挥以及"协同共治"平台的构建是促使食用农产品质量安全多元主体网格化治理得以发挥最佳效应的关键。第三,充分带动公民参与,培育第三方监管组织。公民和第三方监管组织对于食用农产品质量安全治理的主动参与,是由传统单一的政府垄断型监管模式转变为多元主体网格化治理模式的重要标志。因此,在多元主体的网格化治理模式下,政府应当积极鼓励和充分发挥公民参与的重要作用,促进培育第三方监管组织以作为政府职能转变的载体,从而能够有效防范因传统的政府垄断型监管模式所产生的农产品质量安全治理机制单一化运作风险。

(二)政府职能由"全能型"向"有限型"转变

政府职能转变作为食用农产品质量安全多元主体网格化治理机制构建的关键前提,如何促使其从"全能型"向"有限型"转变,需要注意两个方面:一是针对"全能型"政府职能定位不当的问题,改革政府职能,向掌舵、服务、协调的方向转变。政府在履行食用农产品质量安全监管的掌舵者、总指挥基本职能的前提下,更多的应该倾向于履行服务和协调职能,可以通过加大力度构建政府机构的协调平台以及建设政府监管部门的服务体系等途径,打破原有传统单一的"全能型"政府监管模式。二是强调多元主体参与治理。多元主体的参与治理不仅是弥补政府能力有限的缺陷、缓解政府监管压力的重要途径,更是构建食用农产品质量安全多元主体网格化治理机制的必然要求。政府可以通过培育公民和第三方监管主体的参与协作机制、优化多元合作治理的政策环境、简政放权、建设服务型政府等路径以切实转变职能和管理方式,从而降低和化解因政府职能转变不到位所产生的食用农产品质量安全多元主体网格化治理机制运行风险。

（三）理顺政府监管体制，创新政府配套保障机制，设置合理的网格化治理机构

第一，在理顺政府监管体制方面。首先，应当进行合理分工，明晰各管理主体的职责任务，理顺政府监管内部各部门的职能，以消除"监管盲区"；其次，政府各监管部门之间应当强化相互配合、相互支持、协同治理的意识，以实现多部门之间监管信息资源的共享以及网格之间的对接互补；最后，应当构建"从农田到餐桌"的全过程食用农产品质量安全监管机制，理顺食用农产品从生产源头到经营消费这一整条产业链的监管体制，最终为构建食用农产品多元主体网格化治理机制奠定强大的合力基础。

第二，在创新政府配套保障机制方面。一是构建食用农产品质量安全风险规避机制，形成长效监管机制。应加大食用农产品质量安全风险评估技术的研究和开发力度，加快建设食用农产品质量安全风险管理体系。二是注重对食用农产品质量安全治理人才的培养，组建一支高素质的食用农产品质量安全治理人才队伍，为食用农产品质量安全多元主体网格化治理机制的长期有效运行提供人才保障。三是建立健全食用农产品质量安全的风险预警机制以及应急处理机制。应当加强对食用农产品的日常监测，延伸例行监测领域，及时进行风险评估和公布预警信息，健全风险预警机制；中央以及各级地方政府都应建立一整套较为完善的应急处理制度，以合埋应对食用农产品质量安全事故的发生，确保人民群众的生命和财产损失减少到最低程度，从而最大限度地规避食用农产品质量安全多元主体网格化治理机制运行的风险。

第三，在食用农产品质量安全多元主体网格化治理的机构设置方面。一是应当按照集中连片、方便管理的原则，在整合组建食用农产品质量安全多元主体网格化管理队伍的前提下，科学划分食用农产品质量安全的监管网格，设置合理的多元主体网格化治理的机构。二是应当明确各级网格监管员的职责和工作任务。在食用农产品质量安全多元主体网格化治理模式中，包括省、市、县、乡镇、村五级治理网格，且每一个网格都应安排有高度负责的监管员。三是在明确和保障各级网格监管员监管权力的基础上，还应进一步对各级监管工作及职责权限做出详细规定。在具体实践中，可以参考借鉴宜昌市城区农产品质量安全网格监管员"两个 1 次、五个 100% 和六

清"的工作职责和任务①。此外,还可以借鉴兰州市工商局城关分局所实行的"三级联动""三位互动""三级督查"即"三三制"的网格化监管系统,以及由北京达邦管理顾问有限公司总经理杨明升所提出的网格化移动监管新模式等,以促进食用农产品质量安全多元主体网格化治理机制的不断建设和完善。

(四)构建食用农产品质量安全全程追溯制度,推进食用农产品质量安全追溯体系建设

食用农产品质量安全问题的日益严峻使建设和完善质量安全追溯体系尤为迫切。我国食用农产品质量安全追溯体系的建设经历了实验、试点和对接发展阶段,从中国农垦中心发展模式、中国城市发展模式、农产品生产销售的对接与融合模式到农盟保障体系(24AG)模式的转变可以看出我国食用农产品质量安全追溯体系正在不断培育和发展建设。但在探索构建食用农产品质量安全可追溯管理机制的道路上,我国仍存在许多问题,与发达国家相比也存在较大差距。因此,在不断建设和完善我国食用农产品质量安全追溯体系的进程中,应当着手从以下方面做出努力:一要加强国际交流与合作,引进国外先进的食用农产品质量安全追溯技术。例如,欧盟和一些发达国家已经采用EAN·UCC系统成功地对牛肉、鱼、蔬菜等食用农产品开展了跟踪研究,这种食用农产品质量标识系统能够实现对食用农产品"从农场到餐桌"供应链全过程进行跟踪与追溯。② 因此,加强对外交流合作与接轨、积极引进诸如追溯编码与产品标识技术、溯源数据交换与查询技术、预警技术、供应链各环节信息快速采集技术等先进技术,对于推进我国食用农产品质量安全追溯体系的建设和完善十分重要。二要从我国国情出发,通过逐步试点,因地制宜地建设食用农产品质量安全追溯体系。要根据不同区域及不同的食用农产品种类来选择不同的可追溯管理模式,可以走先试点后推广、分步实施的道路。三要加大资金投入,搞好自主研发,跟进立法及相关配套制度建设。在建设和完善我

---

① 沈洪学、张世娟、覃亮:《宜昌市城区农产品质量安全网格化管理的探索与思考》,《湖北植保》2013年第4期。

② 喻林、张明林:《我国农产品质量安全追溯体系发展路径及建议》,《求实》2013年第5期。

国食用农产品质量安全追溯体系进程中,兼顾硬环境和软环境两大方面的同步配套建设,以促进化解全程追溯制度不到位对食用农产品质量安全多元主体网格化治理机制产生的无形风险。

三、针对"柠檬市场"中信息不对称行为的机制运行风险防范措施

(一)建立食用农产品质量安全信息披露制度,从源头上解决食用农产品市场的"柠檬问题"

食用农产品质量安全信息披露制度是指借助声誉机制的影响作用,由第三方主体强制性地披露食用农产品质量安全信息或者由生产经营者自发性地提供食用农产品质量安全信息的行为制度。建立食用农产品质量安全信息披露制度,通过强制型披露和自愿型披露两种方式,有利于减少因信息不对称所造成的生产经营者的逆向选择行为和道德风险行为,进而有利于保障消费者的权益、形成优质优价的食用农产品市场,从源头上解决食用农产品市场的"柠檬问题"。因此,在建立食用农产品质量安全信息披露制度时,应当充分发挥食用农产品行业自律组织、政府监管部门的作用及影响力,对于食用农产品的质量安全信息(尤其是负面信息)要予以合法地及时披露,以形成正确的食用农产品市场信号,从源头上防范因信息不对称造成的食用农产品质量安全多元主体网格化治理机制中市场机制失效的运行风险。

(二)健全食用农产品质量安全信息传递外部机制、信息可追踪系统,解决食用农产品市场的质量安全信息不对称问题

首先,应当完善食用农产品质量安全信息传递的外部机制。食用农产品质量安全信息传递外部机制主要包括食用农产品质量安全信息发布传递机制、风险分析机制、信息服务机制等[1]。对于食用农产品质量安全信息传递外部机制的构建,需要注意以公开透明为原则,减少信息传递过程中的失真性,在政府、生产经营者、中介组织、消费者之间建立起一套完善的信息传递与共

---

[1]　孙小燕:《农产品质量安全问题的成因与治理——基于信息不对称视角的研究》,西南财经大学 2008 年。

享机制。

其次,应当建立食用农产品质量安全信息的可追踪系统。信息可追踪系统在欧盟对食品信息的管控中广为应用,并且已经通过《食品法》等相关法律做出了强制性规定。针对我国食用农产品质量安全信息的不对称问题,我们也可以借鉴、引进国外的信息可追踪系统,以实现对食用农产品生产、加工、流通全过程的质量安全信息的追踪与管控。

再次,还应当充分发挥政府以及其他社会力量的作用。政府可以通过实行市场准入制度、健全完善法律规章制度、加强监管等宏观干预手段,以弥补"市场失灵"在食用农产品质量安全信息传递过程中的缺陷。

最后,还应当充分调动其他社会多元主体在矫正信息不对称方面的积极性,建立社会信誉机制,为食用农产品质量安全多元主体网格化治理机制的构建和运行提供良好的市场条件以及社会环境保障。

四、基于社会中间组织行为的机制运行风险防范措施

(一)充分发挥食用农产品行业内社会中间组织的自律功能与服务功能

1.应当强化食用农产品行业内社会中间组织的自律功能,使得食用农产品行业协会、农民专业合作社等对其组织内部成员的规范、约束作用得以实现。首先,要建立并完善食用农产品行业的自律机制,通过严格规范的行业自律机制对食用农产品生产经营者的行为进行约束和管理。比如,当发现食用农产品行业协会的会员有生产经营质量安全未达到行业规范标准的食用农产品、垄断经营等行为时,行业协会可采取将该会员开除出协会等硬性惩罚措施以规范会员行为。其次,应当加快并健全食用农产品行业协会、农民专业合作社的立法。我国虽于 2007 年颁布并施行了《农民专业合作社法》,但其在食用农产品质量安全治理等方面的立法内容尚不明确,甚至缺失,亟待进一步健全完善。而对于食用农产品行业协会,我国应当尽快出台一部专门性法律,为行业协会自律功能的充分发挥提供外在制度保障。

2.应当强化食用农产品行业内社会中间组织的服务功能。其服务功能包括对内服务和对外服务两种。食用农产品行业内社会中间组织可以通过建立完善组织内部成员的知识技术培训机制、信息咨询服务机制等以强化对其组

织内部成员的服务功能。食用农产品行业内社会中间组织还应当强化其对外服务即为政府服务的功能。社会中间组织中的行业协会在履行好其对于维护食用农产品行业利益这一职能的同时,还应当统计分析该行业的质量安全信息等,为政府制定食用农产品质量安全治理政策而服务。

(二)加大政府支持力度,创建社会中间组织参与食用农产品质量安全治理的政策法律环境

目前,我国社会中间组织在参与食用农产品质量安全多元主体网格化治理过程中仍处于起步阶段,其职能权限十分狭窄,因此,需要通过加大政府的支持力度、构建良好的政策法律环境以发展和建设社会中间组织。首先,应当加快食用农产品行业中的社会中间组织的立法,明确其在食用农产品质量安全治理中的法律地位和职责权限、主体资格等,以实现社会中间组织参与食用农产品质量安全多元主体网格化治理的规范化、法制化。其次,政府应当出台支持食用农产品行业中社会中间组织发展建设的相关政策。比如,通过降低行业协会准入门槛、重视人才培养、加大经费扶持、实行税收优惠等促进社会中间组织的发展。再次,在加大政府扶持力度的同时,扩大食用农产品行业中的社会中间组织的职能范围,使其保持独立性,避免成为"第二政府"。为此,政府部门应当简政放权、将更多职责权限下放给食用农产品行业中的社会中间组织,从而提高其对于食用农产品质量安全治理的参与积极性。

(三)创新管理机制,完善组织体系,促进食用农产品社会中间组织发展

一要加强国际交流合作,创新食用农产品社会中间组织管理体制,实现组织机构管理的科学化与现代化。二要完善食用农产品社会中间组织的组织体系建设,通过调整社会中间组织的制度形式和组织结构,以形成多元化会员结构、网格化的运作机制以及与政府间的协调互动关系。三要促进食用农产品社会中间组织的一体化、规模化建设,即在大力发展食用农产品社会中间组织的基础上,积极鼓励广大分散型、小规模的生产经营者加入诸如行业协会、经济合作社等组织,同时兼顾建设食用农产品行业外的社会中间组织,以加快实现食用农产品社会中间组织的一体化、规模化。

(四)加快食用农产品行业外社会中间组织的发展

一是有效发挥消费者协会维护消费者合法权益的职能,从健全维权法律

体系、简化维权程序、减少维权成本等方面满足消费者对维护自身合法权益的基本要求,从而充分调动消费者群体参与食用农产品质量安全多元主体网格化治理机制运行的积极性。二是社会公益媒体在加强食用农产品质量安全法律法规、检测技术、标准体系等知识宣传力度的同时,对食用农产品"从农田到餐桌"的全过程进行监督,及时、准确、公开地发布真实的质量安全信息。社会公益媒体在发挥其监督功能时,应当注意其适度性和真实性,不要夸大歪曲事实以免造成一系列的不良后果,通过构建社会公益媒体监督责任机制,合法、充分地发挥其在食用农产品质量安全多元主体网格化治理机制中的舆论监督功能。

五、基于供应链主体间关系的机制运行风险防范措施

（一）平衡食用农产品供应链主体间的收益分配,构建公平合理的利润分配机制

首先,政府应当出台相关政策,为构建公平合理的利润分配机制提供政策环境保障。政府可以通过出台激励性的财政政策、货币政策、产业政策,向供应链中处于弱势地位的主体倾斜,对食用农产品供应链主体间不公平、不合理的利润分配结构进行适当地干预和调节,促使形成供应链主体间公正合理的利润分配结构。其次,食用农产品供应链各环节的主体,尤其是供应链中处于强势地位的企业,应当树立公平意识,使其利润分配与资源投入相对应,从而充分发挥食用农产品供应链作为系统的整体功能优势。再次,食用农产品产业链中的各主体可以通过订立利润分配的"安全合同",以契约形式将公平合理的利润分配机制予以确立,从而有利于保障食用农产品供应链的稳定性,在一定程度上减少食用农产品质量安全多元主体网格化治理机制的运行风险。

（二）构建食用农产品供应链协调机制、合作机制、信任机制

在食用农产品供应链中,为避免各主体间因信息不对称而滋生的机会主义行为,构建协调、合作、信任机制已经成为必然选择。一是构建食用农产品供应链内部机制。比如,以协调、合作、信任为导向对食用农产品供应组织的内部机构、供给流程进行改革或重组,切实提高食用农产品供应链主体间的协同能力以及信誉度。二是政府应当为食用农产品供应链主体间的协同合作模

式营造良好的外部正向环境。比如,加强对食用农产品市场的规制,实行"优质优价",市场准入制度,帮助扶持处于供应链弱势地位的主体,出台相关激励政策以强化供应链主体间的协同合作动机,为食用农产品供应链中各主体间实现合作共生提供制度化的动力支持和保障。

(三)提高食用农产品供应链中各供给主体的组织化程度,促进食用农产品供应链纵向一体化

一要加强国际交流与合作,引进国外较为先进的供应链组织发展经验,再根据我国实际国情,改革传统的供应组织结构,提高组织化程度,积极探索中国特色的食用农产品供应组织模式。二要实施"纵向一体化"战略,通过健全相关法律法规、龙头企业的带动作用、调整产业政策、改革政府监管机制等路径,促进实现食用农产品供应链的纵向一体化。三要增强消费者在供应链食用农产品质量安全方面的监督作用,加大对供应链中食用农产品质量安全问题企业的惩处力度,充分保障食用农产品供应源头上的质量安全,从而有利于构建供应链主体在食用农产品质量安全多元主体网格化协同治理机制。

六、基于食用农产品污染行为的机制运行风险防范措施

(一)加强资源环境保护,加快农业发展方式的转型升级,营造良好的产地环境

1. 针对我国食用农产品产地环境污染严重的现状,加强对自然资源以及生态环境的保护成为防治食用农产品产前污染的关键性举措。一要以构建资源节约型、环境友好型的"两型社会"理念为指导,实行"耕地红线"和水资源管理"三条红线"等严格的管控制度,为食用农产品行业的集约化、可持续发展提供资源保障。二要加强对城镇的"三废污染"以及农村的面源污染的防控和治理力度。通过完善环境保护的基础设施建设、加大污染整治力度等手段,从源头和外部两方面为食用农产品的生产营造良好的产地环境。

2. 应当加快转变农业粗放型的发展方式,加快构建食用农产品生产经营的新模式。首先,应深入贯彻落实党和国家在"三农问题"上的重要战略思想,树立"绿色、生态"的现代农业发展新理念;其次,应当着力打造新型农业产业体系,对传统农业产业结构进行改造升级,使得第一、二、三产业充分融合

发展;再次,在经济发展新常态的背景下,应加快转变传统农业的分散生产经营模式,通过集约化、产业化、规模化的改造升级,建立起食用农产品"高产、优质、绿色、安全"的生产经营新模式,从源头上防范食用农产品的本底性污染,有利于实现食用农产品质量安全多元主体网格化治理机制的构建和运行。

(二)积极鼓励对环保型农业技术的科研工作,推动农业科技的创新进步

首先,加快转变我国农业科研工作的重点,积极鼓励环保型的农业技术自主创新;其次,加强农业相关技术的国际交流与合作,充分引进和借鉴国外先进的技术体系和发展经验;再次,强化现代农业科技创新体系建设,深化农业科技改革,推动在食用农产品质量安全技术领域的创新进步。具体而言,在食用农产品的产前和产中环节,积极研发和应用产地环境净化技术、农药化肥等投入品的替代技术、新型肥料、疫病防控技术以及其他综合配套技术;在食用农产品的产后环节,强化对食用农产品储存、运输保鲜、包装等产后环节新技术新材料的研发和推广应用。① 此外,积极推动在环境科技领域、食用农产品质量安全标准领域以及检验检测技术领域等的自主研发和创新。

(三)构建食用农产品污染的综合治理机制

针对食用农产品污染途径以及污染源的复杂性和不确定性,在网格化社会共治基本理念的指导下,构建起食用农产品污染的综合治理机制。一是在治理理念方面。食用农产品污染的综合治理机制要求转变政府主导的单方面治理理念,树立起所有利害相关者共同参与污染防治的理念。二是在制度政策环境方面。出台关于食用农产品污染综合治理的专项法律法规以及激励性政策,构建多元主体综合治理的协调机制,为实现食用农产品污染的综合治理营造良好的制度政策环境。三是在政府职能方面。调整优化政府的安全友好型生产管理技术推广职能、产地环境信息与食用农产品质量安全信息披露职能,充分发挥作为食用农产品质量安全直接责任主体的农户和产业化组织的带动作用,通过市场机制的有效调节以及食用农产品全产业链各环节主体的参与治理,实现食用农产品污染综合治理,从而推动食用农产品质量安全多元

---

① 杨曙辉、宋天庆、欧阳作富等:《我国农产品食品质量安全问题:特点、症结及对策》,《农业现代化研究》2013 年第 3 期。

主体网格化治理机制的最终形成。①

七、基于智库建设困境的机制运行风险防范措施

（一）建立官方和民间食用农产品安全智库平衡发展，建立协调互动合作机制

一是改变以"体制内"官方食用农产品安全智库为主导的智库建设体制，加大对民间食品安全智库的扶持力度，建立健全公平开放的决策咨询体制。二是建立一套科学完善的食用农产品安全智库协调互动合作机制予以保障，具体落实到队伍建设、人事制度以及合作平台构建等方面，以充分发挥多元主体的协调性、互动性、合作性，为实现食用农产品质量安全多元主体网格化治理提供重要的协同治理平台。

（二）创新食用农产品安全智库成果应用机制，建立健全制度性保障体系以及综合性人才培育孵化机制

首先，在创新食用农产品安全智库成果的应用机制方面。进一步提升食用农产品安全智库成果质量水平，国家和政府应当加大对智库重大研究成果和产品的宣传推广力度，通过新型传播媒介，逐步提升我国食品安全智库的社会影响力以及应用程度。其次，在健全食用农产品智库制度性保障体系方面。建立健全食用农产品智库建设的法律法规体系，构建和完善食用农产品安全智库发展建设的基础性制度框架。比如，建立智库的责任追究制度、智库信息安全保障制度、智库监管体制等，从"硬条件"和"软环境"两方面着手，为食用农产品安全智库的发展建设编织出制度性保障的"安全网"，在制度层面上规避食用农产品质量安全多元主体网格化治理中"智治"机制的运行风险。最后，在构建食用农产品安全智库综合性人才培育孵化机制方面。应当组织制定合理有效的综合性人才培养体系，加大人才培训经费支持力度，建立健全食品安全智库的人才交流机制，形成一支专兼职相结合的食用农产品安全研究队伍，着力培育食用农产品安全智库的复合型人才，以发挥智库主体在做出

---

① 李凯：《农业面源污染与农产品质量安全源头综合治理——以浙江省蔬菜产业为例的机制与推广研究》，浙江大学 2016 年。

食用农产品质量安全多元主体网格化治理决策时的人力资源优势,也使得我国食用农产品质量安全治理的"智治"机制更具有民主性和科学性。

八、基于法律法规体系建设困境的机制运行风险防范措施

（一）提高立法层级,完善立法内容,增强立法的可操作性

首先,对我国现有的食用农产品质量安全的法律法规体系进行评估,结合食用农产品质量安全多元主体网格化治理的实践情况对不合适的法律法规予以废除或修订,在合理统筹的前提下,以国家专门性的立法代替职能部门起草的行政规章,以提高食用农产品质量安全的立法层级。其次,建立和完善食用农产品质量安全的法律法规体系,完善食用农产品范围界定、质量安全标准、产地环境、食用农产品质量安全的监管机制和追责机制等方面的立法建设及出台相关配套实施细则,以填补立法内容的"缺失"。最后,构建一套涵盖从生产经营到消费全过程的食用农产品质量安全监管法律法规体系,加强有关法律法规在食用农产品质量安全多元主体网格化治理立法层面的协调性与统一性。在此基础上,地方政府也可根据本地区食用农产品质量安全协同社会共治的实际情况,构建地方性的法律法规体系,以增强立法的可操作性及法律的适用程度。

（二）规范执法行为,健全惩处机制,提高监管执行力

一要通过法律法规的制定,规范约束食用农产品质量安全监管部门的渎职行为,加快转变职能部门传统单一的执法方式;二要加大对执法不力、执法违法等不称职行为的惩处力度,增加食用农产品质量安全的生产经营以及监管的违法成本,具体可以采取建立健全问责机制、引进普遍适用于发达国家的惩罚性赔偿机制等方式;三要建立和完善对食用农产品质量安全监管部门的监督机制、巡视制度等以提高监管者的执行力度,提高食用农产品质量安全的监管效率,规避监管者的执法违法风险。

（三）完善消费者维权机制,建设食用农产品质量安全的公益诉讼制度,规范媒体监管行为

首先,针对消费者在食用农产品质量安全问题上的维权意识淡薄、积极性欠缺的情况,引入西方发达国家的政府规制行为经验,即在食用农产品质量安

全法律法规体系构建过程中充分调动消费者的参与力度。同时应当建立一套以消费者利益为核心的完备的消费者维权机制。其次,政府应当建立食用农产品质量安全的公益诉讼基金并且加大对基金的资金支持力度,在司法实践中,不断完善食用农产品质量安全公益诉讼制度,以调动消费者的维权积极性。再次,应当建立媒体监管的责任追溯制度,即构建针对媒体监管的监督机制及问责制度,以防止司法审判受社会舆情影响,维护司法的公正性。健全的法律法规体系是多元主体参与食用农产品质量安全的网格化治理的前提条件和动力机制,从立法、执法、司法三个层面着手,为规避食用农产品质量安全多元主体网格化治理机制的运行风险提供外在制度保障。

结　语

　　食用农产品质量安全直接关系到每一个人的身体健康与生命安全,关系到经济健康发展与社会和谐稳定,关系到加快推进健康中国建设。长期以来,我国食用农产品质量安全问题多治理难。农产品质量安全治理不能仅靠政府单方面监管,生产主体、经销主体、消费主体、监管主体、涉农研发机构等都是食用农产品质量安全治理的主体。以往的单一政府监管已经不能满足新形势下农产品质量安全治理要求。多元主体网格化治理不仅是治理的需求,也是时代的要求。同时,农产品质量安全治理体制机制的科学高效、农产品质量安全治理平台的信息集成以及农产品质量安全治理高效模式的实践探索也是必须面对的问题。

　　构建食用农产品质量安全多元主体网格化治理机制的目的是为了更好地加强食用农产品质量安全治理。目前学术界对食用农产品质量安全多元主体网格化治理的研究成果较少,本课题研究在选题上紧扣当前形势,选题角度较为新颖。网格化治理理论研究才刚刚起步,网格化治理理论应用到现实生活中属于社会发展的创新之举。学术界对网格化治理理论应用到实际中的评估研究也较少。而食用农产品质量安全网格化治理的参与主体较多,交叉互动频繁,治理结构纵横交错,本课题研究构建的食用农产品质量安全多元主体网格化治理机制无法涵盖方方面面。因此,不可否认的是本课题研究构建的治理机制及其评估指标体系还存在不足之处。

　　实现食用农产品质量安全多元主体网格化治理离不开社会组织的发展与壮大。社会组织在多元主体网格化治理过程中扮演着连接各主体的角色。但我国的社会组织仍然处于初期发展阶段,参与社会治理的程度并不高,因此,食用农产品质量安全多元主体网格化治理处于起步阶段。本课题研究对此方面的研究无法依据国内成熟的实践经验。国外多元主体网格化治理的实践经验相较于国内更加丰富,但受其社会制度、政治体制、文化背景、价值取向等方面的影响,符合我国国情的研究成果还不多见。基于食用农产品质量安全本身的特点与我国资源环境硬约束、治理主体软约束等国情,食用农产品质量安全多元主体"逐级负责、网格到底、纵向一体、横向联动"机制的完善和推广还任重道远。

总而言之,由于现有可供参考的理论尚不完善、成熟运作的实践样本还比较少,本课题研究构建的食用农产品质量安全多元主体网格化治理机制还存在较多的不足之处。在今后的研究中,期待能有更加先进、完善的理论思想、研究方法和实践经验,在现有研究的基础上进行补充和完善。从而更好地推进食用农产品质量安全治理体系和治理能力现代化,确保人民群众"舌尖上的安全"。

参考文献

一、中文文献

（一）中文著作

［1］程金根、闫石:《农产品质量安全监管创新与实践》,法律出版社 2013 年版。

［2］陈梅:《食用农产品战略供应关系治理研究:基于质量安全的视角》,经济管理出版社 2015 年版。

［3］陈锡文、邓楠:《中国食品安全战略研究》,化学工业出版社 2004 年版。

［4］陈彦丽:《协同学视阈下我国食品安全社会共治研究》,经济科学出版社 2016 年版。

［5］陈彦彦:《农产品质量安全法律制度研究》,中国农业大学出版社 2008 年版。

［6］程金根、闫石:《农产品质量安全监管创新与实践》,法律出版社 2013 年版。

［7］程景民、薛贝:《食品安全公共危机的舆论监督》,光明日报出版社 2013 年版。

［8］崔丽:《农产品供应链质量安全风险控制研究》,中国财富出版社 2015 年版。

［9］党秀云:《公民社会与公共治理》,国家行政学院出版社 2014 年版。

［10］范逢春:《农村公共服务多元主体协同治理机制研究》,人民出版社 2014 年版。

［11］高小平、何颖:《先进行政文化与公共治理现代化》,团结出版社 2015 年版。

［12］苟建华:《食用农产品封闭供应链运作模式及政策研究》,经济科学出版社 2013 年版。

［13］何艳玲:《回归社会:中国社会建设之路》,人民出版社 2013 年版。

［14］何艳玲:《破局:中国治理变革的地方样本》,社会科学文献出版社 2018 年版。

［15］胡宗仁:《地方公共治理现代化研究》,国家行政学院出版社 2016 年版。

［16］黄彬红:《农产食品质量安全治理:以追溯体系建设为切入点》,浙江大学出版社 2015 年版。

［17］黄璇:《寻求合作共治:当代中国治理的价值取向与哲学阐释》,北京大学出版社 2015 年版。

［18］霍红、付玮琼等:《农产品质量安全控制模式与保障机制研究》,科学出版社 2014 年版。

［19］姜启军、余从田:《企业视角下的食品安全诚信风险管理与奖惩机制研究》,上海人民出版社 2016 年版。

［20］赖永波:《农产品质量安全监管绩效影响效应研究》,厦门大学出版社 2017 年版。

［21］李道亮:《农业物联网导论》,科学出版社 2012 年版。

[22]李瑞昌：《危机、安全与公共治理》，上海人民出版社2007年版。

[23]李耘：《国内外农产品质量安全风险评估制度分析与比对研究》，中国质检出版社2013年版。

[24]李中东等：《技术扩散、政府规制与食品质量安全》，经济科学出版社2014年版。

[25]刘成玉：《中国优质农业发展与农产品质量安全控制》，西南财经大学出版社2009年版。

[26]刘德林、魏崇辉：《当代中国政治语境下公共治理理论有效适用初论》，中央编译出版社2015年版。

[27]刘小兰：《农产品质量安全研究：基于批发市场交易模式视角》，中国社会科学出版社2016年版。

[28]刘锐：《农产品质量安全》，中国农业大学出版社2017年版。

[29]罗斌：《国内外农产品质量安全标准检测认证体系》，中国农业出版社2007年版。

[30]麻宝斌：《公共治理理论与实践》，社会科学文献出版社2013年版。

[31]孟凡麟、闫宝龙、李俊霞：《职务犯罪问题研究》，甘肃人民出版社2003年版。

[32]聂彩光：《农产品质量安全生产关键技术》，中国农业科学技术出版社2016年版。

[33]钱永忠、李耕：《农产品质量安全风险评估建模与应用》，中国标准出版社2014年版。

[34]任大鹏：《农产品质量安全法律制度研究》，社会科学文献出版社2009年版。

[35]唐亚林、李瑞昌、朱春等：《社会多元、社会矛盾与公共治理》，上海人民出版社2015年版。

[36]万俊毅等：《农业产业化与农产品质量安全管理研究：以广东为例》，中国农业出版社2012年版。

[37]王伟：《农业生态环境及农产品质量安全司法鉴定专论》，中国法制出版社2014年版。

[38]王振海：《社会组织发展与社会治理转型》，社会科学文献出版社2010年版。

[39]王志春：《农业废弃物资源化利用和农产品质量安全》，中国农业科学技术出版社2016年版。

[40]吴淼：《农产品质量安全风险发生机制及其治理研究》，高等教育出版社2016年版。

[41]谢康、乌家培编：《阿克洛夫、斯彭斯和斯蒂格利茨论文精选》，商务印书馆2002年版。

[42]徐勇：《中国农民的政治认知与参与》，中国社会科学出版社2012年版。

[43]徐勇、孙厚权：《地方治理新视野》，人民日报出版社2017年版。

[44]颜海娜：《服务型政府、网格化监管与工商部门绩效评估：一个面向C工商分局的实证探索》，新华出版社2015年版。

[45]杨信廷、钱建平、孙传恒：《农产品质量安全管理与溯源：理论、技术与实践》，科学出版社2016年版。

[46]俞可平等：《中国公民社会的兴起与治理的变迁》，社会科学文献出版社2002年版。

[47]院金谒等：《我国食用农产品质量安全管理研究》，光明日报出版社2016年版。

[48]张东玲：《农产品质量安全综合评价理论方法与实践》，中国社会科学出版社2014

年版。

[49]张玉香：《中国农产品质量安全管理理论、实践与发展对策》，中国农业出版社2005年版。

[50]郑红军：《农产品质量安全控制综观研究》，人民出版社2010年版。

[51]周德翼、吕志轩：《食品安全的逻辑》，科学出版社2008年版。

[52]周南华、李明：《农产品质量安全》，四川教育出版社2008年版。

[53]周应恒等：《现代食品安全与管理》，经济管理出版社2008年版。

[54]周云龙、崔野韩：《国内外农产品质量安全标准比对研究》，中国农业出版社2013年版。

[55]宗会来、金发忠：《国外农产品质量安全管理体系》，中国农业科技出版社2003年版。

（二）中文译著

[1][英]斯蒂芬·奥斯本：《新公共治理？公共治理理论和实践方面的新观点》，包国宪、赵晓军译，科学出版社2016年版。

[2][美]丹尼尔·史普博：《管制与市场》，余晖等译，上海人民出版社1999年版。

[3][美]菲利普·菲尔茨：《保护公众健康：美国食品药品百年监管历程》，姚明威译，中国水利电力出版社2006年版。

[4][美]凯特：《权力共享：公共治理与私人市场》，孙迎春译，北京大学出版社2009年版。

[5][美]玛丽恩·内斯特尔：《食品安全——令人震惊的食品行业真相》，程池、黄宇彤等译，社会科学文献出版社2004年版。

[6][美]斯蒂芬·戈德史密斯、威廉·D.埃格斯：《网络化治理：公共部门的新形态》，孙迎春译，北京大学出版社2008年版。

[7][美]埃莉诺·奥斯特罗姆：《公共事物的治理之道》，余逊达、陈旭东译，三联书店2000年版。

[8][美]卡罗尔·佩特曼：《参与和民主理论》，陈尧译，上海人民出版社2006年版。

[9][德]斐迪南·滕尼斯：《共同体与社会》，林荣远译，商务印书馆1987年版。

（三）期刊论文

[1]陈彦丽：《食品安全社会共治机制研究》，《学术交流》2014年第9期。

[2]陈彦彦：《论政府在农产品质量安全监管中的职能定位》，《中国行政管理》2008年第6期。

[3]陈刚、张浒：《食品安全中政府监管职能及其整体性治理——基于整体政府理论视角》，《云南财经大学学报》2012年第5期。

[4]陈梅、茅宁：《不确定性、质量安全与食用农产品战略性原料投资治理模式选择——基于中国乳制品企业的调查研究》，《管理世界》2015年第6期。

[5]陈晓华：《完善农产品质量安全监管的思路和举措》，《行政管理改革》2011年第6期。

[6]成昕、温少辉、孙丽娜：《从"塔西佗陷阱"谈食品安全谣言的政府应对》，《农产品质量与安全》2016年第6期。

[7]褚蓥：《政府购买服务中的沉没成本"二难命题"及其对策》，《华南师范大学学报

(社会科学版)》2017年第1期。

[8]储雪玲、刘砚、贺妍:《食品安全监管国际经验概览》,《世界农业》2015年第12期。

[9]邓刚宏:《构建食品安全社会共治模式的法治逻辑与路径》,《南京社会科学》2015年第2期。

[10]丁煌、孙文:《从行政监管到社会共治:食品安全监管的体制突破——基于网络分析的视角》,《江苏行政学院学报》2014年第1期。

[11]杜春林、张新文:《乡村公共服务供给:从"碎片化"到"整体性"》,《农业经济问题》2015年第7期。

[12]杜玉琼、肖嵩:《完善中国食品安全保障体系的思考——基于美国食品安全监管体系的经验探析》,《标准科学》2015年第12期。

[13]杜专家:《中国特色腐败治理体系构成要素探微》,《中国地质大学学报(社会科学版)》2017年第2期。

[14]范如国:《复杂网络结构范型下的社会治理协同创新》,《中国社会科学》2014年第4期。

[15]费威:《供应链生产、流通和消费利益博弈及其农产品质量安全》,《改革》2013年第10期。

[16]冯汉坤:《农产品质量安全执法现状及推进对策》,《农产品质量与安全》2011年第6期。

[17]冯强、石义彬:《媒体传播对食品安全风险感知影响的定量研究》,《武汉大学学报(人文科学版)》2017年第2期。

[18]冯朝睿:《我国食品安全监管体制的多维度解析研究——基于整体性治理视角》,《管理世界》2016年第4期。

[19]高建峰、褚培春、陈雪民等:《苏南发达地区农产品质量全程控制实践探索》,《农产品质量与安全》2010年第6期。

[20]高丽莎:《食品安全报道舆论导向误区及应对策略——以核辐射酱油事件为例》,《中国报业》2015年第16期。

[21]耿宁、李秉龙:《产业链整合视角下的农产品质量激励:技术路径与机制设计》,《农业经济问题》2014年第9期。

[22]龚强、张一林、余建宇:《激励、信息与食品安全规制》,《经济研究》2013年第3期。

[23]郭安禧、黄福才、杨晶等:《目的地形象对感知吸引力及重游意向的影响——以厦门市为例》,《旅游科学》2015年第6期。

[24]韩冬雪:《国家治理体系创新视角下的网格化治理》,《人民论坛》2015年第1期。

[25]郝生宏:《日本农产品(食品)安全管理体系及启示》,《食品研究与开发》2014年第12期。

[26]胡鞍钢、魏星:《治理能力与社会机会——基于世界治理指标的实证研究》,《河北学刊》2009年第1期。

[27]胡铭:《以第三方物流为中心的农产品交易规制研究——基于交易费用理论的分析》,《农业经济问题》2012年第3期。

[28]胡求光、黄祖辉、童兰:《农产品出口企业实施追溯体系的激励与监管机制研究》,《农业经济问题》2012年第4期。

[29]胡仙芝、曹胜:《公众参与社会治理制度化创新的思考》,《中国国情国力》2014年

第 9 期。

[30]胡新良:《低碳农业生产:农产品质量安全管理的治本之策》,《江汉论坛》2011 年第 8 期。

[31]胡颖廉:《城市食品安全治理的新加坡经验》,《党政视野》2016 年第 5 期。

[32]胡重明:《任务环境、大部制改革与地方治理体系的反官僚制化——对浙江省地方食品药品监管体制改革的考察》,《中国行政管理》2016 年第 10 期。

[33]胡琼伟、徐凌忠、卢颖等:《美国食品安全管理体系及其借鉴》,《中国农村卫生事业管理》2014 年第 9 期。

[34]姜晓萍:《国家治理现代化进程中的社会治理体制创新》,《中国行政管理》2014 年第 2 期。

[35]姜晓萍、焦艳:《从"网格化管理"到"网格化治理"的内涵式提升》,《理论探讨》2015 年第 6 期。

[36]贾超翔、张新民:《论家庭农场的法律地位》,《宁夏社会科学》2014 年第 5 期。

[37]靳明、赵敏、杨波等:《食品安全事件影响下的消费替代意愿分析——以肯德基食品安全事件为例》,《中国农村经济》2015 年第 12 期。

[38]靳涛、踪家峰:《复杂系统理论对转型研究的启示》,《江苏社会科学》2005 年第 1 期。

[39]李怀:《发达国家食品安全监管体制及其对我国的启示》,《东北财经大学学报》2005 年第 1 期。

[40]李杰:《食品安全监管领域渎职犯罪问题研究》,《天津法学》2013 年第 1 期。

[41]李祥洲、钱永忠、廉亚丽等:《农产品质量安全网络舆情走势监测与分析》,《农产品质量与安全》2013 年第 1 期。

[42]李忠东:《德国大力加强食品安全》,《检察风云》2014 年第 21 期。

[43]李宗泰、何忠伟:《基于博弈论的农产品质量安全监管分析》,《北京农学院学报》2011 年第 1 期。

[44]林闽钢、许金梁:《中国转型期食品安全问题的政府规制研究》,《中国行政管理》2008 年第 10 期。

[45]刘安:《网格化管理:城市基层社会治理体制的运行逻辑与实践特征——基于 N 市 Q 区的个案研究》,《江海学刊》2015 年第 2 期。

[46]刘飞、孙中伟:《食品安全社会共治:何以可能与何以可为》,《江海学刊》2015 年第 3 期。

[47]刘刚、张晓林:《基于农民合作社的农产品质量安全治理研究》,《农业现代化研究》2014 年第 6 期。

[48]刘红岩、李娟:《农产品质量安全:多重规制、行为重塑与治理绩效——基于"安丘模式"的调研分析》,《农村经济》2015 年第 12 期。

[49]刘亚平:《中国式"监管国家"的问题与反思:以食品安全为例》,《政治学研究》2011 年第 2 期。

[50]刘颖、韦磊:《近年来美国智库的中国社会问题研究》,《美国研究》2016 年第 6 期。

[51]梅星星、喻春桂:《消费者对食用农产品质量安全的认知与监管期望研究》,《农产品质量与安全》2014 年第 3 期。

[52]赖永波、徐学荣:《农产品质量安全监管协同治理路径研究——基于协同政府理

论视角》,《中共福建省委党校学报》2014 年第 3 期。

[53] 宁立标:《印度食品安全的法律治理及其对中国的启示》,《政法论丛》2015 年第 1 期。

[54] 潘丽霞、徐信贵:《论食品安全监管中的政府信息公开》,《中国行政管理》2013 年第 4 期。

[55] 彭建仿:《农产品质量安全机制溯源:供应链关系优化导向——龙头企业与农户共生视角》,《中央财经大学学报》2014 年第 3 期。

[56] 浦徐进、范旺达、路璐:《公平偏好、强互惠倾向和农民合作社生产规范的演化分析》,《中国农业大学学报(社会科学版)》2014 年第 1 期。

[57] 钱学森:《创建农业型的知识密集产业——农业、林业、草业、海业和沙业》,《农业现代化研究》1984 年第 5 期。

[58] 秦利:《美国食用农产品协会产品质量安全治理的做法和经验》,《世界农业》2012 年第 7 期。

[59] 史传林:《社会治理中的政府与社会组织合作绩效研究》,《广东社会科学》2014 年第 5 期。

[60] 史良秀:《农业科研院所科研成果转化率低的自身因素探讨》,《西南农业大学学报(社会科学版)》2008 年第 1 期。

[61] 施维、董文龙:《新阶段"三农"工作新主线——唐仁健解读 2017 年中央一号文件》,《种子科技》2017 年第 2 期。

[62] 宋英杰、李中东:《政府管制对农产品质量安全技术扩散影响的实证研究》,《科研管理》2013 年第 7 期。

[63] 苏昕、王可山:《农民合作组织:破解农产品质量安全困境的现实路径》,《宏观经济研究》2013 年第 2 期。

[64] 孙华平、徐央:《基于"家庭农场"的乡村订单旅游发展模式研究》,《理论探讨》2013 年第 6 期。

[65] 谭立群:《河北省食用农产品质量安全保障体系研究——基于供应链管理的视角》,《河北经贸大学学报》2012 年第 4 期。

[66] 王吉林:《食用农产品侵权责任法律性质辨析》,《天津大学学报(社会科学版)》2014 年第 1 期。

[67] 王名、蔡志鸿、王春婷:《社会共治:多元主体共同治理的实践探索与制度创新》,《中国行政管理》2014 年第 12 期。

[68] 汪全胜:《我国食品安全信息共享机制建设析论》,《法治研究》2016 年第 3 期。

[69] 王浦劬:《国家治理、政府治理和社会治理的含义及其相互关系》,《国家行政学院学报》2014 年第 3 期。

[70] 王淑珍、于天祥、奚奇辉:《俄罗斯食品安全法规体系研究》,《检验检疫学刊》2011 年第 2 期。

[71] 王怡、宋宗宇:《社会共治视角下食品安全风险交流机制研究》,《华南农业大学学报(社会科学版)》2015 年第 4 期。

[72] 魏鹏娟、王艳、刘香香等:《我国农业标准实施应用现状及对策分析》,《农产品质量与安全》2015 年第 2 期。

[73] 巫强、陈梦莹、洪颖:《加拿大食品检验署风险管理的创新驱动机制研究与启示》,

《科技管理研究》2014 年第 18 期。

[74]吴晓燕、关庆华:《从管理到治理:基层社会网格化管理的挑战与变革》,《理论探讨》2016 年第 2 期。

[75]武兆瑞:《全力提升我国农产品质量安全水平——访农业部副部长陈晓华》,《农业质量标准》2009 年第 1 期。

[76]习近平:《全面贯彻落实党的十八大精神要突出抓好六个方面工作》,《求是》2013 年第 1 期。

[77]肖峰、王怡:《我国食品安全公众监督机制的检讨与完善》,《华南农业大学学报(社会科学版)》2015 年第 2 期。

[78]肖湘雄:《大数据:农产品质量安全治理的机遇、挑战及对策》,《中国行政管理》2015 年第 11 期。

[79]肖湘雄、彭舜:《农民专业合作社参与农产品质量安全治理研究》,《桂海论丛》2015 年第 4 期。

[80]肖湘雄、彭舜、葛志华:《论食用农产品质量安全的社会共治》,《武陵学刊》2016 年第 2 期。

[81]肖湘雄、李倩:《基于社会网络分析的城乡结合部社会管理中政府协同运行的关键要素识别——以湖南省湘潭市城乡结合部为例》,《湘潭大学学报(哲学社会科学版)》2013 年第 5 期。

[82]肖湘雄、赵莉莹:《农产品质量安全网格化治理困境与出路》,《当代经济管理》2017 年第 3 期。

[83]谢康、肖静华、杨楠堃等:《社会震慑信号与价值重构——食品安全社会共治的制度分析》,《经济学动态》2015 年第 10 期。

[84]许红莲、胡愈:《农产品质量安全问题根源及其整治路径探究》,《中央财经大学学报》2013 年第 12 期。

[85]颜波、石平、丁德龙:《物联网环境下的农产品供应链风险评估与控制》,《管理工程学报》2014 年第 3 期。

[86]杨立华、张云:《环境管理的范式变迁:管理、参与式管理到治理》,《公共行政评论》2013 年第 6 期。

[87]于江、魏崇辉:《多元主体协同治理:国家治理现代化之逻辑理路》,《求实》2015 年第 4 期。

[88]于丽英、杜明星:《基于 α 截集的模糊 TOPSIS 方法在政府危机管理绩效评价中的应用》,《上海管理科学》2013 年第 2 期。

[89]张静宜、陈洁、邓志喜:《农产品质量安全消费者认知与公众参与情况调查》,《调研世界》2013 年第 5 期。

[90]张康之:《论主体多元化条件下的社会治理》,《中国人民大学学报》2014 年第 2 期。

[91]张启胜、陈岳堂:《非政府组织参与食品安全监管研究》,《江西社会科学》2015 年第 8 期。

[92]张伟、张锡全、刘环等:《加拿大食品安全管理机构介绍》,《世界农业》2014 年第 6 期。

[93]张新文、詹国辉:《整体性治理框架下农村公共服务的有效供给》,《西北农林科技

大学学报(社会科学版)》2016 年第 3 期。

[94]张云华、孔祥智、杨晓艳等:《食品供给链中质量安全问题的博弈分析》,《中国软科学》2004 年第 11 期。

[95]赵谦:《农村消费者参与食品安全社会共治的实证分析》,《暨南学报(哲学社会科学版)》2015 年第 8 期。

[96]赵婷婷、范正辉:《农产品质量安全网格化管理模式探讨——以江苏省泰州市为例》,《农产品质量与安全》2015 年第 3 期。

[97]钟真、孔祥智:《产业组织模式对农产品质量安全的影响:来自奶业的例证》,《管理世界》2012 年第 1 期。

[98]周开国、杨海生、伍颖华:《食品安全监督机制研究——媒体、资本市场与政府协同治理》,《经济研究》2016 年第 9 期。

[99]邹绍清:《思想政治教育方法论体系建构研究——以复杂系统论为视角》,《思想理论教育》2016 年第 1 期。

[100]朱俊瑞、赵宬斐:《农村多元主体生态治理研究》,《浙江学刊》2016 年第 6 期。

[101]竺乾威:《公共服务的流程再造:从"无缝隙政府"到"网格化管理"》,《公共行政评论》2012 年第 2 期。

(四)报纸论文

[1]《牢固树立切实落实安全发展理念确保广大人民群众生命财产安全》,《人民日报》2015 年 5 月 31 日。

[2]《中华人民共和国国民经济和社会发展第十三个五年规划纲要》,《人民日报》2016 年 3 月 18 日。

[3]胡若哲:《促进农民专业合作组织健康发展》,《人民日报》2015 年 11 月 6 日。

[4]贾海薇:《澳大利亚食品安全管理见闻》,《中国社会科学报》2013 年 1 月 16 日。

[5]贺勇:《网格化探索的"北京经验"》,《人民日报》2016 年 5 月 16 日。

[6]《关于大力发展现代农业加快推进社会主义新农村建设的若干意见》,《新华日报》2007 年 3 月 1 日。

[7]赵广飞:《让标准化走得更远》,《农民日报》2007 年 12 月 27 日。

[8]孙林、余向东、蒋文龙等:《开创"舌尖安全"的新时代》,《农民日报》2014 年 11 月 20 日。

[9]刘明祖、尹成杰、高鸿宾等:《加强执法监督提高农产品安全水平》,《农民日报》2007 年 11 月 9 日。

[10]赵兴泉:《切实加强农产品质量安全监管能力建设》,《农民日报》2007 年 3 月 15 日。

[11]柯继:《俄罗斯提高本国农产品和食品保障水平》,《中国食品报》2009 年 12 月 8 日。

[12]练洪洋:《"互联网+"为食品安全监管加把劲》,《广州日报》2015 年 6 月 1 日。

[13]刘俊礼:《认真贯彻农产品质量安全法农业局决心确保全市人民餐桌安全》,《郑州日报》2006 年 10 月 23 日。

[14]陈泳:《抓标准重监管保障青白江餐桌安全》,《成都日报》2013 年 10 月 25 日。

[15]张璐:《内销出口两标准毒姜只卖中国人》,《企业家日报》2013 年 5 月 13 日。

（五）学位论文

[1]岑国姬：《生鲜农产品供应链风险评估与应对研究》，广西大学 2013 年。

[2]陈珂：《农业类科研事业单位机构改革研究——以洛阳市农科院为例》，西北农林科技大学 2013 年。

[3]陈松：《中国农产品质量安全追溯管理模式研究》，中国农业科学院 2013 年。

[4]陈小霖：《供应链环境下的农产品质量安全保障研究》，南京理工大学 2008 年。

[5]陈杨：《湖州市农产品质量安全信息监控系统问题研究》，浙江大学 2015 年。

[6]陈竹：《食用农产品质量安全治理研究：基于契约理论和规制理论的双重视角》，复旦大学 2013 年。

[7]成诗韵：《社会治理视域中密切乡镇干群关系研究》，湘潭大学 2014 年。

[8]崔树茂：《食品安全社会共治法律保障研究》，山西财经大学 2016 年。

[9]刁琳琳：《食品安全监管的经济学分析》，吉林大学 2007 年。

[10]冯忠泽：《中国农产品质量安全市场准入机制研究》，中国农业科学院 2007 年。

[11]傅宅国：《城乡结合部社会管理中基层政府协同问题研究》，湘潭大学 2013 年。

[12]耿传刚：《农业技术推广体系问题研究——以山东省为例》，山东农业大学 2007 年。

[13]韩大平：《食品安全危机信息在社交媒体中的传播研究》，北京邮电大学 2015 年。

[14]胡莲：《基于质量安全的农产品供应链管理及其信息平台研究》，同济大学 2008 年。

[15]姜科：《农产品感官评估综合分析方法及系统实现》，东华大学 2013 年。

[16]李辉：《食品安全危机事件应急处理问题研究》，吉林大学 2012 年。

[17]李江冰：《多边贸易体制下农产品贸易自由化困境的政治经济分析》，武汉大学 2004 年。

[18]李凯：《农业面源污染与农产品质量安全源头综合治理——以浙江省蔬菜产业为例的机制与推广研究》，浙江大学 2016 年。

[19]李铁林：《我国农产品质量安全生产补偿机制研究》，中国农业科学院 2013 年。

[20]李铜山：《食用农产品安全生产长效机制和支撑体系建设研究》，华中农业大学 2008 年。

[21]刘青雅：《非政府组织在食品安全管理中的功能研究》，湖南大学 2010 年。

[22]梁雪姣：《城乡结合部生态文明建设的动力机制研究》，湘潭大学 2013 年。

[23]马丽丽：《基于系统动力学的食品供应链抗风险模式研究》，天津科技大学 2014 年。

[24]祁胜媚：《农产品质量安全管理体系建设的研究》，扬州大学 2011 年。

[25]秦利：《基于制度安排的中国食品安全治理研究》，东北林业大学 2010 年。

[26]齐文浩：《中国食品安全规制主体行为与规制有效性研究》，吉林大学 2015 年。

[27]任重：《媒体在食品安全事件报道中的角色差异分析——以"工业明胶毒胶囊"事件为例》，浙江大学 2013 年。

[28]邵培：《第三方检测机构在我国食品安全监管体制中的角色作用研究》，首都经济贸易大学 2016 年。

[29]孙小燕：《农产品质量安全问题的成因与治理——基于信息不对称视角的研究》，

西南财经大学 2008 年。

　　[30]唐胜军:《新疆农产品质量安全政府管理研究》,新疆农业大学 2010 年。

　　[31]陶沙:《食用农产品质量安全网格化治理机制构建研究》,湘潭大学 2016 年。

　　[32]王冠辉:《有机农产品认证新制度的解析及对我国有机农业的影响》,西北农林科技大学 2014 年。

　　[33]王芳:《农产品质量安全政府监管绩效——基于浙江省的实证分析》,浙江大学 2007 年。

　　[34]谢志国:《食品安全危机管理中政府应急处理体系建设研究》,安徽大学 2011 年。

　　[35]幸家刚:《新型农业经营主体农产品质量安全认证行为研究》,浙江大学 2016 年。

　　[36]杨丹:《农民合作经济组织对农业分工和专业发展的促进作用研究》,西南大学 2011 年。

　　[37]杨海涛:《城市社区网格化管理研究与展望》,吉林大学 2014 年。

　　[38]杨天和:《基于农户生产行为的农产品质量安全问题的实证研究——以江苏省水稻生产为例》,南京农业大学 2006 年。

　　[39]叶川:《温州市基层食品安全"网格化"监管模式研究》,华东政法大学 2016 年。

　　[40]张春兰:《农产品产地重金属污染安全评估技术与设备开发》,天津理工大学 2016 年。

　　[41]张琦:《我国食品安全多元主体治理模式研究》,山东师范大学 2014 年。

　　[42]张涛:《食品安全法律规制研究》,西南政法大学 2005 年。

　　[43]赵炜丽:《潍坊市农产品质量安全监管问题及对策研究》,山东大学 2014 年。

　　[44]朱慧娴:《欧美食品安全监管体系研究》,华中农业大学 2014 年。

　　[45]朱晓虹:《基于信息不对称理论的农产品质量安全认证研究》,云南大学 2014 年。

二、外文文献

(一)英文著作

　　[1]Antle, J. M., *Choice and Efficiency in Food Safety Policy*, Washington, DC: The AEI Press, 1995.

　　[2]Caswell J. A, Padberg D. I., "*Toward a More Comprehensive Theory of Food Labels*", *American Journal of Agricultural Economics*, 1992.

　　[3] Daniel F. Spulber, *Regulation and market*, Shanghai: Shanghai people's publishing house, 1999.

　　[4]Golan E., Krissoff B., Kuchler F., Calvin L, et al. *Traceability in the US Food Supply: Economic Theory and Industry Studies*, US Department of Agriculture, Economic Research Service, 2004.

　　[5]J. M., A., *Choice and Efficiency in Food Safety Policy*, Washington DC: The AEI Press, 1995.

　　[6]Julie A., Caswell. *Economic of Food Safety*, Elsevier Science Publishing Co., 1991.

　　[7]Kaplan, Everson, Lynch, *The contribution of social and behavioral research to an understanding of the distribution of disease: a multilevel approach*, National Academines Press, 2000.

　　[8]Landesman, L. Y., *Public Health Management of Disasters: the Practice Guide*, American

Public Health Association, Washington, DC, 2001.

[9] Mancur Olson, *The logic of collective action*, Shanghai: the joint publishing company LTD., people's publishing house in Shanghai, 1995.

[10] Shavell S., *Economic analysis of accident law*, Harvard: Harvard University Press, 1987.

[11] Williamson Oliver, *The Economic Institutions of Capitalism: Firms, Markets Relational Contracting*, Macmillan Free Press, 1985.

[12] Wilson, R., *The Structure of Incentives for Decentralization Under Uncertainty*, La Decision, 1963.

(二)英文期刊

[1] Adini B., Goldberg A., Laor D., et al. Assessing levels of hospital emergency preparedness, *Prehospital and Disaster Medicine*, 2006(06), pp.451-457.

[2] Annandale, "Mining company approaches to environmental approvals regulation: a survey of senior environment managers in Canadian", *Resources Policy*, 2000(26), pp.51-59.

[3] Antle, J.M., "No Such Thing as a Free Safe Lunch: the Cost of Food Safety Regulation in the Meat Industry," *American Journal of Agricultural Economics*, 2000(02), pp.310-322.

[4] Amy C., "Preparedness needs assessment in a rural state: Themes derived from public focus groups", *Biosecurity and Bioterrorism: Biodefense Strategy, Practice, and Science*, 2006(04), pp.376-383.

[5] Armstrong J.S., Morwitz V.G., Kumar V., "Sales forecasts for existing consumer products and services: Do purchase intentions contribute to accuracy?", *International Journal of Forecasting*, 2000(03), pp.383-397.

[6] Caduff Ladina, Bernauer Thomas, "Managing Risk and Regulation in European Food Safety Goverance", *Review of Policy Research*, 2006(23), pp.153-168.

[7] Cranfield, J., Henson, S. and Holliday, J., "Benefits and Problems of Conversion to Organic Agriculture and Human Values", *The Motives*, 2010(03), pp.291-306.

[8] Dubois, P.T., "Vukina-Grower Risk Aversion and the Cost of Moral Hazard in Livestock Production Contracts", *American Journal of Agricultural Economics*, 2004(03), pp.835-841.

[9] Elizabeth C. Redmond. Christopher J. Griffith, "Consumer attitudes and perceptions towards microbial food safety in the domestic kitchen", *Journal of Food Safety*. 2004(03), pp.169-194.

[10] George akerlof, "Lemon market: quality uncertainty and the market mechanism", *Journal of economic Tribune*, 2001(06), pp.1-8.

[11] Gijs A. Kleter, Hans J.P., "Marvin. Indicators of emerging hazards and risks to food safety", *Food and Chemical Toxicology*, 2009(05), pp.1022-1039.

[12] Godfrey P.C., "The Relationship Between Corporate Philanthropy and Shareholder Wealth: A Risk Management Perspective", *Academy of Management Review*, 2005(04), pp.777-798.

[13] Henson, Hooker, "Private sector management of food safty: public regulation and the role of private controls", *International Food and Agribusiness Management Review*, 2001(04), pp.7-17.

[14] Henson, S. Masakure, O. and Boselie, D., "Private Food Safety and Quality Standards for

Fresh Produce Exporters: The Case of Hortico Agrisystems, Zimbabwe", *Food Policy*, 2005(04), pp.371–384.

[15] Henson, S.& Northen, J., "Economic Determinants of Food Safety Controls in Supply of Retailer Own-Branded Products in the United Kingdom", *Agribusiness*, 1998(02), pp.113–126.

[16] Henson, S. and Holt, G., "Exploring Incentives for the Adoption of Food Safety Controls: HACCP Implementation in the U.K. Dairy Sector", *Review of Agricultural Economics*, 2000(02), pp.407–420.

[17] Herath, D. Hassan, Z. and Henson, S., "Adoption of Food Safety and Quality Controls: Do Firm Characteristics Matter? Evidence from the Canadian Food Processing Sector", *Canadian Journal of Agricultural Economics*, 2007(03), pp.299–314.

[18] Jayasinghe – Mudalige, U. and Henson, S., "Identifying Economic Incentives for Canadian Red Meat and Poultry Processing Enterprises to Adopt Enhanced Food Safety Controls", *Food Control*, 2007(11), pp.1363–1371.

[19] Kaplan, Everson, Lynch., "The contribution of social and behavioral research to an understanding of the distribution of disease: a multilevel approach", *National Academines Press*, 2000 (04), pp.25–30.

[20] Mann N., Mackenzie E., Anderson C., "Public health preparedness for mass–casualty events: a 2002 state-by-state assessment", *Prehosp Disaster Med*, 2004(3), pp.245–255.

[21] Meuwissen, "Moving Ahead on Traceability", Food Technology, 2003 (06), pp.101–104.

[22] Mojduszka E., J. Caswell, "A Test of Nutritional Quality Signaling in Food Markets Prior to Implementation of Mandatory Labeling", *American Journal of Agricultural Economics*, 2000 (02), pp.298–309.

[23] Norgaard M.K., "Brunso K. Families' use of nutritional information on food labels", *Food Quality and Preference*, 2009(08), pp.597–606.

[24] Petter O., "Melania B. How to define traceability", *Trends in Food Science & Technology*, 2013(02), pp.142–150.

[25] R.H. Coase, "The Nature of the Firm", *Economica*, 1937(16), pp.386–405.

[26] Rodriguez E.M., Lupin B., Lacaze M.V., "Consumers' perceptions about food quality attributes and their incidence in argentinean organic choices", *Journal of Agricultural Science and Technology*, 2011(01), pp.375–385.

[27] Rouviere E, Caswell J.A., "From punishment to prevention: a French case study of the introduction of coregulation in enforcing food safety", *Food Policy*, 2012(03), pp.246–254.

[28] Spencer Henson, Julie Caswell, "Food safety Regulation: an Overview of Contemporary Issues", *Food policy*, 1999(06), pp.589–603.

[29] Souza Monteiro, "Food safety measurement issues: Way forward", *Journal of Radioanalytical and Nuclear Chemistry: An International Journal Dealing with All Aspects and Applications of Nuclear Chemistry*, 2010 (03), pp.451–455.

[30] Spencer Henson, N.H.H., "Private sector management of food safety: public regulation and the role of private controls", *International food and Agribusiness Management Review*, 2001 (04), pp.7–17.

[31]Starbird,S.A.,"Designing Food Safety Regulations:The Effect of Inspection Policy and Penalties for Noncompliance on Food Processor Behavior", *Journal of Agricultural and Resource Economics*,2001(02),pp.616-635.

[32] Tompkin. R. B., "Interactions between Government and Industry Food Safety Activities", *Food Control*,2001(12),pp.203-207.

后　记

　　本书是我主持的国家社会科学基金项目"食用农产品质量安全多元主体网格化共治机制研究"（项目编号：15BZZ053）的结项成果。

　　该成果有幸付梓，我要衷心感谢课题组成员的不懈努力与精诚合作，感谢课题研究中所有辛勤付出和无私奉献的人，尤其是田野调查中遇见的每一位淳朴善良的农民朋友。

　　饮水思源知厚重，投桃报李感恩情。在长期以来的教学、科研工作中，我得到了更多领导、师长、同事和朋友们的悉心指导、帮助、关心与支持，在此深表感谢！

　　我要特别感谢我指导的博士生、硕士生以及人民出版社孔欢编辑对我的大力帮助和支持。

　　在本书的写作中，吸取和借鉴了国内外众多专家、学者的相关研究成果，谨向这些专家、学者致以衷心的感谢！

　　由于学识水平有限，实践经验不足，书中肯定还存在许多疏漏、错误之处，敬请专家同人们批评指正。

肖湘雄

2019 年 1 月 1 日

责任编辑:孔　欢

图书在版编目(CIP)数据

食用农产品质量安全治理研究/肖湘雄 著. —北京:人民出版社,2019.10
ISBN 978－7－01－022875－4

Ⅰ.①食…　Ⅱ.①肖…　Ⅲ.①农产品-质量管理-安全管理-研究-中国
Ⅳ.①F326.5

中国版本图书馆 CIP 数据核字(2020)第 246564 号

食用农产品质量安全治理研究
SHIYONG NONGCHANPIN ZHILIANG ANQUAN ZHILI YANJIU

肖湘雄　著

人 民 出 版 社 出版发行
(100706　北京市东城区隆福寺街 99 号)

北京建宏印刷有限公司印刷　新华书店经销

2019 年 10 月第 1 版　2019 年 10 月北京第 1 次印刷
开本:710 毫米×1000 毫米 1/16　印张:20.25
字数:359 千字

ISBN 978－7－01－022875－4　定价:58.00 元

邮购地址 100706　北京市东城区隆福寺街 99 号
人民东方图书销售中心　电话 (010)65250042　65289539